Birgit Schenk

Telekooperationsdidaktik

GABLER EDITION WISSENSCHAFT

Informationsmanagement und Computer Aided Team

Herausgegeben von Professor Dr. Helmut Krcmar

Die Schriftenreihe präsentiert Ergebnisse der betriebswirtschaftlichen Forschung im Themenfeld der Wirtschaftsinformatik. Das Zusammenwirken von Informations- und Kommunikationstechnologien mit Wettbewerb, Organisation und Menschen wird von umfassenden Änderungen gekennzeichnet. Die Schriftenreihe greift diese Fragen auf und stellt neue Erkenntnisse aus Theorie und Praxis sowie anwendungsorientierte Konzepte und Modelle zur Diskussion.

Birgit Schenk

Telekooperationsdidaktik

Konzeption und Durchführung von Maßnahmen zur Technologie-Einführung

Mit einem Geleitwort von Prof. Dr. Helmut Krcmar

Deutscher Universitäts-Verlag

Bibliografische Information Der Deutschen Bibliothek
Die Deutsche Bibliothek verzeichnet diese Publikation in der Deutschen Nationalbibliografie; detaillierte bibliografische Daten sind im Internet über <http://dnb.ddb.de> abrufbar.

Dissertation Universität Hohenheim, 2002

D 100

1. Auflage Oktober 2002

Lektorat: Brigitte Siegel / Jutta Hinrichsen

Der Deutsche Universitäts-Verlag ist ein Unternehmen der Fachverlagsgruppe BertelsmannSpringer.
www.duv.de

Umschlaggestaltung: Regine Zimmer, Dipl.-Designerin, Frankfurt/Main
Druck und Buchbinder: Rosch-Buch, Scheßlitz
Gedruckt auf säurefreiem und chlorfrei gebleichtem Papier
Printed in Germany

ISBN 3-8244-7691-6

Geleitwort

Neben der beschleunigten technologischen Entwicklung ist es vor allen Dingen die zunehmende internationale Wirtschaftsverflechtung und Marktglobalisierung, die an Organisationen und ihre Mitarbeiter/-innen neue Herausforderungen stellt. Immer häufiger werden Teams ortsübergreifend gebildet, so dass die Zusammenarbeit in der Gruppe und im Team vorwiegend unter der bewussten Nutzung neuer Medien als Kommunikations- und Kooperationsmittel erfolgt. Zwar wird die Verwendung von Informations- und Kommunikationstechniken für die tägliche Kooperation oft als Selbstverständlichkeit dargestellt, die empirischen Befunde zur tatsächlichen Nutzung mit diesen Techniken bereitgestellten Potenziale bleibt jedoch oft hinter der vermuteten und erhofften Wirkungen zurück.

Eine Erklärung ist, dass die Einführung von Tele-Kooperationssysteme tiefgreifende arbeitsorganisatorische Veränderungen sowohl für den Einzelnen als auch für die Gruppe mit sich bringt. Das Fördern der für die Nutzung der beschriebenen Potenziale erforderlichen Verhaltensänderungen in der Kooperationssituation bedingt eine besondere Herangehensweise, vor allem an die Frage, wie diese Potenziale z.B. in Schulungen zu vermitteln sind. Die Aktualität dieser Arbeit begründet sich darin, dass es zwar eine Reihe von Didaktiken und Kriterienkataloge für die Einführung von Software für die Arbeit von Einzelnen, aber keine spezielle Didaktik oder Einführungskonzepte für Software zur Unterstützung verteilter Zusammenarbeit gibt. Um so wichtiger ist es, auch für diesen Bereich der Nutzung von IKT angemessene Fachdidaktiken zu entwickeln und zur erproben.

Birgit Schenk leistet mit ihrer Arbeit neben der empirischen Aufarbeitung der Erfahrungen und Ergebnisse aus der Pilotierung einen wesentlichen Beitrag für die Diskussion um die erfolgreiche Einführung von Tele-Kooperationssystemen. Sie stellt eine aus Theorie und praktischer Arbeit abgeleitetet Fachdidaktik für Telekooperationssysteme vor, diskutiert die Gestaltungsaspekte anhand von Kriterien und zeigt an vielen Beispielen die Umsetzbarkeit ihrer Überlegungen. Ich wünsche der Arbeit die ihr gebührende weite Verbreitung.

Prof. Dr. Helmut Krcmar

Vorwort

Den Anstoß zu dieser Arbeit gab das Forschungsprojekt "Computerunterstützte Parlamentsarbeit", in dem deutlich wurde, dass es keine adäquate Didaktik für Tele-Kooperation gibt. Deshalb stellt die Entwicklung dieses Einführungskonzeptes für Tele-Kooperation eine Ergänzung zu bisherigen Didaktiken und Einführungskonzepten dar. Gespeist wird sie aus Erkenntnissen und Didaktiken der Erwachsenenbildung, dem Umgang mit neuen Technologien und der Kooperation in Gruppen.

Herzlichen Dank möchte ich an dieser Stelle all denjenigen sagen, die mich ermutigt und durch Fragen, Anregungen und kritisches Lesen tatkräftig unterstützt haben: mein Doktorvater Prof. Dr. Helmut Krcmar, Dr. Gerhard Schwabe und Dr. Christiane Schwabe, Arnd Klein, Jan C. Völker und Barbara Nagl.

Ein besonderer Dank gilt meinem Mann, der mich unermüdlich entlastet und bestärkt hat.

Birgit Schenk

Inhaltsverzeichnis

Abbildungsverzeichnis

Tabellenverzeichnis

Abkürzungsverzeichnis

AST	Adaptive Structuration Theory
CATeam	Computer Aided Team
CBT	Computer Based Training
CSCW	Computer Supported Cooperative Work
Cuparla	Computerunterstützte Parlamentsarbeit
EDV	Elektronische Datenverarbeitung
MS Office	Microsoft® Office
MST	Media Synchronicity Theory
MS Windows	Microsoft® Windows
MS Word	Microsoft® Word
NDA	Needs Driven Approach
TeDi	Telekooperationsdidaktik
TIP-Theory	Time, Interaction, and Performance Theory
TKS	Telekooperationssystem
TZI	Themenzentrierte Interaktion
Win95	Windows 95

1 Einführung und Zielsetzung

Räumlich und zeitlich verteilte Zusammenarbeit wird in unserer komplexer werdenden Welt immer bedeutender. Deshalb werden zunehmend Telekooperationssysteme zur Unterstützung verteilt zusammenarbeitender Personen in Wirtschaft und Politik eingeführt. Dabei gilt die Einführung von Telekooperationssystemen als schwierig, da sie sowohl für das Individuum als auch für die Zusammenarbeitenden als Gruppe Veränderung bedeuten. So wird beispielsweise neben individuellem Lernen auch kollektive Verhaltensänderung notwendig. Eingeschliffene Abläufe der Zusammenarbeit müssen neu betrachtet und unter dem Gesichtspunkt des Einsatzes des Telekooperationssystems neu definiert werden.

Eine Schlüsselrolle spielt in diesem Zusammenhang die Qualifizierung der Anwenderinnen. Diese wird bislang auf Basis des Wissens der Einführenden durchgeführt, das sich weitgehend auf die Nutzung von Individualsoftware bezieht. Auch bedarf es einer didaktischen Fundierung, um diese Qualifizierungsmaßnahmen professionell durchführen zu können. Es gibt zwar eine Reihe von Computerdidaktiken, Didaktiken der Informationsverarbeitung, Erwachsenendidaktiken und Gruppendidaktiken, es existiert aber keine umfassende Didaktik für Telekooperationssysteme. Die sozio-informationstechnische Bildung von Euler [1995] bildet einen ersten Schritt in diese Richtung, bewegt sich mit ihren Ausführungen jedoch auf metadidaktischer Ebene. Konkrete Hinweise zur Gestaltung der Qualifizierungsmaßnahmen liefert sie nicht.

Im Projekt „Computerunterstützte Parlamentsarbeit“ (Cuparla), das die Einführung eines Telekooperationssystems für die Ratsarbeit beinhaltete, konnten Erfahrungen hinsichtlich der Qualifizierung für Telekooperation gesammelt werden. Dabei wurden unterschiedliche Möglichkeiten ausprobiert und im Projektverlauf das Gelernte schrittweise aufgenommen und verbessert. Dieses kostenintensive iterative Vorgehen bei Qualifizierungsmaßnahmen ist in der Praxis nicht denkbar.

Deshalb ist es Ziel dieser Arbeit, eine konzeptionelle didaktische Basis für Qualifizierungsmaßnahmen für die Einführung von Telekooperationssystemen zu erarbeiten, um eine effektive und effiziente Qualifizierung von Anwenderinnen zu ermöglichen.

In die Entwicklung der didaktischen Basis fließen neben den empirischen Daten theoretische Grundlagen aus dem Forschungsbereich *Computer Supported Cooperative Work* und didaktische Ansätze ein.

2 Aufbau und Methodik

Der Aufbau dieser Arbeit ist dreiteilig: Kapitel 3 und 4 bilden den ersten Teil, der die allgemeinen Grundlagen und die empirische Basis umfasst. Kapitel 5 und 6 entsprechen einem zweiten Teil, der den theoriegeleiteten Beitrag beinhaltet. Kapitel 7 stellt den dritten Teil dar. Es enthält die Synthese aus Empirie und Theorie, die zu einer konzeptionellen didaktischen Basis für Qualifizierungsmaßnahmen zur Einführung von Telekooperationssystemen führt (siehe Abbildung 2-1).

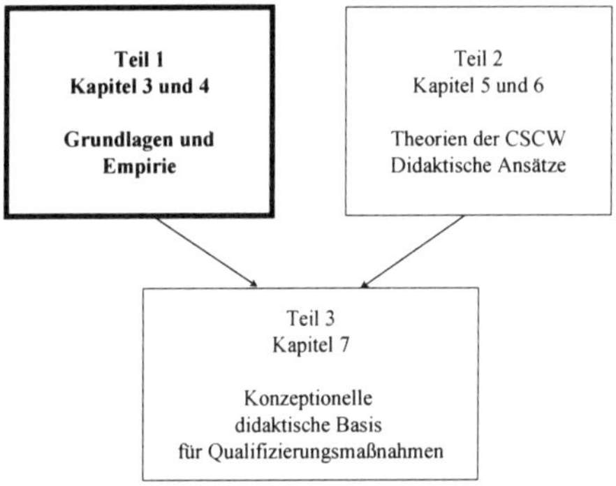

Abbildung 2-1: Aufbau der Arbeit (Quelle: Eigene Darstellung)

Die empirische Basis dieser Arbeit liefert das bereits erwähnte Projekt Cuparla, in dem ein Telekooperationssystem zur Unterstützung von Ratsmitgliedern in Gemeinden eingeführt wurde. Sowohl die Nullmessung als auch die Projektevaluation erfolgte durch eine Reihe von semi-strukturierten Interviews, teilnehmender Beobachtungen und schriftlicher Befragungen anhand elektronischer Fragebögen, die im Rahmen des Projektes durchgeführt wurden.[135]

Der theoriegestützte Teil dieser Arbeit beruht auf Theorien aus dem Forschungsgebiet *Computer Suppported Cooperative Work* (CSCW) und didaktischer Ansätze.

Dabei werden folgende Fragestellungen behandelt:

- Welche Besonderheiten müssen bei Schulungen im Rahmen der Einführung eines Telekooperationssystems beachtet werden?
- Welche Didaktik/Didaktiken kann/können für die Planung und Durchführung von Einführungsveranstaltungen zu Telekooperationssystemen eingesetzt werden?
- Welche Empfehlungen lassen sich aus Theorie und Empirie für die Durchführung von Qualifizierungsmaßnahmen ableiten?

135 In Schwabe [1999] sind die Evaluationsergebnisse des Gesamtprojektes in aller Ausführlichkeit aufgearbeitet wiedergegeben.

3 Cuparla – Computergestützte Parlamentsarbeit

Im Herbst 1995 startete im Auftrag der Deutschen Telekom Berkom GmbH das Projekt Cuparla "Computerunterstützte Parlamentsarbeit" mit den Zielen

- Gemeinderatsarbeit effizienter und flexibler zu gestalten,
- verbesserten und beschleunigten Informationszugang für Gemeinderäte zu schaffen,
- Kommunikationsbarrieren innerhalb des Gemeinderates und
- Kommunikationsbarrieren zwischen Gemeinderat und Verwaltung abzubauen.

Unter der Federführung des Lehrstuhls für Wirtschaftsinformatik der Universität Hohenheim und der Mitwirkung der Datenzentrale Baden-Württemberg sowie der Informations-TechnologieMangementberatungsgesellschaft mbH wurde das Projekt durchgeführt und im Frühjahr 1998 abgeschlossen. In den ersten drei Monaten wurde die Gemeinderatsarbeit unter Anwendung der Methode Needs Driven Approach (NDA) [Schwabe & Krcmar 1996] analysiert. In der NDA werden für die CSCW typische ethnographische Studien [CSCW'94, CSCW'96] sowie Anforderungsanalysen der Zusammenarbeit in Sitzungen mit GroupSystems for Windows, einer Sitzungsunterstützungssoftware, [Nunamaker et al. 1992] und objektorientiertes Design [Gryczan/Züllighoven 1992] kombiniert. Basierend auf der qualitativen Forschung wurde ein Fragebogen entwickelt und eingesetzt. Gemeinsam mit Zeitaufschrieben der Gemeinderäte dienten sie zur Evaluation der gewonnenen Analyseergebnisse. Im Sommer (Phase 1) und Herbst 1996 (Phase 2) wurde basierend auf den Ergebnissen eine Telekooperationsumgebung konfiguriert und eine gemeinderatsspezifische Software zur Telekooperation entwickelt. Anwendung fand sie in den Pilotfeldern Stuttgart ab 1996 und Kornwestheim ab 1997. In diesem Rahmen wurde es notwendig ein anwenderbezogenes Einführungs- und Schulungskonzept für Telekooperation zu entwickeln. Nach den ersten Erfahrungen in Stuttgart wurde es angepasst, um dann in Kornwestheim korrigiert zum Einsatz zu kommen.

Obwohl mehr als zwei Drittel der Stadt- und Gemeinderatsmitglieder wenig oder keine Berührung mit Computern vor Cuparla hatten, nutzten im März 1998 gut zwei Drittel das Cuparla-System regelmäßig. Nach Abschluss des Forschungsprojektes stimmten die Gemeinderatsmitglieder geschlossen dafür, Cuparla weiterhin anzuwenden.

Die Autorin arbeitete ab 1995 im Projekt Cuparla in unterschiedlichen Funktionen mit. Schwerpunkt ihrer Arbeit lag ab Sommer 1996 bis zu Projektende auf der Konzeption und Gestaltung der anwenderbezogenen Einführungsmaßnahmen.

Um den Kontext des Gemeinderates bzw. der Gemeinderatsarbeit vorzustellen, wird im ersten Schritt ein Überblick über die Grundlagen der Gemeinderatsarbeit und des Gemeinderats sowie der Gegebenheiten in den zwei Pilotstädten Stuttgart und Kornwestheim gegeben (Kapitel 3.1). Anschließend wird das Telekooperationssystem Cuparla vorgestellt (Kapitel 3.2). Beide Kapitel sind notwendig, um mögliche Veränderungen und Wirkungen auf den Gemeinderat, die Ratsmitglieder und die Gemeinderatsarbeit durch Cuparla aufzeigen zu können (Kapitel 3.3), welche die Grundlage der didaktischen Überlegungen in Kapitel 4 darstellen.

3.1 Der Gemeinderat und Gemeinderatsarbeit

Bevor der Gemeinderat der Landeshauptstadt Stuttgart und der Stadt Kornwestheim skizziert werden, gilt es in einem ersten Schritt die Grundlagen hierfür zu legen.

3.1.1 Grundlagen zu Gemeinderat und Gemeinderatsarbeit

Was ist ein Gemeinderat und wie ist er aufgebaut? Wie gestaltet sich herkömmliche Gemeinderatsarbeit und welche Veränderungen haben sich durch den Einsatz von Cuparla ergeben? Um Hintergrundinformationen zu geben und für die Entwicklung des Einführungskonzeptes eine Basis zu schaffen, stehen diese Fragen sowie begriffliche Erläuterungen und Abgrenzungen im Mittelpunkt der folgenden Betrachtungen.

3.1.1.1 Der Gemeinderat

Der Begriff *Gemeinderat* steht umgangssprachlich sowohl für das Plenum Gemeinderat als auch für die einzelne gewählte Person. Deshalb wird im Folgenden der Begriff *Gemeinderat* für das Plenum verwendet und der Begriff *Ratsmitglied,* wenn die einzelne Person gemeint ist.

Die Verwaltungsstruktur in der Bundesrepublik Deutschland gliedert sich in drei Ebenen: Bund, Länder und Kommunen. Entsprechend Art. 28 des Grundgesetzes haben Kommunen und Kreise die Aufgabe, "Angelegenheiten der örtlichen Gemeinschaft im Rahmen der Gesetze in eigener Verantwortung zu lösen" und als untere Verwaltungsinstanz die Gesetze des Bundes und der Länder auf kommunaler Ebene umzusetzen. Die einzelnen Aufgaben, die sich allgemein hieraus ergeben, sind in der Gemeindeordnung jedes Bundeslandes und spezifisch für jede Kommune in deren Haupt- und weiteren Satzungen geregelt. Wie diese allgemeinen Aufgaben ausgefüllt werden, liegt jedoch an der jeweiligen Situation der Kommune sowie dem politischen Selbstverständnis der Fraktionen und der einzelnen Gemeinderatsmitglieder (vgl. [Wehling 1994, S.8; Sixt 1994, S. 504]).

Per Gesetz ist der Gemeinderat Teil der kommunalen Verwaltung. Daneben gibt es noch ein oder weitere Organe, die für Kommunen bedeutend sind. In der baden-württembergischen Gemeindeordnung ist dies der Bürgermeister bzw. der Oberbürgermeister.[136] Als Verwaltungsleiter steht er dem Gemeinderat mit seinen Ratsmitgliedern und der ausführenden Verwaltung vor. Die ausführende Verwaltung[137] ist, wie der Begriff *ausführend* vermuten lässt, die ausführende Instanz und ist per Kommunalverfassung dem Gemeinderat prinzipiell untergeordnet. Ziele und Aufgaben der Verwaltung werden zum einen durch Gesetze, zum anderen durch Ratsbeschlüsse vorgegeben (vgl. [Rudolf 1994, S. 6; Holler/Naßmacher 1979, S. 283]).

---

[136] In dieser Arbeit wird von den gesetzlichen Rahmenbedingungen in Baden-Württemberg ausgegangen, da es nicht Ziel der Arbeit ist, verschiedene Ratsverfassungen miteinander zu vergleichen. Siehe dazu [Gabriel et al. 1997, S. 338ff.]. Die weiteren Ausführungen werden am Beispiel der Landeshauptstadt Stuttgart vorgenommen.

[137] Per Gesetz werden unter dem Begriff *Verwaltung* der Gemeinderat und die ausführende Verwaltung subsummiert. Da dies keine Relevanz für diese Arbeit hat, wird im Folgenden der Begriff *Verwaltung* für die ausführende Verwaltung verwendet.

3.1.1.2 Aufbau des Gemeinderates

Um den vielfältigen Aufgaben gerecht zu werden, organisiert sich der Gemeinderat in einer Reihe formeller und informeller Gremien. Als formelle Gremien können Folgende genannt werden (vgl. [Naßmacher/Naßmacher 1979, S. 124ff.; Gisevius 1994, S. 71; Rudolf 1994, S. 1-10; Schwabe 1999, S. 258ff.]):

1. Das *Plenum* des Gemeinderates setzt sich aus allen gewählten Ratsmitgliedern und dem Oberbürgermeister zusammen, wobei die Leitung dem Oberbürgermeister obliegt. Es stellt das wichtigste formale Gremium dar, da es Beschlüsse zu allen wichtigen Anliegen fällt (vgl. [Diegelmann 1996, S. 10f.; Schaal 1995, S. 3ff.]).
2. Die *Ausschüsse* werden für die inhaltliche Diskussion und thematische Arbeit zu einzelnen Anliegen gebildet. Sie bereiten Entscheidungen vor und geben an das Plenum Entscheidungsempfehlungen ab. Sie werden durch einen gewählten Bürgermeister geleitet. Entsprechend dem Proporz setzen sich ihre Mitglieder aus Räten der einzelnen Fraktionen zusammen. Je nach Größe der Kommune können zwischen zwei und zehn Ausschüsse existieren (vgl. [Kunze 1991, S. 65, Holler/Naßmacher 1979, S. 291]).
3. Die *Fraktionen* entstehen durch freiwilligen Zusammenschluss und setzen sich aus Ratsmitgliedern mit gleicher politischer Ausrichtung zusammen. Üblicherweise ist die Anzahl der Fraktionen mit der Anzahl politischer Parteien identisch, plus einer Fraktion für parteilose Räte wie z. B. Freie Wähler oder Unabhängige. Erreicht eine Gesamtfraktion eine gewisse Stärke, hat sie spezielle Rechte wie z. B. die Möglichkeit, finanzwirksame Anträge auch außerhalb der Haushaltsberatungen stellen zu können (vgl. [Gisevius 1994, S. 71; Seeger 1994, S. 84]).
4. *Beiräte* sind Gremien, die zur Diskussion und Beratung über spezielle kommunalpolitische Themen gebildet werden, Empfehlungen zu diesen ausarbeiten und an die Ausschüsse und das Plenum abgeben. Sie setzen sich aus interessierten Ratsmitgliedern, betroffenen Bürgern und Experten zusammen.
5. Als letztes formales Gremium ist der *Ältestenrat* zu nennen. Er ist für die Geschäftsordnung des Gemeinderates zuständig und übernimmt die Vorstrukturierung der Beratungen in den Ausschüssen. Mitglieder sind der Oberbürgermeister, der die Leitungsfunktion hat, und die jeweiligen Fraktionsleitenden.

Neben den formellen Gremien gibt es noch weitere informelle (vgl. [Schwabe 1999, S. 259f.]):

- *Arbeitskreise:* Sie werden innerhalb der Fraktionen zu den einzelnen Ausschüssen und zu längerfristigen kommunalpolitischen Themen gebildet. Sie setzen sich deshalb aus Fraktionsmitgliedern zusammen, die die jeweiligen Anliegen diskutieren und für ihre Fraktion Vorschläge und Entscheidungsalternativen ausarbeiten.
- *Gemeinderatsinitiativgruppen:* Sie bilden sich oft spontan fraktionsübergreifend zu gemeinsamen kommunalpolitischen Anliegen und sind nicht auf Dauer angelegt. Mit Beschlussfassung zu dem speziellen Anliegen wird die Zusammenarbeit meist beendet.
- Im Rahmen der Bürgerpartizipation beteiligen einige Fraktionen sogenannte *Bürgergruppen* an Vorberatungen zu einem speziellen Anliegen. So arbeiten einzelne Ratsmitglieder und betroffene Bürger gemeinsam Vorschläge für die jeweilige Fraktion aus. Auch diese Gruppen sind nicht auf dauerhafte Zusammenarbeit angelegt.

Da dem Gremium Fraktion als politische Heimat der einzelnen Ratsmitglieder spezielle Bedeutung zukommt, wird im Folgenden die Struktur kurz erläutert. Fraktionen haben in der Regel Fraktionsvorsitzende, die die Aufgabe der Fraktionsleitung erfüllen. Gemeinsam mit den Stellvertreterinnen bilden sie den Fraktionsvorstand. Zu diesem können noch Arbeitskreissprecherinnen, die einen Arbeitskreis innerhalb der Fraktion führen, sowie Fraktionsgeschäftsführerinnen zählen. Fraktionsgeschäftsführerinnen sind für die administrative Arbeit zuständig, die weitgehend von den Fraktionsassistentinnen und Sekretärinnen ausgeführt wird. Sie alle arbeiten, je nach Fraktionsgröße, direkt oder indirekt dem Fraktionsvorstand zu. Die Arbeit der einzelnen Ratsmitglieder kann nur eingeschränkt durch sie unterstützt werden.

Die Ratsmitglieder sind per definitionem Mitglied des Gemeinderates und können in allen weiteren Gremien wahlweise beteiligt sein. Daraus und aus der Organisationsform der einzelnen Fraktionen ergeben sich mehrere Rollen, die die einzelnen Ratsmitglieder übernehmen können, z. B. Stadträtin an sich, Fraktionsvorsitzende, stellvertretende Fraktionsvorsitzende, Fraktions-, Ausschuss-, Beirats-, Ältestenratsmitglied.

Mit der Mandatsübernahme gehen bestimmte Rechte und Pflichten einher, die sich an die Rolle „Gemeinderätin" koppeln. Beispielsweise besteht ein Informationsrecht, d. h. ein Recht auf umfassende Information durch die Verwaltung, ein Recht auf Akteneinsicht sowie ein offizielles Anfragerecht in Rats- und Ausschusssitzungen, aber auch eine Informationspflicht, d. h. Informationsweitergabe, auch an die Öffentlichkeit (vgl. [Schulze 1994a, S. 4ff.; Schulze 1994b, S. 2ff.]).

Innerhalb des Gemeinderates kooperieren die Ratsmitglieder mit Mitgliedern des Plenums, der Ausschüsse, der Fraktionen und Arbeitskreise. Innerhalb der Fraktionen arbeiten sie mit Fraktionskolleginnen und den Mitarbeiterinnen der Fraktionsgeschäftsstelle zusammen, wobei der Fraktionsgeschäftsstelle besondere Bedeutung zukommt, da sie eine Schnittstelle sowohl zur Verwaltung als auch zum Umfeld hin darstellt (vgl. [Bick 1989, S. 18]). Durch die Zugehörigkeit der einzelnen Ratsmitglieder zu diesen Gremien ergeben sich eine Reihe von Kooperationsbeziehungen. Diese lassen sich folgenden Bereichen zuordnen: dem Gemeinderat, der Verwaltung, den Fraktionen, den Ausschüssen und dem restlichen Umfeld.

In der Zusammenarbeit mit der Verwaltung nimmt die Geschäftsstelle des Gemeinderates als Schnittstelle zwischen den Ratsmitgliedern und der Verwaltung eine besondere Stellung ein. Sie versorgt die Ratsmitglieder mit Informationen und Beschlussvorlagen und nimmt die Anfragen und Anträge der Ratsmitglieder entgegen. Politische Ansprechpartnerinnen in der Verwaltung sind darüber hinaus die Bürgermeisterinnen als Referatsleiterinnen. Das Presse- und Informationsamt ist das Kommunikationsorgan nach außen, sie publizieren Beschlüsse in der Öffentlichkeit.

Die Ratsmitglieder haben weiterhin Kooperationsbeziehungen in ihr politisches Umfeld. Der direkte Kontakt zu Bürgerinnen, zu Bezirksratsmitgliedern, Parteikolleginnen sowie Interessenvertreterinnen aus Bürgerinitiativen, Gewerkschaften oder Wirtschaft wird gesucht und gepflegt. Speziell in Zeiten des Wahlkampfes intensivieren sich diese.

3.1.1.3 Generelle Aufgaben des Gemeindesrates

Welches sind nun die generellen Aufgaben eines Gemeinderates? Der Gemeinderat ist die gewählte Vertretung der Bürgerinnen und das Hauptorgan in der Gemeinde. Er legt unter kommunalpolitischen Aspekten Ziele, Grundsätze, Strategien und Rahmenbedingungen für die ausführende Verwaltung der Stadt fest. Er entscheidet über alle Angelegenheiten der Kommune, soweit nicht der Oberbürgermeister per Gesetz zuständig ist oder der Gemeinderat dem Oberbürgermeister bestimmte Angelegenheiten übertragen hat. Gemeinsam mit dem Oberbürgermeister entscheidet der Gemeinderat über die Ernennung, Einstellung und Entlassung von Gemeindebediensteten. Darüber hinaus überwacht er die Ausführung seiner Beschlüsse und die Beseitigung von aufgetretenen Missständen in der ausführenden Verwaltung durch den Oberbürgermeister. Daraus ergeben sich nach Gabriel et al. [1997, S. 345-346] vier Aufgabenbereiche:

- *Steuerungs- und Zielbildungsfunktion*, d. h. der Gemeinderat entscheidet über alle wesentlichen Angelegenheiten der kommunalen Selbstverwaltung,
- *Initiativrecht*, d. h. der Gemeinderat kann, ebenso wie die ausführende Verwaltung, Themen in den kommunalen Entscheidungsprozess einbringen,
- *Informations- und Kontrollrecht*, d. h. der Gemeinderat hat das Recht, durch die ausführende Verwaltung über alle Aufgaben regelmäßig informiert zu werden, die per Gemeinderatsbeschluss an die Verwaltung übertragen werden, und damit Kontrolle über den Fortgang der Aufgabenausführung zu haben,
- *Wahlfunktion*, d. h. der Gemeinderat kann Beigeordnete, in Stuttgart die Bürgermeisterinnen, und andere Führungskräfte bestellen.

Diese Aufgabenbereiche, die aus den formalen Kompetenzen resultieren, entsprechen nicht den faktischen Aktivitäten. Die einzelnen Ratsmitglieder haben die Möglichkeit die Aufgabenbereiche nach eigenem Ermessen auszufüllen. Gabriel et al. [1997, S. 346] beklagen einen Mangel an empirischen Studien zu der tatsächlichen Arbeit der Ratsmitglieder (vgl. [Schwabe 1999, S. 257]).

3.1.2 Der Gemeinderat der Landeshauptstadt Stuttgart

Der am 12. Juni 1994 gewählte Gemeinderat der Landeshauptstadt Stuttgart hatte seine Arbeit am 8. September 1994 aufgenommen. Insgesamt werden 60 Stadträte und -rätinnen von den Stuttgarter Bürgerinnen gewählt. Gemeinsam mit dem Oberbürgermeister und der Stadtverwaltung hatten sie die Aufgabe, die Landeshauptstadt zu verwalten.

Der Aufbau, die faktischen Aufgaben und die Kooperationsbeziehungen des Stuttgarter Gemeinderates werden im Rahmen des Projektes CUPARLA anhand der Telekooperationsanalyse Needs Driven Approach analysiert (siehe Kapitel 4.3) und durch eine Zeitanalyse von Vöhringer [1996] untermauert. Im Folgenden wird das Ergebnis kurz vorgestellt. Bei der Betrachtung der Aufgaben des Gemeinderates werden sowohl die Aufgaben der einzelnen Ratsmitglieder als auch die Kooperation innerhalb der Fraktion, Ausschüsse und Arbeitskreise berücksichtigt.

3.1.2.1 Aufbau des Stuttgarter Gemeinderates

Als stärkste Fraktion im Gemeinderat der Landeshauptstadt Stuttgart war die CDU mit 20 Sitzen vertreten. Gefolgt wurde sie von der SPD mit 16 Sitzen und Bündnis 90/Die Grünen mit elf Sitzen. Jeweils vier Sitze hatten FDP/DVP und Freie Wähler sowie Republikaner inne. Erstmals im Gemeinderat vertreten war die ÖDP mit einem Sitz. Unter den 60 Mitgliedern des Gemeinderates waren 22 Stadträtinnen [Presse und Informationsamt 1998].

Der Gemeinderat bildete zu seiner Arbeitsentlastung Ausschüsse, die sich mit Sachfragen intensiv beschäftigten. Die großen Ausschüsse waren insgesamt mit 16 stimmberechtigten Mitgliedern sowie 16 Stellvertretern besetzt. Entsprechend dem Fraktionsproporz verteilten sich die Sitze wie folgt: Die CDU stellte in jedem Ausschuss fünf Mitglieder, die SPD vier und die Grünen drei. Die kleineren Fraktionen FDP, Freie Wähler und Republikaner stellten ein bis zwei Mitglieder pro Ausschuss. Im Jahr 1998 hatte die Landeshauptstadt insgesamt sieben beschließende Ausschüsse, vier beratende Ausschüsse und sowie mehrere Beiräte, in denen auch teilweise Einwohnerinnen der Landeshauptstadt auf ehrenamtlicher Basis mitwirkten.

Neben den genannten Gremien gab es noch den Ältestenrat. Er setzte sich aus elf Mitgliedern sowie elf Stellvertreterinnen zusammen. Vorsitzender des Ältestenrates war der Oberbürgermeister.

Zur Unterstützung des Gemeinderates gab es in Stuttgart noch die Geschäftsstelle, die in der Allgemeinen Abteilung (10.2) des Hauptamtes angesiedelt war. Die größeren Fraktionen (CDU, SPD) unterhielten ihre eigenen Geschäftsstellen bzw. Fraktionsvorzimmer mit zwei von der Stadt zur Verfügung gestellten sachbearbeitenden Assistenten. Die übrigen Fraktionen hatten abweichende Strukturen aufgebaut, in denen je eine Personalstelle von der Stadt gestellt wurde.

Die gewählten Ratsmitglieder waren alle auf ehrenamtlicher Basis tätig und gehörten im Rahmen ihrer Gemeinderatsarbeit ihrer jeweiligen Fraktion, einzelnen Ausschüssen und Beiräten an. Einige waren zusätzlich als Vertreterinnen der Stadt in Organisationen öffentlicher Einrichtungen, wirtschaftlichen Unternehmen der Stadt, in Zweckverbänden, gemeinnützigen Vereinen oder Stiftungen als ständiges Mitglied oder Stellvertreterin aktiv. Die einzelnen Personen hatten somit in ihrer Funktion als Ratsmitglieder unterschiedliche Rollen auszufüllen und Aufgaben zu bewältigen.

Kooperationsbeziehungen existieren wie in Kapitel 3.1.1.2 beschrieben. Deshalb werden sie an dieser Stelle nicht weiter ausgeführt.

3.1.2.2 Faktische Aufgaben der Stuttgarter Ratsmitglieder

In einer Reihe empirischer Untersuchungen wie semi-strukturierten Interviews, teilnehmenden Beobachtungen, Fragebögen und Zeitaufschrieben wurden die Tätigkeiten und damit die Aufgaben der Ratsmitglieder untersucht. Die Auswertung ergab eine individuelle Sichtweise und Ausgestaltung der Aufgabenbereiche (siehe Kap. 3.1.1.3) je nach Rat bzw. Rätin. Beispielsweise sah ein Rat es als seine Aufgabe an, Politikthemen zu identifizieren und sich in sie einzuarbeiten, um fachkundig und informiert Entscheidungen vorbereiten und treffen zu können. Andere Ratsmitglieder gaben an, dass ihre Aufgabe darin besteht, Bürgerinnen mit ihren Anliegen zufrieden zu stellen und das Handeln der Verwaltung zu kontrollieren. Trotz abweichendem Aufgabenverständnis führten alle die am folgenden Beispiel beschriebenen Aktivitäten durch, wenn auch in unterschiedlicher Intensität. Im Durchschnitt verbrachte ein Ratsmitglied 21,5 Stunden pro Woche für die Gemeinderatsarbeit im engeren Sinne. Dazu zählten Sitzungsvorbereitung und -nachbereitung mit 9,8 Stunden sowie die Sitzung selbst mit 9,7 Stunden. Nicht in dieser Zahl enthalten waren der Zeitaufwand für Fraktionsarbeit mit 6,2 Stunden und Mandatsnebentätigkeiten mit 14,6 Stunden (vgl. [Vöhringer 1996, S. 54f.]).

Beispiel: Ein Ausschnitt aus dem Tag einer Gemeinderätin ohne Cuparla

In der morgendlichen Zeitung liest Stadträtin Mörte[138] den kommunalpolitischen Teil, um sich zu informieren, was sich am Vortag zugetragen hat und wie die Presse dies darstellt. Sie entdeckt einige für sie interessante Artikel, die im Rahmen ihrer Ausschussarbeit und für ihren Stadtteil wichtig sind. Für ihre private Ablage schneidet sie die entsprechenden Stellen aus und legt sie sich auf den Schreibtisch. Heute Abend will sie diese gleich ablegen, wobei ein Artikel für die Fraktionssitzung interessant ist. Den Artikel schiebt sie sich deshalb in ihre Aktentasche, denn bevor sie zur Fraktionssitzung geht, wird sie nicht nach Hause kommen können. Schnell steckt sie noch Unterlagen ein, die heute in der Fraktionssitzung besprochen werden sollen. Da fällt ihr ein, dass vor zwei oder drei Jahren das Thema schon einmal in der Gemeinderatssitzung besprochen wurde. Kurz entschlossen sucht sie noch schnell ihre Hängeregister dazu durch, kann aber das Protokoll nicht mehr finden. Jetzt bleibt nur noch der Griff zum Telefon, um die Geschäftsstelle des Gemeinderates darauf anzusetzen. Aber halt, es ist noch nicht 8.00 Uhr, da ist noch niemand zu erreichen. Auch in ihrer Fraktionsgeschäftsstelle geht noch niemand ans Telefon, so notiert sie sich kurz in ihrem Kalender, dass sie das Protokoll noch bestellen muss. Auf dem Weg zum Auto wirft sie noch schnell einen Blick in den Briefkasten, den sie am Vorabend nicht mehr geleert hatte. Ein Stapel Briefe ist darin, den sie ungelesen einsteckt, um vielleicht im Laufe des Tages noch schnell einen Blick darauf zu werfen. Die sehnlich erwartete Gemeinderatsvorlage ist leider nicht dabei. Vielleicht liegt sie ja in ihrem Postkorb im Fraktionszimmer. Sie beschließt noch schnell ins Rathaus zu fahren und nachzusehen, bevor sie zur Arbeit fährt. So hetzt sie ins Rathaus und anschließend ins Büro, wo ein ganz normaler Arbeitstag auf sie wartet.

Am Spätnachmittag fährt Frau Mörte dann ins Rathaus. Auf dem Weg dorthin fällt ihr ein, dass sie vergessen hat, nach dem Gemeinderatsprotokoll suchen zu lassen. Egal, denkt sie sich, es wird auch ohne gehen. Im Rathaus angekommen, führt sie ihr Weg direkt ins Fraktionszimmer. In ihrem Postkorb wartet schon ein weiterer Stapel Informationen und Briefe auf sie. Da sie die letzten zwei Tage nicht im Rathaus gewesen war, ist es mehr Post als üblich. Um ein wenig Ruhe zu haben, setzt sie sich ins Fraktionssitzungszimmer und sichtet ihre Post. Einige Anfragen von Bürgerinnen sind dabei, die sie in eine Antwortmappe sortiert. Sobald sie am Wochenende Zeit hat, wird sie diese beantworten. Danach sieht sie noch die restlichen Unterlagen durch. Ein Antragsentwurf ist dabei, den ein Kollege basierend auf einer kurzen Diskussion und gemeinsamen Unterlagen erstellt hat. Sie geht ihn schnell durch und schreibt von Hand einige Anmerkungen dazu. Da sie den Antrag gern in Kopie behalten möchte, geht sie zum Kopierer, kopiert ihn und legt die Kopien ins Postfach ihres Kollegen. Eigentlich wollten sie den Antragsentwurf heute schon diskutieren lassen, aber jetzt wird wohl

[138] Der Name der Stadträtin sowie die Geschichte sind von der Autorin frei erfunden.

noch eine Überarbeitung fällig. Für den heutigen Sitzungsabend reicht die Zeit nicht mehr aus, um alle erhaltenen Unterlagen durchzugehen. Sie beschränkt sich auf die Notwendigsten und macht ihre Anmerkungen dazu, denn gleich beginnt die Sitzung.

Wie das Beispiel zeigt, verbringen Ratsmitglieder viel Zeit damit, sich zu informieren. Dazu gehört das Lesen der Tageszeitungen und Fachzeitschriften, ein Gang zu Bibliotheken und Archiven sowie ins Rathaus, um Informationsrecherche zu betreiben. In eingeschränktem Maß erhalten sie von ihren Fraktionsgeschäftsstellen Informationen zu bestimmten Themenkreisen und Anliegen entsprechend ihrer Zugehörigkeit zu Ausschüssen, Arbeitskreisen etc. Aus der Verwaltung werden ebenfalls Informationen bereitgestellt. Dabei handelt es sich vorwiegend um Sitzungsunterlagen für die Gemeinderatssitzungen, Antworten auf Anfragen und Ergebnisse in Auftrag gegebener Informationsrecherchen. Jedoch verlassen sich die Ratsmitglieder nicht alleine auf die Informationen, die durch die Verwaltung bereitgestellt werden. Sie werden durch selbst Recherchiertes ergänzt, um einen möglichst ungefärbten Überblick zu erhalten (vgl. [Cuparla 1998b; Vöhringer 1996, S. 64ff.]).

Bis auf die Sitzungsvorlagen des Gemeinderats, die den Ratsmitgliedern per Hausboten zugestellt werden, müssen alle weiteren Informationen im Rathaus oder in der Fraktion selbst abgeholt werden. Dadurch sind die Ratsmitglieder nicht nur an Tagen, an denen sie Sitzungen haben, dort zu finden. Immer wieder müssen sie ins Rathaus, um sich die benötigten „Informationspakete“ zu holen. Das begründet auch die hohen Wegezeiten, die die Ermittlung von Vöhringer [1996, S. 54f.] ergab.

Nach dem Lesen der Informationen werfen sie diese weg oder legen sie in ihrer eigenen Ablage unter persönlich gewählten Schlagworten ab. In diesem Zusammenhang klagen manche Ratsmitglieder, die schon länger dabei sind, über das Anwachsen ihrer Privatablage. Ein Problem bei der Informationsrecherche ist nach Aussage von Ratsmitgliedern teilweise auch das Wiederauffinden von Abgelegtem. Weiß man das Ablagestichwort nicht mehr, findet sich auch die Information nicht wieder. Bei alten Protokollen ist dann mitunter die Geschäftsstelle des Gemeinderates die letzte Rettung, auch wenn dies nicht sofort hilft, sondern mit Wartezeiten verbunden ist. Mit einem telefonischen Anruf kann dort innerhalb der normalen Geschäftszeiten die Information bestellt werden. Dabei besteht auch hier das Problem, das „richtige“ Stichwort für die Suche zu generieren, um aus der Masse der Daten die betreffende Stelle wiederzufinden. Findet die Geschäftsstelle des Gemeinderates etwas, wird dies dem Ratsmitglied zugestellt. Manchmal erfolgt dies per Post oder wird an die Fraktion des Ratsmitgliedes weitergegeben, um dort im Postfach zur Abholung hinterlegt zu werden. In seltenen Fällen wird das Suchergebnis per Fax geschickt. Außerhalb der Geschäftszeiten der Geschäftsstelle sind keine Informationen bestellbar.

Die Teilnahme an Sitzungen macht den Löwenanteil der Ratsarbeit aus. Bei einer Untersuchung über die Belastung durch Sitzungen werden bei der Betrachtung der reinen Sitzungsdurchführung im Jahre 1991 (vgl. [Cuparla 1998b, S. 19]) folgende Zahlen ermittelt:

Gesamtzahl der stattfindenden Sitzungen:	306
Gesamtzahl der Tagesordnungspunkte:	5 182
Gesamtsitzungsdauer in Stunden:	969
Durchschnittliche Sitzungsdauer in Stunden	3,2

Dies belegen auch Zahlen aus dem Jahr 1996, in dem 23 Gemeinderatssitzungen mit einer Gesamtsitzungsdauer von 47 Stunden stattfanden. Hinzu kamen 142 Sitzungen in beschließenden Ausschüssen mit einer Gesamtsitzungsdauer von 404 Stunden [Borgmann 1997]. Unberücksichtigt sind in diesen Zahlen die Zeiten für die Sitzungsvor- und -nachbereitung.

Einen wesentlichen Teil der Sitzungsvorbereitung nimmt die Informationrecherche durch das Heraussuchen alter Beschlüsse, Anträge und Anfragen ein, um sich individuell Unterlagen für die Sitzung zusammenzustellen. Einige Ratsmitglieder scheuen diesen zusätzlichen Zeitaufwand und lesen deshalb zur Sitzungsvorbereitung lediglich die bereitgestellten Sitzungsunterlagen.

Unterschiede in Bezug auf Intensität und Umfang der Vorbereitung ergeben sich aus der Rolle der einzelnen Ratsmitglieder. Sind sie beispielsweise Fraktionsvorsitzende, und damit Leitende der Fraktionssitzung, müssen sie sich zusätzlich auf die Sitzungsmoderation vorbereiten. Auch die Art der Sitzung, die Anzahl der beteiligten Personen, die eingesetzten Hilfsmittel und Werkzeuge, der Grad der Offenheit untereinander, der Ideologieeinfluss sowie die politische Zielsetzung determinieren die Vorbereitung. Für eine Arbeitskreissitzung, in der vorwiegend inhaltlich gearbeitet wird, müssen sich die Ratsmitglieder weitaus intensiver vorbereiten, als für eine Gemeinderatssitzung, in der lediglich die zuvor gefasste Fraktionsmeinung wiedergespiegelt wird.

Neben der intensiven Informationsarbeit machen Kommunikation und Koordination einen weit geringeren Anteil der Gemeinderatsarbeit aus. Der Griff zum Telefonhörer oder das Senden eines Faxes dominieren die Kommunikation. Seltener treffen sich die Ratsmitglieder persönlich. Mehr Zeit verbringen die Ratsmitglieder damit, Anfragen von Bürgerinnen zu beantworten, sei es durch einen Anruf oder durch einen Brief. Je nach Struktur der Fraktionen wird diese Tätigkeit aber nur von Wenigen ausgeübt.

Kooperation tritt manchmal beim Entwerfen von Anfragen und Anträgen auf. Denn hierzu schließen sich gelegentlich mehrere Personen zusammen, formulieren den Text aus und bringen dann den Entwurf in den Arbeitskreis, in ihre Fraktion oder in den Ausschuss ein. In einer Sitzung wird anschließend dazu beraten, der Text nochmals angepasst und der Beschluss gefasst, ob der Entwurf eingereicht wird. Dies scheint formell die einzige Gemeinschaftsaufgabe zu sein. Auch hier gilt, dass je nach Struktur der Fraktionen diese Tätigkeit nur von Wenigen ausgeübt wird.

Informell gibt es jedoch weit mehr Kommunikation und Kooperation unter den Ratsmitgliedern. Da werden gefundene Informationen wie Zeitungsartikel ausgetauscht, besprochen und diskutiert, Vorgehensweisen abgestimmt, Ideen für Anträge und Anfragen gemeinsam beraten etc..

Die Arbeitsmittel sind vorwiegend papierbasiert. Erhaltene Informationen, Anträge, Anfragen etc. werden in Ordnern abgelegt und aufbewahrt. Einige wenige Ratsmitglieder verfügen über einen Computer, den sie einsetzen, um Briefe und Emails zu schreiben oder sich selbst eine Übersicht über Informationen zu erstellen. Telefon und Telefax dominieren in aller Regel die Kommunikation neben dem papierbasierten Schriftverkehr.

Auf die Frage, wie die Aneignung der Ratsarbeit erfolgte, als sie neu gewähltes Gemeinderatsmitglied wurden, antworteten alle Ratsmitglieder, dass dies im Trial-and-Error-Verfahren erfolgte. Ältere Fraktionsmitglieder und Mitarbeiterinnen der Fraktionsgeschäftsstellen hätten ihnen Tipps gegeben und ihre Fragen beantwortet. Eine systematische Einführung in die Ratsarbeit sei jedoch nicht erfolgt.

Abschließend kann festgehalten werden, dass die Ratstätigkeit ihren Schwerpunkt in der Informationsrecherche und -verarbeitung hat, wobei die Informationsrecherche meist delegiert wird. Kommunikation und Koordination kommen von der Häufigkeit als nächstes und das Schlusslicht bildet die Arbeit am gemeinsamen Material. So ist die Ratstätigkeit eher von Individualaufgaben als von Gemeinschaftsaufgaben gekennzeichnet.

Im Rahmen der Ratsarbeit sind die Fraktionen die Heimat des Ratsmitgliedes, beeinflussen dieses und seine Art der Ratsarbeit. Auch gibt es die allseitig informierten Ratsmitglieder in Gemeinden mit der Größe von Stuttgart nicht mehr. Deshalb wird die Fraktionsarbeit wichtig. Denn je nach Fraktion und Fraktionsgröße ist diese arbeitsteilig organisiert, so dass einzelne Ratsmitglieder oder Gruppen einen eng gefassten Bereich bearbeiten. Dies macht es notwendig, auch die Fraktionen zu betrachten.

3.1.2.3 Fraktionen und Fraktionsarbeit

Alle Fraktionen haben eine Fraktionsgeschäftsstelle, in der je nach Fraktionsgröße eine Reihe von Assistentinnen und Sekretärinnen die Arbeit der Ratsmitglieder unterstützen. Folgende Aufgabenblöcke sind zu unterscheiden:

- Informationssammlung und –aufbereitung,
- Organisation der Inhalte und Infrastruktur von Fraktionssitzungen,
- Protokollierung der Fraktionssitzungen,
- Aus-/Überarbeitung von Anträgen und Weitergabe an die Geschäftsstelle des Gemeinderates sowie
- Öffentlichkeitsarbeit für die Fraktionen.

Innerhalb der Fraktionen wird arbeitsteilig gearbeitet. Die Ratsmitglieder sind für unterschiedliche, eng gefasste Fachbereiche bzw. Themenfelder zuständig, die sich mit den Themenbereichen der Ausschüsse decken. Hieraus ergibt sich dann auch die Zugehörigkeit zu den einzelnen Ausschüssen. Markant ist, dass sich die Ratsmitglieder ganz auf ihren Ausschuss konzentrieren und Fraktionskolleginnen oft über die inhaltliche Ausschussarbeit und ihre dortigen Beschlüsse nicht informieren. Lediglich in einer Partei ist dieses Prinzip durchbrochen, dort werden alle Fraktionsmitglieder über alles informiert. Eine Partei stellt den Extremfall dar. Dort existieren Arbeitskreise innerhalb der Fraktion, Informationen und Ergebnisse aus Ausschüssen werden nicht allen zugänglich gemacht. Auch arbeiten die Arbeitskreismitglieder unter Leitung des Arbeitskreisvorsitzenden Vorschläge aus, die nur noch zur Abstimmung, weniger zur Diskussion, in die Fraktionssitzungen einfließen.

Informationssammlung und -aufbereitung:
Kommen aus der Verwaltung Informationen in die Geschäftsstelle, werden diese mit notwendigem Material aus anderen Quellen ergänzt. Handelt es sich bei den Zusatz-

informationen um Presseartikel, wird mit Schere, Papier und Klebstoff gearbeitet. Um Zusatzinformationen aus der Verwaltung zu holen, wird oft zum Telefon gegriffen, um zuständige Sachbearbeiter auf informellem Wege zu befragen. Das Gehörte wird schriftlich fixiert.

Die verfügbaren Informationen sind meist papierbasiert und werden entsprechend den Gewohnheiten in der Fraktion in die einzelnen Postkörbe der Fraktionsmitglieder gelegt. Beispielsweise erhält in der Fraktion Z nur der Vorsitzende alle Informationen aus allen Ausschüssen. Die Fraktionsmitglieder eines Ausschusses erhalten nur ihre Ausschussinformationen. Den restlichen Fraktionsmitgliedern werden diese nicht zugänglich gemacht. In Fraktion Y hingegen werden allen Ratsmitgliedern alle die Informationen zugänglich gemacht. Hier gibt es Fachausschussfächer, in denen die Informationen einsortiert werden. Alle können dort zugreifen.

Den Fraktionsvorsitzenden kommt in der Informationsbereitstellung eine Sonderrolle zu. Sie erhalten meist alle Informationen übersichtlich sortiert in Ausschussmappen.

Müssen Informationen schnell zugänglich sein z. B. aufgrund von stattfindenden Sitzungen, werden diese den Ratsmitgliedern auch manchmal gefaxt. Die inhaltliche Aufarbeitung und Ausarbeitung der Informationen obliegt den jeweiligen Ratsmitgliedern.

Zu Gemeinderatssitzungen werden die Tagesordnungen eine Woche vorher verschickt. Dies ist Auslöser für Informationsanfragen in der Geschäftsstelle der Verwaltung, die meist parallel aus allen Fraktionen dort eingehen und zu Antwortengpässen führen.

Innerhalb der Fraktion wird eine papierbasierte Ablage unterhalten. In Hänge- und Standordnern werden die Informationen abgelegt. Als Kriterium für die Aufbewahrung von Informationen gilt der Grad der Aktualität sowie der möglichen Aktualität. Sind Querverweise zu Informationen über mehrere Ordner hinweg notwendig, werden entsprechende Hinweiszettel geschrieben und in die jeweiligen Ordner eingeheftet. Daneben unterhalten die jeweiligen Ratsmitglieder ihre Privatarchive. Trotz beider Archive werden die gesuchten Informationen nicht immer gefunden. Denn auch hier muss man ein Schlagwort kennen, um suchen zu können.

Fraktionssitzungen:
In aller Regel werden die Fraktionssitzungen durch die Assistentinnen vorbereitet. Dazu wird meist in Abstimmung mit den Fraktionsvorsitzenden eine Agenda gefertigt und Unterlagen dazu zusammengetragen und bereitgestellt. Die Dokumentation der Sitzungsergebnisse erfolgt während der Sitzung per Papier und Stift, anschließend werden sie dann elektronisch erfasst und abgelegt.

Eine gezielte Vorbereitung der weiteren Fraktionsmitglieder auf die Fraktionssitzung erfolgt offensichtlich nur dann, wenn diese einen Tagesordnungspunkt selbst übernehmen. Die restlichen Ratsmitglieder lassen sich sozusagen überraschen.

Bei den Fraktionssitzungen moderiert der Vorsitzende. Die restlichen Fraktionsmitglieder können je nach Tagesordnungspunkt ihre Meinungen einbringen oder werden lediglich informiert.
Die Sitzungsprotokolle sind in den Fraktionszimmern innerhalb der üblichen Arbeitszeiten der Fraktionsgeschäftsstelle einzusehen. Sie werden nicht an die einzelnen Mitglieder verteilt.

Aus-/Überarbeitung von Anträgen und Weitergabe an die Geschäftsstelle des Gemeinderats:
Der Entwurf oder die Vorbereitung von Anträgen wird oft durch die Ratsmitglieder initiiert, erfolgt aber auch auf Initiative der Assistentinnen. In Fraktion Z dürfen Anträge grundsätzlich nur über die Fraktionsspitze gestellt werden. Lehnt diese ab, darf der Antrag nicht gestellt werden. Ratsmitglieder haben zwar per Gesetz das Recht eigenständig Anträge zu stellen, obliegen hier aber dem Fraktionszwang.

In Fraktion Y arbeiten Ratsmitglieder gemeinsam mit Kolleginnen Anträge aus und bringen diese zur Diskussion in die Fraktionssitzung ein. Hier wird dann über das Stellen des Antrages demokratisch entschieden.

Kommunikationspartnerinnen:
Kommuniziert wird mit

- den Fraktionsgeschäftsstellenmitarbeiterinnen,
- den einzelnen Ratsmitgliedern,
- den Amtsleiterinnen der verschiedenen Ämter der Verwaltung,
- den Mitarbeiterinnen der Rathausbibliothek,
- den Angestellten der Geschäftsstelle des Gemeinderates,
- Parteimitgliedern in Kreis- und Landtag sowie der Parteizentrale.

Fraktionskultur:
Die Kulturen innerhalb der Fraktionen sind sehr unterschiedlich. Fraktion Z ist sehr streng hierarchisch organisiert und vorstandsorientiert. Hier wurde festgelegt, dass alles über den Vorstand geregelt werden muss, Informationen nur ausgewählten Fraktionsmitgliedern zugänglich sind und die grobe Linie vorgegeben wird, innerhalb deren Rahmen noch ein kleiner Diskussionsspielraum bei der Konkretisierung gegeben ist.

Fraktion X hat ein sehr demokratisches Grundverständnis. Dementsprechend ist die Fraktionsarbeit organisiert und die Stellung des Vorstandes innerhalb der Gruppe relativiert. Die Zusammenarbeit wird durch Sacharbeit bestimmt, nicht durch Vorgaben, so dass auch die gemeinsam zu verfolgende Linie das Produkt demokratischer Diskussionen und Abstimmungen ist. Grundsätzlich sind allen sämtliche Informationen zugänglich.

Fraktion Y steht fraktionskulturell in der Mitte zwischen Fraktion X und Z. Sie ist zwar auch hierarchisch organisiert, aber fraktionsintern nicht politisch. Auch hier steht die Sacharbeit im Vordergrund und Informationen sind allen zugänglich. Die Fraktionslinie wird gemeinsam festgelegt und ausgefüllt.

Abschließend lässt sich feststellen, dass in der Praxis das Verständnis und die Erledigung von Fraktionsaufgaben je nach Kultur der einzelnen Fraktionen variieren. Dementsprechend unterschiedlich ist die Kommunikation, die Koordination und die Kooperation. Es gibt keine einheitliche Fraktionsarbeit.

3.1.2.4 Ausschüsse und Ausschussarbeit

Zur Entlastung des Gesamtgemeinderates werden Ausschüsse zu Themenblöcken gebildet, z. B. Verwaltungsausschuss, Sozialausschuss, Ausschuss für Umwelt und Technik. Die Hauptaufgabe eines Ausschusses ist die Behandlung von Sachfragen. Dazu finden regelmäßig Sitzungen der einzelnen Ausschüsse statt.

Die Ausschusssitzungen werden von der Verwaltung vorbereitet, indem ein Mitarbeiter des zuständigen Referates die Tagesordnung in Absprache mit der Mitarbeiterin in der Geschäftsstelle des Gemeinderates aufstellt. Entsprechend der Dringlichkeit der zu behandelnden Vorlagen, Anträge und Anfragen werden diese in Tagesordnungspunkte gefasst und in die Agenda aufgenommen. Die Agenda und die dazugehörigen Unterlagen wie z. B. Vorlagen sollen den Ratsmitgliedern spätestens sieben Tage vor der Sitzung zugegangen sein. Sie bilden dic Grundlage für ihre individuelle und fraktionsinterne Vorbereitung auf die Ausschusssitzungen.

Für die Ausschussarbeit gibt es in der Fraktion Z einzelne Arbeitskreise, die Themen der Ausschüsse im Fraktionsrahmen vorab behandeln. Die Arbeitskreisergebnisse gehen als Beschlussvorlagen zunächst in die Fraktionssitzungen ein, werden dort nochmals bestätigt oder in Frage gestellt und gehen dann nach entsprechendem Beschluss der Fraktionsmeinung über die Fraktionsvertreter in den Ausschuss ein.

In der Sitzung moderiert der zuständige Referent. Die einzelnen Tagesordnungspunkte werden der Reihe nach aufgerufen und von den Ausschussmitgliedern behandelt. Bei den Tagesordnungspunkten kann es um Vorlagen oder Anträge gehen, über die abgestimmt werden muss. Auch können dies Antworten von der Verwaltung sein, über die dann gegebenenfalls noch debattiert wird. Aus Debatten können wiederum Anträge oder Anfragen resultieren, über die gleich abgestimmt wird oder die an die Verwaltung zur weiteren Bearbeitung gegeben werden.

Zu jedem Tagesordnungspunkt werden die einzelnen Beschlüsse und Ausführungen protokolliert. Während der Sitzung wird ein Stenoprotokoll geführt, das nach der Sitzung in ein offizielles Kurz- und Langprotokoll mündet. Das Protokoll wird erst mit den Unterschriften der Protokollführerin und des Ausschussvorsitzenden amtlich und kann danach entsprechend einem erstellten Verteiler an die Ausschussmitglieder etc. versendet werden.

Die einzelnen Aufgaben, die aus der Ausschussarbeit resultieren, sind auch hier wieder Informationsrecherche, -verarbeitung und -erzeugung, die Abstimmung mit Kolleginnen und die Koordination von Terminen, das Bearbeiten von gemeinsamen Anträgen usw. . Dazu werden die gleichen Materialien, Arbeitsorte etc. eingesetzt.

3.1.3 Der Gemeinderat der Stadt Kornwestheim

26 Ratsmitglieder wurden in der Kommunalwahl 1994 in den Kornwestheimer Gemeinderat gewählt. Gemeinsam mit dem Oberbürgermeister und der ihm untergeordneten Stadtverwaltung hatten sie die Aufgabe, die Stadt Kornwestheim zu verwalten. Die folgenden Ausführungen basieren auf Cuparla [1998d].

3.1.3.1 Aufbau des Kornwestheimer Gemeinderates

Die CDU war mit 11 Sitzen im Gemeinderat vertreten und damit die stärkste Fraktion. 9 Sitze entfielen auf die SPD. 5 Sitze hatte die Fraktion der Freien Grünen inne, die sich aus einen Zusammenschluss von Bündnis90/Die Grünen, Freie Wähler und Bürger für Bürger bildeten. Ein fraktionsloser Abgeordneter der Republikaner hatte ebenfalls einen Sitz im Gemeinderat inne. CDU und SPD hatten einen vollen Fraktionsstatus, und damit auch das Recht, ganzjährig Anträge in den Gemeinderat einbringen zu können. Die Fraktion der Freien Grünen hatte einen eingeschränkten Fraktionsstatus. Das bedeutete, dass sie lediglich in den Haushaltsberatungen Anträge einbringen durfte.

Zur Arbeitsentlastung des Gemeinderates gab es folgende Ausschüsse, die sich mit Sachfragen intensiv auseinandersetzten: Verwaltungs- und Finanzausschuss, Ausschuss für Umwelt und Technik, Sozialausschuss, Umlegungsausschuss, Gutachterausschuss sowie Haushaltsausschuss. Sie waren allesamt beschließende Ausschüsse. In diesen Ausschüssen verteilten sich die Sitze entsprechend dem Fraktionsproporz. Darüber hinaus gab es in Kornwestheim noch acht Beiräte und zwei Aufsichtsräte.

Gleich wie in Stuttgart waren die Kornwestheimer Ratsmitglieder alle auf ehrenamtlicher Basis tätig und gehörten im Rahmen der Ratsarbeit und ihrer jeweiligen Fraktion, einzelnen Ausschüssen und ggf. dem Beirat an. Sie hatten somit ebenfalls unterschiedliche Rollen auszufüllen und Aufgaben zu bewältigen.

Die Kooperationsbeziehungen entsprachen den in Kapitel 3.1.1.2 Beschriebenen und werden deshalb an dieser Stelle nicht wiederholt.

3.1.3.2 Faktische Aufgaben der Kornwestheimer Ratsmitglieder

Auch in Kornwestheim wurden in einer Reihe empirischer Untersuchungen wie semistrukturierten Interviews, teilnehmenden Beobachtungen, Fragebögen und Zeitaufschrieben die Tätigkeiten der Ratsmitglieder untersucht. Das Ergebnis glich dem der Stuttgarter. Auch hier ergab sich einen individuelle Sichtweise und Ausgestaltung der Aufgabenbereiche je nach Ratsmitglied. Unterschiede ergaben sich aus der zeitlichen Belastung der Ratsmitglieder, da die Stuttgarter zusätzlich noch Vertreterinnen der Stadt in Organisationen öffentlicher Einrichtungen, wirtschaftlichen Unternehmen der Stadt etc. waren.

Im Durchschnitt waren die Ratsmitglieder bis zu 20,4 Stunden in der Woche mit Ratsarbeit im weiteren Sinne beschäftigt. 2,1 Stunden wurden durchschnittlich für Fraktionsarbeit, 10,5 Stunden für Ratsarbeit und 7,8 Stunden für sonstige politische Arbeit aufgewendet. Damit liegt die Belastung der Kornwestheimer Ratsmitglieder im Gegensatz zu den Stuttgartern ca. bei der Hälfte. Davon entfallen ca. 1,5 Stunden auf die Vorbereitung von Sitzungen, bis zu sechs Stunden auf die Teilnahme an Fraktions-, Ausschuss- und Gemeinderatssitzungen. Einen wesentlichen Teil der Sitzungsvorbereitung bringen die Ratsmitglieder mit Lesen der Sitzungsvorlagen und Informationsrecherchen zu. Unterschiede in der Intensität und dem Umfang der Vorbereitung ergeben sich aus der Rolle der einzelnen Ratsmitglieder. Beispielsweise tragen Fraktionsvorsitzende auch die Verantwortung für die Moderation der Fraktionssitzung, so dass auch diese vorbereitet werden muss. Ebenso beeinflusst in Kornwestheim auch die Art der Sitzung, die Anzahl der beteiligten Personen, die eingesetzten Hilfsmittel und Werkzeuge etc. die Vorbereitung. Unberücksichtigt sind in den acht Stunden die allgemeine Parteiarbeit und Tätigkeiten in Vereinen.

Kommunikation und Koordination sind weitgehend in die Sitzungen verlagert. Es finden kaum persönliche Treffen oder Gespräche außerhalb dieser Sitzungen statt. Sollte ein Austausch notwendig werden, dominieren das Telefon und das Fax als Kommunikationsmittel. Darüber hinaus ist die Kommunikationsintensität auch abhängig von der jeweiligen Fraktion und der Gestaltung der Zusammenarbeit ihrer Mitglieder untereinander. Kommunikationspartner der Ratsmitglieder sind insgesamt die einzelnen Ratsmitglieder, die Mitarbeiterinnen aus der Verwaltung sowie Parteimitglieder und Bürgerinnen.

Kooperation tritt nur zwischen wenigen Personen auf, z. B. zwischen den Fraktionsvorsitzenden und –stellvertretenden, und variiert stark zwischen den Fraktionen. Beispielsweise werden in einer Fraktion Anträge meist in den Fraktionssitzungen diskutiert und vorformuliert, so dass sie anschließend lediglich noch in schriftliche Form gebracht werden müssen. In einer anderen Fraktion werden die Anträge von den Fraktionsmitgliedern formuliert und eingebracht, die diese initiieren.

Die Arbeitsmittel sind auch im Kornwestheimer Gemeinderat eher papierbasiert. Erhaltene Informationen werden in Ordnern abgelegt. Es gibt zum einen persönliche Ablagen bei den Ratsmitgliedern, aber auch Ablagen in den Fraktionen. Auch hier besitzen einige wenige Ratsmitglieder einen Computer, den sie bereits als Arbeitsmittel für ihre individuelle Ratsarbeit nutzen. Telefon und Fax stellen neben Papier das übliche Arbeitsmittel dar.

Für Neugewählte gibt es auch in Kornwestheim keine systematische Einarbeitung oder Einführung in die Ratsarbeit. Sie sind ebenso auf den Rat und die Unterstützung ihrer älteren Ratskolleginnen angewiesen.

3.1.3.3 Fraktionen und Fraktionsarbeit

Bedingt durch die Größe der Fraktionen haben diese keine eigenen Fraktionsgeschäftsstellen. So sind die Ratsmitglieder in ihrer Ratsarbeit auf sich selbst gestellt und können keine Aufgaben delegieren.

Fraktionssitzungen werden in aller Regel durch die Fraktionsvorsitzenden selbst oder durch ihre Stellvertretenden vorbereitet. Nicht in jeder Fraktion werden Tagesordnungen für diese vorbereitet. Der Ablauf bestimmt sich weitgehend aus der anstehenden Gemeinderatssitzungen und wird durch Themen der Ratsmitglieder ergänzt. Eine offizielle Tagesordnung scheint unüblich zu sein. Sitzungsprotokolle werden offenbar nur in einer der Fraktionen zu ihren eigenen Sitzungen verfasst.

Aufgrund der kleinen Fraktionen werden in diesen keine separaten Arbeitskreise gebildet, welche die Ausschussarbeit vorbereiten. Dies ist kaum möglich, da oft sind nur einzelnen Personen in Ausschüssen vertreten sind. Diese Personen berichten und informieren in den Fraktionssitzungen dann auch zu den Ausschüssen.

Entsprechend den Ausführungen der Ratsmitglieder lässt sich schließen, dass insgesamt die Kulturen in den Fraktionen unterschiedlich sind, wobei allen gemeinsam ist, dass die Vorsitzenden und ihre Stellvertretenden eine sehr dominierende Rolle zukommt. Dies zeigt sich sehr deutlich im selektiven Informationsfluss zwischen Fraktionsspitze und –mitgliedern. Fraktion X wird als streng hierarchisch bezeichnet und ist in der festen Hand des Fraktionsvorsitzenden. In Fraktion Y haben Fraktionsvorsitz und –stellvertretung die gemeinsame feste Leitung inne, wobei hier auch vier weitere Personen regelmäßig zu speziellen Themen enger zusammenarbeiten. In Fraktion W scheint eine offenere Atmosphäre zu herrschen.

Abschließend kann zu Kapitel 3.1.3 festgehalten werden, dass das Analyseergebnis ähnlich dem des Stuttgarter Gemeinderates ist, was die Aufgaben, Arbeitsmittel, die Aneignung, Interaktion und Kooperation, das Gedächtnis und die Arbeitsorte betrifft (siehe Tabelle 3-1). Ebenfalls sind, ähnlich wie in Stuttgart, Unterschiede in der Ratsarbeit hinsichtlich Intensität und Verständnis der Ratsarbeit durch die Einzelpersonen und hinsichtlich der Fraktionskulturen zu finden.

3.1.4 Zusammenfassung

Zusammenfassend lässt sich das Analyseergebnis gemäß der durchgeführten Telekooperationsanalyse *Needs Driven Analyse* (siehe Kapitel 5.4) im Stuttgarter und im Kornwestheimer Gemeinderat in einer Tabelle darstellen (siehe Tabelle 3-1). Dabei wird nicht der Arbeitsprozess berücksichtigt, da dieser in den bisherigen Ausführungen bereits beschrieben ist. Zudem werden die einzelnen Aufgaben in generische Aufgaben strukturiert.

Aufgaben	• Informationssuche und –gewinnung • Informationsverarbeitung • Informationserzeugung* • Informationsablage • Kommunikation • Koordination • Bearbeitung gemeinsamen Materials
Arbeitsmittel	Papiergestützte Informationsträger (Tageszeitung, Fachzeitschriften, alte Vorlagen/Anfragen/Anträge/ Beschlüsse), Schreibzeug, Telefon, Telefax, PC.
Aneignung	Selbstgesteuertes Lernen im Trial-and-Error-Verfahren
Interaktion und Kooperation	Erfolgt in unterschiedlichem Maß • innerhalb der Gremien (Gemeinderat, Fraktion, Ausschüsse, Arbeitskreise etc.), • hin zur Verwaltung, • mit Externen (Bürgern, Parteifreunden, Pressevertretern etc.)
Gedächtnis	Papiergestützte Ablagen, Fraktionsarchiv, z. T. elektronische Ablagen
Arbeitsorte	Persönliches Arbeitszimmer, Fraktionszimmer, Gemeinderatszimmer, Ausschusszimmer, Besprechungszimmer, Bibliothek und unterwegs.

* unter Informationserzeugung wird auch „Entscheidungen treffen" subsummiert, da eine getroffene Entscheidung eine neue Information darstellt.

Tabelle 3-1: Analyseergebnis der Telekooperationsanalyse *Needs Driven Approach*[139] bezüglich der Ratsarbeit (Quelle: Eigene Darstellung)

Die Art und Weise der Zusammenarbeit sowie der individuellen Ratsarbeit ist von der jeweiligen Fraktionskultur stark geprägt. Das bedeutet, dass die Einführung eines Telekooperationssystems auf unterschiedliche Arbeitsweisen und –arten trifft. Dies sollte bereits bei den konzeptionellen Überlegungen der Einführungsmaßnahmen berücksichtigt werden.

3.2 Cuparla-Konfiguration - Ein Telekooperationssystem

In diesem Kapitel wird die Cuparla-Konfiguration vorgestellt. Dazu werden in einem ersten Schritt die Begriffe Telekooperation und Telekooperationssysteme geklärt, um eine definitorische Ausgangsbasis für die weiteren Ausführungen zu schaffen. In einem zweiten Schritt werden dann die Hard- und Softwarekomponenten vorgestellt und erläutert.

3.2.1 Begriffliche Grundlagen zu Telekooperation und Telekooperationssysteme

Um eine begrifflich einheitliche Grundlage für diese Arbeit zu schaffen, werden im Folgenden die begriffsbestimmenden Merkmale zu Telekooperationssystemen erläutert. Da Telekooperationssysteme auf die Unterstützung von Telekooperation, und damit letztendlich

[139] Siehe Kapitel 5.4

auf die Unterstützung der Kooperation von Gruppen bei ihrer Gruppenarbeit zielen, werden Definitionen für diese Merkmale im Folgenden für diese Arbeit festgelegt.

3.2.1.1 Gruppe

Der Begriff Gruppe wird in unterschiedlichen Zusammenhängen verwendet, deshalb finden sich auch unterschiedliche Definitionen des Gruppenbegriffs in der Literatur. Üblicherweise werden Kriterien herangezogen, nach denen eine Ansammlung von Personen als Gruppe identifiziert werden kann. Dies sind in Anlehnung an Lewe [1995, S. 11] (vgl. auch [Lehner et al. 1991, S. 34])

* die Mitgliederzahl,
* der Interaktionsstil,
* gemeinsame Normen,
* das Gruppenbewusstsein und
* das gemeinsame Ziel.

Sich an diesen Kriterien orientierend, kann eine Definition wie folgt formuliert werden:

Gruppen sind komplexe intakte soziale Systeme von zwei oder mehr Personen, die sich kennen und miteinander in Interaktion treten können, durch Rollendifferenzierung und gemeinsame Normen gekennzeichnet sind sowie ein Gruppenbewusstsein (Wir-Gefühl) besitzen.

Die Mitgliederzahl muss so bemessen sein, dass sich die Gruppenmitglieder kennen und miteinander in Interaktion treten können. Denn aus gegenseitiger Kenntnis und Interaktion bildet sich bei den Gruppenmitgliedern das Bewusstsein, eine Gruppe zu sein (vgl. [Langmaack/Braune-Krickau 1995, S. 64; Schwabe 1995, S. 127]).

Treten Gruppenmitglieder zum ersten Mal in Interaktion, geschieht dies auf der Basis ihrer individuell bestehenden Werte und Normen (vgl. [Schoeck 1979, S. 176f. und 362; Schneider 1975, S. 21f.]). Werte sind in Begriffe gefasste Lebensinhalte, die bewahrt, gepflegt oder angestrebt werden und sich in Leitbildern und Normen niederschlagen. Mit Normen werden Regeln beschrieben, wie sich jemand zu verhalten hat, was zu tun oder zu unterlassen ist. (vgl. [Schoeck 1979, S. 362; Schwonke 1994, S. 39ff.]). In einer ersten Begegnung, der Gruppenbildungsphase, bilden sich dann Werte, Normen und Interaktionsmuster der Gruppe heraus. Interaktionsmuster und Normen finden ihren Niederschlag in Rollen, die mit bestimmten Rechten, Pflichten und Zuständigkeiten verknüpft sind (vgl. [Gukenbiehl 19994, S. 90f.; Schwabe 1995, S. 128]). Ein Gruppenmitglied kann unterschiedliche Rollen wahrnehmen und mehrere Rollen zur gleichen Zeit innehaben. Gruppendynamik lässt sich auch durch die Rollenverteilung unter Gruppenmitgliedern beschreiben (vgl. [Lewe 1995, S. 17]). Somit sind für Gruppen unterschiedliche formelle und informelle Rollen kennzeichnend, die die einzelnen Mitglieder übernehmen z. B. Führungskraft, Assistent, Wortführer oder Bedenkenträger. Die gemeinsame Basis an Werten, Normen und Interaktionsmustern beschränkt und ermöglicht die Aktionen einer Gruppe (vgl. [Giddens 1988, S. 222]).

Das Resultat dieses Prozesses ist das Gruppenbewusstsein, auch WIR-Gefühl genannt. Es ist das, den inneren Zusammenhalt der Gruppe und die innere Übereinstimmung sichtbar machende Bewusstsein der Zusammengehörigkeit. Das Gruppenbewusstsein besitzt identitätsvermittelnde Kraft. Um dieses zu stärken und den Gruppenbildungsprozess zu unterstützen, werden in der Praxis häufig Teamentwicklungsmaßnahmen eingesetzt (vgl. [Schneider 1996, S. 96f. und 119]). Dadurch soll letztendlich die Leistungsfähigkeit der Gruppen gefördert werden (siehe [McGrath 1991, S.164]).

Allen Gruppen gemeinsam ist ein Ziel, das sie verfolgen. Ohne ein Ziel würden sich Gruppen nicht formieren und auch nicht bestehen. Fällt ein gemeinsames Ziel weg, löst sich die Gruppe auf oder sucht sich ein neues Ziel (vgl. [Langmaack/Braune-Krickau 1995, S. 68 und S. 82]).

Um das gemeinsame Ziel zu erreichen, arbeiten Gruppen zusammen. Beispielsweise treffen wir in Organisationen auf Gruppen, die gebildet werden, um durch Zusammenarbeit z. B. ein Projektziel zu erreichen oder eine Aufgabe zu lösen. Diese spezielle Art von Gruppe kann als Arbeitsgruppe bezeichnet und in Anlehnung an McGrath [1991, S. 151] definiert werden:[140]

Arbeitsgruppen sind Gruppen, die teilweise in Organisationen eingebettet sind und/oder zu diesen lose in Beziehung stehen sowie in verschiedenen, interdependenten Funktionen an unterschiedlichen, laufenden Projekten zusammenarbeiten.

Kennzeichnend für Arbeitsgruppen ist der gemeinsame Arbeitskontext, ein starker Aufgaben- und Zielbezug, die häufig geringe emotionale Bindung der Gruppenmitglieder im Vergleich zu anderen Gruppen sowie die Begrenzung ihrer Existenz auf die Dauer ihrer Aufgabenerledigung (vgl. [Elgass 1996, S. 103; Rosenstiel 1993, S. 326]).

3.2.1.2 Kooperation

In Organisationen sind Aufgaben der Zielsetzung der Organisation entsprechend zu erledigen. Dazu lassen sich im Rahmen der Gesamtaufgabe Teilaufgaben ableiten, die entweder von einzelnen Personen (Individualaufgaben) oder von Arbeitsgruppen (Gemeinschaftsaufgaben) erledigt werden (vgl. [Kreifelts/Hennessy/Ehrlich 1993, S. 130; Picot/Franck 1992, 891f., Höring 1992, S. 403]). Bei der Erledigung von Individualaufgaben arbeitet eine Person allein an eigenem Material. Bei der Gemeinschaftsaufgabe[141] können folgende Formen unterschieden werden: (1) Eine Person arbeitet an eigenem Material und erstellt ein

---

[140] Es gibt eine Reihe weiterer Einteilungsmöglichkeiten von Gruppen, die im Rahmen dieser Arbeit jedoch nicht relevant sind. Beispielsweise **formelle/informelle** Gruppen (vgl. [Gukenbiehl 1994, S. 80ff.]), **handelnde** Gruppen, z. B. eine Projektgruppe, die gemeinsam an einem Projekt arbeitet, eine Schulklasse während der Schulstunde, und **bestehende** Gruppen, z. B. Vereine, Schulklassen, Mitglieder gehören der Gruppe an, wenn sie nicht gemeinsam aktiv sind (vgl. [McGrath 1984, S. 11]); **künstliche** Gruppen, z. B. wenn für die Dauer einer Sitzung Experten zusammengezogen werden, die sich vorher noch nie gesehen haben, und **natürliche** Gruppen, z. B. eine Arbeitsgruppe, die über längeren Zeitraum hinweg gemeinsam daran arbeitet, ein Ziel zu erreichen (vgl. [Lewe 1995, S. 15f.]); Groß-/Kleingruppe, je nach Mitgliederanzahl (vgl. Claessen 1994, S. 157ff.).

[141] Siehe ausführlichere Darstellung zu Gemeinschafts- bzw. Gruppenaufgaben in [Schwabe 1995, S. 131ff.].

Zwischenprodukt, das am Ende zu einem Gruppenprodukt zusammengeführt wird. (2) Mehrere Personen arbeiten am gleichen Material an einem eigenen Bereich. (3) Mehrere Personen arbeiten gemeinsam am gleichen Material.

Die Erfüllung von Gemeinschaftsaufgaben setzt Zusammenarbeit voraus. D. h. es arbeiten zwei und mehr Personen zur Erreichung eines gemeinsamen Ergebnisses unter gegebenen Rahmenbedingungen an gemeinsamem Material (vgl. [Oberquelle 1991, S. 4; Schwabe 1999, S. 4]). Um die Zusammenarbeit zielorientiert und effizient durchführen zu können, müssen sich die Zusammenarbeitenden koordinieren. Dazu kommunizieren sie miteinander, um Informationen wie Stand einer Aktivität, aber auch Hinweise wie "Ich will nicht gestört werden!" auszutauschen. Wesentliche Elemente der Kooperation sind somit das gemeinsame Material, Informationen, Kommunikation (Informationsaustausch) und Koordination der Zusammenarbeit (vgl. [Bürger 1998, S. 21f.; Schmidt/Bannon 1992, S. 13f.]). Dementsprechend kann Kooperation wie folgt definiert werden:

Kooperation bezeichnet das gemeinsame Arbeiten von mehreren Personen an gemeinsamem Material unter Kommunikation und Koordination, um eine gemeinsame Aufgabe oder ein gemeinsames Ziel zu erreichen.

Nach Steinmüller [1993, S. 178] ist Information ein „Modell-wovon-wozu-für wen". Sie bildet Realität („Modell-wovon") zu einem bestimmten Zweck („Modell-wozu") entsprechend der Adressaten („Modell-für wen") ab. Dabei umfasst sie nicht alle Aspekte der Realität, sondern abstrahiert entsprechend des Zweckes und der Adressaten. Die Modellierung der Realität durch den Informierenden kann auch als Interpretation und Deutung durch ihn verstanden werden.

Informationen sind immaterielle Güter, die sich auch bei Mehrfachnutzung nicht verbrauchen und einen kostenadäquaten Wert besitzen. Ihr Wert bemisst sich entsprechend kontextspezifischer zeitabhängiger Nutzung und kann sich verändern durch Hinzufügen, Selektieren, Konkretisieren und Weglassen. Informationen stiften dem Informationsbenutzer Nutzen (vgl. [Krcmar 1997, S. 24f.]).

Information kann durch Wissensrekonstruktion gewonnen und in Informationsbeständen verwaltet werden. Information kann erarbeitet und verarbeitet werden, beispielsweise indem aus Informationsbeständen für einen bestimmten Zweck wesentliche Informationen herausgefiltert und grafisch oder natürlichsprachlich aufbereitet werden, so dass sie für den Adressaten verständlich ist (vgl. [Kuhlen 1995, S. 80ff.]). Information kann auch weitergegeben oder ausgetauscht werden, z. B. indem Informationen von Personen in Form eines Aushanges an einem Informationsbrett, eines Benutzerhandbuches, eines Adressbuches etc. zur Verfügung gestellt werden.

Kommunikation bezeichnet den gezielten Informationsaustausch zwischen Sender und Empfänger (vgl. [Lubich 1993, S. 20; Spieß/Winterstein 1999, S. 51]). Nach Shannon und Weaver [1976] wird mit Kommunikation die Übertragung einer Nachricht über einen Kanal von einem Sender zu einem Empfänger definiert, wobei sie der Kommunikation eine Sach-/Inhalts- und Beziehungsebene zuordnen. „Der Inhaltsaspekt vermittelt „Daten", der Beziehungsaspekt, wie diese Daten aufzufassen sind." [Watzlawik et al. 1974, S. 53]. Die

Sach-/Inhaltsebene bezieht sich darauf, wie Sachverhalte klar und verständlich mitgeteilt werden. Die Beziehungsebene bezieht sich auf den Umgang miteinander, also die Art der Sachverhaltsübermittlung (vgl. [Watzlawik et al. 1974, S. 53; Schulz von Thun 1993, S. 13]). Sie liefert die soziale Bedeutung, in deren Kontext die inhaltliche Nachricht gesehen werden soll. Schulz von Thun [1993, S. 14f.] ergänzt dies durch das Hinzufügen der Selbstoffenbarungs- und Appellebene. Durch die Kommunikation mit einem anderen, sagt man auch etwas über sich selbst aus, z. B. durch die Wortwahl. Dies ist die Selbstoffenbarung. Der Aspekt, dass mit der Kommunikation ein bestimmter Zweck verfolgt wird, also jemand etwas will, wird als Appell bezeichnet. Mit einer Nachricht werden somit viele Botschaften explizit über die Worte selbst oder implizit über Tonfall, Mimik, Gestik etc. übermittelt. Hierbei wird eine Nachricht erst verständlich, wenn diese Botschaften und der Kontext bzw. die Situation, in der sie gesendet wird, zusammen betrachtet werden (vgl. [Schulz von Thun 1993, S. 36f.]). Kommunikationsprobleme entstehen dann, wenn sich die Ebenen der Kommunikation widersprechen und/oder Sender und Empfänger den Schwerpunkt ihrer Kommunikation auf eine andere Ebene legen d. h. die Nachricht vom Empfänger anders interpretiert wird, als sie vom Sender gemeint war. Hilfreich hierfür ist Feedback und offene Kommunikation, um die Interpretation auf Realität zu überprüfen (vgl. [Schulz von Thun 1993, S. 75ff.]). Denn „wir verleihen einer Welt, die wir mit anderen teilen, Bedeutung bzw. erschaffen diese erst über Kommunikation.“ [Wahren 1994, S. 179].

Der Kommunikation kommt besondere Bedeutung zu, da sie den Informationsaustausch und damit Koordination und letztlich Kooperation ermöglicht. „Nur über Kommunikation können in Gruppen [...] Geltungsansprüche, wechselseitige Verpflichtungen, Entschlußfassungen und daraus abgeleitete Handlungen entstehen.“ [Wahren 1994, S. 180]. Kommunikation wirkt deshalb kooperationsfördernd [Hackert 1999, S. 95f.].

Koordination ist die Handhabung von Abhängigkeiten zwischen Aktivitäten. Dazu kommunizieren die Zusammenarbeitenden miteinander, um die aufgabenbezogene Abstimmung ihrer Tätigkeiten vorzunehmen. Dies kann z. B. die Abstimmung eines gemeinsamen Sitzungstermins sein (vgl. [Malone/Crawston 1994, S. 90; Reichwald et al. 1998, S. 74f.; Teufel et al. 1995, S. 12]).

Um Kooperation zu erleichtern und zu unterstützen, wird Technologie eingesetzt, so dass Informationen und gemeinsames Material in digitaler Form vorliegen und elektronisch Nachrichten ausgetauscht werden können (vgl. [Finger 1999, S. 21; Krcmar/Lewe/Schwabe 1995, S. 18; Schwabe 1999, S. 4f.]).

3.2.1.3 Telekooperation

Was wird nun als Telekooperation bezeichnet? Um diese Frage zu klären, wird Kooperation unter dem Aspekt der zeitlichen und räumlichen Zusammenarbeit in vier Felder aufgeteilt (siehe Abbildung 3-1). Dabei wird deutlich, dass der Zusatz “Tele”, dem das griechische Wort “Fern” zugrunde liegt, nur für den unteren, kräftiger umrandeten Bereich gelten kann, der sich auf verteilte Orte bezieht.

zur gleichen Zeit, am gleichen Ort	zu verschiedenen Zeiten am gleichen Ort
zur gleichen Zeit an verteilten Orten	***zu verschiedenen Zeiten an verteilten Orten***

Abbildung 3-1: Zeitliche und räumliche Betrachtung von Kooperation (Quelle: In Anlehnung an [Johansen 1992, S. 8; Lewe/Krcmar 1991, S. 346])

Damit kommt bei Telekooperation der Aspekt der räumlichen Verteilung hinzu. Somit kann

Telekooperation als elektronisch unterstützte standortübergreifende synchrone[142] *und asynchrone*[143] *Zusammenarbeit zwischen Personen und Organisationen*

definiert werden (vgl. ähnlich [Finger 1999, S. 5; Reichwald 1998, S.66; Schwabe 1999, S. 4]).

Ausgehend von diesem Tatbestand entwickelte Schwabe [1999, S. 6] ein Modell der Telekooperation, welches aus fünf Komponenten besteht:

1. *Gemeinsames digitales Material*, das gemeinsam bearbeitet wird.
2. *Telekommunikation*, computerunterstützte verteilte Kommunikation, bei der Informationen zwischen verteilten Kommunikationspartnern ausgetauscht werden. Die Kommunikationspartner kennen sich und stehen in Beziehung zueinander. Non- und para-verbale Botschaften entfallen weitgehend durch die Textbasierung und verändern damit die Kommunikation.[144]
3. *Teleinformation*, digital abrufbare Information, die von einer Person eingegeben und von anderen abgerufen werden kann.
4. *Telekoordination*, verteilt zusammenarbeitende Personen koordinieren ihre Aktivitäten computergestützt.
5. *Telekontext*, Zusatzinformationen aus dem Kontext der zusammenarbeitenden Personen (z. B. "Ich bin in einer Sitzung").

---

142 Unter synchroner Zusammenarbeit wird zeitgleiche Zusammenarbeit verstanden.

143 Unter asynchroner Zusammenarbeit wird zeitlich versetzte Zusammenarbeit verstanden.

144 Siehe hierzu die unterschiedlichen Theorien zu computervermittelter Kommunikation: Kanalreduktionstheorie (vgl. [Döring 1997; Kubicek/Rolf 1986; Mettler-Meibom 1990]), Filtermodell (vgl. [Döring 1997]), Rationale Medienwahl (vgl. [Daft/Lengel 1986]), Normative Medienwahl (vgl. [Hiltz 1984; Schmitz/Fulk 1991]), Interaktive Medienwahl (vgl. [Casimir/Harrision 1996, Döring 1997]), Soziale Informationsverarbeitung (vgl. [Walther 1992; Walther/Burgoon 1992; Döring 1997]), Imaginationsmodell (vgl. [Pauser 1995]), Oraliteralitätsmodell (vgl. [Langham 1994; Stoll 1996]).

3.2.1.4 Telekooperationssysteme

Voraussetzung für Telekooperation sind moderne Informations- und Kommunikationssysteme (vgl. [Baldi et al. 1995, S. 4]). Wird ein solches zur Unterstützung von Telekooperation eingesetzt, wird dies als Telekooperationssystem verstanden. Nach Schwabe [1999, S. 7] umfasst ein Telekooperationssystem im engeren Sinne gemeinsames digitales Material, Werkzeuge für dessen Bearbeitung und ein Telekommunikationssystem. Ein Telekooperationssystem im weiteren Sinne enthält zusätzlich noch Komponenten für Telekoordination, Teleinformation und den Telekontext (siehe Abbildung 3-2).

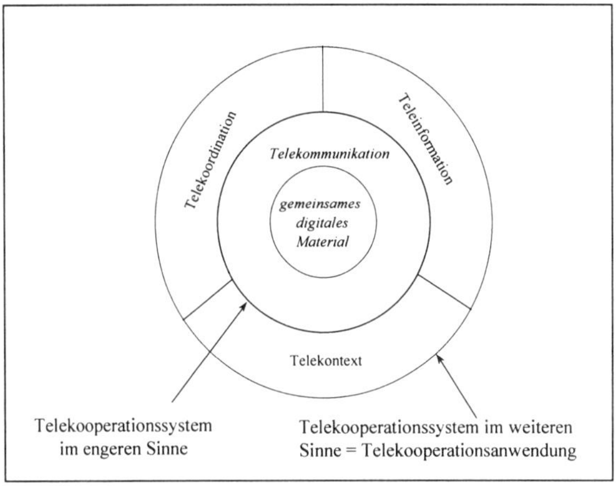

Abbildung 3-2: Telekooperationssysteme im engeren und weiteren Sinne (Quelle: [Schwabe 1999, S. 7])

Nun existieren in der Realität unterschiedliche Telekooperationssysteme mit variierenden Funktionsschwerpunkten und -ausrichtungen. Auch enthalten manche Systeme entsprechend der Definition im engeren oder weiteren Sinne unterschiedliche Softwarekomponenten. Um die Cuparla-Software später einordnen zu können, wird noch die Unterscheidung entsprechend dem Grad der Strukturierung betrachtet. Danach lassen sich zwei Arten von Telekooperationssystemen unterscheiden: Workflow Computing Systeme und Workgroup Computing Systeme (vgl. [Bürger 1998, S. 28ff.; Hasenkamp/Syring 1994, S. 26ff. ; Krcmar 1994, S. 30]).

Workflow Computing Systeme werden eingesetzt, um gut strukturierte, organisationsweite Arbeitsprozesse zu unterstützen. Primäres Ziel dieser Systeme ist die Effizienzsteigerung der Prozesse. Dazu wird der gesamte Arbeitsprozess in Aktionen zerlegt. Anschließend wird definiert, wie die Schnittstellen zwischen den Aktionen aussehen, welche Informationen in welcher Form übergeben werden müssen und welche Reihenfolge der Aktionen besteht.

Workgroup Computing Systeme werden eingesetzt, um schlecht strukturierte Zusammenarbeit zu unterstützen, die in komplexen interdependenten Arbeitsprozessen erfolgt. Hier können keine festen Aktionsabfolgen festgelegt werden. Die Bearbeiter entscheiden im Rahmen ihrer Tätigkeit, was als Nächstes durchgeführt und wer dazu in den

Arbeitsprozess eingebunden werden muss. „Die Koordination kann deshalb nicht vom Rechner übernommen werden, sondern muß durch die Gruppenmitglieder selbst geschehen." [Bürger 1998, S. 36].

3.2.2 Cuparla-Konfiguration

Betrachtet man Gemeinderatsarbeit unter zeitlichen und räumlichen Aspekten, umfasst sie die vier Felder der Kooperation. Deshalb wurde den Ratsmitgliedern, als zusammenarbeitender Gruppe, aus geeigneter Hard- und Software eine Telekooperationsumgebung zusammengestellt, die alle diese Bereiche abdeckt und Medienbrüche weitgehend vermeidet.

	gleiche Zeit	**verschiedene Zeit**
gleicher Ort	*z. B. Gemeinderatssitzung im Rathaus*	*z. B. Informationsbeschaffung in der Fraktionsgeschäftsstelle*
verteilte Orte	*z. B. Abstimmung per Telefon*	*z. B. Sitzungsvorbereitung*

Abbildung 3-3: Zeitliche und örtliche Betrachtung der Gemeinderatsarbeit (Quelle: Eigene Darstellung)

So kann basierend auf der begrifflichen Definition von Telekooperationssystemen (siehe Kapitel 3.2.1) die Cuparla-Telekooperationsumgebung als Workgroup Computing System bezeichnet werden. Es ist eine Konfiguration zur räumlich und zeitlich verteilten sowie nicht verteilten, unstrukturierten Zusammenarbeit. Sie beinhaltet Komponenten zur Teleinformation, -kommunikation, -koordination und zur Bearbeitung gemeinsamen Materials. Cuparla unterstützt sowohl die Lösung von Gesamtaufgaben als auch von Individualaufgaben, da sich Gemeinderatsarbeit aus Beidem zusammensetzt.

Als Hardwareausstattung wurde den Ratsmitgliedern je ein Notebook mit ISDN-Karte, -Kabel und Netzteil zur Verfügung gestellt. Um ihnen die Möglichkeit des Druckens zu geben, erhielten alle einen Drucker für zu Hause. [145]

Bezogen auf die Software wurde Lotus Notes[146] als Plattform gewählt, wobei hier zwei Phasen der Softwaregestaltung zu unterscheiden sind. In der ersten Phase wurde den Pilotanwenderinnen im Sommer 1996 eine gering angepasste Lotus Notes-Umgebung zur

[145] Einige wenige Pilotanwenderinnen bekamen in der zweiten Phase der Nutzung noch ein PDA (Personnal Digital Assistents) zur Erprobung. Da der Einsatz der PDA nicht breit geschult wurde, werden sie in dieser Arbeit nicht weiter betrachtet.

[146] Lotus Notes ist eine Kooperationsumgebung für asynchrone Zusammenarbeit, die eine Reihe vorgefertigter Komponenten enthält, um eine Telekooperationsanwendung entwickeln zu können (vgl. [Gaugler/Herdt/ Kleinschmidt 1997, S.4 ff.]).

Verfügung gestellt. In einer ersten Einführungsschulung stellte sich schnell heraus, dass diese aufgrund der komplexen Benutzeroberfläche, die zudem keine Bezugspunkte zur Gemeinderatsrealität beinhaltete, nicht geeignet war. Deshalb wurde anschließend unter Berücksichtigung der Telekooperationsanalyseergebnisse eine eigene Telekooperationsumgebung mit Lotus Notes Version 4.5 mit speziellem Oberflächendesign, basierend auf dem Raum-Werkzeug-Ansatz, entwickelt (vgl. [Schwabe 1999, S. 239f.]). Die Komplexität der Oberfläche wurde dadurch reduziert und ermöglichte den Gemeinderatsmitgliedern eine einfachere, intuitive Handhabung. Grundsatz war dabei, das konkrete Arbeitsumfeld der Ratsmitglieder mit allen Räumen, Dokumentenaufbewahrungsorten, Werkzeugen und Dokumentenvorlagen in der Software abzubilden. So ist jeder Raum mit den entsprechenden Dokumentenaufbewahrungsorten, z. B. Schreibtisch, und Werkzeugen z. B. Kopierer, um Dokumente zu bearbeiten, ausgestattet.

Auch das Security-Konzept basiert auf dem Raumkonzept. Sind die Ratsmitglieder zu einem Raum zugelassen, dürfen sie in diesem Raum alle Dokumente lesen, bearbeiten und je nachdem auch löschen. Jedoch sind sie nur zu den Räumen zugelassen, in denen sie sich auch in der Realität bewegen. So ist beispielsweise das Fraktionszimmer nur den Mitgliedern der eigenen Partei zugänglich.

Ergänzt wurde die Lotus Notes-basierte Software für die synchrone nicht verteilte Zusammenarbeit in Sitzungen durch eine Softwarekomponente[147] zur Sitzungsunterstützung. Da der Schwerpunkt dieser Arbeit auf der Betrachtung der Einführung und Schulung des Kerns der Cuparla-Konfiguration, dem Lotus Notes-basierten Teil liegt, wird die Sitzungsunterstützungssoftware im weiteren Verlauf der Arbeit nicht betrachtet.

Im Verlauf des Projektes wurde die Cuparla-Software entsprechend dem Feedback der Ratsmitglieder weiterentwickelt und verbessert. Zum Kern der Software kamen noch zwei weitere Prototypen hinzu: ein elektronischer Haushalt, ein Entscheidungsunterstützungssystem für die Haushaltsberatungen [Krohmer 1997], eine Internetverbindung und eine Präsentation des Gemeinderates im Internet [Wegrath 1997]. Da diese beiden Prototypen nur von wenigen Anwenderinnen eingesetzt und nicht breit geschult werden, werden sie in dieser Arbeit nicht weiter betrachtet.

3.2.2.1 Cuparla-Benutzerinterface

Um einen Eindruck über den Kern der Cuparla-Software zu vermitteln, wird anhand von zwei Screenshots die Oberfläche und der Aufbau der Software, wie er sich den Ratsmitgliedern präsentierte, erläutert.

Die Eingangshalle

Ausgehend von den Räumen, die die Ratsmitglieder bei der Ausübung ihrer Tätigkeit im realen Leben aufsuchen, wurde die Eingangshalle gestaltet. Sie beinhaltet elf Türen, hinter denen sich wiederum Räume befinden, z. B. das Arbeitszimmer. Jeder Raum hat eine eigene Hintergrundfarbe, um ihn von anderen optisch abzuheben, da die Ausstattung weitgehend gleich ist. Mit einem Doppelklick kann der Gemeinderat die einzelnen Zimmer "betreten".

[147] Hierbei handelt es sich um die Sitzungsunterstützungssoftware GroupSystems.

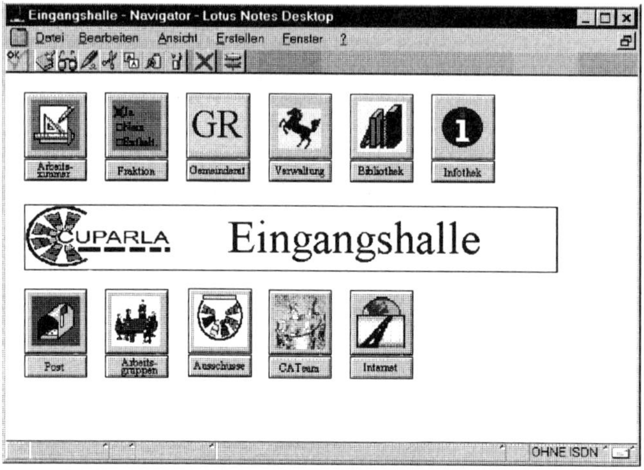

Abbildung 3-4: Cuparla-Software, Eingangshalle (Stand 1998)

Das Arbeitszimmer

Jedes Ratsmitglied hat ein persönliches Arbeitszimmer, zu dem nur es Zugang hat. Dort findet es seinen Eingangskorb, seinen Schreibtisch, sein persönliches Postfach mit Emails, seine private Ablage und sein privates Archiv, in denen alle Unterlagen liegen. Hier arbeitet es für sich alleine. Alle Dokumente, die sich hier befinden, können nur von ihm selbst gelesen, bearbeitet und gelöscht werden.

In der Ablage besteht die Möglichkeit, sich die vorhandenen Dokumente nach unterschiedlichen Sortierkriterien anzeigen zu lassen. Beispielsweise kann man sich alle Emails ansehen oder alle Dokumente sortiert nach dem Kurzbetreff oder einem Schlagwort auflisten.

Da Dokumente der Hauptbestandteil des Informationsaustausches sind, sollte die Erstellung möglichst einfach sein. Deshalb werden elektronische Kopiervorlagen basierend auf den bisherigen Papierdokumenten hinterlegt, wie z. B. Tagesordnung, Antrag, Anfrage, Vorlage. Um den versierten Nutzerinnen auch die Möglichkeit zu geben, ihre bisherigen MS-Office-Dokumente (Word-, Excel-, Powerpoint-Dokumente) einzubinden, wurde eine Verknüpfung zu MS-Office realisiert, so dass über "Knopfdruck" die Anwendung gestartet und ein entsprechendes Leerdokument oder ein bereits bestehendes Dokument geladen wird. Die eigentlichen MS-Office-Dokumente sind eingebettet in ein Lotus Notes-Dokument und somit genauso mit Schlagwortsuche etc. auffindbar. Dadurch unterliegen auch diese Dokumente den automatischen Datensicherungen, die von den Lotus Notes-Datenbanken auf den Servern turnusgemäß gemacht werden. Die Anwenderinnen müssen keine zusätzlichen Sicherungskopien ziehen.

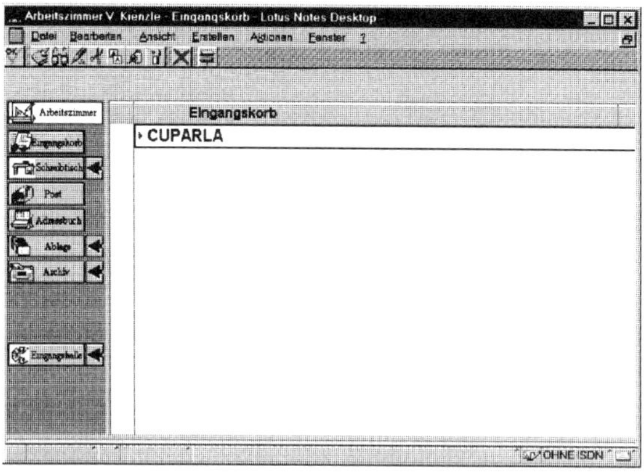

Abbildung 3-5: Cuparla-Software, Arbeitszimmer (Stand 1998)

Weitere Räume

In den anderen Räumen, in denen mehrere Personen arbeiten, z. B. im Fraktionszimmer alle Fraktionsmitglieder oder im Ausschusszimmer alle Ausschussmitglieder, sind neben den genannten Dokumentenablageorten auch ein Sitzungstisch und ein "schwarzes Brett" eingerichtet. Auf dem Sitzungstisch lagern die Dokumente, die für die nächste gemeinsame Sitzung bestimmt sind. Am schwarzen Brett sind "Aushänge" zu finden.

Eine Sonderstellung haben die Infothek, der CATeamRaum und das Internet. Dies sind neu geschaffene "Räume", in denen sich die Ratsmitglieder bisher nicht bewegten. Die Infothek ist quasi ein "Lernraum". Hier werden alle Neuerungen zur Software bekannt gegeben. Auch können Fragen und Problemstellungen von Ratsmitgliedern eingestellt werden, die dann vom Benutzerservice und/oder Schulungspersonal mit Antworten kommentiert werden.

Der CATeamRaum ist die Schnittstelle zu GroupSystems, der Sitzungsunterstützungssoftware. Dies ist nicht wirklich ein Raum, sondern eher ein Moderatorenwerkzeugkoffer. Jedoch haben die Ratsmitglieder hier die Möglichkeit gemeinsam, zeitversetzt oder zeitgleich, verteilt oder am gleichen Ort Sitzungen durchzuführen.

Das Internet ist ebenfalls kein Raum. Über das Anklicken dieser "Tür" wird automatisch ein Browser gestartet, der den Zugang ins Internet ermöglicht. In der ersten Projektphase war diese "Tür" gesperrt.

3.2.2.2 Cuparla - Funktionskomponenten

Mit der Wahl von Lotus Notes als Basis für Cuparla sind eine Reihe von Funktionskomponenten wie Informationsdatenbanken, elektronische Post, persönlicher und Gruppenterminkalender sowie Bulletin-Bords vorhanden, die für Telekooperation notwendig sind (vgl. [Schwabe 1999, S. 131f.]). Grundsätzlich handelt es sich hierbei um Komponenten, die unter zwei Aspekten betrachtet werden können. Zum einen unter dem Aspekt der notwendigen Benutzeranzahl, denn einige Funktionskomponenten können unabhängig von anderen Benutzern genutzt werden, andere setzen voraus, dass mehrere Personen sie nutzen.

Zum anderen unter dem Aspekt der Hol- und Bringschuld (Pull-/Push-Prinzip). Das heißt, dass Adressaten sich Informationen holen oder diese bringen müssen.

Um die allgemeinen Funktionskomponenten für die Ratsmitglieder attraktiv und nutzbar zu machen, werden sie entsprechend ihren Bedürfnissen gefüllt und angepasst.

In Lotus Notes-Datenbanken werden zum einen den Ratsmitgliedern Informationsbestände zur Verfügung gestellt. Sie werden über Schnittstellen zu anderen Systemen versorgt, wie beispielsweise dem Kommunalen Sitzungsdienst der Verwaltung, dem städtischen Telefonbuch und der Gemeindeordnung. Zum anderen können die Ratsmitglieder in die Lotus Notes-Datenbanken Informationen einstellen, beispielsweise, um sie für ihre Fraktion zugänglich zu machen.

Die Ratsmitglieder sind eigenverantwortlich zuständig für die Informationsrecherche, so dass hier das Pull-Prinzip (Holschuld) - der Adressat wird aktiv und holt sich die Informationen selbst - gegeben ist (vgl. [Koch/Kuppinger 1995, S. 91]). Werden die Ratsmitglieder nicht aktiv, erhalten sie keine Informationen. Bei der Informationsrecherche sind die Ratsmitglieder unabhängig voneinander. Sie können dies für sich alleine tun.

Eine weitere Basisfunktion deckt die Email-Komponente ab. Sie erlaubt das Verschicken einer Nachricht an einen oder mehrere explizit definierte Adressaten. In die Nachrichten können weitere Objekte, wie MS-Office-Dokumente, eingebunden und mit versendet werden. Jeder Adressat und jede Adressatin hat einen eigenen Postkorb. Die eingegangene elektronische Post kann in bestehende Ordnungsstrukturen, z.B. elektronische Ordner, eingestellt, weitergeleitet und/oder beantwortet werden. Email unterstützt die unstrukturierte Kommunikation, da Adressatinnen frei gewählt werden können und keine Vorgaben hinsichtlich Inhalt und Gestaltung bestehen. Im Gegensatz zum Telefon muss die Kommunikationspartnerin nicht zeitgleich verfügbar sein und es können mehrere Adressatinnen mit einer Nachricht angeschrieben werden.

Email unterliegt dem Push-Prinzip (Bringschuld), d. h. die Sendenden initiieren den Kommunikationsvorgang (vgl. [Koch/Kuppinger 1995, S. 91]). Bei der Nutzung von Email sind sie darauf angewiesen, dass die Adressatinnen auch ihre erhaltenen Nachrichten abrufen und lesen. Geschieht dies nicht, ist die Kommunikation unterbrochen.

Ein weiteres Basiswerkzeug von Lotus Notes ist der integrierte elektronische Kalender für die Terminverwaltung. Allen Anwenderinnen steht ein persönlicher elektronischer Kalender zur Verfügung. Werden Besprechungs- oder Sitzungstermine eingetragen und gleichzeitig in die Terminplanungsmaske die Namen der einzuladenden Anwenderinnen eingegeben, kann per Knopfdruck überprüft werden, ob alle zu dem gewünschten Zeitpunkt frei verfügbar sind. Dabei wird nicht erkennbar, warum die einzuladenden Anwenderinnen keine Zeit haben. Erkennbar wird lediglich, ob die Zeit durch einen anderen Termin blockiert ist. Für die Koordination von Gruppenterminen kann ein Gruppenterminkalender genutzt werden, der analog funktioniert.

Der elektronische Kalender unterstützt ebenfalls die unstrukturierte Kommunikation, da die Einzuladenden frei gewählt werden können und der Terminabgleich unabhängig von deren

physischen Verfügbarkeit erfolgt. Vorteil gegenüber einer Terminabstimmung per Telefon oder Email ist, dass mit einem Knopfdruck die Verfügbarkeit geprüft werden kann.
Da alle Beteiligten ihre Termine in ihre Kalender eintragen müssen, um den Terminabgleich zu ermöglichen, unterliegt das Kalendersystem sowohl der Bring- als auch der Holschuld.

Gemeinsame Dokumentenablagen sind Voraussetzung für eine aktive verteilte Zusammenarbeit. Deshalb werden für die Ratsmitglieder eine Reihe von elektronischen Räumen mit unterschiedlichen Dokumentenablagen wie Schreibtisch und Sitzungstisch, eingerichtet. Diese sind nichts anderes als gemeinsame Orte der Dokumentenablage. Hier können Informationen in Form von Dokumenten eingestellt werden, so dass sie einem bestimmten Personenkreis zum Lesen, Kommentieren und Bearbeiten zur Verfügung stehen. Unstrukturierte Zusammenarbeit wird auch hier unterstützt, da kein Bearbeitungsweg mit bestimmten Adressatinnen vorgegeben ist. Vorteil der gemeinsamen Dokumentenablage ist, dass die Informationen nur an einem Ort gepflegt und bearbeitet werden, und nicht wie bei Email an viele versendet werden müssen und dann mehrfach existieren. Dadurch ist die Aktualität der Daten gewährleistet und es besteht nicht das Problem, dass von einem Dokument mehrere Versionen mit unterschiedlichem Bearbeitungsstand bei unterschiedlichen Personen privat lagern.

Da Dokumente zur gemeinsamen Bearbeitung von einzelnen Anwenderinnen eingestellt werden müssen, und zu einem späteren Zeitpunkt von anderen gelesen, kommentiert und/oder bearbeitet werden, gilt hier ebenfalls sowohl das Push- als auch das Pull-Prinzip. Wichtig ist jedoch, dass die Adressatinnen wissen, dass sie selbst aktiv werden müssen - also Holschuld gegeben ist.

Als letzte, aber wesentlichste Funktionskomponente von Lotus Notes ist die Replikation zu nennen. Sie ist Grundvoraussetzung dafür, dass Teleinformation, -kommunikation, -koordination und die Bearbeitung des gemeinsamen Materials möglich ist. Was ist eine Replikation? Darunter wird die Abstimmung eines Replikats oder mehrerer Replikate einer Datenbank, die auf dem gemeinsamen Server liegt bzw. liegen, durch die gegenseitige Übertragung der Veränderungen verstanden. Sie wird notwendig, da Lotus Notes die Möglichkeit bietet, auf den Notebooks Datenbestände zu halten, die losgelöst von einer Netzverbindung, und damit dem Server, bearbeitet werden können. Eine Übertragung der Veränderungen erfolgt entweder automatisch oder wenn der Anwender diese selbst anstößt (vgl. [Gaugler/Herdt/Kleinschmidt 1997, S. 8]). Möchte beispielsweise ein Ratsmitglied sehen, welche neuen elektronischen Nachrichten für es eingegangen sind und eigene, neu erstellte Nachrichten versenden, muss zuerst replizieren werden. Das bedeutet, dass die Nutzung jeder anderen Funktionskomponente mit einer Replikation gekoppelt werden muss, um Telekooperation überhaupt möglich zu machen. Es handelt sich also um eine Holschuld.[148]

Folgende Tabelle fasst die bisherigen Erläuterungen im Überblick zusammen:

---

[148] Beim Replizieren können durchaus Replizierkonflikte entstehen. Diese liegen dann vor, wenn Dokumente zeitgleich unabhängig voneinander verändert werden und somit unterschiedliche Inhalte aufweisen. Hier können die Anwenderinnen in beide Dokumente einsteigen und sich entscheiden, welches sie behalten wollen bzw. in welches Dokument die Änderungen des Anderen übernommen werden sollen.

Funktionskomponente	**Kooperations-partner notwendig?**	**Pull-Prinzip (Holschuld)**	**Push-Prinzip (Bringschuld)**
Informationsbestände	Nein	x	
Emailkomponente	Ja		X
Kalenderkomponente	Ja/Nein*	x	X
Gemeinsame Dokumentenablage (gemeinsames Material)	Ja	x	X
Replikation (Datenabstimmung)	Nein	x	

* Ja, da für einen Gruppenkalender Kooperationspartner notwendig sind. Nein, da für einen individuellen elektronischen Kalender keine Kooperationspartner notwendig sind.

Tabelle 3-2: Funktionskomponenten von Cuparla (Quelle: Eigene Darstellung)

Tabelle 3-2 kann später für die Programm- sowie Veranstaltungs- und Unterrichtsplanung in Kapitel 4.3 und 4.5 verwendet werden. Sie liefert beispielsweise die Grunddaten für Überlegungen hinsichtlich der Gruppenzusammensetzung (z. B. „Müssen Kooperationspartner bei der Lerngruppenbildung berücksichtigt werden?"). Zudem lassen sich aus ihr auch Regeln für die Zusammenarbeit ableiten (z. B. „Eine Replikation muss täglich durchgeführt werden.").

3.3 Veränderungen durch Cuparla

Bis zum Juni 1996, in dem elf Pilotanwenderinnen des Gemeinderates mit der Telekooperationskonfiguration ausgestattet wurden, war Computereinsatz mehr oder weniger ein Fremdwort für die Gemeinderäte. Zehn der elf Pilotanwenderinnen[149] hatten gutes EDV-Vorwissen, nutzten aber die Technologie nicht, um zu kooperieren, sondern um ihre individuellen Aufgaben losgelöst von anderen Gemeinderäten zu erledigen.

3.3.1 Gemeinderatsarbeit mit dem Telekooperationssystem Cuparla

Wie die Ausführungen in Kapitel 3.1 gezeigt haben, sind die Kernelemente aller Tätigkeiten im Gemeinderat Informationsrecherche, Informationsverarbeitung, Informationserzeugung und -ablage, Terminkoordination, Kommunikation und die Bearbeitung von gemeinsamem Material. Was ändert sich durch den Einsatz der Cuparla-Konfiguration daran? Räumlich und zeitlich verteiltes Arbeiten wird ermöglicht. Losgelöst von dem Ort, an dem sich die Ratsmitglieder befinden, können sie jederzeit über ISDN-Anschluss ihre Informationen abrufen, Emails verschicken, neue Emails empfangen etc. Das veränderte Arbeiten soll anhand des folgenden Beispiels skizziert werden.

[149] Eine Pilotanwenderin hatte keine DV-Vorkenntnisse, forderte aber, auch ausgestattet zu werden.

Beispiel: Ein Ausschnitt aus einem Tag einer Gemeinderätin mit Cuparla[150]

In der morgendlichen Zeitung liest Stadträtin Mörte[151] den kommunalpolitischen Teil, um sich zu informieren, was sich am Vortag zugetragen hat und wie die Presse dies darstellt. Sie entdeckt einige, für sie interessante Artikel, die im Rahmen ihrer Ausschussarbeit und für ihren Stadtteil wichtig sind. Für ihre private Ablage schneidet sie die entsprechenden Stellen aus und legt sie sich auf den Schreibtisch. Heute Abend will sie diese gleich ablegen, wobei ein Artikel für die Fraktionssitzung interessant ist. Den Artikel schiebt sie sich deshalb in ihre Aktentasche, denn bevor sie zur Fraktionssitzung geht, wird sie nicht nach Hause kommen können.

Sie schaltet ihr Notebook an und startet zuerst die Replikation. Während der Datenabgleich durchgeführt wird, holt sie sich noch eine Tasse Kaffee. Zurück am Schreibtisch öffnet sie ihren elektronischen Briefkasten und schaut, welche Emails eingegangen sind. Ein Bürger hat ihr eine Frage gestellt, die sie gleich beantworten kann. So tippt sie schnell die Antwort ein, klickt auf „Senden" und schaut die restliche Post durch. Dabei fällt ihr auf, dass vor zwei oder drei Jahren eines der Themen für die heutige Fraktionssitzung schon einmal in einer Gemeinderatssitzung besprochen worden war. Sie öffnet die Cuparla-Bibliothek und sucht dort in den Protokollen mit Volltextrecherche. Auf Knopfdruck findet sie das gesuchte Dokument und kopiert es sich in das Fraktionszimmer, wo sie für heute schon die restlichen Unterlagen, der zu diskutierenden Themen, auf dem elektronischen Sitzungstisch bereitgelegt hat. Die sehnlich erwartete Gemeinderatsvorlage ist auch schon eingegangen. Schnell wirft sie noch einen Blick darauf.

Im Cuparla-Arbeitsgruppenzimmer liegt ein Antragsentwurf, den ein Kollege basierend auf einer kurzen Diskussion und gemeinsamen Unterlagen erstellt hat. Sie geht ihn schnell durch und schreibt einige Anmerkungen dazu. Da sie ihn heute Abend gern im Fraktionskreis besprechen möchten, schiebt sie ihn noch auf den Sitzungstisch im Fraktionszimmer. Anschließend repliziert sie noch einmal, damit ihre erzeugten Daten für andere zugänglich werden und der elektronische Postausgangskorb „geleert" wird.

Auf dem Weg zum Auto wirft sie schnell einen Blick in den Briefkasten, den sie am Vorabend nicht mehr geleert hatte. Ein Stapel Briefe ist darin, den sie sich ungelesen einsteckt, um vielleicht im Laufe des Tages noch kurz einen Blick darauf zu werfen. Dann geht sie direkt ins Büro, wo ein ganz normaler Arbeitstag auf sie wartet.

Am Spätnachmittag fährt Frau Mörte dann ins Rathaus. Im Rathaus angekommen, führt sie ihr Weg direkt ins Fraktionszimmer. In ihrem Papierpostkorb warten noch einige Informationen und Briefe auf sie. Da sie jetzt täglich neue Informationen und Briefe elektronisch eingestellt bekommt, hat sich die Papierflut etwas reduziert. Um ein wenig Ruhe zu haben, setzt sie sich ins Fraktionssitzungszimmer und sichtet die Post. Da es nicht so viel ist, ist sie schnell fertig und hat noch etwas Zeit mit Kolleginnen zu reden, die jetzt auch allmählich eintreffen.

Informationen und Nachrichten wurden den Ratsmitgliedern in den Fraktionsgeschäftsstellen in Postfächer gelegt. Damit war als erstes das Holen dieser mit einem Weg dorthin verbunden, denn nur in Ausnahmefällen wurden diese an die Ratsmitglieder per Brief versendet oder gefaxt. Mit Cuparla wird der Weg ins Rathaus überflüssig, da Informationen

[150] Der Zustand ohne Cuparla wird in Kapitel 3.1.2.2 beschrieben.

[151] Der Name der Stadträtin und die Geschichte sind von der Autorin frei erfunden.

elektronisch in den entsprechenden Räumen den Ratsmitgliedern per Replikation zugänglich werden. Damit entfällt ein Teil der Wegezeiten.

Informationsrecherchen bezüglich alter Sitzungsprotokolle, Anträge und Vorlagen, die nur innerhalb der Geschäftszeiten der Geschäftsstelle des Gemeinderates möglich waren, sind nun rund um die Uhr zugänglich. Damit entfällt die eigene Koordination der Informationsbestellung und ein flexibleres Arbeiten entsprechend der eigenen Zeitstrukturierung wird möglich.

Unabhängig von den normalen Geschäftszeiten des Geschäftszimmers des Gemeinderates, können die Ratsmitglieder das Recherchieren zu alten Sitzungsprotokollen selbst in Form von Volltextrecherche durchführen. Eine Datenbank mit Kurzprotokollen über die letzten zehn Jahre der Gemeinderatssitzungen ist hierfür die Basis. Werden Langprotokolle notwendig, kann gezielt das Ablagekriterium herausgesucht und der Geschäftsstelle des Gemeinderates genannt werden. Zusätzliche Recherchemöglichkeiten sind über weitere Datenbanken, z. B. die Datenbank mit der Gemeindesatzung und das Internet gegeben.

Um die Suche nach bestimmten Informationen möglichst einfach und zeitsparend zu gestalten, können die Ratsmitglieder jedes Dokument unter einem öffentlichen und einem privaten Schlagwort ablegen. Zudem ist eine Volltextrecherche möglich, da die Datenbestände indiziert sind.

Nach dem Lesen von eingegangenen elektronischen Informationen können diese in einer privaten Ablage geführt werden. Dies betrifft nicht Sitzungsvorlagen, -protokolle, Anträge und Anfragen, denn in aller Regel sind diese wesentlichen Dokumente in der allgemeinen Ablage zu finden. Auch das Aufbewahren von Sitzungsunterlagen in Papierform wird überflüssig, da in Cuparla jederzeit alle Anträge, Anfragen und Vorlagen abrufbar sind. Lediglich Zeitungsartikel, die die Ratsmitglieder selbst sammeln, müssen in einer papiergestützten Ablage aufbewahrt werden, da die Ratsmitglieder nicht über einen Scanner verfügen. Auch haben sie zu Beginn von Cuparla noch keinen Zugang zu den Tageszeitungen im Internet. Zwar werden Sitzungsunterlagen für Gemeinderatssitzungen nach wie vor in Papierform vom Amtsboten zusätzlich zugestellt, doch müssen diese nicht mehr abgelegt werden, da sie auch in elektronischer Form zugänglich sind.

Damit sind jene Ratsmitglieder nicht mehr im Vorteil, die über lange Wahlperioden hinweg ein umfassendes privates Archiv aufbauen konnten, das für sie elementare Informationen enthielt und jederzeit eine Recherche ermöglichte. Jüngere Ratsmitglieder haben nun die gleichen Informationen zur Verfügung.

Die Sitzungsarbeit selbst hat sich nicht verändert. Zwar bestand das Angebot, die Sitzungen elektronisch zu unterstützen, was auch in einzelnen Fällen genutzt wurde, doch die Mehrzahl der Sitzungen wurde in traditioneller Art abgehalten. Jedoch ist jetzt jederzeit eine Informationsrecherche während den Sitzungen möglich, da die entsprechenden Informationsbestände auf den Notebooks vorgehalten werden.

Die Kommunikation via Email, die ähnlich dem Fax eine zeitunabhängige Rückkopplung mit Kolleginnen eröffnet, ist für die Ratsarbeit neu. Das Hin- und Herschicken von vor-

formulierten Texten, von Hinweisen und Anregungen wird erleichtert. Egal, wo sich Ratsmitglieder aufhalten, können sie über die Nutzung eines ISDN-Telefonanschlusses - sofern sie möchten - jederzeit über Datentransfer erreicht werden und andere erreichen.
Die Kooperation bei der Erstellung von Anträgen oder Anfragen ist ebenfalls eine neue Möglichkeit der Ratsarbeit. Anmerkungen können leicht zu Vorformuliertem, z. B. Anträge oder Anfragen, eingetragen werden, die anschließend eingearbeitet werden können. Alle beteiligten Ratsmitglieder haben nach einer Replikation den aktuellsten Stand und können das „Werden" eines Antrages oder einer Anfrage mitverfolgen.

3.3.2 Implizite Veränderungen und Auswirkungen

Welche Veränderung bringt verteilte Zusammenarbeit in Hinblick auf die Aufgabenerledigung des Einzelnen und der Gruppe mit sich? Welche Besonderheiten ergeben sich daraus, dass verteilt orts- und zeitunabhängig gearbeitet und zusammengearbeitet werden kann? Was bedeutet es zu „Tele" -kommunizieren, -koordinieren und -kooperieren? Diesen Fragen wird im Folgenden nachgegangen.

3.3.2.1 Veränderungen bei der Aufgabenerledigung

Wie das Beispiel in Kapitel 3.3.1 zeigt, ergeben sich eine Reihe von Veränderungen für die individuelle Arbeitsgestaltung der Ratsmitglieder. Organisatorisch werden sie unabhängiger, da sie zu jeder Zeit an jedem Ort arbeiten können. Welche Bedeutung kann diesen aufgabenbezogenen Veränderungen beigemessen werden?

Informationen können nun jederzeit und ortsunabhängig gesucht, erzeugt und verarbeitet werden. Dadurch werden die Ratsmitglieder durch die eigene Informationsgewinnung unabhängiger. Mussten sie früher um Informationen nachfragen oder bitten, können sie diese über eigene Recherche gewinnen. Zudem erhalten sie die Informationen künftig ungefiltert aus „erster Hand".

Gleiches gilt für die Kommunikation via Email, die Koordination über elektronische Terminkalender oder Email sowie das Arbeiten am gemeinsamen digitalen Material. Auf den ersten Blick ist dies durchaus positiv zu werten. Denn in gewissem Maße wirken die Komponenten emanzipatorisch, da die Ratsmitglieder selbstbestimmter über ihren Arbeitsrhythmus und teilweise auch über ihren Arbeitsaufwand entscheiden können. Auf den zweiten Blick gibt es aber Punkte, die als unangenehm empfunden werden können.

Informationsrecherchen sind jetzt nicht mehr so leicht durch ein kurzes Telefonat, beispielsweise mit der Mitarbeiterin der Geschäftsstelle des Gemeinderates, abzugeben. Jetzt müssen sich die Ratsmitglieder hinsetzen, das Notebook anschalten und selbst überlegen, unter welchen Stichworten sie wo (in welchen Räumen) suchen könnten. Das Suchkriterium ist ein Problem bei der Suche. Wird ein zu allgemeines Schlagwort eingegeben, kommen zu viele Dokumente in das Suchergebnis. Dann brauchen die Ratsmitglieder zu viel Zeit, um diese nach dem Gewünschten zu durchsuchen. Wird ein falsches Schlagwort eingegeben, kann es sein, dass gar kein Dokument gefunden wird. Dann beginnt die Suche nach dem richtigen Schlagwort.

Kommunikationsbezogene Veränderungen ergeben sich aus der Emailnutzung anstelle von Telefonaten. Unabhängig von Ort, Zeit und Verfügbarkeit der Kommunikationspartnerinnen können jetzt auf schnellstem Wege Nachrichten an diese gesendet werden. Personen, die bisher schwierig erreichbar waren, sind jetzt problemlos zu erreichen. Damit steigt für diese das Pensum an Anfragen, während die Sendenden entlastet werden. Sie müssen jetzt nicht mehr daran denken, dass sie jemanden informieren wollten, sondern haben ihre Aufgabe erledigt.

Mit einer Email können ganze Verteilerkreise gleichzeitig informiert werden. Dies stellt ein Kommunikationsplus gegenüber dem Telefon und Fax dar, bei denen nur sequentiell informiert werden kann. Auch gegenüber Rundschreiben ist die Email vorteilhafter, da diese oft zu lange bei einzelnen Personen liegen bleiben und die Gefahr besteht, dass nicht alle rechtzeitig informiert werden. Diese allgemeinen, oft routinemäßigen Kommunikationsaufgaben können durch Emaileinsatz effizienter erledigt werden und zu Zeitersparnis führen. Allerdings liegt auch ein Minus darin, denn allzuleicht werden jetzt mehr Personen informiert als nötig.

Informationsmangel darf nicht durch eine, nicht zu verkraftende Informationsflut ersetzt werden (vgl. [Cyranek 1993, S. 12]). Die Informationsüberflutung kann eingedämmt werden, wenn die Holschuld in der Zusammenarbeit verankert wird. Werden die Ratsmitglieder dahingehend geschult, dass sie Informationen in elektronischen Informationsbrettern ablegen und nicht immer mailen, ist der Email-Posteingang halb so voll. Es muss dann aber auch mit den Ratsmitgliedern vereinbart werden, dass sie die elektronischen Informationsbretter regelmäßig lesen.

Die offensichtlichste Veränderung bringt die Möglichkeit der Informationsversorgung. Beispielsweise besteht jetzt, durch die gemeinsamen Dokumentenaufbewahrungsorte, die Möglichkeit der Bereitstellung von Sitzungsprotokollen und -unterlagen über alle Ausschüsse hinweg, so dass alle Fraktionsmitglieder diese Informationen abrufen können. Mussten früher Kopien für die zu Informierenden erstellt und verteilt werden, genügt künftig das Einstellen der elektronischen Dokumente in das entsprechende Cuparla-Zimmer.

Mit der Möglichkeit der breitflächigen Informationsnutzung ist auch die Möglichkeit der fundierten Vorbereitung und Zusammenarbeit in den Fraktionen und Arbeitskreisen gegeben. Informationsmangel ist jetzt kein Hinderungsgrund für adäquate Vorbereitung. Grundsätzlich können sich alle Ratsmitglieder gleich gut vorbereiten. Die Zusammenarbeit in der Fraktion kann dadurch fundierter erfolgen. Beispielsweise können Diskussionen zur Meinungsfindung geführt werden, wo früher vielleicht nur eine Person berichtend war.

War die gemeinsame Arbeit an Anträgen oder Anfragen bisher mit viel Koordinationsaufwand hinsichtlich gemeinsamer Treffen oder bezüglich der Abstimmung von Formulierungen verbunden, eröffnet Cuparla neue Möglichkeiten der Zusammenarbeit. Dies erfordert aber im ersten Schritt die Bereitschaft dazu. Bisherige Gewohnheiten müssen verändert werden. Hierzu muss die eigene Einstellung positiv sein oder werden. Da nicht alle Ratsmitglieder Anträge schreiben, stellt diese Möglichkeit für einige eine neue Aufgabe dar. Für alle ungewohnt, ist die Möglichkeit, Anträge auf dem elektronischen Arbeitstisch abzulegen, dort von Kolleginnen annotieren zu lassen und schließlich die Anmerkungen einzuarbeiten. Dies erfordert Umdenken und Umlernen. Auch der Weg der Anträge in die Fraktionsgeschäftsstelle ist verändert. Künftig sollen die Anträge im elektronischen Fraktionszimmer eingestellt oder den Mitarbeitern der Fraktionsgeschäftsstelle per Email geschickt werden. Gleiches gilt für Anfragen, Briefentwürfe für die Gesamtfraktion etc..

Auch die Möglichkeiten der Koordination sind erweitert. Ein Beispiel hierfür ist die Terminkoordination. Der elektronische Gruppenkalender bietet die Möglichkeit, sämtliche Termine einzutragen, die von einer Gruppe wahrgenommen werden. Bei der Erfassung der einzuladenden Personen kann gleichzeitig geprüft werden, ob diese zeitlich verfügbar sind oder bereits einen anderen Termin wahrnehmen. Mit Knopfdruck sind folglich zwei Aufgaben in einem erledigt: die Terminabstimmung und das Versenden von Einladungen. Vor allem in den Fraktionsgeschäftsstellen kann dies Zeit einsparen helfen, sofern nicht nur regelmäßig wiederkehrende Fixtermine gegeben sind, zu denen nicht mehr eingeladen wird.

Eine Neuorganisation des individuellen Arbeitsstils der Einzelnen sowie der Zusammenarbeit der Gruppe ist letzte Konsequenz der Einführung einer Telekooperationsumgebung, sollen alle Potenziale zur Zeitersparnis und Effizienzsteigerung genutzt werden. Sind eingeschliffene Abläufe zu verändern, bedarf dies der Bereitschaft der Einzelnen dieses für die eigene Arbeit zu tun und der Bereitschaft aller Beteiligten im Rahmen der Zusammenarbeit. Zudem müssen für die Zusammenarbeit neue Abläufe erarbeitet, diskutiert und etabliert werden. Dies erfordert das Loslassen von Liebgewonnenem und das Annehmen von Neuem.

3.3.2.2 Mögliche Auswirkungen auf die Einzelnen

Bis zum Juni 1996 war bis der Computereinsatz für die Gemeinderäte bis auf die elf Pilotanwender mehr oder weniger ein Fremdwort. Durch die Einführung von Cuparla waren also 49 Personen gezwungen, sich der neuen Technologie zu öffnen, obwohl sie zuvor kaum oder keine Berührung damit hatten. Folglich mussten sie lernen, wie die Hardware und die Software zu bedienen ist, um ihre bisherigen Tätigkeiten damit sinnvoll unterstützen zu können.

Bei Cuparla steht die Unterstützung unstrukturierter Zusammenarbeit im Vordergrund (siehe Kapitel 3.2.1.4 und 3.2.2). Dadurch gibt es keine bestimmte Abfolge von Aktivitäten, die sich zwingend aus einer Aufgabe ergibt. Deshalb müssen die Einzelnen die Funktionen und Möglichkeiten, die das Telekooperationssystem bietet, in der Gesamtheit erfassen, um ihre konkret auftretenden Aufgaben unter Nutzung des Telekooperationssystems effizienter erledigen zu können. Dies macht es wiederum notwendig, Zeit in das Lernen zu investieren, alte routinierte Abläufe bei der Aufgabenerledigung zu vergessen und sich neue anzueignen.

Die Nutzung der Telekooperationsumgebung stellt für einzelne Ratsmitglieder durchaus eine Herausforderung dar, vor allem wenn man bedenkt, dass damit verteilt gearbeitet wird. Alleine den Rechner anzuschalten und die einzelnen Arbeitsschritte durchzuführen, ohne dabei schnell mal jemanden fragen zu können, ist nicht einfach. Das isolierte Arbeiten fordert am Anfang ein hohes Maß an Eigenmotivation, Disziplin und Selbstständigkeit, bis es zur routinierten Technologienutzung wird. Routiniert heißt, dass Hard- und Software so selbstverständlich und problemlos genutzt werden, wie das Telefon beim Telefonieren.

Bisher waren es die einzelnen Ratsmitglieder in den größeren Fraktionen gewohnt, dass ihnen in gewissem Umfang zugearbeitet wurde, beispielsweise indem für sie recherchiert wurde oder eine Sekretärin vorformulierte Briefe für sie schrieb. Sie standen damit in der Abhängigkeit von dem Zeitbudget dieser Personen und deren Aufgabenprioritäten. Mit Cuparla gibt es die Möglichkeit selbst zu recherchieren und selbst Briefe zu verfassen. Damit kann aber auch das teilweise als Privileg oder Statussymbol empfundene Zuarbeiten durch Sekretärinnen, Assistentinnen oder Verwaltungsmitarbeiterinnen hinfällig werden. Die Ratsmitglieder müssen dann ein neues Selbstverständnis entwickeln und ihre Rolle neu definieren.

Lipnack und Stamps [1998, S. 207] stellen in diesem Zusammenhang fest, dass eine Ironie des elektronischen Zeitalters darin besteht, dass ein negatives Statussymbol der Vergangenheit zu einem wichtigen Instrument in der Zukunft geworden ist: das Tippen. Dies war früher Hilfskräften vorbehalten - heute ist es eine entscheidende Fähigkeit in der elektronischen Welt.

Durch die Verfügbarkeit der elektronischen Informationsbestände ist den Einzelnen immer die Möglichkeit der Recherche gegeben. Schlechte Sacharbeit, Vorbereitung auf Sitzungen etc. kann nun nicht mehr mit mangelhaften Möglichkeiten des Informationszugriffs gerechtfertigt werden. Jetzt liegt eine Holschuld vor. Die Ratsmitglieder müssen selbst aktiv werden. Damit baut sich für die Einzelnen Druck auf, sich entsprechend präparieren zu müssen.

Gleiches kann auch für die Kommunikation und Kooperation genannt werden. Durch die quasi permanente Verfügbarkeit, die lediglich durch die Holschuld der Empfänger begrenzt ist, kann der soziale Druck auf die Einzelnen wachsen. Emails, die lange nicht gelesen werden und damit wichtige Debatten behindern oder Entscheidungen verzögern, können zum Alptraum werden. Die Möglichkeit der Parametereinstellung, dass beim Lesen einer Email eine Empfangsbestätigung an die Absendenden geschickt wird, ermöglicht Kontrolle und kann den Druck noch erhöhen. (vgl. [Hörning/Ahrens/Gerhard 1996, S. 7; Schwalm 1998, S. 105f.]).

Die Anforderung an die Informationsaufnahme- und -verarbeitungsfähigkeit der Einzelnen steigt, auch wenn elektronische Kommunikation zu einer knappen und prägnanten Ausdrucksweise erzieht. Denn mit der Erleichterung der schriftlichen Informationsübermittlung geht beinahe zwangsläufig ein Anwachsen der Informationsmenge einher, die es zu selektieren, zu bearbeiten und zu berücksichtigen gilt (vgl. [Leonhardi 1995, S. 26ff.]).

Die Nutzung des elektronischen Terminkalenders birgt ebenfalls Vor- und Nachteile. Zum einen ist eine problemlosere Terminabstimmung möglich, zum anderen müssen die einzelnen Ratsmitglieder ihren elektronischen Terminkalender pflegen. Letzteres kann oft als unangenehm empfunden werden, da Andere Einblick in die Zeitbelegung erhalten. Ungünstig ist auch, wenn der papiergestützte Terminkalender weitergeführt wird. Dies führt zur Doppelarbeit und damit zu geringer Akzeptanz und gegebenenfalls zur Nichtnutzung.

3.3.2.3 Auswirkungen auf die Zusammenarbeit in der Gruppe

Die Einführung von Cuparla in den Fraktionen, im Sinne einer zusammenarbeitenden Gruppe zieht eine Reihe von Veränderungen und Auswirkungen nach sich. Das Ausmaß der Veränderung hängt allerdings von der Art der Einführung des Telekooperationssystems und der Akzeptanz der Anwenderinnen ab. Ein bloßes Zur-Verfügung-Stellen löst wenig Veränderungen in der Zusammenarbeit aus, denn die Einzelnen neigen dazu, ihre Routineabläufe beizubehalten, sofern mit der Technologieanwendung nicht ein gravierender Nutzen gestiftet wird. Deshalb müssen in der Einführungsphase der Telekooperation Organisationskonzepte der computergestützten Zusammenarbeit individuell für jede Anwenderorganisation ausformuliert werden (vgl. [Cyranek 1993, S. 12]). Hierzu können Szenarien der computerunterstützten Zusammenarbeit gemeinsam erarbeitet und vereinbart werden.

Durch Cuparla wird eine Gleichbehandlung der Fraktionsmitglieder möglich. Warum sollten Fraktionsvorsitzende nach wie vor Informationen durch ihre Fraktionsmitarbeiter zusammengestellt bekommen? Prinzipiell können sämtliche Informationen allen elektronisch zugänglich gemacht werden. Warum sollten bestimmten Ratsmitgliedern noch Briefe geschrieben werden, wenn doch alle ein eigenes Notebook und einen eigenen Drucker haben? Anstelle den Brief vorzuformulieren, kann dieser gleich im entsprechenden Format erfasst und versendet werden. Die Arbeitsverteilung innerhalb der Fraktionen kann sich damit verändern und das Selbstverständnis der bisherigen Zusammenarbeit mit Sekretärinnen und Assistentinnen der Fraktion kann in Frage gestellt werden.

Erlernen Ratsmitglieder schnell den Umgang mit dem Rechner, während andere damit nicht zurechtkommen, haben die versierteren durchaus Vorteile. In Cuparla wurde diese Tatsache sogar als Anreiz dafür eingesetzt, die Nutzung des Telekooperationssystems voranzutreiben (vgl. [Schwabe 1999, S. 216f. und S. 499]). Dies kann auch Auswirkungen auf die Zusammenarbeit haben. Sind Einzelne vertrauter mit der Technologie, können sie in der Zusammenarbeit Aufgaben übernehmen, die andere damit nicht lösen können. Folglich können die unterschiedlichen Fertigkeiten in der Anwendung des Telekooperationssystems zu neuer Arbeitsteilung (vgl. [Nardi/Miller 1991, S. 35]) und zu einem veränderten Status Einzelner in der Gruppe führen.

Durch die mögliche Verfügbarkeit und Zugänglichkeit umfassender Informationsbestände für alle, kann die wissensbedingte Vormachtstellung, die sich Amtsältere gegenüber neuen Ratsmitgliedern geschaffen haben, mit Cuparla ins Wanken kommen (vgl. [Cyranek 1993, S. 11]). Dies kann deren Status und Position in der Gruppe verändern. Auch können auf Wissen beruhende, hierarchische Vormachtstellungen unterhöhlt werden oder dazu führen, dass die Betroffenen das Telekooperationssystem ablehnen.

Aus der Möglichkeit der eigenen, jetzt einfacheren und umfassenderen Informationsrecherche resultiert unter Umständen eine Machtbeeinflussung und–verschiebung. Konnte früher durch selektive Informationsweitergabe gezielt beeinflusst werden, wird dies in Abhängigkeit von der Nutzung des, für alle zugänglichen Informationsangebotes unwahrscheinlicher (vgl. Berghaus 1999, S. 38]). Auch die Möglichkeit der einfacheren Informationsabgabe, -weitergabe oder des -austausches kann bestehende Machtverhältnisse nachhaltig verändern.

Für Neueinsteigerinnen kann nach ihrer Wahl die Einarbeitung in Ratsarbeit, abgesehen von der leichteren Informationsbeschaffung, auch schwerer werden. Treffen sich die Kolleginnen nicht mehr so häufig, können bestehende Strukturen, Machtverhältnisse, Rituale, Gruppennormen etc. nicht so schnell erkannt werden. Die Möglichkeit, aus Unkenntnis in Fettnäpfchen zu treten, erhöht sich.

Persönliche Abstimmungsgespräche per Telefon oder in einem Treffen können durch den Einsatz von Email künftig hinfällig werden. Damit kann das persönliche Verhältnis der Einzelnen leiden, da weniger soziale Kontakte bestehen und gegebenenfalls auch weniger Möglichkeiten zum informellen Informationsaustausch gegeben sind. Im Rahmen von Cuparla besteht die Problematik, dass die Kommunikation zu unpersönlich wird oder das Potenzial an Missverständnismöglichkeiten zu stark ansteigt, nicht, denn die Ratsmitglieder treffen sich zu häufig persönlich in den Sitzungen. Darüber hinaus kann auch ein Telekooperationssystem dazu genutzt werden, Ansichten, Bedenken, Probleme, Lösungen, Enthusiasmus und Befürchtungen zu teilen, wenn es als „Platz" dafür erkannt und genutzt wird (vgl. [Harasim et al. 1998, S. 32]).

4 Einführung von Cuparla

Beginnend werden einige grundlegende Überlegungen zur Einführung von Telekooperation vorangestellt. Dabei werden die notwendigen Einführungsmaßnahmen aufgezeigt und dargestellt, welche Bedeutung den Qualifizierungsmaßnahmen in diesem Zusammenhang zukommt.

Im nächsten Schritt wird die Einführung von Cuparla im Zeitverlauf beschrieben, um einen Gesamtüberblick über das Projekt und seine Einführungsaktivitäten zu geben. Abschnittsabschließend werden Einführungsmaßnahmen vorgestellt, die parallel zu Qualifizierungsmaßnahmen entwickelt und durchgeführt wurden.

Um die ursprünglichen Gedanken nachvollziehbar zu machen, werden im darauf folgenden Kapitel die konzeptionellen Überlegungen zu den Qualifizierungsmaßnahmen im Rahmen der Programmplanung sowie der Veranstaltungs- und Unterrichtsplanung ausführlich beschrieben. Sie dienten als Ausgangspunkt für die ersten Qualifizierungsmaßnahmen und wurden während des Projektverlaufs angepasst.

Die Durchführung und die damit zusammenhängenden Beobachtungen, Erfahrungen und Schlussfolgerungen werden im Anschlusskapitel über alle Phasen hinweg beschrieben und aufgearbeitet.

Im letzten Kapitel werden die auf den Schritten der Programm-, Veranstaltungs- und Unterrichtsplanung basierenden Erfahrungen aufgearbeitet und zusammengestellt.

4.1 Grundlagen der Einführung

4.1.1 Grundsätzliche Überlegungen zur Einführung

4.1.1.1 Technologie-Einführung und Organisationsentwicklung

Das Vorgehen bei der Einführung von Telekooperation kann variieren (vgl. [Engel, Kaiser, Mayer 1998, S. 297f.; Finger 1998, S. 110ff.; Reichwald et al. 1998, S. 39-46]). Telekooperationstechnologie kann

- nach,
- parallel zu,
- vor oder
- unabhängig von

Maßnahmen zur Verbesserung der Zusammenarbeit im Rahmen einer Organisationsentwicklung durchgeführt werden. Je nachdem ist mit unterschiedlichen Risiken zu rechnen.

Technologie-Einführung nach einer durchgeführten Organisationsentwicklung:
Schwerpunkt der Einführung der Telekooperation ist nicht mehr die Arbeitsunterstützung des Einzelnen und der Gruppe, sondern von Anfang an die Unterstützung der Zusammenarbeit, denn mit der Organisationsentwicklung wird bereits ein Akzent auf die Zusammenarbeit gelegt. Ist bei der Organisationsentwicklung die computergestützte Zusammenarbeit bereits geplant, kann dies bei der Entwicklung neuer Prozesse und Szenarien der Zusammenarbeit einfließen und berücksichtigt werden. Bezogen auf Qualifizierungsmaßnahmen bedeutet dies, dass sie bei der Organisationsentwicklung ansetzen müssen, um von da aus zur Technologienutzung voranzuschreiten.

Das Potenzial, welches die Einführung von Telekooperationstechnologie bietet, ist zu Beginn der Organisationsentwicklung zu vermitteln. Dadurch wird sichergestellt, dass die organisatorischen Veränderungen mit den Möglichkeiten der Telekooperationstechnologie kompatibel sind. Risiko bei diesem Vorgehen ist,

- dass die Anwenderinnen von vorneherein die Telekooperationstechnologie ablehnen, da sie auch die Organisationsentwicklung selbst ablehnen.
- dass die Anwenderinnen bei der Erarbeitung von Ansatzpunkten der Technologieunterstützung und Nutzungsszenarien überfordert sind, da die Organisations-entwicklung noch nicht ausreichend verankert ist.
- dass die Anwenderinnen keinen individuellen Nutzen im Einsatz der Telekooperationstechnologie erkennen und daraufhin mit Nichtnutzung und Ablehnung reagieren.

Technologie-Einführung parallel zu einer Organisationsentwicklung:
Die Arbeit des Einzelnen und der Gruppe ist sowohl Ausgangspunkt für die Technologie-Einführung als auch für die Organisationsentwicklung. Dabei werden die bestehenden Prozesse zeitgleich mit der Einführung der Telekooperationstechnologie verändert. Die Entwicklung neuer computergestützter Prozesse und Formen der Zusammenarbeit geht Hand in Hand.
Im Rahmen dieses Vorgehens brauchen die Mediatorinnen[152] sehr viel Wissen über die Arbeitsabläufe, die Aufgaben und die zusammenarbeitende Gruppe, da sie stark beratend tätig sein müssen, um die Anwenderinnen nicht zu überfordern.
Risiko hierbei ist,

- dass die Anwenderinnen von vornherein die Telekooperationstechnologie ablehnen, da sie auch die Organisationsentwicklung selbst ablehnen.
- dass die Anwenderinnen bei der Erarbeitung von Ansatzpunkten der Technologieunterstützung und Nutzungsszenarien überfordert sind, da sie die neuen organisatorischen Abläufe noch nicht oder nur unzureichend kennen und die alten Vorgehensweisen zu präsent sind.

Technologie-Einführung vor einer geplanten Organisationsentwicklung:
In diesem Fall ist die Einführung der Telekooperation der Ausgangspunkt, um die Arbeit des Einzelnen und der Gruppe zu unterstützen. Dabei werden die bestehenden Prozesse im ersten Schritt nicht verändert, sondern lediglich durch die Telekooperationstechnologie unterstützt. Jedoch ist es zeitgleich allen klar, dass der Technologie-Einführung eine Organisationsentwicklung folgen wird. Über die Aneignung der Technologie können den Einzelnen und

---

[152] Mit dem Begriff *Mediator* werden in dieser Arbeit all jene Personen bezeichnet, die im Rahmen von Einführungsmaßnahmen aktiv werden, z. B. die Trainerinnen und Mitglieder des Benutzerservice.

der Gruppe Perspektiven der Nutzung aufgezeigt und Ansatzpunkte für eine Organisationsentwicklung gemeinsam entwickelt werden. Risiko hierbei ist,

- dass die Nutzung der Telekooperationstechnologie trotzdem auf die individuelle Nutzung bzw. die Arbeit der Einzelnen beschränkt bleibt.
- dass die Zusammenarbeit in der alten Form bestehen bleibt und Potenziale zur Effizienzsteigerung und Produktivitätserhöhung nicht ausgeschöpft werden.
- dass das Beharrungsvermögen eingeschliffener Formen der Zusammenarbeit immens hoch ist und die Bereitschaft der Gruppe für Veränderungen nicht geweckt werden kann.

Technologie-Einführung unabhängig von einer Organisationsentwicklung:
Ausgangspunkt für die Einführung von Telekooperation ist die Unterstützung der individuellen und gruppenbezogenen Tätigkeiten. Dabei werden die bestehenden Prozesse im ersten Schritt nicht verändert, sondern lediglich untersucht, um Anknüpfungspunkte für die Unterstützung durch die Telekooperationstechnologie offen zu legen. Über die Aneignung der Technologie können den Einzelnen und der Gruppe Perspektiven der Nutzung zwar aufgezeigt und auch Ansatzpunkte für eine Organisationsentwicklung gemeinsam entwickelt werden, die Umsetzung muss sich aber aus der Gruppe selbst herausentwickeln. Die Risiken hierbei sind die gleichen wie bei Telekooperationseinführung vor einer geplanten Organisationsentwicklung, allerdings mit höherer Wahrscheinlichkeit, da nicht von vornherein eine organisatorische Veränderung mit der Technologie-Einführung verknüpft wird.
Risiko bleibt,

- dass die Nutzung der Telekooperationstechnologie auf die individuelle Nutzung bzw. die Arbeit der Einzelnen beschränkt bleibt.
- dass die Zusammenarbeit in der alten Form bestehen bleibt und Potenziale zur Effizienzsteigerung und Produktivitätserhöhung nicht ausgeschöpft werden.
- dass das Beharrungsvermögen eingeschliffener Formen der Zusammenarbeit immens hoch ist und die Bereitschaft der Gruppe für Veränderungen nicht geweckt werden kann.
- dass die Qualifizierungsmaßnahmen mit der Vermittlung der Nutzung der Technologie enden.

Im Projekt Cuparla steht die Technologieeinführung im Mittelpunkt. Es ist vorab keine Organisationsentwicklung geplant. Entsprechend der *Adaptive Structuration Theory* (siehe Kapitel 5.1) sollte sich diese durch den Einsatz der Technologie und die daraus resultierenden Änderungen selbst entwickeln oder auch ausbleiben können. Die nachfolgenden Ausführungen gehen deshalb immer von dieser Situation aus.

4.1.1.2 Akzeptanzschaffende Maßnahmen

Unter dem Gesichtspunkt, dass die Folgen der Telekooperationseinführung von den betroffenen Personen nicht immer überblickt werden und gewünscht sind, ist diese unter akzeptanzschaffenden Gesichtspunkten durchzuführen. Dazu gehören

- gezielte Informationsmaßnahmen,
- Partizipation bei Entwicklung, Ausgestaltung und Einführung des Telekooperationssystems,
- soziale Unterstützung durch umfassenden Benutzerservice und
- Qualifizierungsmaßnahmen.

Zwischen den genannten Bereichen gibt es durchaus Überschneidungen. Beispielsweise kann eine Qualifizierungsmaßnahme gleichzeitig als einführende Informationsmaßnahme gestaltet werden und umgekehrt (vgl. [Schenk 1995, S. 22ff.]). Den Qualifizierungsmaßnahmen kommt dabei doppelte Bedeutung zu: „Zum einen wird das Akzeptanzsubjekt im Rahmen der Schulung erstmalig in umfassender Weise mit den konkreten Eigenschaften und Merkmalen des Akzeptanzobjektes konfrontiert und zwar isoliert von den Merkmalen des sozio-organisatorischen Umfeldes. Zum anderen entscheidet die Qualität der Schulung darüber, zu welchem Grad das Technikpotential in einer konkreten Anwendungssituation objektiv vom Mitarbeiter überhaupt eingesetzt werden kann. Entscheidenden Einfluß hat die Qualität der Schulung darüber hinaus auf das Auftauchen von Problemen im Rahmen der Eingewöhnungsphase am Arbeitsplatz, d.h. darauf, ob und wie oft die Nutzung des Akzeptanzobjektes Probleme und Streßsituationen induziert.“ [Döhl 1983, S. 199].

Die doppelte Relevanz von Qualifizierungsmaßnahmen kommt auch darin zum Ausdruck, dass für die Meinungsbildung - neben der Vermittlung eines ersten fundierten Eindrucks und der Information über Eigenschaften und Merkmale des Telekooperationssystems - die Qualität der Maßnahmen im wesentlichen die Art der Erfahrung determiniert, die die Anwenderinnen mit der neuen Technik im Rahmen einer konkreten Arbeitssituation machen (vgl. [Klein/Steiner/Wolf 1989, S. 147]).

Zudem ist eine neue Technologie nicht an sich effizient, sie kann nur effizient genutzt werden. Geringes Wissen kann eine komplexe und richtige Nutzung des Telekooperationssystems verhindern sowie mangelnde Motivation zur Nutzung bei den Anwenderinnen hervorrufen. „Wenn Investitionen in Sachkapital nicht durch Investitionen in Humankapital ergänzt werden, dann wird eine neue Technologie immer nur suboptimal eingesetzt sein.“ [Bullinger 1987, S. 111]. Von diesem Wissen ausgehend, wird im Projekt Cuparla im Rahmen der Einführungsstrategie festgelegt, dass Maßnahmen zu allen akzeptanzschaffenden Aspekten durchgeführt werden sollen. So werden regelmäßig Informationsveranstaltungen, Workshops - z. B. zur Erhebung der Anforderungen sowie Abstimmung von Softwareentwicklungen - Betreuungsveranstaltungen und Schulungen aufeinander abgestimmt angeboten. Speziell die Maßnahmen im Bereich Benutzerservice sowie Schulungsmaßnahmen werden eng miteinander verzahnt.

Zielsetzung aller Maßnahmen ist zum einen die Akzeptanz der Telekooperationsumgebung, zum anderen die problemlose Anwendung durch die Betroffenen zu erreichen. Dabei sollen die Betroffenen mit ihrer gesamten Persönlichkeit berücksichtigt werden, also mit ihren geistigen, sozialen und emotionalen Befindlichkeiten, ihren Kenntnissen, Fähigkeiten und Fertigkeiten. Es soll eine ganzheitliche Qualifizierung erfolgen (vgl. [Decker 1985, S. 108]).

Qualifizierungsmaßnahmen können Erst- und Weiterbildungsmaßnahmen umfassen und sollen vor, während und nach der Einführung von Telekooperation in jeweils notwendigem Umfang und Schwerpunkt erfolgen. Grundsätzlich können sich die Qualifizierungsmaßnahmen auf

- die Vermittlung von anwendungsspezifischem Know-how des Telekooperationssystems,
- die organisatorisch notwendigen Maßnahmen und
- die Zusammenarbeit in der Gruppe sowie
- die Widerstände gegen das neue Telekooperationssystem

beziehen (vgl. [Schenk 1995, S. 26; Schwabe 1999, S. 214]).

Qualifizierungsmaßnahmen für den Einsatz und die Anwendung des neuen Telekooperationssystems sollen alle betroffenen Personenkreise wie Systembetreuer, Mitarbeiter des Benutzerservices und die einzelnen Anwendergruppierungen einbeziehen. Die Systembetreuer benötigen Kenntnisse und Fertigkeiten, die die technischen Aspekte des Systems, seine Installation und ggf. Wartung betreffen. Die Mitarbeiter des Benutzerservices brauchen umfassende Kenntnisse über die Arbeit der Anwenderinnen, die Bedienung und die Anwendungsmöglichkeiten des Telekooperationssystems sowie Fähigkeiten im Umgang mit den Anwenderinnen wie Geduld, Einfühlungsvermögen und pädagogisches Geschick. Die Anwendergruppen brauchen ihrerseits umfassende Kenntnisse über die Werkzeuge und Möglichkeiten, die das Telekooperationssystem bietet (vgl. [Weltz/Ortmann 1987, S. 126ff.]).

Qualifizierungsmaßnahmen aufgrund von organisatorisch notwendigen Maßnahmen können beispielsweise als Workshop gestaltet werden, in dem die einzelnen organisatorischen Maßnahmen, ihre Wirkungen und Abhängigkeiten mit den Betroffenen erarbeitet, diskutiert und vereinbart werden. Das gemeinsame Erarbeiten von Veränderungen und das Vergegenwärtigen von möglichen Auswirkungen hilft den Einzelnen bei der Auseinandersetzung damit. Motive, Ängste und Befürchtungen, die von den Betroffenen in diesem Zusammenhang geäußert werden, sind zudem wichtige Hinweise. Sie können in die Vorbereitung und Durchführung von weiteren Qualifizierungsmaßnahmen und in die Benutzerbetreuung einfließen und berücksichtigt werden.

Qualifizierungsmaßnahmen bezüglich der Zusammenarbeit in der Gruppe können ebenfalls als Workshops gehalten werden, die zur Erarbeitung und Verabschiedung von Regeln der Zusammenarbeit dienen. Fragen wie „Welche Informationen werden wo abgelegt?" können in diesem Zusammenhang geklärt werden. Wichtig ist hierbei, dass eine einheitliche Nutzung des Telekooperationssystems vereinbart wird (siehe Kapitel 5.1) (vgl. [Schwabe 1999, S. 214f.]). Zudem ist die Akzeptanz, sich an gemeinsam erarbeitete Regeln zu halten, größer, als wenn diese vorgegeben werden.

Im Rahmen der Qualifizierungsmaßnahmen zur Zusammenarbeit können auch Zusammenarbeits- und Teamentwicklungsmaßnahmen angesiedelt werden. Denn bei mangelnder Zusammenarbeit kann diese auch nicht durch ein Telekooperationssystem unterstützt werden.

Qualifizierungsmaßnahmen im Hinblick auf antizipierte Widerstände können auf den Aufbau der Fähigkeit, sich in unterschiedlichen Konfliktsituationen zurechtzufinden und aktiv auf diese Einfluss zu nehmen, zielen. Personen, denen Konfliktursachen wie Widerstand gegen Innovationen - hier das Telekooperationssystem Cuparla - , Konfliktverlauf und –bewältigungsstrategien bekannt sind, können leichter damit umgehen. Somit wird sowohl eine akzeptanzfördernde Ausgangsbasis für den Einführungsprozess geschaffen als auch eine Grundlage für künftige organisatorische Maßnahmen zur Teamentwicklung gelegt (vgl. [Wagner/ Conradi o. J., S. 85ff.]).

4.1.2 Didaktische Grundlagen

Da die Einführungsmaßnahmen einer didaktischen Fundierung bedürfen, wurde von Anfang an eine Didaktik der Erwachsenenpädagogik zugrunde gelegt. Dies macht es notwendig einen kurzen Überblick hierzu zu geben.

4.1.2.1 Der Begriff *Didaktik*

Der Gegenstand der Pädagogik kann vereinfacht als Auseinandersetzung mit der Erziehungsbedürftigkeit des Menschen, seinen Lern-, Entwicklungsmöglichkeiten und –grenzen sowie dem Hineinwachsen in die Gesellschaft umschrieben werden. Die Didaktik stellt eine Teildisziplin der Pädagogik dar (vgl. hierzu (Jank/Meyer 1991, S. 16ff.]).

Was versteht man nun unter dem Begriff "Didaktik"? Dieser Begriff stammt vom griechischen Verb *didáskein* ab und kann mit drei Bedeutungen übersetzt werden:

1. aktiv als lehren oder unterrichten,
2. passiv als lernen oder unterrichtet werden,
3. medial als aus sich selbst lernen oder sich aneignen.

So breit gefächert wie dieser Begriff sind auch seine Begriffsdefinitionen. Klafki (1961, S.171) unterscheidet vier Definitionen:

„1. Didaktik als Wissenschaft und Lehre vom Lehren und Lernen überhaupt (Dolch, Hausmann);
2. Didaktik als ‚Bildungslehre' im umfassenden Sinne (Willmann);
3. Didaktik als ‚Wissenschaft vom Unterricht' (Schulz, Weber, Schwerdt, Becker u. a.) bzw. ‚Allgemeine Unterrichtslehre' (Esterhues);
4. Didaktik als Theorie der Bildungsinhalte, ihrer Struktur und Auswahl (Weniger) bzw. als Theorie der ‚Bildungskategorien' (Deborlav, Fischer)."

Robinsohn und Jongebloed/Twardy verstehen Didaktik als Theorie des Curriculums (vgl. [Robinsohn 1975, Jongebloed/Twardy 1983a, S. 176]). Ähnlich definiert Reetz [1984, S. 5] Didaktik als Curriculumentwicklung bezogen auf Rechtfertigung, Analyse und Konstruktion, Planung und Evaluation von Lernzielen, -inhalten und -prozessen. Heimann [1977, S. 9] hingegen definiert Didaktik als Theorie des Unterrichts, die sich mit Lehr- und Lernproblemen beschäftigt. Klafki [1985, S.39] selbst definiert Didaktik als eine übergreifende Bezeichnung für erziehungswissenschaftliche Forschung, Theorie- und Konzeptbildung im Hinblick auf alle Formen intentionaler, systematisch vorgedachter Lehre und das, sich davon ausgehend vollziehende Lernen. Euler [1995, S. 119] beschreibt im Rahmen seiner Didaktik einer sozio-informationstechnischen Bildung den Begriff Didaktik als Theorie kommunikativer Lehr-Lern-Situationen i. S. v. zielgerichtetem Lernen und Lehren in mittelbaren und unmittelbaren Kommunikationsbeziehungen. In einem Didaktiklehrbuch bezeichnen Jank und Meyer [1991, S. 16f.] Didaktik als die Theorie des Lehrens und Lernens. Zur Vereinfachung dieser Vielfalt an Begriffsdefinitionen wird häufig Didaktik im weiteren Sinne als „Wissenschaft vom Lehren und Lernen" und Didaktik im engeren Sinne als „Theorie der Bildungsinhalte" unterschieden.

Somit lässt sich feststellen, dass Didaktik ein relationaler Begriff ist, der erst durch seine Definition Bedeutung erhält und eingeordnet werden kann (vgl. [Kron 1993, S. 13ff.]). Für die nachfolgende Arbeit soll folgender Didaktikbegriff in Anlehnung an Euler [1995, S. 119] und Kron [1993, S. 169ff.] gelten:

Didaktik wird als Lehre von zielgerichtetem Lehren und Lernen in mittelbarer und unmittelbarer Interaktion verstanden.

4.1.2.2 Der Gegenstandsbereich der Didaktik

Der Gegenstandsbereich der Didaktik bezieht sich prinzipiell auf die Lehre vom Lehren und Lernen als Prozess (vgl. [Heimann 1976, S. 147; Schulz 1991. S. 31; Klafki 1985, S. 39]). Jedoch werden in unterschiedlichen Ansätzen auch unterschiedliche Elemente akzentuiert, beispielsweise durch eine Einengung auf die Inhalts- und Zieldefinition des Lehrens und Lernens (vgl. [Jongebloed/Twardy 1983, S. 174]), die Unterstellung eines bestimmten Handlungs- bzw. Organisationskontextes (Lerntheoretische Didaktik = Berliner Schule (vgl. [Jank/Meyer 1991, S. 183ff.]) oder eine Begrenzung auf Formen des Lehrens und Lernens (vgl. [Klafki 1985, S. 39]). Auch der Zugang zu dem Gegenstandsbereich des Lehrens und Lernens ist unterschiedlich. Je nach didaktischer Position wird der Zugang über die Modellierung von Lehr-Lern-Situationen, die Entwicklung von praxisrelevanten Theorien, die Formulierung von situationsbezogenen Rezeptologien oder die Orientierung an prinzipiengeleiteten Handlungskonzepten gewählt (vgl. [Peterßen 1994, S. 19ff.]). Hierbei schließen sich die unterschiedlichen Zugänge nicht aus (vgl. [Euler 1995, S. 103ff.]). Blankertz [1969, S. 16f.] schreibt dazu „daß die sachlichen Probleme von einer Art sind, die keine der konkurrierenden Positionen vollständig und befriedigend löst“ und „daß der heute mögliche und notwendige Problemhorizont der Didaktik sich erst in der Verschränkung und Überlagerung verschiedener Ansätze eröffnet“.

Die semantische Einordnung erfolgt auf drei unterschiedlichen Ebenen: der Objektebene (Didaktik als Praxis des Lehrens und Lernens), der Theorieebene (Didaktik als sprachliches Erfassen des Lehrens und Lernens) sowie der Metatheorie (Didaktik als Reflexion didaktischer Theorien) (vgl. hierzu [Peterßen 1994, S. 25; Raapke 1985, S. 19-21; Reiser 1995, S. 15f.]).

Eine weitere Differenzierung von Didaktiken kann hinsichtlich der Ziele und Funktionen der Didaktik getroffen werden. Dies kann die Ordnungsfunktion (Didaktik zur Erklärung und Beschreibung von Lehr-Lern-Situationen), die Planungs- und Steuerungsfunktion (Didaktik zur Vorbereitung und Durchführung von Lehr-Lern-Situationen), die Kritik und die Problematisierungsfunktion (Didaktik zur Überprüfung von Handeln in Lehr-Lern-Situationen) sowie die heuristische Funktion (Didaktik zur Entwicklung von Handlungsmöglichkeiten und Hypothesen) betreffen (vgl. [Euler 1995, S. 100f.]).

Bezogen auf den Zeit- und Planungshorizont lässt sich Didaktik hinsichtlich Programm-, Veranstaltungs- und Unterrichtsplanung unterscheiden. Die Programmplanung wird auch Makro-Didaktik, die Veranstaltungs- und Unterrichtsplanung auch Mikro-Didaktik genannt (vgl. [Raapke 1985, S. 23f.; Schäffter 1985, S. 40; Strittmatter, Mauer 1997, S. 48]).[153] Bei

[153] In der erwachsenenpädagogischen Literatur lässt sich sowohl die Unterscheidung in Makro-, Meso- und Mikro-Didaktik (vgl. [Schäffter 1985, S. 40]) als auch die Unterscheidung in Programm- und Veranstaltungs-

der Programmplanung gilt es, entsprechend dem erwarteten oder ermittelten Weiterbildungsbedarf, unter Berücksichtigung personeller und materieller Ressourcen und Gegebenheiten, Rahmenbedingungen für ein Weiterbildungsangebot zu erarbeiten. Dabei steht die Auswahl der Themenbereiche neben den Überlegungen zur Organisations- und Veranstaltungsform sowie der Einbindung in bereits bestehende Weiterbildungsprogramme im Blickpunkt. Bei der Veranstaltungs- und Unterrichtsplanung werden ausgehend von den makro-didaktischen Entscheidungen die Lehr-Lern-Inhalte und die Gestaltung des Lehr-Lern-Prozesses unter Beachtung der Zielgruppe konkretisiert (vgl. [Conradi 1983, S. 77; Mattl 1993, S. 72f.; Mentzel 1992, S. 172ff.]).

Da Didaktiken aus unterschiedlichen Bereichen ausgewählt werden, wird noch die Einteilung des Didaktikbegriffes in Allgemeine Didaktik, Stufen-, Bereichs-, Fach- und Schularten-didaktik geklärt. In der Literatur wird von Allgemeiner Didaktik gesprochen, wenn übergreifend von Merkmalen des Lehrens und Lernens die Rede ist. Hingegen werden die Begriffe Stufendidaktik, Fachdidaktik, Bereichsdidaktik oder Schulartendidaktik verwendet, wenn eine spezielle Schulstufe, ein spezielles Fach, ein spezieller Bereich oder eine Schulart betrachtet werden (vgl. [Beckmann 1991, S. 674; Klafki 1985, S. 89ff.; Peterßen 1994, S. 44ff.; Ruprecht et al. 1976, S. 14ff.]).

Die Didaktik der Erwachsenenbildung unterscheidet sich von einer Schuldidaktik im Wesentlichen durch ihre Akzentuierung spezieller Merkmale lernender Erwachsener (vgl. [Kron 1993, S. 24f.; Raapke 1985, S. 22]). Dies begründet sich auch in Untersuchungen zur Lernfähigkeit erwachsener Menschen, die eine hohe Lernfähigkeit Erwachsener unabhängig ihres Alters bescheinigen (vgl. [Döring 1995, S. 125ff.; Weinberg 1985, S. 36]).

4.1.2.3 Entwicklungsgeschichte der didaktischen Modelle

Nach 1945 begann die Entwicklung der heute relevanten Theorien der Didaktik. Dabei war es keine lineare Entwicklung, in der sich aus einem Ursprungsmodell weitere Modelle ergaben. Vielmehr waren die jeweiligen Ansätze eigenständig und wurden als solche auch von ihren Vertretern bis in die 70er Jahre hinein gesehen. Seit Beginn der 80er Jahre zeichnete sich dann im didaktischen Denken eine Entwicklung ab, die als Annäherung der Positionen bezeichnet werden kann. Eine Gemeinsamkeit der bisherigen Ansätze findet sich beispielsweise in der Teilnehmerorientierung des didaktischen Handelns, sofern darunter die Berücksichtigung der Lebens- und Lernstrukturen der Teilnehmer zu verstehen ist (vgl. [Nezel 1992 S. 251f.]). Die Teilnehmer- und Subjektivitätsorientierung verdichtet sich, die Erfahrungs-, Sinn- und Praxisorientierung sowie alltagsweltliche und gruppendynamische Konzepte werden integriert. Kron [1993, S. 117] zählt 30 Theorien und Modelle didaktischen Handelns auf. Neue Ansätze der 90er Jahre sind darin noch nicht enthalten. Zum Überblick werden die wesentlichsten didaktischen Ansätze seit den 70er Jahren kurz skizziert.[154]

---

planung (vgl. [Conradi 1983, S. 77]) finden. Oft wird unter die Veranstaltungsplanung die Unterrichtsplanung subsummiert, da Veranstaltungs- und Unterrichtsplanung meist in einer Hand liegen (vgl. [Petersen 1991, S. 173f.]). Diesem Ansatz folgt auch die vorliegende Arbeit.

[154] Dies kann nicht umfassend erfolgen, da die Literatur zur didaktischen Grundlagendiskussion so umfangreich ist, dass schon 1969 Achtenhagen bemerkte, dass sie „von einem einzelnen nicht mehr vollständig überblickt werden kann." [Achtenhagen 1969, S. 15.].

Von der bildungstheoretischen Didaktik zur kritisch-konstruktiven Didaktik[155]

Vier Maximen kennzeichnen die Weiterentwicklung der Bildungstheoretischen Didaktik (als Didaktik im engeren Sinne und Theorie der Bildungsinhalte) zu einer kritisch-konstruktiven Didaktik (als Didaktik im weiteren Sinne):

1. Die Erlangung von Selbstbestimmungsfähigkeit, Mitbestimmungsfähigkeit und Solidaritätsfähigkeit als gesellschaftskritisches Moment des neuen Bildungsbegriffs von Klafki.
2. Die Integration der Methodenkonzepte des historisch-hermeneutischen, des erfahrungswissenschaftlichen und des gesellschaftskritisch-ideologischen Ansatzes.
3. Die Erweiterung des Didaktikbegriffes um die Methoden-, Medien und Beurteilungsentscheidungen, als Reflexion der Ziel- und Inhaltsentscheidungen.
4. Das Aufgreifen der Interdependenz didaktischer Elemente entsprechend der Lehrtheoretischen Didaktik, allerdings mit dem Ausgangspunkt der Zielentscheidung.

Von der Berliner Didaktik zum Hamburger Modell der Lehrtheoretischen Didaktik[156]

Als Gegenpol zur bildungstheoretischen Didaktik wurde Anfang der sechziger Jahre die Berliner Didaktik von Heimann, Otto und Schulz entwickelt. Didaktik wird hier als Theorie des Unterrichts verstanden und der Unterricht als Ort, an dem ungelöste Fragen der didaktischen Gesamtsituation als konkret zu lösende Lehr-/Lernprobleme entstehen. Wesentliche Schwachstellen sind die Vorstellung von Unterricht als optimale Organisation von Lernprozessen und die fehlende Beteiligung der Lernenden an den Entscheidungsprozessen. In ihrer Weiterentwicklung zum Hamburger Modell sieht Schulz das Postulat der Wertfreiheit aufgebend als leitendes gesellschaftliches Interesse die Emanzipation an, verbunden mit den Werten der Humanität und Demokratisierung. Der Schwerpunkt liegt nun auf den wertenden Entscheidungen der vier Ebenen der Unterrichtsplanung: Perspektivenplanung, Umrissplanung, Prozessplanung und Planungskorrektur. Die Entscheidungen der Planung sollen den gesamten Bildungsprozess der Lernenden berücksichtigen, auf Kompetenz, Autonomie und Solidarität zielen sowie Sach-, Gefühls- oder Sozialerfahrung ermöglichen.

Von der informationstheoretischen Didaktik zur informationstheoretisch-kybernetischen Didaktik

Die informationstheoretisch-kybernetische Didaktik[157] geht von der Voraussetzung der Regelbarkeit von Lehr- und Lernprozessen aus. Durch Entwicklung und Konstruktion von

[155] Siehe hierzu vertiefend [Klafki, W.: Studien zur Bildungstheorie und Didaktik. Beltz, Weinheim 1963; Klafki, W. (Hrsg.): Aspekte kritisch-konstruktiver Erziehungswissenschaft. Gesammelte Beiträge zur Theorie-Praxis-Diskussion. Beltz, Weinheim und Basel 1976; Klafki W., Otto G., Schulz W.: Didaktik und Praxis. Beltz, Weinheim und Basel 1977; Klafki, W.: Neue Studien zur Bildungstheorie und Didaktik. Beltz, Weinheim und Basel 1985]

[156] Siehe hierzu vertiefend [Heimann P., Otto G., Schulz W.: Unterricht - Analyse und Planung. Schroedel, Hannover 1965; Klafki W., Otto G., Schulz W.: Didaktik und Praxis. Beltz, Weinheim und Basel 1977; Schulz, W.: Ein Hamburger Modell der Unterrichtsplanung - Seine Funktionen in der Alltagspraxis. In: Adl-Amini B., Künzli, R. (Hrsg.): Didaktische Modelle und Unterrichtsplanung. Juventa, München 1980.]

[157] Siehe hierzu vertiefend [Cube, F. v.: Kybernetische Grundlagen des Lernens und Lehrens. Stuttgart 1965; Ruprecht H., Beckmann R., Cube F. v., Schulz W.: Modelle grundlegender didaktischer Theorien. Schroedel, Hannover 1976; Frank H.: Kybernetische Grundlagen der Pädagogik. Baden-Baden u. Stuttgart 1969; Cube F.

jeweils optimalen Strategien sollen Lehr-Lern-Prozesse mit höchster Effizienz und das Lernziel in kürzester Zeit mit geringstem Aufwand erreicht werden. Der neuere Ansatz ist kaum weiterentwickelt worden, sondern stellt eine konkretere Fassung des alten Modells dar (vgl. [Peterßen 1994, S. 143]). Die entscheidendste Änderung liegt in der Einschätzung der Bedeutung der Kybernetik für die Didaktik. Cube [1980 S. 123] selbst sagt, dass „die Anwendung spezieller Methoden auf denselben Gegenstandsbereich keine eigene Disziplin begründet" und somit „statt von kybernetischer Didaktik von der Anwendung kybernetischer Methoden in der Erziehungswissenschaft" zu sprechen ist.

Die curriculare Bewegung[158]

Als Theorie der Planung von Lehr- und Lern-Prozessen kann sie in zwei Bereiche gegliedert werden: die Curriculumstheorie, die sich auf Lehrplan und umfassendere, langfristigere Planung bezieht, und die Theorie des lernzielorientierten Unterrichts, die auf kurzfristige Lehr- und Lernplanung zielt. Zahlreiche Ansätze wurden innerhalb beider Bereiche entwickelt, die grundsätzlich in folgenden Punkten übereinstimmen: Lernziel-Priorität bei der Planung, Hierarchisierung aller Lernziele und Lernzielkontrolle (vgl. [Peterßen 1994, S. 187ff.]).

Von der kommunikativen zur kritisch-kommunikativen Didaktik[159]

Von unterschiedlichen Autoren, wie Schäfer/Schaller, Popp, Winkel etc., wurden unterschiedliche Ansätze unter den Bezeichnungen *kritisch*, *kritisch-kommunikativ* und *kommunikativ* entwickelt (vgl. [Peterßen 1994, S. 158]). Mit dem Begriff *kommunikativ* kommt zum Ausdruck, dass die Axiome der Kommunikationstheorie und mögliche Störungen im Mittelpunkt stehen, mit *kritisch*, dass die vorhandene Wirklichkeit verbessert werden soll (vgl. [Winkel 1991, S. 79ff.]). In der systematischen Analyse der Unterrichtsstrukturen liegt neben dem Inhalts- und Vermittlungsaspekt ein weiter Schwerpunkt auf den Beziehungsstrukturen im Unterricht und dem, in anderen Didaktiken weitgehend vernachlässigten, störfaktorialen Aspekt. Diese vier Aspekte stehen nicht nebeneinander, sondern greifen ineinander (vgl. [Kron 1993, S. 191]).

---

v.: Die kybernetisch-informationstheoretische Didaktik. In: Gudjons, H. u. a. (Hrsg.): Didaktische Theorien. 6. Auflage, Hamburg 1991, S. 47-60.]

158 Siehe hierzu vertiefend: [Robinsohn, S. B.: Bildungsreform als Revision des Curriculum und ein Strukturkonzept für Curriculumentwicklung. Luchterhand, Neuwied u. Berlin 1967; Meyer, H. L.: Einführung in die Curriculum-Methodologie. Kösel, München 1972; Möller, Ch.: Technik der Lernplanung. Methoden und Probleme der Lernzielerstellung. 4., völlig neu gestaltete Auflage, Beltz, Weinheim und Basel 1973].

159 Siehe hierzu vertiefend: [Schäfer, K.-H., Schaller K.: Kritische Erziehungswissenschaft und kommunikative Didaktik. Quelle & Meyer, Heidelberg 1971; Winkel, R.: Antinomische Pädagogik und Kommunikative Didaktik. Studien zu den Widersprüchen und Spannungen in Erziehung und Schule. 2., verbesserte Auflage, Schwann, Düsseldorf 1988]

4.1.3 Didaktische Grundlage von Cuparla

4.1.3.1 Lehren in der Weiterbildung - Klaus Döring

Die didaktische Grundlage von Cuparla bildet die Erwachsenendidaktik „Lehren in der Weiterbildung“ von Klaus Döring. Seinem Modell liegt das allgemeindidaktische Modell der Berliner Didaktik zugrunde. In einem ersten Teil, der als „Praxisanleitung – Unterrichten, wie macht man denn das?“ gehalten ist, geht Döring auf das Wesen von Dozentinnen[160] und die bedeutsamen Aspekte der Veranstaltungs- und Unterrichtsplanung sowie deren Durchführung ein. Auf diesen folgt ein zweiter theoretischer Teil, der vertiefende Informationen zu den einzelnen Problemkreisen und damit die eigentliche didaktische Konzeption enthält. Dörings Erwachsenendidaktik liegt das allgemeindidaktische Modell der Berliner Schule zugrunde.

Ausgangspunkt für das Lernen und Lehren ist für Döring der lernende Erwachsene. Die Lernpsychologie hat verschiedene Gesetzmäßigkeiten erforscht. Döring folgt dem Informationsverarbeitungsansatz, der davon ausgeht, dass „menschliches Lernen im weitesten Sinne als Aufnahme und Verarbeitung von Information“ [Döring 1988, S. 108] verstanden wird. Wichtige Schlussfolgerungen für das didaktische Handeln leitet er vorwiegend aus der neurophysiologisch-biologischen, der denkpsychologischen und der handlungstheoretischen Variante des Informationsverarbeitungsansatzes ab. Weiter geht er davon aus, dass das Lernen von Erwachsenen altersunabhängig ist. Damit folgt er wissenschaftlichen Erkenntnissen, die besagen, dass „... nach Befunden zur Intelligenzentwicklung zu vermuten (ist), daß dieser Bestand allgemeiner Fähigkeiten [...] über das Erwachsenenalter beständig erhalten, wenn nicht erweitert und qualitativ verbessert werden kann.“ [Skowronek 1979, S. 291]. Jedoch liegt eine Veränderung und Umstrukturierung der Lernfähigkeit mit zunehmendem Alter vor (vgl. [Zdarzil, Olechowski 1976, S. 205ff.]). Faktoren, die die Lernfähigkeit wesentlich bestimmen, sind nach Döring [1995, S. 128] in Abbildung 4-1 aufgeführt. Lehrende sollten diese Einflussfaktoren bei ihrer Veranstaltungs- und Unterrichtsplanung berücksichtigen.

[160] Im Rahmen dieser Arbeit werden die Begriffe „Lehrende“, „Trainerinnen“, „Leitende“ und „Dozentinnen“ als Synonyme verwendet.

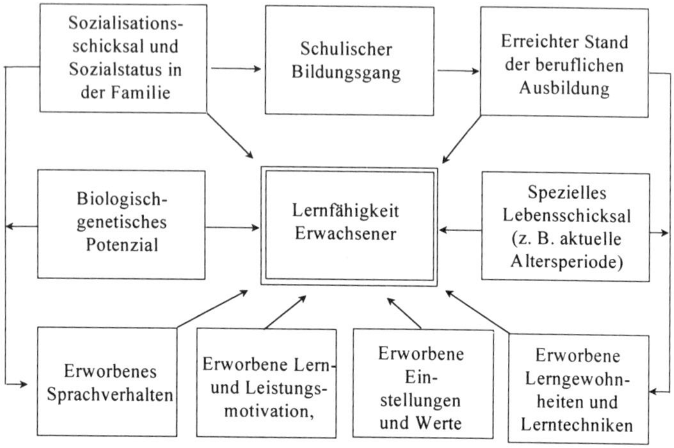

Abbildung 4-1: Modell der Lernfaktoren (Quelle: In Anlehnung an [Döring 1995, S. 128])

Nach Döring besteht eine Aufgabe der Lehrenden darin, über die Analyse des, im Thema angesprochenen Inhalts zu einer didaktischen Reduktion, d. h. einer lehr-/lernbezogenen Verdichtung zu gelangen und als Ergebnis eine Reihe von anzustrebenden Lernzielen zu formulieren (vgl. [Döring 1995, S. 22ff.]).

Bei der Inhaltsanalyse geht es im Wesentlichen darum, die Stofffülle des gegebenen Themas so zu begrenzen, dass zum einen die zentralen Punkte berücksichtigt werden, zum anderen aber auch die Interessen der Schulungsteilnehmerinnen[161] einfließen.

Das Ergebnis der Inhaltsanalyse muss im nächsten Schritt didaktisch reduziert werden. Dabei gilt es „... Grundlegendes hervorzuheben, Beziehungsreiches herauszustellen, dem Lernenden Bedeutsames zu artikulieren“ [Tietgens/Weinberg 1971, S. 220]. Das Problem der didaktischen Reduktion liegt darin, dass ein Thema von der Sache her möglichst umfassend und komplett dargestellt sowie aufgearbeitet werden soll, dass aber andererseits Grenzen in den Personen der Teilnehmer wie Aufnahmefähigkeit, Verarbeitungskapazität sowie zeitliche Beschränkungen liegen, innerhalb deren Rahmen der Lerngegenstand möglichst effektiv vermittelt werden soll (vgl. [Döring 1995, S. 26ff.]).

Der nächste Schritt besteht in der Formulierung der Lernziele. Zwischen Lernzielfestlegung und Stoffauswahl besteht eine Interdependenz. Während bei der Stoffauswahl eine erste grobe Abgrenzung und inhaltliche Gewichtung des Themenkreises vorgenommen wird,

[161] Im Rahmen dieser Arbeit werden die Begriffe „Schulungsteilnehmer“, „Teilnehmer“ „Lernende“ und „Anwender“ als Synonyme verwendet.

müssen die Inhalte in den Lernzielen konkret formuliert werden. Für Döring sind Lernziele „die Verkehrszeichen des Unterrichts" [Döring 1995, S. 34], die

- inhaltlich bezeichnen, worauf der Unterricht hinausläuft und was er erreichen soll.
- die Lernzielebene[162] kennzeichnen, in deren Bereich der Unterricht vorwiegend erfolgt.
- angeben, mit welcher Intensität etwas behandelt werden soll.

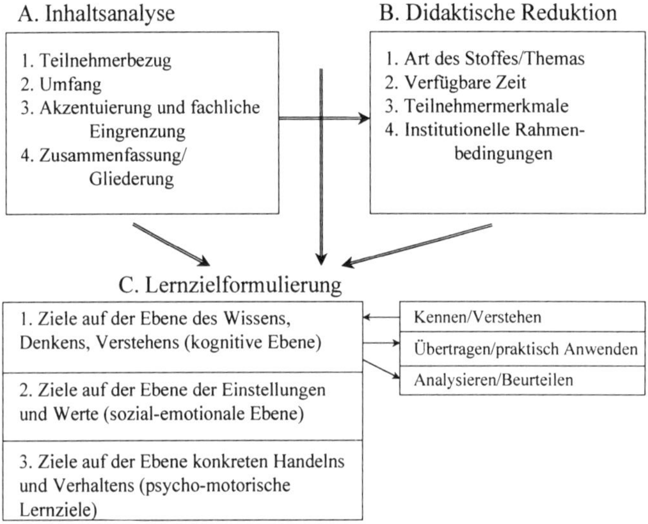

Abbildung 4-2: Von der Inhaltsanalyse über die didaktische Reduktion zur Lernzielformulierung (Quelle: In Anlehnung an [Döring 1995, S. 23])

Ein zentraler Punkt ist für Döring auch die Frage der Vermittlung, also der Unterricht. Gefordert wird von ihm ein „Fachmann für guten Unterricht" [Döring 1995, S. 21], der den Ansprüchen an eine zeitgemäße Erwachsenenbildung nachkommt und von einem erwachsenengerechten Lernbegriff ausgeht. Deshalb sieht Döring die Rolle der Lehrenden darin, für die Teilnehmerinnen ein kooperativer Lernpartner zu sein. Diese Rolle manifestiert sich in den einzelnen Aufgaben. Döring präzisiert seine Erläuterungen, in dem er die Bereiche Verständlichkeit, motivierendes Dozentenverhalten, Unterrichtsklima, Körpersprache und Teilnehmerumgang aufarbeitet und mit Praxisbeispielen belegt. Zudem ordnet er diesen Bereichen Kriterien zu, anhand derer den Lehrenden eine Kontrolle bzw. eine Selbstkontrolle möglich ist (vgl. [Döring 1995, S. 65ff. und S. 136ff.])

Elemente der Unterrichtsplanung sind nach Döring:

---

[162] Lernzielebenen, umfassen unterschiedliche Fähigkeitsbereiche mit verschiedenen Intensitätsstufen. Diese Einteilungen nennt man auch Lernzieltaxonomien. Drei Fähigkeitsbereiche lassen sich unterscheiden: kognitiv, affektiv und psychomotorisch. Der kognitive Bereich umfasst das Wissen, Denken und Verstehen. Der affektive Bereich bezieht sich auf Werte, Gefühle, Einstellungen sowie Veränderung von Interessenlagen, der Entwicklung dauerhafter Werthaltungen und der Bereitschaft etwas zu tun oder zu denken. Der psychomotorische Bereich umfasst das Handeln und Verhalten, also manipulative und motorische Fähigkeiten (siehe hierzu. [Döring 1990, S. 31ff.; Bloom u. a. 1973, S. 20ff.]).

1. *Die Bedarfsabfrage*, die dem Einholen von Informationen über Erwartungen, Interessen und Bedürfnissen sowie thematischer Vorkenntnisse der Teilnehmer gilt, um teilnehmerorientiert entsprechende Korrekturen an der Unterrichtsplanung vornehmen zu können (vgl. [Döring 1995, S. 41ff.]).[163]
2. *Die Strukturierung/Verlaufsplanung* des Unterrichts, die die inhaltliche und methodische Gliederung des Unterrichts in eine bestimmte Ablaufform und eine zeitliche Strukturierung in einzelne Schulungseinheiten und -schritte umfasst (vgl. [Döring 1995, S. 45ff., S.142ff., S. 148f und 150ff.]).
3. *Die Frage von Ein- und Ausstieg*, der nach Döring [1995, S. 52ff. und S. 150f] besondere Bedeutung zukommt. Sie sind seiner Meinung nach entscheidend für die Prägung des Verhältnisses der Teilnehmer zum Inhalt, für den Aufbau einer Struktur zur Aufnahme und Verarbeitung der folgenden Einzelinhalte sowie für das soziale Lernklima.
4. *Die Arbeitsformen*[164] *und Methoden*, wobei mit Arbeitsform die Kommunikationsform zwischen Lehrenden und Lernenden verstanden wird und sich auf das Arbeiten im Plenum, in der Gruppe und auf Partner- oder Einzelarbeit bezieht. Mit Methoden wird die Verfahrensweise bezeichnet. Beispielsweise kann als Arbeitsform das Plenum und als Methode der Lehrvortrag oder das Lehrgespräch angewendet werden (vgl. [Döring 1995, S. 49ff. und S. 165ff.]).
5. *Die Medien*, die als pädagogisch-didaktische Hilfsmittel zu verstehen sind und zur Unterstützung des Lehr-Lern-Prozesses eingesetzt werden (vgl. [Döring 1995, S. 57f., S. 145ff. und S. 223ff.]).
6. *Die Lehrskizze*, die am Ende aller Planungsüberlegungen steht und die methodisch-didaktischen Überlegungen stichwortartig mit dem zeitlichen Verlauf des Seminars verbindet (vgl. [Döring 1995, S. 62ff.]).
7. *Die Überprüfung des Unterrichts*, die als Grundlage für eine Überarbeitung und Verbesserung des Unterrichts dienen soll. „Dabei sind Informationen, wie der Unterricht erlebt wurde, ob man in ihm lernen konnte, was besonders gelungen, und was eher mißlungen ist, ...“ [Döring 1995, S. 90ff.] schriftlich oder mündlich abzufragen (vgl. [Döring 1995, S. 260ff.]).

4.1.3.2 Reflexion

Da Döring seine Schrift in Form eines Lehrbuches für Dozentinnen gehalten hat, unterscheidet sich sein Ansatz der didaktischen Theoriebildung von den herkömmlichen Werken. Mit der hohen Praxis- und Erfahrungsorientierung, den sehr anschaulichen Darstellungen und Beispielen macht er seine didaktischen Ausführungen für die explizit genannte Zielgruppe, die Dozentinnen in der Erwachsenenbildung, gut nachvollziehbar und verständlich. Lehner [1989, S. 282] argumentiert in diesem Zusammenhang, dass man Dörings Werk als eine pragmatische didaktische Konzeption bezeichnen kann, die zwei Eckpfeiler aufweist. Zum einen verfolgt sie konsequent den Gedanken der Professionalisierung der Lehrenden. Zum anderen ist sie lerntheoretisch bzw.

---

[163] Der Begriff der Bedarfsabfrage ist bei Döring im Sinne einer Bedürfnisabfrage zu verstehen und nicht gleichzusetzen mit der Bedarfsermittlung von Weiterbildung im Rahmen der Programmplanung.

[164] Als Synonym zu dem Begriff „Arbeitsform“ wird in der erziehungswissenschaftlichen Literatur häufig der Begriff „Sozialform“ verwendet.

lernpsychologisch fundiert durch den Informationsverarbeitungsansatz der kognitiven Psychologie und die Forschungsergebnisse zur Lernfähigkeit Erwachsener.
Für die allgemeine Veranstaltungs- und Unterrichtsplanung eignet sich der didaktische Ansatz von Döring gerade durch seine Praxis- und Erfahrungsorientierung. Den Personenkreisen, die keine didaktische Vorbildung haben, machen es die vielen Beispiele und Anregungen leicht, sich in die Thematik einzuarbeiten.

Auch die Hinweise auf Ein- und Ausstieg - also Unterrichtseröffnung und –abschluss - sowie die eigenen Kapitel zu Moderation und Präsentation helfen den Dozentinnen, den Anspruch zu erkennen, der an sie in der Erwachsenenbildung herangetragen wird. Dies ist so explizit in anderen Didaktiken nicht zu finden, nach Meinung der Autorin aber essentiell, da gerade in diesem Bereich viele nicht pädagogisch vorgebildete Trainerinnen im Einsatz sind. Der Gedanke, Weiterbildung zu professionalisieren, vermittelt einen anderen Charakter als die bloße Aufforderung, gut zu lehren.
Der Hinweis, dass Lehr-Lern-Ziele als Orientierungsgrundlage hilfreich und richtungsweisend für die Planung des Unterrichts sind, ist wertvoll, sollte aber darüber hinaus nicht überbewertet werden. Hält man sklavisch an den Lehr-Lern-Zielen fest, kann die Teilnehmerorientierung aus dem Blick geraten. Gerade in der Erwachsenenbildung ist es aber wichtig, dass die Teilnehmerinnen ihre Ziele und Erwartungen artikulieren dürfen und Raum bekommen, diese zu verfolgen. Die von den Lehrenden antizipierten Lernziele müssen nicht notwendigerweise mit den tatsächlichen Lernzielen der Teilnehmerinnen übereinstimmen. Dörings Didaktik greift dies auf und unterstreicht dies.

Da Dörings Didaktik eine allgemeine Didaktik ist, fehlt ihr ein bereichspezifischer Bezugsrahmen zur Telekooperation. Sie wurde trotzdem den Cuparla-Qualifizierungen unter der Annahme zugrunde gelegt, dass die eingesetzten Trainerinnen durch den Transfer ihrer bisherigen Lehr-Erfahrungen auf den Bereich der Telekooperation den fehlenden Bezugsrahmen ausgleichen können.

4.2 Einführungsverlauf

4.2.1 Stadt Stuttgart

Die Einführung von Cuparla gliedert sich in mehrere Phasen mit unterschiedlichen Aktivitäten. Um einen Gesamteindruck zu vermitteln, werden im Folgenden die sechs Phasen der Einführung nach Schwabe [1999, S. 240ff.] vorgestellt und die Aktivitäten kurz beschrieben.

Phase 1 - technische Machbarkeit: Im Juni 1996 wurden fraktionsübergreifend zehn Pilotanwenderinnen mit guten Computerkenntnissen und eine Pilotanwenderin mit keinen ausreichenden Vorkenntnissen ausgestattet und geschult. Mit ihnen wurde vorwiegend die technische Machbarkeit in den Folgemonaten bis Oktober 1996 überprüft.

Phase 2 - Akzeptanz bei Computerlaien: Die Mitglieder des Verwaltungsausschusses wurden im Zeitraum von Oktober 1996 bis Februar 1997 ausgestattet und geschult. Insgesamt waren dann 17 Ratsmitglieder mit Telekooperationstechnologie ausgestattet und weitere vier mit Stand-alone Notebooks für die Systembetreuer, den Benutzerservice und für die Trainerinnen. Da die Qualifikation des Verwaltungsausschusses mit dem des Gesamtgemeinderates weitgehend übereinstimmte, konnte die Akzeptanz bei Computerlaien in diesem Abschnitt überprüft werden.

Phase 3 - Organisatorische Machbarkeit: Von Februar 1997 bis Mai 1997 stand die Überprüfung der organisatorischen Machbarkeit in der Fraktionsarbeit und in der Zusammenarbeit von Gemeinderat und Verwaltung im Mittelpunkt. In dieser Phase wurden auch die Fraktionsgeschäftsstellen, aufgrund ihrer Funktion als Dreh- und Angelpunkt der Gemeinderatsarbeit, verstärkt ausgestattet und geschult.

Phase 4 - Individuelle Aneignung im Gesamtgemeinderat: Ab Juni 1997 erhielten die restlichen Ratsmitglieder die Telekooperationsausstattung. In diesem Zeitraum wurde ein dichtes Qualifizierungsangebot zur Verfügung gestellt, um den Ratsmitgliedern den Einstieg in die computergestützte Arbeit und die sinnvolle Nutzung der Notebooks zu erleichtern und zu ermöglichen.

Phase 5 - Organisatorische Aneignung im Gesamtgemeinderat: Im Zeitraum von September 1997 bis Dezember 1997 konzentrierten sich die Einführungsmaßnahmen auf die Aneignung des Telekooperationssystems in der Fraktionsarbeit bei den drei großen Parteien. Hierzu wurde die Fraktionsarbeit teilweise verändert, um das Potenzial der Telekooperationsausstattung zu nutzen. Schlüsselpersonen der Fraktionen unterstützten dies erheblich. Zeitgleich wurde die individuelle Aneignung durch ein engmaschiges Qualifizierungsangebot gestützt.

Phase 6 - Organisatorische Aneignung im Gesamtgemeinderat und Evaluation: Von Januar 1998 bis März 1998 wurde die organisatorische Aneignung durch Gespräche und Workshops zur Umorganisation der Gemeinderatsarbeit weiter vorangetrieben. Im März 1998 wurde die Abschlussevaluation durchgeführt.

Die Entwicklung der Anwenderzahlen über die sechs Phasen hinweg, spiegelt Abbildung 4-3 wieder.

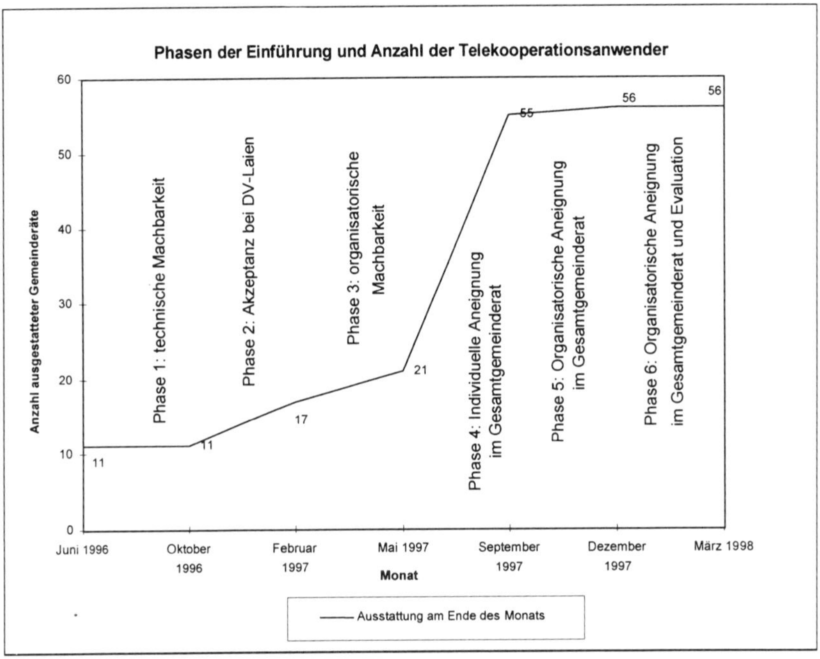

Abbildung 4-3: Einführungsphasen und Anzahl der mit Cuparla-Hard- und Software ausgestatteten Ratsmitglieder (Quelle: [Schwabe 1999, S. 240])

Über alle Phasen hinweg wurden Schulungsmaßnahmen in Form von Einzeleinweisungen mit max. drei Personen, Gruppentrainings und Workshops mit ca. 12 Personen durchgeführt. Neben diesen Maßnahmen waren immer Ansprechpartner des Cuparla-Projektteams für die Fraktionen verfügbar, wobei die drei großen Parteien jeweils einen Ansprechpartner für sich alleine hatten. Sie lösten alle Fragen und Probleme, die im Zusammenhang mit der Einführung von Cuparla aufkamen, und übernahmen die Rolle des Implementierers. Das bedeutet, dass sie regelmäßig in den Fraktionen erschienen und Cuparla neben dem Alltagsgeschäft wieder ins Bewusstsein riefen. Sie planten und erarbeiteten gemeinsam mit der Fraktionsspitze sowie benannten Ansprechpartnerinnen organisatorische Veränderungen in der Fraktionsarbeit.

Parallel zu den Schulungen (Einzel- und Gruppeneinweisungen) wurden folgende Maßnahmen im Rahmen des Benutzerservice ergriffen, um Probleme und Schwierigkeiten im Umgang mit dem Telekooperationssystem aufzufangen und Fragen zu lösen:

1. *Wöchentlicher Rundgang durch die Fraktionsgeschäftsstellen:* Jede Woche besuchte ein Mitarbeiter des Benutzerservices dienstags die Fraktionsgeschäftsstellen, denn diese wurden von den meisten Ratsmitgliedern zum Abladen von Problemen und Ärgernissen im Umgang mit der Telekooperationsumgebung genutzt und fungierten somit als erstes Problemsammelbecken. Durch das systematische Abfragen der Schwierigkeiten konnten diese dann auch gelöst werden.

2. *Cuparla Infothek im Rathaus:* Jeden Donnerstag stand ein Mitarbeiter für zwei Stunden in einem eigenen Raum im Rathaus für Fragen und Probleme der Ratsmitglieder als Ansprechpartner zur Verfügung. Diese Möglichkeit wurde nur von wenigen Ratsmitgliedern genutzt. Jedoch kamen diese Ratsmitglieder häufig.

3. *Benutzerservice vor Ort:* Ein Mitarbeiter des Benutzerservices stand während der normalen Verwaltungsarbeitszeiten allen Cuparla-Anwenderinnen mit Rat und Tat zur Seite. Nach Bedarf ging er auch zu den Ratsmitgliedern nach Hause, sollten dort Probleme mit dem Replizieren per ISDN aufgetreten sein. Von diesem Angebot wurde rege Gebrauch gemacht.

4. *Elektronisches Hilfesystem*[165]*:* Dieses beinhaltet Hilfestellungen für Standardprobleme sowie ein elektronisches Diskussionsforum mit alten Fragen und Anmerkungen. Es wurde jedoch relativ wenig genutzt, da es offensichtlich für die Anwenderinnen zu komplex war und diese nicht willens oder fähig waren, selbstständig nach Problemlösungen zu suchen.

5. *Cuparla-Handbuch bzw. Schulungsunterlage:* Für die Cuparla-Anwenderinnen wurden eigens Schulungsunterlagen entwickelt. Ähnlich dem elektronischen Hilfesystem wurden auch die Schulungsunterlagen als Nachschlagewerke für Problemlösungen nicht genutzt. Die Bereitschaft, sich damit selbst zu helfen, war lediglich bei sehr versierten Computernutzerinnen zu beobachten. Alle anderen zogen Hilfe durch auskunftgebende Personen vor.

Die Bedeutung der Qualifizierungsmaßnahmen, neben allen zusätzlich angebotenen Einführungsmaßnahmen, wurde durch die Daten der Endevaluation bestätigt. Dabei schneiden die Einzeleinweisungen, die bis zu drei Personen umfassten, am besten ab (siehe Abbildung 4-4). Diese Art der Unterweisung wurde im Verlauf des Projektes aufgrund der zeitlichen Probleme und der hohen Anforderungen der Ratsmitglieder an die Trainerinnen zur Norm (vgl. [Cuparla 1998a, S. 157ff.]).

---

[165] Dieses wurde entsprechend dem Vorbild des Answer Garden (vgl. [Ackerman; Malone 1990]) für die Cuparla-Anwenderinnen gestaltet.

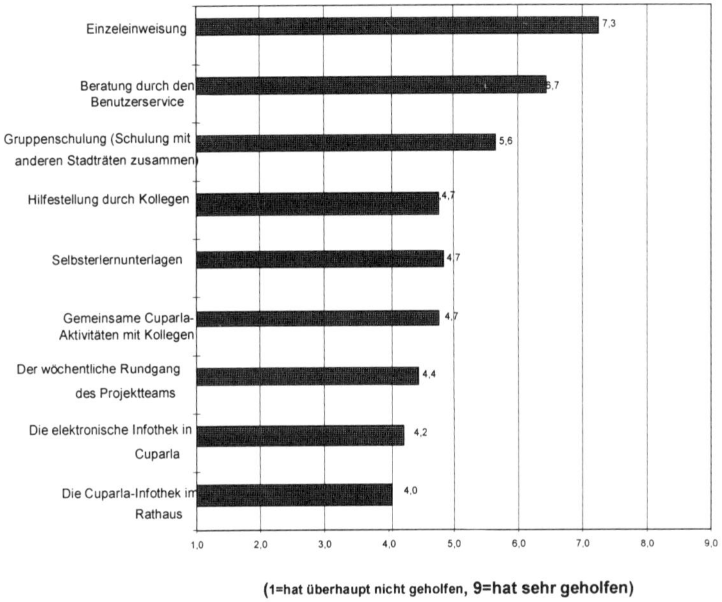

Abbildung 4-4: Bedeutung der einzelnen Einführungsmaßnahmen (Quelle: In Anlehnung an [Cuparla 1998a, S. 157]).

Die individuelle Betreuung von Einzelpersonen und Kleingruppen bis zu drei Personen helfen den Ratsmitgliedern am Meisten. Digitale Unterlagen oder Papierunterlagen sind aus Zeitmangel nur wenig hilfreich, da sie ungenutzt bleiben. Ratsmitglieder bevorzugen den persönlichen Kontakt. Dies bestätigt das Cuparla-Schulungskonzept. Gerade die aktive, partizipative Vorgehensweise in den Maßnahmen hat sich nicht nur bei der organisatorischen Einführung bewährt. Damit wird auch deutlich, welche hohe Bedeutung für die Einführung von Telekooperation, zumindest in einem Pilotprojekt, den Mediatorinnen zukommt (vgl. [Schwabe 1999, S. 508]).

Die positive Bewertung der Qualifizierungsmaßnahmen spiegelt sich auch in der Beantwortung der weiteren Frage wieder, wie die Ratsmitglieder die Qualität dieser einschätzten. Sie wurde mit 7,5 eingestuft bei linearer Skala von 1=hat überhaupt nicht geholfen bis 9=hat sehr geholfen. Die angebotenen Selbstlern-/Schulungsunterlagen wurde hinsichtlich ihrer Qualität mit 5,6 bewertet (vgl. [Schwabe 1999, S. 506]).

4.2.2 Stadt Kornwestheim

Die Einführung von Cuparla in Kornwestheim wurde innerhalb kürzester Zeit angebahnt und durchgeführt. Im Juli 1997 wurde den Ratsmitgliedern Cuparla in einer Präsentation das erste Mal vorgestellt, die zur Zustimmung über die Einführung von Cuparla im Kornwestheimer Gemeinderat führte. Die Sommermonate wurden dann genutzt, um eine Analyse durchzuführen und die Cuparla-Hard- und -Software auf Kornwestheim anzupassen sowie die technischen Voraussetzungen in der Stadt zu schaffen.

Im September 1997 fand dann die erste Benutzerservice-Schulung und Einweisung für Pilotanwender in Kornwestheim statt, welche auf den bereits gewonnenen Erfahrungen in der Stadt Stuttgart basierte. Im Oktober wurden dann alle Einführungsschulungen gehalten, an die sich im November Aufbauschulungen anschlossen. Die Zeit von Dezember 1997 bis März 1998 wurde zu Wiederholungs- und Aufbauworkshops sowie -schulungen genutzt. Dabei wurde ein engmaschiges Qualifizierungsangebot geschaffen und darauf geachtet, dass die zu schulende Personenzahl auf fünf beschränkt bleibt. Zwei Trainerinnen führten die Maßnahmen durch, stimmten sich eng aufeinander ab und besuchten teilweise gegenseitig die Schulungen.

Im Unterschied zur Stadt Stuttgart verzichtete die Stadt Kornwestheim gänzlich auf den Einsatz von MS Office. Dies wurde ausgehend von den Erfahrungen in Stuttgart vom Cuparla-Projektteam empfohlen, denn die Ratsmitglieder sollten so wenig wie möglich mit unterschiedlicher Software für gleiche Zwecke belastet werden.

Parallel zu den Schulungsmaßnahmen und Workshops wurden ebenfalls Ansprechpartner des Cuparla-Projektteams für die Fraktionen bereitgestellt und ein Benutzerservice eingerichtet. Der wöchentliche Rundgang durch die Fraktionen wurde weitgehend von den Ansprechpartnern übernommen.

Wie auch in Stuttgart, standen den Kornwestheimer Ratsmitgliedern das elektronische Hilfesystem, Cuparla-Handbuch und –schulungsunterlagen zur Verfügung. Ihre Nutzung unterschied sich nicht von den Stuttgarter Ratsmitglieder. Auch hier war zu beobachten, dass sich nur versierte Computernutzerinnen selbst Hilfe über die verfügbaren Materialien holten.

Die Qualität der Qualifizierungsmaßnahmen wurde mit 7,7 bewertet. Die Selbstlern-/Schulungsunterlagen wurden mit 7,1 bewertet. Betrachtet man das Kenntnisprofil der Ratsmitglieder vor der Einführung des Projektes Cuparla, ist dieses Ergebnis umso höher zu bewerten, da keine bzw. kaum Kenntnisse die Ausgangsbasis darstellten. Berücksichtigt man darüber hinaus die kurze Laufzeit der Einführung in Kornwestheim wird deutlich, welchen Stellenwert ein integriertes Qualifizierungskonzept mit qualitativ hochwertigen Schulungen für die Einführung des Telekooperationssystem im Ratsumfeld hat (vgl. [Cuparla 1998d, S. 109]).

Die Bedeutung der Qualifizierungsmaßnahmen in Kornwestheim wurde in der Abschlussevaluation von den Ratsmitgliedern auf einer Skala von 1=nicht hilfreich bis 9=sehr hilfreich mit einer Bewertung von 6,9 an dritter Stelle bewertet. Sie liegen somit hinter zwei Aspekten: der „Initiative durch die Projektmitarbeiterinnen“ mit 7,2 und der „Unterstützung durch Projektmitarbeiter“ mit 7,1.

4.3 Konzeptionelle Überlegungen - Stadt Stuttgart[166]

Die im Folgenden beschriebenen Überlegungen wurden im Rahmen der Planung **vor** der Durchführung der Qualifizierungsmaßnahmen angestellt und basieren im Wesentlichen auf dem didaktischen Ansatz von Döring (siehe Kapitel 4.1.3.1) und den persönlichen Erfahrungen der Autorin aus zahlreichen DV-Schulungen.

Zusätzlich wurden
- Variablen des Lernerfolges, wie Lernzeit und –gelegenheit, Ausdauer, Qualität des Unterrichtes, Anwenderfreundlichkeit der Technologie sowie
- Variablen des Transfererfolges, wie Einsicht über Nutzen des Gelernten, Vorteile das Gelernte einzusetzen gegenüber daraus resultierenden Nachteilen (wie Umgewöhnung von bisherigen Vorgehensweisen), Unterstützung bei der Anwendung des Gelernten z. B. durch den Benutzerservice,

berücksichtigt.

Die Konzeption der Qualifizierungsmaßnahmen umfasst drei Bereiche, die in zirkulärer Abhängigkeit zueinander stehen: die Planung, die Durchführung und die Nachbereitung. Die Ergebnisse der Planungsphase fließen in die Durchführung, die Ergebnisse der Durchführungsphase in die Nachbereitung und aus der Nachbereitungsphase fließen Ergebnisse in die Planung (siehe Abbildung 4-5). Die Berücksichtigung dieser zirkulären Abhängigkeit im Vorgehen, ermöglichte es den Cuparla-Projektmitarbeiterinnen die Qualifizierungsmaßnahmen anwender- und situationsorientiert zu gestalten sowie frühzeitig Erkanntes und Gelerntes zu integrieren.

Abbildung 4-5: Zusammenhang von Planung, Durchführung und Nachbereitung (Quelle: Eigene Darstellung)

Die ***Planung*** beinhaltet die Ebenen Programm-, Veranstaltungs- und Unterrichtsplanung, deren Detaillierungsgrad über die Ebenen hinweg, bezogen auf Ziele, inhaltliche Auswahl, Erwartungen und Voraussetzungen etc., zunimmt.

---

[166] Dieses Kapitel baut auf dem Abschlussbericht „Anwenderbezogene Einführungsmaßnahmen und Benutzerservice“, Cuparla [1998c], auf, der unter Federführung der Autorin verfasst wurde.

Auf der *Programmplanungsebene* wird das Curriculum erstellt, also grob festgelegt, welche Themenbereiche - verbunden mit übergeordneten Zielen - vermittelt werden sollen. Sie bezieht sich somit auf die Festlegung der Themenbereiche, der Zielgruppen, der Organisationsform sowie der Veranstaltungsform, -dauer und -häufigkeit, in denen Qualifizierungsmaßnahmen durchgeführt werden sollen. Auch Überlegungen zur Durchführungslogistik, zur Integration der durchzuführenden Maßnahmen in bereits bestehende Qualifizierungsprogramme der Organisationen sowie Kosten-Nutzen-Abwägungen sind enthalten (vgl. [Petersen 1991, S. 173f.]). Personelle und materielle Ressourcen sowie Gegebenheiten und Rahmenbedingungen für ein Weiterbildungsangebot bilden die Grenzen der Überlegungen, innerhalb denen gestaltet werden kann.

Die *Veranstaltungs- und Unterrichtsplanung* betrifft die Planung und Konkretisierung der einzelnen Qualifizierungsmaßnahmen hinsichtlich Gruppengröße und -zusammensetzung, Schulungspersonal, Veranstaltungsthemen, -ziele und -inhalte, Schulungsablauf, -materialien und -hilfsmitteleinsatz. Im Rahmen der Unterrichtsplanung werden ausgehend von den getroffenen Entscheidungen die Einheiten der Lehr-Lern-Inhalte und die Gestaltung des Lehr-Lern-Prozesses unter Beachtung der Zielgruppe weiter konkretisiert. Beispielsweise wird in der Veranstaltungsplanung die Festlegung der Gesamtzeiten für Veranstaltungen wie Seminare getroffen, während in der Unterrichtsplanung innerhalb der gesetzten Gesamtzeit die Lerninhalte der Veranstaltung spezifiziert werden.

Die ***Durchführung*** umfasst das konkrete Lehren und Lernen entsprechend den vorab angestellten Überlegungen und den Teilnehmern der Veranstaltung.

Die ***Nachbereitung*** beinhaltet die Analyse der durchgeführten Veranstaltung im Hinblick darauf, was bei Folgeveranstaltungen verbessert werden kann.

4.3.1 Programmplanung

Auf dieser Ebene gilt es, entsprechend dem erwarteten oder ermittelten Qualifizierungsbedarf unter Berücksichtigung von personellen und materiellen Ressourcen und Gegebenheiten, Rahmenbedingungen für das Weiterbildungsangebot zu erarbeiten.

4.3.1.1 Zielgruppen

Als Zielgruppe stehen die Ratsmitglieder im Mittelpunkt der Überlegungen. Um sie gut und umfassend unterstützen zu können sowie die geplante computerunterstützte Parlamentsarbeit attraktiv zu gestalten, sind weitere Personenkreise zu qualifizieren. Dazu gehören die Mitarbeitenden des Benutzerservices, die die Ratsmitglieder später betreuen sollen, und die Projektmitarbeiterinnen. Diesen muss die eingesetzte Hard- und Software insoweit bekannt sein, als dass sie eigene Erfahrungen damit sammeln und auch den anderen Personenkreisen Fragen beantworten können. Auch die Mitarbeiterinnen der Fraktionsgeschäftsstellen und der Verwaltung gehören dazu, da die Ratsmitglieder ständig mit diesen in Kontakt stehen. Grundsätzlich können zwei Zielgruppenbereiche für die Einführung von Cuparla unterschieden werden:

1. Intervenierende:

Mitarbeiterinnen des Projektes,
Mitarbeiterinnen des Benutzerservices,
Schulungspersonal und
Mitarbeiterinnen der Fraktionsgeschäftsstellen.

2. Anwendende:

Mitarbeiterinnen der Fraktionsgeschäftsstellen,
Ratsmitglieder und
Mitarbeiterinnen der Verwaltung.

In den folgenden Ausführungen wird nur noch die Zielgruppe der Anwendenden berücksichtigt. Auf die Zielgruppe der Intervenierenden wird nicht eingegangen, da diese entweder im Rahmen von Schulungen anderer Bildungsträger qualifiziert wurden oder die gleichen Schulungen wie die Anwenderinnen besuchten.

4.3.1.2 Schulungspersonal

Die ausgewählten Trainerinnen waren alle bereits seit längerer Zeit im Weiterbildungsbereich tätig. Bei der Auswahl der einzelnen Personen wurde darauf geachtet, dass sie pädagogisches Geschick und Medienkompetenz mitbrachten. Sofern diese nicht Mitarbeiterinnen des Projektes waren, sollten sie sich die Cuparla-Kenntnisse selbst aneignen oder von einem erfahrenen Projektmitarbeiter eingewiesen werden.

Hinsichtlich der Überlegungen der Zusammensetzung und Anzahl der Trainerinnen je Schulung wurde folgende Regelung getroffen, basierend auf den Erfahrungen mit Ratsmitgliedern bei computergestützten Workshops der Erstevaluation:

1. Bei Gruppen bis zu fünf Personen war eine Trainerin und eventuell entsprechend der Verfügbarkeit eine zusätzliche betreuende Person vorgesehen.
2. Bei Gruppen von fünf bis zehn Personen wurden entweder zwei Trainerinnen oder eine Trainerin und bis zu zwei Betreuende vorgesehen.
3. Bei Gruppen ab elf Personen, wurde grundsätzlich mit einer oder zwei Trainerinnen und zwei oder drei Betreuenden gearbeitet.

Die betreuenden Personen kamen aus den Reihen des Benutzerservices und/oder des Projektes.

4.3.1.3 Durchführungslogistik

Bei der Einführung neuer Technologien entsteht zunächst ein geballter Qualifizierungsbedarf von System- und Anwenderbetreuern sowie den Anwenderinnen selbst, den es in geeigneter Form abzubauen gilt. Bei Telekooperationssystemen kommt verschärfend hinzu, dass vor allem die kritische Masse von Anwenderinnen eine große Rolle für die Akzeptanz des Systems spielt (vgl. [Finger 1999, S. 367; Mentzel 1992, S. 196f.; Schwabe 1999, S. 215f.]).

Für Cuparla war diese Schwierigkeit durch die Gliederung in die einzelnen Phasen entzerrt. Es war geplant, die Erstqualifizierung der Mitarbeiterinnen des Benutzerservices und des Projektes sowie der Pilotanwenderinnen zum Thema Cuparla-Hard- und -Software durch einen versierten Projektmitarbeiter durchführen zu lassen. Für die Weiterqualifizierung sollten dann Trainerinnen der Stadt Stuttgart eingesetzt werden. Die Erstqualifizierung der folgenden Anwendergruppen sollte ebenfalls von diesen Trainerinnen der Stadt Stuttgart übernommen werden. Auch die Themenbereiche MS Windows bzw. Win95 und MS Office sollten die bereits in diesen Bereichen aktiven Trainerinnen mit abdecken.

4.3.1.4 Einbindung der Qualifizierungsmaßnahmen in das bestehende Qualifizierungsprogramm

In der Stadt Stuttgart besteht ein Qualifizierungsprogramm mit vielfältigen Weiterbildungsangeboten, auch im Bereich Hard- und Software-Schulungen. Diese wurden grundsätzlich allen Anwenderinnen zugänglich gemacht. Zusätzlich führten ausgewählte Trainerinnen, die für der Stadt Stuttgart bereits tätig waren, gezielt Schulungen für die Anwendergruppen durch.

Durch den Einsatz der vorhandenen Trainerinnen und die Möglichkeit zur Nutzung des bestehenden Weiterbildungsangebotes, sollte eine Verzahnung mit dem bestehenden Weiterbildungsprogramm der Stadt Stuttgart erreicht werden.

4.3.1.5 Themenbereiche

Hinsichtlich der Vermittlung von anwenderspezifischem Know-how des Telekooperationssystems sind drei Themenbereiche elementar: die Hardwarenutzung, MS Windows und die Cuparla-Softwarenutzung.

Im Rahmen der ***Hardwarenutzung*** ging es um das Notebook selbst (z. B. „Wie öffne ich den Deckel?“, „Wie sichere ich die Stromversorgung?“), den Drucker (z. B. „Wo lege ich Papier ein?“), die Verbindung von Notebook zum Drucker und zu dem ISDN-Adapter (z. B. „Wo schließe ich das Adapterkabel an?“). Zu ***MS Windows***, das als Betriebssystems im Einsatz war, galt es Grundbegriffe zu vermitteln. Für die ***Cuparla-Softwarenutzung*** waren einige Lotus Notes-Funktionen und die speziellen Cuparla-Anpassungen relevant. Aus den integrierten Softwarekomponenten ergaben sich folgende Themen: Lotus Organizer und MS Office Produkte. Der Organizer soll als Basis für einen Gruppenterminkalender genutzt werden.

Weitere Themenbereiche betrafen die Zusammenarbeit in der Gruppe und organisatorische Veränderungen. Allerdings wurden keine Teamentwicklungsmaßnahmen angedacht, da die Zusammenarbeit in den Fraktionen entsprechend den Analyseergebnissen des Needs Driven Approach (siehe Kapitel 5.4) gegeben war.

Hinsichtlich Widerständen gegen die Einführung von Telekooperation sollten keine Qualifizierungsmaßnahmen stattfinden. Diesen sollte durch regelmäßige Informationsveranstaltungen und die Partizipation der Anwenderinnen bei der Entwicklung des Telekooperationssystems begegnet werden.

4.3.1.6 Organisationsform

Die Organisationsform bezieht sich darauf, ob Training-on-the-job oder Training-off-the-job, autodidaktische Maßnahmen wie Bücher, Computer Based Training (CBT) oder angeleitete

Maßnahmen wie Schulungen, Workshops, Coachings, Intensivtrainings, Präsenz- oder Fernveranstaltungen durchgeführt werden sollen (vgl. [Conradi 1983, S. 77]).

Im Rahmen von Cuparla sollten den Zielgruppen mehrere Möglichkeiten zur Verfügung stehen. Zum einen sollte vorab Training-off-the-job als Präsenzveranstaltungen in Form von angeleiteten Maßnahmen sowohl für die Erstqualifizierung als auch für die Weiterqualifizierung angeboten werden. Gedacht war es, diese als Schulungen zu gestalten. Für die Wahl des Training-off-the-job war entscheidend, dass die angespannte zeitliche Situation vermuten ließ, dass sich die Ratsmitglieder kaum eigenständig Zeit zum Lernen nehmen würden. Trotzdem sollte zum anderen eine am Markt verfügbare Lotus Notes-Schulungsunterlage, die auch als Selbstlernunterlage verwendet werden kann, eingesetzt werden. CBT-Einsatz war nicht geplant, da Cuparla eine spezielle Software ist, für die dieser erst hätte entwickelt werden müssen.

Workshops waren für die Abstimmung organisatorischer Veränderungen und Zusammenarbeitsformen angedacht. Intensivtraining und Coaching war aus Kapazitäts- und Kostengründen vorab nicht geplant.

Für alle weiteren Themen wie MS Office waren ebenfalls Schulungen angedacht.

4.3.1.7 Gruppengröße und –zusammensetzung

Die Anzahl der Teilnehmer war für die Erstqualifizierungsmaßnahmen anfangs mit ca. elf Personen geplant. Dies ergab sich zum einen aus der Anzahl der Pilotanwenderinnen (elf Personen), aber auch aus dem Ansatz heraus, möglichst schnell - aufgrund der kritischen Masse - viele Personen in einer ersten Schulung zu qualifizieren. Für weitere Maßnahmen waren mittlere Gruppen von sechs bis zehn Personen gedacht.

Hinsichtlich der Zusammensetzung des Teilnehmerkreises mussten folgende Aspekte beachtet werden:

1. die Fraktionszugehörigkeit,
2. die Ausschusszugehörigkeit,
3. die Kenntnisse, Fähigkeiten und Fertigkeiten im Umgang mit Hard- und Software und
4. die Terminsituation.

ad 1:

Die fraktionsbezogene Zusammensetzung der Teilnehmer konnte zu Beginn der Cuparla-Softwareschulungen nicht berücksichtigt werden, da lediglich elf Pilotanwenderinnen geschult werden mussten. Für Folgequalifizierungen im Rahmen der Cuparla-Softwareschulung sollte die Fraktionszugehörigkeit beachtet werden. Denn Kooperation tritt über die Fraktionsgrenzen hinweg wenig bis gar nicht auf.

Für die Hardware-, MS Windows bzw. Win95-, MS Office Produkteschulungen war die fraktionsbezogene Zusammensetzung des Teilnehmerkreises irrelevant. Für Qualifizierungsmaßnahmen bezogen auf die Zusammenarbeit in den Fraktionen musste die Fraktionszugehörigkeit strikt beachtet werden.

ad 2:
Die ausschussbezogene Zusammensetzung sollte für die Erarbeitung organisatorischer Änderungen und Zusammenarbeitsregeln beachtet werden.

ad 3:
Bei der Erstqualifizierung der Pilotanwenderinnen war die Zusammensetzung entsprechend des auf Cuparla-Hard- und -Software bezogenen Kenntnisstandes ebenfalls nebensächlich. Sie hatten alle gute DV-Kenntnisse. Hinsichtlich der Cuparla-Telekooperationsumgebung, die speziell zusammengestellt und entwickelt worden war, hatten alle keinerlei Kenntnisse. Erst bei Maßnahmen der Folgequalifizierung war nach der Fraktionszugehörigkeit auch der unterschiedliche Kenntnisstand ein Auswahlkriterium. Deshalb war vorgesehen, möglichst Personen mit ähnlichen Kenntnissen zu Gruppen zusammenzufassen.

Für die MS Windows bzw. Win95 und MS Office Schulungen sollten von vorneherein Personengruppen mit ähnlichen Kenntnissen gebildet werden.

ad 4:
Die Terminsituation der Ratsmitglieder bestimmte letztendlich die Anzahl der Teilnehmer und die Zusammensetzung bezüglich deren Kenntnisstandes.

4.3.2 Veranstaltungs- und Unterrichtsplanung

Auf dieser Ebene gilt es, entsprechend der Festlegungen auf der Programmplanungsebene einzelne Veranstaltungen zu definieren. Hierbei kommt der didaktischen Reduktion eine besondere Bedeutung zu (siehe Kapitel 4.1.3.1). Die Unterrichtsplanung bezieht sich dann auf die Ausgestaltung der einzelnen Veranstaltungen. Hierbei werden beispielsweise Lerneinheiten zusammengestellt, eine didaktische Verlaufsskizze erstellt, Aufgaben ausgearbeitet, Methoden, Materialien und Hilfsmittel bestimmt (vgl. [Döring 1990; Meyer 1991]).
Die Überlegungen zu den Qualifizierungsmaßnahmen beziehen die Ergebnisse der Telekooperationsanalyse „Needs Driven Approach“ (siehe Kapitel 5.4) sowie die Überlegungen zu den Auswirkungen der Telekooperationseinführung auf die Ratsmitglieder mit ein (siehe Kapitel 3.3).

4.3.2.1 Zielgruppenanalyse

Grundsätzlich muss für alle Zielgruppenbereiche eine Zielgruppenanalyse durchgeführt werden, um die entsprechenden Veranstaltungen adressatenbezogen planen und durchführen zu können. Kennen die Trainerinnen beispielsweise die Bedürfnisse der Teilnehmerinnen, können sie entsprechende Lernanreize geben (vgl. [Döring 1990, S. 128ff.; Meier 1990, S. 42f.; Nezel 1992, S. 214; Schräder-Naef 1999, S. 17ff.]).

Da die Schulungen für die Implementierenden - genauer die Mitarbeiterinnen des Projektes und des Benutzerservices - nicht auf Telekooperation ausgerichtet waren, sondern lediglich auf die Kenntnisse über die Cuparla-Technologie, wird auf diese im Folgenden nicht eingegangen. Die Mitarbeiter der Fraktionsgeschäftsstellen wurden gemeinsam mit den Rats-

mitgliedern geschult und somit, bezogen auf Schulungen, ganz der Gruppe der Anwenderinnen zugeordnet.
Innerhalb der Zielgruppenanalyse wurde auf die Daten der Erstevaluation und eine schriftliche Darstellung der Stadt zum Gemeinderat zurückgegriffen, die Aufschluss über Alter, beruflichen Hintergrund, vorhandene Computerkenntnisse etc. gaben.

Ausgangspunkt aller didaktischen Überlegungen sollte der lernende Erwachsene sein. Hier galt es den Erfahrungshintergrund, die Lerngeschichte, Lernschwierigkeiten, Ängste und Nöte, Erwartungen und Wünsche etc. angemessen zu berücksichtigen (vertiefend hierzu [Dichanz 1985; Fischer 1987; Gerl 1985; Schräder-Naef 1999; Wahl et al. 1995; Weidenmann 1998]). Aus diesem Grund wurden im Rahmen der Erstevaluation in Interviews, in elektronischen Sitzungen und persönlichen Gesprächen Informationen gesammelt.

Die Daten der Erstevaluation brachten zutage, dass ein Gemeinderat ein sehr heterogenes Anwendungsfeld darstellt, insbesondere wegen der folgenden Punkte:
1. *Die Altersstruktur der Gemeinderäte:* 62 % der Ratsmitglieder waren älter als 50 Jahre, wobei das älteste Ratsmitglied über 70 Jahre, das jüngste 26 Jahre war. Damit lag das durchschnittliche Alter der Ratsmitglieder bei 50 Jahre.
2. *DV-Vorkenntnisse:* Zwei Drittel der Ratsmitglieder nutzten keinen PC und hatten auch noch keine Berührung damit.
3. *Beruflicher Hintergrund:* Dieser variierte von selbstständigen Handwerkern, Bankkaufmann, wissenschaftlicher Mitarbeiterin über Ärztin, Rechtsanwalt bis hin zu Töpfer und Hausfrau. Ein Großteil war beamtet oder selbstständig, recht wenige aus dem privatwirtschaftlichen Angestelltenbereich. 33 % hatten eine duale Berufsausbildung abgeschlossen, 67 % eine höhere akademische Ausbildung.
4. *Einstellung gegenüber dem PC:* lag zwischen den Polen „positiv" und „negativ", d. h. dass das Herausbilden einer positiven Einstellung gegenüber der Rechnernutzung berücksichtigt werden sollte.
5. *Geschlecht:* Der Frauenanteil betrug in Stuttgart 36 %. Die Lerngruppen werden somit gemischt sein.
6. *Hohe Zeitbelastung:* Neben der Berufstätigkeit stand die Ratsarbeit, so dass die zeitliche Auslastung der Ratsmitglieder sehr hoch war.

Eine stark variierende Altersstruktur ist für die offene Erwachsenenbildung keine Besonderheit. Im Rahmen der Einführung gemeinsam zu nutzender Technologie in Organisationen, ist sie jedoch eine Seltenheit. Dort sind die Betroffenen in aller Regel zumindest im Erwerbsalter.

Bedingt durch die Altersstruktur und den bisherigen Einsatz von Computern kann auf Erfahrungen mit Informationstechnologie offensichtlich nur sehr begrenzt zurückgegriffen werden. Die Vermutung liegt nahe, dass je höher das Alter ist, desto höher die Hemmungen vor neuen Technologien sind. Für die Konzeption der Qualifizierungsmaßnahmen bedeutet dies, dass der Abbau von Hemmungen mitberücksichtigt werden muss. Dabei ist zu bedenken, dass dem vorhandenen Altersstereotyp des unvermeidlichen Abbaus geistiger Fähigkeiten entgegengewirkt wird, da er fatale Auswirkungen haben kann: „Dem Bildungsangebot im Alter wird noch zu oft generell eine Lernunfähigkeit des älteren

Menschen entgegengesetzt. Unterstützt wird diese Annahme von den Älteren selbst, indem sie die negative Erwartungshaltung der Umwelt in bezug auf ihre Lernkompetenzen einnehmen. Die damit auftretenden Ängste verhindern schließlich, daß sie die gewünschten Leistungen zeigen. Es entsteht also ein negativer Kreislauf hinsichtlich des Lernverhaltens beim älteren Menschen" [Haske 1991, S. 24].

Bei älteren Lernenden nimmt die Motivation eine Schlüsselstellung ein. Werden Inhalte als relevant und bedeutend anerkannt, sind die Lernleistungen ähnlich denen von Jüngeren. Diese lernpsychologischen Erkenntnisse sind zu berücksichtigen, beispielsweise durch das Einbeziehen von Erfahrungen und Beispielen der Betroffenen (vgl. [Lehr 1991, S. 109ff.; Baltes/ Sowarka 1995, S. 1116ff.]).

Da Ratsmitglieder über die Zeit ihrer politischen Tätigkeit mit einer Vielzahl neuer Themen konfrontiert werden, lässt sich daraus schlussfolgern, dass eine Bereitschaft vorhanden ist, sich Neues zu erarbeiten. Als Beispiel hierfür können die Sitzungsvorlagen dienen, die die Ratsmitglieder wöchentlich zu den Gemeinderatssitzungen erhalten und deren Inhalt sie sich erarbeiten sollten, um aktiv Politik betreiben zu können. Übertragen auf Qualifizierungsmaßnahmen bedeutet dies, dass grundsätzlich von einer vorhandenen Lernbereitschaft ausgegangen werden kann.

Erkenntnis der Informationsauswertung war auch, dass Ratsmitglieder nicht zu bestimmten, festgelegten Zeiten aktiv sind, sondern entsprechend ihrer persönlichen Präferenzen rund um die Uhr und an den Wochenenden arbeiten. Vor allem die Wochenenden sind beliebt, da an diesen wenige zusätzliche Termine bestehen.

Ratsmitglieder sind viel unterwegs. Ca. 13,5 Std./Woche Arbeitszeit, die nicht zu Hause und nicht im Rathaus abgeleistet wird, findet an unterschiedlichen Orten statt. Damit lässt sich vermuten, dass die Motivation der Ratsmitglieder hoch ist, mit der neuen Technologie zu arbeiten, da sie dann quasi ihr „elektronisches Rathaus" überall hin mitnehmen können.

Insgesamt ist die zeitliche Arbeitsbelastung sehr hoch. Abbildung 4-6 vermittelt einen Überblick. Hieraus lässt sich ableiten, dass die Motivation einer zusätzlicher Zeitbelastung beim Start von Cuparla durch Lernen des Umgangs mit der Telekooperationstechnologie eher niedrig sein dürfte, denn erst wenn die Technologienutzung ohne viele Überlegungen routiniert erfolgt, wird eine zeitliche Entlastung möglich.

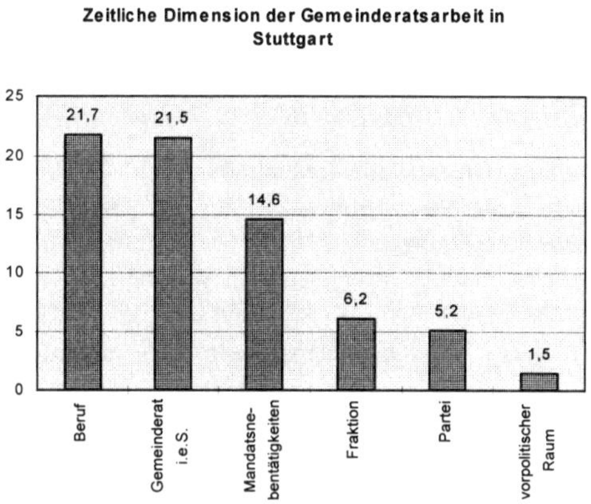

Abbildung 4-6: Zeitliche Dimension der Gemeinderatsarbeit in Stuttgart (Quelle: In Anlehnung an [Cuparla 1997])

Ausgehend von der Altersstruktur, den DV-Kenntnissen und der zeitlichen Belastung können Ratsmitglieder mit Managern in Unternehmen verglichen werden. Dies spiegelt sich auch in ihrem Wesen wider: sie ähneln sehr stark Führungskräften. Je nach Fraktionsgröße ist es üblich, dass ihnen zugearbeitet wird und dass sie delegieren können. So ist es für Einige ungewohnt, alle Arbeiten selbst zu machen. Hinzu kommt, dass sie nicht mehr gewöhnt sind, sich mit Details auseinanderzusetzen, sondern sich lediglich Überblickswissen anzueignen. Dies kann das Erlernen des Umgangs mit der Cuparla-Telekooperationsumgebung beeinträchtigen. Denn hier geht es gezielt darum, sich einzelne Schritte etc. anzueignen, also viel Detailwissen zu lernen. Auch das Geduldspotenzial der Ratsmitglieder könnte dadurch eingeschränkt sein.

Ratsmitglieder sind in der Regel daran gewöhnt, ihre eigenen Interessen durchzusetzen. Sollte die Cuparla-Technologie diesen entgegenstehen, ist damit zu rechnen, dass Widerstand auftritt. Es gilt deshalb, sensibel in Bezug auf Äußerungen und Hinweise zu sein, um entsprechend reagieren zu können, damit die Motivation der Nutzung nicht absinkt.

Da die Ratsmitglieder nicht gezwungen sind die Telekooperationsumgebung einzusetzen, muss insgesamt besonderes Augenmerk auf die Motivation gelegt werden. Die freiwillige Entscheidung zu Cuparla im Gemeinderat lässt darauf schließen, dass sich die Ratsmitglieder beim Lernen des Umgangs mit der Telekooperationstechnologie engagieren werden.

Um die Ratsmitglieder zu motivieren, kann an ihren Zielen und Erfolgsfaktoren angesetzt werden. Sie benannten im Rahmen der Erstevaluation die wichtigsten Erfolgsfaktoren ihrer Arbeit in folgender Rangfolge:

1. Informationszugriff
2. Guter Bürgerkontakt
3. Gute Sacharbeit
4. Politische Gesamtschau

5. Politische Kultur
6. Sitzungskultur
7. Öffentlichkeitsarbeit
8. Kommunikation
9. Fraktionsgeschäftsstelle (Organisation der Fraktionsarbeit)
10. Eigene Vorstellungen umsetzen
11. Selbstentwicklung/Weiterbildung
12. Gutes Wahlergebnis

Cuparla bietet zu den Punkten 1 bis 4, 6, 8 und 9 sowie 11 Ansatzpunkte für eine Verbesserung. Diese gilt es in den Schulungen herauszustreichen, um die Motivation zu sichern.

4.3.2.2 Veranstaltungsthemen , -ziele und –inhalte

Anhand der groben Themenvorgabe der Programmplanung (siehe Kapitel 4.3.1) wurde eine Inhaltsanalyse, eine didaktische Reduktion und die Formulierung der Lernziele vorgenommen. Im Folgenden wird das Ergebnis vorgestellt.

Hardwarenutzung

Zu diesem Thema werden auf das Vorwissen der Zielgruppen bezogene Veranstaltungen angeboten und die jeweiligen Lerneinheiten mit unterschiedlicher Tiefe entwickelt. Als Unterlagen werden die mitgelieferten Handbücher des Herstellers verwendet, um alle damit vertraut zu machen und ein schnelles Nachschlagen bei späteren Fragen einzuüben. Ziel war es, dass die Geschulten folgende Fragen beantworten können:

1. Zum Notebook:
   - Welche Anschlüsse gibt es? (Druckeranschluss, externe Laufwerke, Stromversorgung, ISDN-Adapter)
   - Welche Bedeutung haben die einzelnen mitgelieferten Bestandteile?
   - Wie schalte ich das Notebook ein?
   - Wie schalte ich das Notebook aus?
   - Wie gehe ich mit der internen Maus um?
   - Was ist ein Diskettenlaufwerk, wie sieht eine Diskette aus und wozu brauche ich diese?
2. Zum Drucker:
   - Welche Bestandteile hat der Drucker?
   - Wo lege ich das Papier ein und wo kommt der Ausdruck heraus?
   - Wie schließe ich den Drucker an das Notebook an?
   - Was mache ich, wenn „Fehler“ aufblinkt?
3. Zum ISDN-Adapter:
   - Wo schließe ich mein ISDN-Kabel am Notebook, wo in der ISDN-Telefonbuchse an?
   - Wie kann ich das ISDN-Kabel wieder vom Notebook bzw. aus der ISDN-Telefonbuchse lösen?

MS Windows bzw. Win95

Zu diesem Thema werden nur rudimentäre Kenntnisse vermittelt, da sonst die Gefahr besteht, dass nicht mehr über die Lotus Notes Cuparla-Oberfläche gearbeitet bzw. diese nur noch für Email verwendet wird. Hierzu wird für die Anwenderinnen lediglich eine kurze Lerneinheit im Rahmen der Einführung in die Hardwarenutzung angeboten. Ziel ist es, die Mausbedienung zu beherrschen, Cuparla aufzurufen und zu schließen sowie das Notebook wieder herunterfahren zu können. Folgende Fragen sollten beantwortet werden können:

1. Wie starte ich den Rechner?
2. Wie gehe ich mit der Maus um?
3. Was ist ein Doppelklick?
   Was löst dieser aus?
4. Was ist ein einfacher Mausklick?
   Wann setze ich diesen ein?
5. Wie kann ich das Bildschirmfenster verkleinern und vergrößern?
   Wie kann ich mehrere Fenster nebeneinander legen?
6. Wie kann ich ein Bildschirmfenster schließen?

Lotus Notes-basierte Cuparla-Software

Anhand der typisch anfallenden Arbeitsabläufe der Ratsmitglieder sollte die Nutzung der Lotus Notes-basierten Cuparla-Software für alle Zielgruppen vermittelt werden.[167] Nach der Erstqualifikation sollten folgende Fragen beantwortet werden können:

1. Wie starte ich den Rechner und
   wie steige ich in Lotus Notes ein?
2. Lotus Notes-Oberfläche:
   Wie ist die Lotus Notes-Oberfläche aufgebaut?
   Was sind Kacheln?
   Was finde ich hinter den einzelnen Kacheln?
3. Replizieren:
   Was versteht man unter replizieren?
   Warum muss ich replizieren?
   Wie repliziere ich?
4. Mailen:
   Wo ist meine elektronische Post?
   Wie steige ich in diese ein?
   Wie ist die Bildschirmoberfläche aufgebaut?
   Wie erstelle ich eine Email? (Adressbuch, Kopie, Blindkopie, Titel, Text)
   Wie versende ich eine Email?
   Warum muss ich nach dem Versenden replizieren, damit meine Kollegin die Email erhält?
   Wie erkenne ich eine eingehende neue Email?
   Wie öffne ich eine Email?
   Wie beantworte ich am geschicktesten eine Email?
   Wie lösche ich eine Email?
   Wie bearbeite ich eine Email, nachdem ich sie erstellt habe?
   Wie speichere ich eine Email als Entwurf?

[167] Dies war speziell für Anwenderbetreuende wichtig, um selbst die Arbeitsabläufe verstärkt kennen zu lernen und später auf diesem Hintergrund entsprechend in der Betreuung weiterhelfen zu können.

5. Informationsrecherche:
   Wo finde ich Informationen?
   Wie suche ich Informationen?
6. Erstellen von Dokumenten
   Wie erstelle ich einen Antrag? (Analogien zu anderen Dokumenten hervorheben, eventuell auch ein anderes Dokument erstellen)
   Wie verändere/lösche ich ein Dokument?
   Wie hänge ich Attachments an?

Die Folgequalifizierungen wurden zu diesem Zeitpunkt nicht betrachtet. Es war geplant, die Erfahrungen der Erstqualifizierung zu verwenden.

MS Office Produkte

MS Office Produkte sind Individualsoftware, die nur im Zusammenhang mit Lotus Notes Telekooperation ermöglichen. Zudem sind sie für die Erledigung der Ratsarbeit entbehrlich, da innerhalb der Cuparla-Software alle notwendigen Formulare in Form von elektronischen Dokumentenvorlagen hinterlegt sind. Aus diesem Grund sollten sie eine untergeordnete Rolle spielen, um die Anwenderinnen an die Möglichkeiten von Lotus Notes zu gewöhnen. Es war gedacht, sie nur als integrierten Bestandteil der Cuparla-Software einzusetzen und dementsprechend zu schulen. Alle Schulungen des MS Office Bereiches wurden von versierten Trainerinnen der Stadt Stuttgart übernommen. Da diese nicht im Rahmen des Projektteams mitarbeiteten, waren zu den einzelnen Veranstaltungen und Unterrichtseinheiten keine Ziel-, Inhalts-, Ablaufplanungen etc. existent.

Zusammenarbeit in der Gruppe und organisatorische Veränderungen

Auch hierfür wurden vorab keine Veranstaltungen geplant, die die Zusammenarbeit in den Fraktionen thematisieren und organisatorische Veränderungen betreffen. Dies begründet sich zum einen darin, dass die Projektmitarbeiterinnen selbst keine Erfahrung in Bezug auf die Arbeitsabläufe und -routine der Ratsarbeit hatten. Lediglich die Kenntnisse aus der Telekooperationsanalyse, anhand der Methode „Needs Driven Approach“(siehe Kapitel 3.1.4), waren vorhanden. Zum anderen herrschte im Projektteam die Auffassung, die Anwenderinnen mit der Telekooperationsumgebung Erfahrungen sammeln zu lassen und dann in späteren Schulungen und/oder Workshops gemeinsam Anregungen für eine Neugestaltung der Zusammenarbeit zu erarbeiten und aufzuzeigen. Auch die Komplexität der rückgekoppelten Prozesse und der Wechselwirkungen von Technologie und Gruppe schienen dieses Vorgehen zu verlangen (vgl. [DeSanctis/Poole 1994; Schwabe 1999, S. 57f.]).

4.3.2.3 Veranstaltungssequenzen

Im Rahmen der Festlegung der Veranstaltungssequenzen steht die logische Abfolge der Veranstaltungen im Blickpunkt. Es wird geprüft, welche Themeneinheiten Voraussetzung für andere sind. Die geplante Veranstaltungsabfolge sah zuerst die Einführung in die Hardwarenutzung und in MS Windows bzw. Win95 vor, da diese die Grundlagen für die weiteren Veranstaltungen legten. Hatten die Anwenderinnen diese Veranstaltung besucht oder entsprechende Kenntnisse vorzuweisen, sollten die Cuparla-Softwareschulung und konnten die MS Office-Schulungen besucht werden.

Zu den geplanten Veranstaltungen Hardwarenutzung und Lotus Notes-basierter Cuparla-Software wurde der Schulungsablauf entsprechend den Arbeitsabläufen in der Ratsarbeit geplant. Dabei waren Lehr-Lern-Einheiten und innerhalb dieser die Vermittlungsschritte ausgehend vom Gesamtüberblick hin zum Detail angeordnet, um den Lernenden einen Rahmen zu geben, in den sie das Gehörte einordnen können.

4.3.2.4 Veranstaltungsform, -dauer und -häufigkeit

Bei der Festlegung der Veranstaltungsform wird entschieden, ob es Tages-, Abend-, Wochen- oder Wochenendveranstaltungen sein sollen (vgl. [Mentzel 1992, S. 172ff.]). Dies muss auf dem konkreten Hintergrund der einzelnen Zielgruppen entschieden werden. Die Dauer und Häufigkeit der Schulungen sollte sich an der Zielgruppe und ihren Möglichkeiten orientieren.

Für die Zielgruppe der Anwenderinnen wurde im Rahmen von Cuparla entschieden, an Samstagen sogenannte „Initialschulungen" durchzuführen. Was ist damit gemeint? In einer Ganztagesschulung sollten den Ratsmitgliedern als Erstqualifizierung die wesentlichen Funktionen des Telekooperationssystems vermittelt werden. Ziel war es, einen einheitlichen Wissensstand aufzubauen, damit die Ratsmitglieder gleich miteinander kommunizieren können. Die Samstage wurden gewählt, da diese die einzigen Wochentage waren, an denen es allen Betroffenen möglich war, eine Schulung zu besuchen. Unter der Woche häuften sich die Termine bei einzelnen Personen so stark, dass keine Zeit für Schulungen eingeplant werden konnte. Als Weiterqualifizierungen waren in Anbetracht der zeitlichen Belastung der Ratsmitglieder Halbtagsschulungen vorgesehen, in denen ergänzende Funktionen vermittelt werden sollten.

4.3.2.5 Schulungsmaterialien und Hilfsmitteleinsatz

Als Schulungsmaterialien sollten keine selbst erstellten Unterlagen zum Einsatz kommen, da für alle Bereiche bereits erprobtes Material zu Lotus Notes etc. auf dem Markt war. Auf dieses sollte zurückgegriffen werden.

Als Hilfsmittel war der Einsatz von Beamern und LCD-Displays vorgesehen, um diese an das Trainerinnen-Notebook anzuschließen und somit die Bildschirmoberfläche an eine Wand zu projizieren. Dies sollte die Teilnehmerinnen beim Nachvollziehen der Erläuterungen unterstützen. Als weitere Hilfsmittel waren je nach Verfügbarkeit Tafeln oder Flipcharts geplant, welche als Fragenspeicher und Skizzenfläche sowie für „Tafelanschriebe" dienen sollten.

4.3.2.6 Kosten-Nutzen-Abwägungen

Im Hinblick darauf, dass

- die Nutzung des Telekooperationssystems freiwillig ist,
- die Qualifizierungsmaßnahmen konstitutives Element des Einführungsprozesses sind und
- die einzelnen Ratsmitglieder es gewohnt sind, mit „Samthandschuhen" angefasst zu werden,

traten Kostengründe nicht nur vorab, sondern während des gesamten Projektes bei der Programm- und Veranstaltungsplanung weitgehend in den Hintergrund. Im Vordergrund standen die Steigerung der Telekooperationsnutzung, die Erwartungen der Ratsmitglieder sowie die Rahmenbedingungen, zu denen sie bereit waren, eine Schulung zu besuchen und die Cuparla-Technologie einzusetzen.

4.4 Durchführung und Beobachtungen in Stuttgart

In diesem Kapitel werden die Beobachtungen beschrieben, die über die Qualifizierungsmaßnahmen der Anwenderinnen hinweg gemacht wurden. Im Anschluss daran werden die daraus gezogenen Schlussfolgerungen für die Planung und Durchführung weiterer Maßnahmen aufgezeigt. Zum Abschluss werden die Erkenntnisse verdichtet; um dies gewährleisten zu können, werden die Schlussfolgerungen nummeriert (S 1 bis S n).

4.4.1 Phase 1 - Juni bis Oktober 1996

Auf Basis der 0-Messung wurden zehn Ratsmitglieder aufgrund ihrer guten DV-Kenntnisse als Pilotanwender und -anwenderinnen ausgewählt. Lediglich eine mächtige Rätin wurde ohne Computervorkenntnisse Pilotin, aufgrund ihrer ultimativen Forderung, mit ausgestattet zu werden. Ansonsten blieben der politische Proporz, der Einfluss und die Stellung der Ratsmitglieder unbeachtet. Da die Kommunikation und Kooperation innerhalb der Fraktionen intensiver als zwischen den Fraktionen war, wurden nur Vertreter von vier der sechs Fraktionen berücksichtigt.

4.4.1.1 Cuparla-Initialschulung der Pilotanwenderinnen

Der ersten durchgeführten Schulung zur Lotus Notes-basierten Cuparla-Software kam besondere Bedeutung zu, da sie als Grundlage für das Redesign der Erstqualifizierungsmaßnahmen und als Ausgangspunkt für die Gestaltung der Folgeschulungen diente.

Am Samstag, den 29. Juni 1996 fand eine eintägige einführende Schulung der Pilotanwenderinnen statt. Der Teilnehmerkreis setzte sich aus den zehn computererfahrensten Ratsmitglieder, einer nicht erfahrenen Rätin und drei computererfahrenen Fraktionsgeschäftsstellenmitarbeitern zusammen. Ein Samstag wurde aufgrund der terminlichen Situation der Geschulten gewählt, denn sie konnten unter der Woche keinen kompletten Schulungstag ermöglichen.

Der Inhalt wurde für einen Zeitrahmen von sieben Stunden inklusive der Pausen zusammengestellt. Dies ergab sich zum einen aus dem Wunsch der Ratsmitglieder, die dies als Maximum der Zusatzbelastung ansahen, und zum anderen aufgrund der vorhandenen Vorkenntnisse. Als zeitlicher Rahmen war 9.00 Uhr bis 16.00 Uhr angesetzt, unterbrochen von einer längeren Pause mit ca. 60 Minuten für das Mittagessen.

Als Auftakt der Schulung war eine kurze Präsentation des Projektstandes vorgesehen, um den Teilnehmerinnen einen Gesamtüberblick zu verschaffen. Anschließend sollte der Tagesablauf vorgestellt und dann in die erste Lerneinheit eingestiegen werden.
Die einzelnen Lehr-Lern-Einheiten bezogen sich auf die Vermittlung von Kenntnissen über die Notebook-Nutzung und von Lotus Notes-Kenntnissen anhand der anfallenden Arbeitsabläufe bei der Stadtratsarbeit. Beispielsweise wurde das Erstellen von Dokumenten in Lotus Notes anhand der Erstellung eines Antrages geübt.

Zu allen weiteren Aspekten der Veranstaltungsplanung siehe Kapitel 4.3.1.7.

Die Durchführung der Schulung wurde von zwei versierten Projektmitarbeitern aktiv übernommen werden. Der Erste gab den Überblick über das Projekt. Ein zweiter Projektmitarbeiter, der von seiner Tätigkeit her den Systementwicklern zugeordnet werden kann, war für die Vermittlung der Lerninhalte verantwortlich. Als Trainer hatte er sich hierfür aufgrund früher abgehaltener Schulungen qualifiziert.

Beobachtungen bei der Schulungsdurchführung
Bei der Präsentation des Projektstandes mit Ausblick auf das Kommende, sprang der Funke der Begeisterung auf die Teilnehmerinnen über. Sie schienen jetzt für die Mitarbeit motiviert zu sein. Damit war der Einstieg gelungen und das Interesse für das Thema geweckt.

Als der zweite Projektmitarbeiter als Trainer seinen Part begann, kamen schon bei der Darstellung des Tagesablaufs von ein bis zwei Personen die Bemerkung, dass dieser zeitlich zu lang geplant sei.

Im weiteren Verlauf der Schulung zeigte sich sehr schnell, dass der Trainer nicht wie vereinbart die Nutzung der Software themen- und aufgabenorientiert vermittelte. Er beschrieb die einzelnen Systemfunktionen und erging sich, aufgrund seiner eigenen tiefen Kenntnisse, in weitreichenden Erklärungen. Durch die Erklärung der Funktionen, ausgehend von der Softwareoberfläche, hatten die Ratsmitglieder keine Anknüpfungspunkte zu ihrer realen Ratstätigkeit. Eine Verknüpfung mit bekanntem Wissen wurde somit nicht ermöglicht. Zudem ging der Trainer in der Erläuterung von Schrittfolgen zügig voran und verwies nur in seltenen Fällen auf das eingesetzte Lotus Notes-Unterrichtsmaterial.

Die Beobachtung der Geschulten ließ erkennen, dass die Teilnehmerinnen mit der Komplexität der Cuparla-Software nicht zurechtkamen und zusätzlich durch diese Vorgehensweise überfordert waren. Dies kam darin zum Ausdruck, dass sie den Anschluss verloren und von unterstützenden Projektmitarbeiterinnen Hilfestellung einforderten. Eingebaute Übungen konnten kaum ohne fremde Hilfe gelöst werden. Auch klagten die einen oder anderen darüber, dass es zu viel Stoff sei. Die umfassenden funktionsorientierten Lotus Notes-Unterlagen schienen ebenfalls zu detailliert und fanden kaum Akzeptanz.

Die Methode des Vor- und Nachmachens, die der Trainer einsetzte, hat den Nachteil, dass sich die Lernenden nicht intensiv mit der Oberfläche auseinandersetzen, sondern darum bemüht sind, mit dem Trainer Schritt zu halten und den Anschluss nicht zu verlieren.

Trotz eingestreuter Pausen war zu beobachten, dass sich die Geschulten streckenweise nicht auf den Lehrenden ausrichteten, sondern durch ihre Schwierigkeiten bedingt, ihren eigenen Gedanken folgten und die Software selbstständig erkundeten. Lange Erläuterungen, die sie nicht näher interessierten, beantworteten sie mit Abschweifen vom Thema und Ungeduld. Sie begannen die Projektmitarbeiterinnen zu sich zu rufen, um von ihnen Hinweise zu erhalten, wie das eine oder andere mit der Software gemacht werden kann, das ihnen gerade in den Sinn gekommen war. Lediglich wenn sie aufgefordert wurden, eigene Beispiele und Erfahrungen einzubringen, waren sie alle „voll dabei“.

Der Transfer des Gelernten auf die realen Arbeitsbedingungen der Ratsmitglieder wurde durch den Trainer nicht angebahnt, sondern musste von den Ratsmitgliedern selbst geleistet werden. Dies gelang nur Wenigen bei der Ausführung der Übungsaufgaben, denn die einzeln erklärten Ikonen und Funktionen konnten der konkreten Aufgabenstellung nicht zugeordnet werden.

Über diese Art und Weise der Schulungsdurchführung wurde von den Ratsmitgliedern der Aspekt der Telekooperation nicht erkannt, da sich über die Schulung die Illusion der alleinigen Nutzung aufbaute.

Schlussfolgerungen als Ausgangspunkt der nachfolgenden Qualifizierungsmaßnahmen[168]
Die Auswertung der Fragebögen zur Evaluation dieser Pilotschulung ergab, dass die Schulung an und für sich Zustimmung fand, jedoch noch kürzer und prägnanter sein sollte. Da künftig zu schulende Ratsmitglieder jedoch weniger Computererfahrung besaßen als die Pilotanwenderinnen, musste diese Aussage mit Vorsicht betrachtet werden. Insgesamt wurde die Schulung als zu lang empfunden. Als Konsequenz daraus sollte künftig die Schulung in zwei Halbtagesschulungen gesplittet werden. Ein halber Tag Schulung sollte für die Einführung in die Nutzung des Notebooks sowie MS Windows bzw. Win95 und ein weiterer halber Tag für die Lotus Notes Cuparla-Software angesetzt werden. Zwischen den Schulungen sollte den Ratsmitgliedern etwas Zeit zum Üben des Gelernten bleiben. Deshalb sollten die Schulungseinheiten nicht direkt im Anschluss aneinander angeboten werden.[169]

S 1: Die Schulungsdauer ist auf einen halben Tag zu begrenzen.
S 2: Die Übergabe der Notebooks erfolgt separat in Einweisungen von ein bis drei Personen.
S 3: Die Hardware- und MS Windows-Einweisung sowie die Einführung in Cuparla-Software stellen jeweils eine Halbtagesschulung dar.
S 4: Zwischen den Schulungen sollte genügend Zeit liegen, um das Üben des Gelernten zu ermöglichen.

Erklärungen sollten von der Ratsarbeit ausgehend gegeben werden. Zum einen soll dies den Ratsmitgliedern ermöglichen, das neu Gehörte mit ihrem vorhandenen Wissen zu verknüpfen. Zum anderen ist damit schon eine Transferanbahnung gegeben.

S 5: Die Vermittlung des Lehr-Lern-Stoffes sollte künftig noch enger am Arbeitsprozess der Ratsmitglieder orientiert sein und anhand konkreter Beispiele erfolgen.

Durch das Einbinden der Ratsmitglieder, indem sie eigene Beispiele einbringen können, kann dem Geduldsproblem und dem Abschweifen vom Thema entgegengewirkt werden. Beispiels-

[168] Revolutionäres Resultat der Schulung der Pilotanwenderinnen war die Erkenntnis, dass die bis dahin angepasste Lotus Notes-Oberfläche zu komplex war und ein komplettes Redesign erfolgen musste. In den Folgemonaten wurde daraufhin eine Lotus Notes-basierte Eigenentwicklung durchgeführt, die dem Raum-Werkzeug-Material-Ansatz folgte (vgl. [Schwabe 1999, S. 189]). Ergebnis war die in Kapitel 3.2.2.1 beschriebene Oberfläche.

[169] In Stuttgart konnte diese Schlussfolgerung nicht umgesetzt werden, da die Ratsmitglieder nicht bereit waren, öfter in das Rathaus zu kommen. In Kornwestheim wurde dies hingegen konsequent umgesetzt.

weise sollten sie zuerst die einzelnen Arbeitsschritte ohne Technologie-Einsatz erklären, um danach die Vorgehensweise mit Technologieunterstützung erläutert zu bekommen. Das Nachvollziehen des neuen Vorgehens sollte abschließend geübt werden. Nicht mehr einzelne Schritte, sondern Tätigkeitsblöcke sollten dabei betrachtet werden. Dadurch sollte auch die Methode des schrittweise Vor- und Nachmachens abgelöst werden, die sich als nachteilig erwiesen hatte.

S 6: Stärkere Aktivierung der Teilnehmerinnen durch eigene Beispiele.
S 7: Methodisch soll ausgehend vom konkreten Beispiel der Technologie-Einsatz erläutert und anschließend geübt werden.

Bei der Auswahl von Übungen und der Art der Erläuterungen ist darauf zu achten, dass der Aspekt der Telekooperation immer wieder hervorgehoben wird. Damit soll vermieden werden, dass sich der Eindruck einer Individualsoftware bei den Anwenderinnen einstellt.

S 8: Erläuterungen und Aufgaben müssen den Kooperationsaspekt hervorheben, um nicht den Eindruck von Individualsoftware aufkommen zu lassen.

Die eingesetzten Schulungsunterlagen zu Lotus Notes sind für die Einführungsschulung zu umfangreich und für den Anwenderkreis durch die fehlenden Querbezüge zu den Arbeitsabläufen der Ratsarbeit nicht ausreichend geeignet. Künftig sollte diese Unterlage zwar mit ausgeteilt werden, aber nur als Nachschlagewerk für die Anwenderinnen dienen. Eine neu zu konzipierende Schulungsunterlage sollte zum Einsatz kommen, in der auf der Basis anfallender Ratsarbeiten die einzelnen Anwendungen erklärt sind. Als Grundlage für die Schulungsunterlage waren Szenarien der Gemeinderatsarbeit vorgesehen. Ausgehend von diesen, sollte der Inhalt aufgabenorientiert strukturiert und der Einsatz der einzelnen Softwarekomponenten dargestellt werden.

S 9: Eine Schulungsunterlage ist aufgabenorientiert zu strukturieren und sollte auf Basis von Szenarien der Ratsarbeit schrittweise Anleitungen enthalten.

Im Anschluss an die Einführungsschulung wurde entschieden, halbtägige Aufbauschulungen anzubieten. In ihnen sollten die wesentlichen weiteren Funktionen vermittelt werden. Um einen gemeinsamen Ausgangsstand für das Lehren und Lernen der weiteren Funktionen zu gewährleisten, wurde geplant, vom Benutzerservice die gesammelten Anfragen auszuwerten, um diese mit berücksichtigen zu können. Aufgrund der zeitlichen Belastung der Ratsmitglieder sollten sich die Aufbauschulungen ebenfalls im Rahmen von ca. vier Stunden bewegen.

S 10: Die Dauer von Aufbauschulungen sollte ca. vier Stunden umfassen.
S 11: Basis der Aufbauschulungen sollten die gesammelten Anfragen des Benutzerservices sein, um einem ungleichen Kenntnisstand entgegen wirken zu können.

Ausgehend von diesen Erfahrungen, wurde die Softwareentwicklung eng an die Schulung gekoppelt, so dass Schwierigkeiten und Probleme der Ratsmitglieder direkt zu Veränderungen und Anpassung der Cuparla-Software führten. Die Schulungen wurden damit zum Bindeglied zwischen Software-Entwicklern und Anwenderinnen. Zudem wurden die Schulungen als wesentliches Instrument der Einführung begriffen und etabliert.

4.4.1.2 MS Office Qualifizierung der Pilotanwenderinnen

Für die Qualifizierung der Pilotanwenderinnen und Mitarbeiterinnen der Fraktionsgeschäftsstellen sowie der Verwaltung war die Stadt Stuttgart in eigener Regie für die Themenbereiche MS Windows und MS Office zuständig. Insgesamt wurden sechs Schulungstage speziell für die Anwenderinnen an Sonn- und Samstagen zu den Themenbereichen MS Windows und MS Word angeboten und durchgeführt. Aufgrund des engen Zeitkorsetts der Ratsmitglieder wurden alle angebotenen Schulungen erheblich komprimiert. Dadurch entschied sich die Stadt Stuttgart auch für eine maximale Anzahl von zwei bis fünf Personen, um in der kurzen Zeit eine optimale Betreuung zu gewährleisten und den Lernerfolg nicht zu gefährden. In einzelnen Ausnahmefällen besuchten mehr als fünf Teilnehmende die Schulung.

Sämtliche Schulungen wurden von zwei externen Trainerinnen der Stadt Stuttgart durchgeführt. Diese Trainerinnen gehörten nicht zum Cuparla-Projektteam und hatten keinerlei Kenntnisse über Lotus Notes und die Cuparla-Software. Entscheidend für die Auswahl der zwei Trainerinnen war, neben pädagogischem Einfühlungsvermögen, langjähriger Schulungserfahrung und hervorragenden Kenntnissen der MS Office-Produkte, die Bereitschaft auch die Cuparla-Softwareschulungen zu übernehmen. Das Grundverständnis von Lotus Notes wollten sich die Trainerinnen im Selbststudium erwerben. Eine Einführung in die Cuparla-Software sollte durch Projektmitarbeiterinnen erfolgen.

Ab August 1996 sollten dann auch die Cuparla-Softwareschulungen von der Stadt Stuttgart in Eigenregie angeboten und durchgeführt werden.

4.4.2 Phase 2 und 3 - Oktober 1996 bis Mai 1997

In diesem Zeitraum wurde bei allen Pilotanwenderinnen das Betriebssystem auf Win95 umgestellt und die neu entwickelte Cuparla-Software aufgespielt. Weiterhin wurden die restlichen Mitglieder des Verwaltungsausschusses und die Mitarbeiterinnen der Fraktionsgeschäftsstellen ausgestattet und geschult. Auch erhielten zusätzlich vier weitere Anwenderinnen Stand-alone Notebooks.

Durch die Veränderungen in der neuen Cuparla-Software wurden in den Fraktionen Informationsveranstaltungen durchgeführt, in denen über die neue Oberfläche, die vorhandenen Funktionen und die Anwendungsmöglichkeiten informiert wurde.

Bedingt durch das verzögerte Roll-out der Notebooks und der zeitlichen Belastung der Anwenderinnen wurde in dieser Phase die Einführung in die Hardwarenutzung und MS Windows bzw. Win95 sowie in die neue Cuparla-Software individuell in Einzelterminen oder in Gruppen von zwei Personen durch Mitarbeiter des Benutzerservices durchgeführt. Explizite Schulungstermine wurden für die Cuparla-Software nicht durchgeführt. Parallel dazu konnten die Ratsmitglieder weiterhin Tagesschulungen zu MS Office besuchen.

Schulungsunterlagen waren für die spezifische Cuparla-Software entwickelt worden, nicht jedoch für die einzelnen MS Office-Pakete. Für diese setzte die Stadt Stuttgart nach wie vor die am Markt erhältlichen Unterlagen ein. Die Cuparla-Unterlagen wurden durch die Anwenderinnen kaum genutzt. Bemerkungen ließen darauf schließen, dass sie durch ihren aufgabenorientierten Aufbau nicht schnell genug halfen funktionsbezogene Probleme zu lösen. Es wurde angedacht, die Cuparla-Unterlage wurde um funktionsorientierte Bestandteile zu ergänzen, jedoch aus Kapazitätsgründen nicht sofort umgesetzt.

In dieser Phase nutzten die bereits ausgestatteten Ratsmitglieder vorwiegend die Lotus Notes-Funktion Email und MS Word. Allerdings wurde die Emailnutzung durch die wenigen erreichbaren Kolleginnen und das noch nicht ausgebildete Antwortverhalten dieser behindert. Nichts war für die Ratsmitglieder frustrierender als eine Email zu schreiben, die die Adressatinnen gar nicht lasen. Einige Ratsmitglieder waren so demotiviert, dass sie beinahe die Nutzung der Cuparla-Software einstellten.

Die Nutzung von MS Word als Individualsoftware erforderte zum Gelingen keine Beteiligung anderer und konnte problemlos auch für eigene private Zwecke eingesetzt werden. Diese Tatsachen förderten die Anwendungsbereitschaft für MS Word.

Die Möglichkeit gemeinsam Anträge etc. zu schreiben, wurde nicht genutzt. Dies kann drei Ursachen haben: Erstens die bis November 1996 nicht auf Ratsarbeitsbelange abgestimmte Lotus Notes-Oberfläche, zweitens die nicht verbreitete Praxis der Zusammenarbeit und drittens die geringe Anzahl ausgestatteter Personen. Auf die Schulungen selbst wird dies vorerst nicht zurückgeführt, da das Antragschreiben genauso vermittelt wurde, wie die Nutzung von Email.

Von den Mitarbeitern des Benutzerservices wurden aufgetretene Probleme und Schwierigkeiten der Anwenderinnen zusammengetragen und mit den Trainerinnen (sowie den Softwareentwicklern) diskutiert, um dann in der Planung und Durchführung der Qualifizierungsmaßnahmen sowie der Ergänzung der Schulungsunterlage berücksichtigt werden zu können.

Für die Fraktionsgeschäftsstellen wurden ab März bis Juni 1997 eigene Cuparla-Schulungen angeboten und durchgeführt. Hintergrund für diese Entscheidung war, dass diese Mitarbeiterinnen möglichst umfassend geschult sein sollten, da sie bei den Ratsmitgliedern den First-Level-Support im Rahmen des Benutzerservices übernehmen sollten. Auch waren die Vorkenntnisse dieser Mitarbeiterinnen durch ständige PC-Nutzung so ausgefeilt, dass es ineffizient erschien, diese mit Ratsmitgliedern zu mischen. Diese Schulungen wurden alle in Eigenregie der Stadt Stuttgart - meist durch Mitarbeiter des Benutzerservices - durchgeführt.

Die Qualifizierung der zwei MS Office Trainerinnen war bis Mai 1997 nicht erfolgt. Um den Fortgang der Cuparla-Schulungen nicht zu gefährden, wurde deshalb entschieden, eine weitere externe Trainerin einzubinden, die wirklich bereit war, sich alles Notwendige anzueignen und sich schulen zu lassen.

Schlussfolgerungen als Ausgangspunkt der nachfolgenden Qualifizierungsmaßnahmen
In dieser Phase wurde deutlich, dass sich Ratsmitglieder nur ungern zu Schulungen bewegen lassen. Dies zeigte sich vor allem darin, dass einer Unterweisung häufig nur bei persönlicher Betreuung in Einzelterminen zugestimmt wurde. Dies erschwerte es ihnen, die Funktionen und Möglichkeiten, die das Telekooperationssystem bietet, in der Gesamtheit zu erfassen und ihre konkret auftretenden Aufgaben unter Nutzung des Telekooperationssystems effizienter zu erledigen. Insgesamt war wenig Bereitschaft zu beobachten, Zeit in Lernen zu investieren, alte, routinierte Abläufe bei der Aufgabenerledigung zu vergessen und sich neue anzueignen. Woran liegt dies?

Die geringe Bereitschaft, Schulungen anzunehmen, hängt zum Teil von der hohen zeitlichen Belastung der Ratsmitglieder ab, zum Teil aber auch von anderen Faktoren. Ein Faktor, der nicht zu unterschätzten ist, ist die Transfermöglichkeit des Gelernten auf das private Umfeld der Ratsmitglieder und die Erkenntnis der Ratsmitglieder darüber. Dies spiegelte sich deutlich in ihrem Verhalten wider. Diejenigen, die einen direkten Nutzen für ihre beruflichen und/oder privaten Aufgaben entdeckten, gingen mit höherer Lernbereitschaft sowohl in die Schulungen als auch an die Nutzung des Gelernten im Alltag. Dadurch erhöhte sich die Behaltensquote bei ihnen und es reduzierte sich der Nachschulungsaufwand.

Als Reaktion auf dieses Verhalten sollte das Interesse der Ratsmitglieder gezielt geweckt werden, indem der berufliche und private Hintergrund der Ratsmitglieder durch die Trainerinnen erfragt und fortan in die Erklärungen miteinbezogen werden. Sowohl zu der Ratsarbeit als auch zur privaten/beruflichen Arbeit werden somit Querbezüge hergestellt.

S 12: Privater und beruflicher Nutzen soll durch die Anwendung des Telekooperationssystems mitaufgezeigt werden.

Als methodische Antwort auf dieses Verhalten wurde wiederholt beschlossen, die Lernenden stärker zur aktiven Einbringung ihrer Beispiele und Fälle zu animieren, um die Partizipation zu erhöhen. Dies war bisher nicht gelungen. Siehe hierzu **S 6**.

Um dem Vergessen des Gelernten entgegenzuwirken, wurden Auffrischungskurse vorgesehen, die den Stoff der Initialschulungen wiederholten und in Form eines Workshops abgehalten werden sollten. Ihr zeitlicher Umfang sollte auf vier Stunden begrenzt sein.

S 13: Auffrischungskurse zur Wiederholung des Gelernten sind notwendig.

Eine weitere organisatorische Maßnahme - vor allem im Bereich MS Office - stellte ein Zugeständnis der Stadt Stuttgart an die Ratsmitglieder dar, das ihnen erlaubte, ihre Lebenspartnerinnen zu den Schulungen mitzubringen. Dies hatte zwei Effekte: Zum einen wurden die Schulungen nun als kostenlose Qualifizierungsmaßnahme sowie Chance erkannt und wahrgenommen. Zum anderen waren die Ratsmitglieder zu Hause bei der Nutzung des Gelernten nicht mehr auf sich alleine gestellt. Sie konnten ihre Lebenspartnerinnen zu Rate ziehen.

S 14: Das Einbinden von Lebenspartnerinnen schafft die Bereitschaft, Schulungen zu besuchen.

Als Antwort auf die immer wieder betonte, zeitliche Belastung der Ratsmitglieder und die Erfahrungen mit den Einzelunterweisungen in dieser Phase wurde Folgendes festgelegt:

S 15: Die Weiterqualifizierungsmaßnahmen sollen sich in einem Zeitrahmen von zwei bis vier Stunden bewegen.
S 16: Eine Teilnehmerzahl von zwei Personen sollte als minimale Teilnehmerzahl für die Durchführung eines Seminars angesetzt werden.
S 17: Das Schulungsangebot hat so engmaschig zu sein, dass alle einen Termin finden können.

Ein weiterer Faktor ist das Gefühl der Abwertung, das manche Ratsmitglieder mit der Nutzung des Laptops verbinden. Aussagen wie „Ja, muss ich jetzt etwa meine Anträge selber tippen?“ fielen in den Schulungen. Zwar wurde der Besitz des Notebooks als besonderes Statussymbol angesehen, doch nicht die Nutzung von diesem. Um dieses Gefühl der Abwertung aufzufangen, sollten die Trainerinnen bewusst Beispiele hochrangiger Persönlichkeiten einstreuen, die ebenfalls Notebooks nutzen und Briefe etc. selbst schreiben. Zudem sollte die Unabhängigkeit von zuarbeitenden Personen bewusst gemacht und herausgestrichen werden.

S 18: Dem Gefühl der Abwertung durch Notebook-Nutzung soll durch Beispiele hochrangiger Persönlichkeiten, die Computer einsetzen, entgegengetreten werden.

Als organisatorische Maßnahme wurde festgelegt, dass künftig die Notebook-Ausgabe nur noch dann erfolgen sollte, wenn die Ratsmitglieder sich zu Schulungen bereiterklärten. Eine Notebook-Übergabe ohne Schulung sollte nicht mehr möglich sein.

S 19: Die Notebook-Übergabe darf nur mit gleichzeitiger Zusage zu einem Schulungstermin erfolgen.

Um die Nutzung der Telekooperationskomponenten zu unterstützen, sollte den Ratsmitgliedern stärker der Aspekt der Zusammenarbeit in den Schulungen aufgezeigt und Regeln für die Nutzung des Rechners aufgestellt werden. Beispielsweise muss bei der Behandlung der Emailfunktion grundsätzlich darauf hingewiesen werden, dass sich Kolleginnen darauf verlassen, dass Emails regelmäßig gelesen und beantwortet werden. Als Regel wird das tägliche Abrufen der Emails vereinbart. Als weitere Erkenntnis wurden die Lerneinheiten bezüglich der Kooperation in den Initialschulungen verstärkt und in den Folgeschulungen wiederholt.

S 20: Aspekte der Zusammenarbeit müssen in den Schulungen stärker hervorgehoben werden, um diese bewusst zu machen und zu verstärken.
S 21: Regeln für die computergestützte, verteilte Zusammenarbeit müssen gemeinsam erarbeitet und vereinbart werden.

Die aufgabenorientierte Neugestaltung der Schulungsunterlage hat sich nicht bewährt, bzw. Schlussfolgerung **S 9** ist nicht bestätigt worden. Ausgehend von den Wünschen der Ratsmitglieder wurde in Ergänzung zu der mehr aufgabenorientierten Schulungsunterlage zusätzlich für die neuen Schulungen eine funktionsorientierte Selbstlernunterlage ausgearbeitet. Der Sinn dieser Unterlage war es, die Ratsmitglieder bei der Lösung eines spezifischen Problems, etwa „Wie geht das Replizieren?“, behilflich zu sein. Über den ausführlichen Index und das Inhaltsverzeichnis können die Ratsmitglieder schnell zu den, von ihnen gesuchten Funktionsbeschreibungen gelangen und werden dann Schritt für Schritt angeleitet.

S 22: Schulungsunterlagen sollten sowohl aufgaben- als auch funktionsorientiert gestaltet sein.

S 23: Ein umfassender Index und ein Inhaltsverzeichnis müssen Bestandteil der Schulungsunterlage sein, um ein schnelles Finden zu gewährleisten.

4.4.3 Phasen 4 - 5: Juni 1997 bis Dezember 1997

Ab Juni 1997 erhielten die restlichen Ratsmitglieder die Telekooperationsausstattung. Deshalb wurde in diesem Zeitraum ein dichtes Schulungsangebot an Erst- und Folgeschulungen zu Cuparla, aber auch zu den MS Office-Produkten zusammengestellt, um den Ratsmitgliedern den Einstieg in die computergestützte Arbeit und die sinnvolle Nutzung der Notebooks zu erleichtern und zu ermöglichen.

4.4.3.1 Cuparla-Initialschulungen

Die Initialschulungen fanden an mehreren Samstagen und einem Sonntag statt, teilweise in Parallelveranstaltungen. Sie wurden nach wie vor als Tagesschulungen angeboten. Die Teilnehmerzahlen bewegten sich zwischen fünf und acht Teilnehmerinnen. Die Veranstaltungen wurden fraktionsbezogen durchgeführt. D. h. es wurde darauf geachtet, dass möglichst nur Anwenderinnen einer Fraktion zugegen waren. Hintergrund war der Aspekt, dass das elektronische Fraktionszimmer nur den Mitgliedern einer Fraktion zugänglich ist. Deshalb konnte das Zusammenarbeiten im Fraktionszimmer nur mit Teilnehmerinnen der gleichen Fraktion geübt werden. War es nicht möglich zu einer Schulung nur Teilnehmerinnen mit gleicher Fraktionszugehörigkeit zuzulassen, wurde zumindest darauf geachtet, dass mehr als eine Teilnehmerin aus einer Fraktion die Schulung besuchte. Jedoch wurden die Teilnehmerinnen so zusammengesetzt, dass keine interfraktionellen Probleme zu erwarten waren.

Um den unterschiedlichen Kenntnisstand bezüglich der Notebook-Nutzung abzufedern, wurde den, im Computerumgang ungeübten Ratsmitgliedern die Möglichkeit angeboten, eine Stunde vor dem eigentlichen Schulungsbeginn eine persönliche Einführungs- und Übungsstunde zu Win95, der Mausnutzung etc. zu erhalten.

Grundsätzlich waren bis zu drei Trainerinnen für die Durchführung der Veranstaltungen verantwortlich. Dies resultierte einerseits aus dem Wissen darüber, dass die meisten Ratsmitglieder kaum oder keine PC-Erfahrung mitbrachten, andererseits aus der Erfahrung, dass Ratsmitglieder sehr stark persönlich angesprochen und betreut werden wollten, um nicht abzuschweifen.

Um zu gewährleisten, dass die Geschulten durch die unterschiedlichen Trainerinnen den gleichen Schulungsinhalt vermittelt bekamen, wurde ein allgemeingültiger Ablaufplan für die Initialschulungen erstellt (siehe nachfolgende Tabelle 4-1). Dies bedeutete jedoch nicht, dass ein teilnehmerorientiertes Vorgehen - und ein damit zusammenhängendes Abweichen davon - nicht erlaubt war. Er sollte den Trainerinnen als Anhaltspunkt für die zu vermittelnden Inhalte, für den dafür geschätzten Zeitbedarf und für mögliche Beispiele dienen.

	Beginn 9:00 Uhr	
1.	**Eingangshalle und Raumkonzept erklären (siehe Schulungsunterlagen)**	**20 min**
2.	**Demonstrationsteil** Beispiel Arbeitszimmer: • Erklärung der verschiedenen Orte (Schreibtisch, Ablage etc.) • Erklärung des Erstellungsprozesses eines Antrages (Analogien zu anderen Dokumenten hervorheben, eventuell auch ein anderes Dokument erstellen) • Zeigen, wie ein Dokumente erstellt, verändert, gelöscht und kopiert wird • (attachments)	
3.	**Erstellen eines Antrags im Arbeitszimmer**	**1,5 h**
	a) Einen Antrag gemeinsam erstellen (vorzeigen und nachmachen lassen) - ***Teilnehmer sollen sich Notizen machen!!*** Thema: Anfrage an die Verwaltung über das geplante Vorgehen gegen den verstärkt auftretenden Vandalismus an Haltestellen: 1. Wo kommt dies vor? (Stadtbezirke) 2. Bestehen Zusammenhänge zwischen den Tatorten und -zeiten von eventuell stattgefundenen Veranstaltungen 3. Was wurde bisher unternommen 4. Sieht die Verwaltung Möglichkeiten, durch präventive oder repressive Maßnahmen den Vandalismus einzuschränken 5. etc.	
	b) Einen Antrag/eine Anfrage alleine erstellen lassen (**Thema 1:** Verstärkter Ausbau des ÖPNV in Stuttgart) oder (**Thema 2:** Stärkere Förderung der Selbstständigkeit im Raum Stuttgart)	
	c) Antrag im elektronischen Fraktionszimmer auf den Sitzungstisch legen	
	d) **Mailen an Kursteilnehmer der eigenen Fraktion** In die elektronische Post gehen und den Teilnehmerinnen über Mail mitteilen, dass ein Antrag zu dem obigen Thema erstellt wurde. Sie eventuell um Ergänzungen oder Anregungen bitten, die sie als Anmerkungen hinzufügen sollen. (Anmerkungen noch nicht durchführen, sondern erst nach der **Replikation**)	
4.	**Replikation:** Vor dem Replizieren den Replikationsvorgang vorführen. → Hinweisen auf unterschiedliche ISDN Zugangsverfahren.	
	Replizieren (während des Replizierens können die Anderen testhalber Dokumente (Freitext, Office-Dokumente etc.) in ihrem Arbeitszimmer erstellen oder Fragen an Schulende oder Kolleginnen stellen.	
5.	PAUSE	**20 min**
6.	Nun sollten die Ergänzungen und Anregungen zum vorherigen Antrag durchgeführt werden	**1,5 h**

	Dokumente und Anmerkungen:	
	Mailen In Arbeitszimmer auf den elektronischen Schreibtisch kopieren.	
7.	**Replizieren** (während des Replizierens „Fragestunde")	
8.	MITTAG	
9.	**Übungsaufgabe** mit Replizieren → Sitzungsvorbereitung (Fraktionssitzung) zum Thema „Versorgung Stuttgarts mit Spielplätzen" Erstellen von Dokumenten und Diskussionsvorlagen.	**2 h**
10.	**Überleitung zur Recherche**	
	Recherche zum obigen Thema (Schlagworte: Kindergarten und Spielflächenplan).	
	Alternativ: Recherche zum Thema: Ausweitung der Smog-Gebiete (Stichwort: Smog-Gebiete) - Recherche im Stadtrecht [Ergebnis müssten 4 Dokumente sein, 5. Dokument ist nur die Inhaltsangabe]	
	Gefundene Dokumente in das persönliche Arbeitszimmer kopieren (ACHTUNG: Diese erscheinen unter „Nicht kategorisiert" - „Sonstiges"	

Tabelle 4-1: Schulungsablaufplan der Initialschulungen (Quelle: In Anlehnung an [Cuparla 98c])

Als weiterer Anreiz zur Nutzung und zum Besuch der weiteren Schulungsmaßnahmen wurde am Ende ein Ausblick auf

- eine Email – Fax-Kopplung,
- den elektronischen Terminkalender und
- weitere Bereitstellung von Informationen aus der Verwaltung

gegeben. Gerade die Email-Fax-Kopplung stellte eine Möglichkeit dar, um den Adressatenkreis aus der Emailfunktion heraus zu erweitern. Denn dadurch können auch Personen ohne Email, die aber ein Fax besitzen, per Email erreicht werden.

Im Gegensatz zu der Initialschulung der Pilotanwenderinnen wurden alle Erklärungen, ausgehend von der Realität der Ratsmitglieder, anhand von Metaphern gegeben. Ausgangspunkt waren hierzu die einzelnen elektronischen Räume, in denen sich die Ratsmitglieder bewegen konnten, um anfallende Aufgaben zu erledigen.

Die eigens erstellten Cuparla-Schulungsunterlagen wurden bei der Einweisung mitverwendet, um die Anwenderinnen mit diesen vertraut zu machen und ein späteres Arbeiten damit zu erleichtern.

Hilfsmittel waren ein Beamer oder ein LCD-Display, die eingesetzt wurden, um die Bildschirmoberflächen des Trainerinnen-Notebooks an die Wand zu projizieren. Anhand des projizierten Bildes wurde alles erklärt.
Weiter waren Wandtafeln oder Flipcharts im Einsatz, um Skizzen, Fragenspeicher, Erläuterungen oder Schrittfolgen zu visualisieren.

Beobachtungen bei der Schulungsdurchführung

Leider hielten sich nicht alle Anfängerinnen an die Vereinbarung, eine Stunde vor der eigentlichen Schulung zu einer Einweisung in die Notebook-Nutzung und Mausbedienung zu kommen. Dies behinderte letztendlich den gesamten Ablauf der Schulung, da die Grundlagen immer wieder miterklärt werden mussten. Aber auch diejenigen, die eine Stunde früher gekommen waren, hatten mit dem Mausumgang noch Probleme. Die unterstützenden Cuparla-Mitarbeiterinnen konnten zwar einige Schwierigkeiten durch persönliche Betreuung der ganz unbedarften Anwenderinnen abfedern, aber nicht ganz auffangen.
Durch Äußerungen von einigen Teilnehmerinnen konnte erkannt werden, wer kein Interesse an der Nutzung des Notebooks, wohl aber an dessen Besitz hatte. Diese Personen folgten der Schulung kaum, forderten die Betreuenden ständig zur Hilfe auf und verloren andauernd den Anschluss. Dies konnte auch nicht durch deren Einbinden in das Schulungsgeschehen - beispielsweise durch konkrete Anfragen nach Praxisbeispielen, durch Querbezüge zum Privat- und Berufsleben und durch vorbereitete, individuelle Übungen - verhindert werden. Selbst Bemerkungen von Kolleginnen, dass die Software leicht zu bedienen sei, wenn man zuhöre, verhallten ungehört. Lediglich bei der Emailfunktion konnte die Begeisterung aller geweckt werden.

Insgesamt war zu beobachten, dass die Ratsmitglieder einen ausgeprägten Spieltrieb entwickelten. Diejenigen, die sich nicht davor fürchteten, durch ihr Ausprobieren den Rechner zum Absturz zu bringen, klickten sich durch die Masken.

Den, von der Ratsarbeit ausgehenden Erklärungen, die anhand von Metaphern erfolgten, konnten die aufmerksamen Ratsmitglieder offensichtlich gut folgen. Die einzelnen elektronischen Räume, als Ausgangspunkt der Erläuterungen, machten das Folgen ebenfalls leichter. Trotzdem waren in der Zeit nach der Schulung recht unterschiedliche Nutzungsverhalten zu einzelnen Telekooperationsbausteinen zu beobachten. Beispielsweise wurden selten Anträge zusammen geschrieben. Es stellte sich heraus, dass es nicht für alle Ratsmitglieder üblich war Anträge zu schreiben oder mit Kolleginnen gemeinsam auszuarbeiten. Somit wurde auch die Funktion des Antragsschreibens innerhalb Cuparla von diesen nicht genutzt.

Hierfür kann noch ein weiterer Grund gegeben sein: Beim Üben des Antragschreibens und der Anmerkungen daran, kam bei einigen Teilnehmerinnen die Frage auf, ob denn alle an einem Antrag etwas ändern könnten, wenn er auf dem Fraktionsarbeitstisch liegt. Da gemeinsames Material auch von allen bearbeitet werden kann, ist dies auch bei Anträgen der Fall. Auch wenn in der Veränderungshistorie durch Namens- und Datumsspeicherung festgehalten wird, wer geändert hat, war dies offensichtlich ein Punkt der Einigen Unbehagen verursachte.

Die eingesetzten Schulungsunterlagen wurden sehr begrüßt. Während der Schulung machten sich einzelne Teilnehmerinnen ihre eigene Notizen in die Unterlage und blätterten auch darin, um weitergehende Informationen zu finden und gestellte Aufgaben zu lösen.

Das Mischen der Ratsmitglieder mit Mitarbeiterinnen aus den Fraktionsgeschäftsstellen erwies sich als positiv. Denn Fraktionsmitarbeiterinnen sind für die Ratsmitglieder bei Problemen die erste und manchmal auch letzte Anlaufstelle (aufgrund von Desinteresse seitens der Ratsmitglieder). Durch die Beteiligung an der Schulung erhielten sie einen

Einblick in die Schwierigkeiten, mit denen „ihre“ Ratsmitglieder zu kämpfen hatten, hörten die Lösungsvorschläge der Unterweisenden und konnten somit später leichter helfen.

Ein weiteres Plus war die Möglichkeit, dass Anregungen zu möglichen Verbesserungen oder Cuparla-initiierten Veränderungen von Prozessabläufen oder Handhabungen direkt durch die Fraktionsgeschäftsstellenmitarbeiterinnen aufgegriffen werden konnten. Diese werden meist aus Vergesslichkeit, anderer Prioritätensetzung, mangelnder Zuständigkeit oder Desinteresse nicht weitergegeben, wenn Ratsmitglieder allein geschult werden.

Nicht alle Teilnehmerinnen blieben bis zum Ende der Schulung. Viele verließen aus privaten Gründen ca. ein bis zwei Stunden vor dem eigentlichen Abschluss die Veranstaltung. Eine Schulung konnte aufgrund der homogenen PC-Kenntnisse und der motivierten Mitarbeit der Teilnehmerinnen früher beendet werden. Insgesamt war die Stimmung gegenüber der Cuparla-Software über alle Initialschulungen hinweg vorwiegend positiv.

Interessant war die Beobachtung, dass die Teilnehmerinnen sich bei Erklärungen, die anhand des projizierten Bildschirms ausgeführt wurden, nicht auf das Bild vorne an der Wand konzentrierten. Abwechselnd schauten sie nach vorne und wieder auf ihren eigenen Bildschirm. Dieses Verhalten änderte sich auch nicht, wenn die Trainerinnen darauf hingewiesen haben, für die Zeit der Erläuterungen bitte nach vorne zu schauen. Die Anwenderinnen konnten dann das Gehörte und das Dargestellte nicht überein bringen und kamen anschließend beim eigenen Nachvollziehen nicht zurecht. Nur dann, wenn sie sich auf das Wandbild oder ihren Bildschirm während der Erklärungen konzentriert hatten, traten weniger Probleme beim Nachvollziehen und dem eigenen Üben auf.

Schlussfolgerungen als Ausgangspunkt der nachfolgenden Qualifizierungsmaßnahmen
Die Annahme, dass weitgehend alle Ratsmitglieder aufgrund der eigenen Entscheidung dafür motiviert sind, den Umgang mit der neuen Technologie zu erlernen, ist nicht realistisch. Ein Großteil ist motiviert das Equipement zu erhalten, nicht aber, dieses zu nutzen. Die übliche Annahme, dass Erwachsene bei Erwachsenenbildungsmaßnahmen grundsätzlich motiviert sind (vgl. hierzu [Frommer 1983, S.8]), trifft hier nicht zu. Die Motivation der Ratsmitglieder muss über spezielle Anreize geschaffen werden.

Die Heterogenität bezüglich der PC-Nutzungskenntnisse und –fertigkeiten machte sich über alle Veranstaltungen hinweg bemerkbar. Dies führte zu dem Schluss, dass kleinere Gruppen gebildet werden sollten und auf zwei bis drei Teilnehmende eine Trainerin oder eine Betreuerin kommen sollte.

S 24: Fünf Teilnehmende als Kleingruppe sollen die maximale Teilnehmerzahl für die Schulungen bilden.
S 25: Für zwei bis drei Teilnehmende soll eine Schulungsperson zur Verfügung stehen.

In einzelnen Fällen wurde auch Coaching einzelner Personen durchgeführt, um ihnen zum einen die Chance zu geben, aufzuholen, und zum anderen zu gewährleisten, dass sie weiterhin einbezogen werden.

S 26: Einzelcoaching ist in Einzelfällen, z. B. bei Gefahr der Demotivation oder des immensen Wissensunterschiedes zwischen den Anwendern, eine sinnvolle Ergänzung der Schulungen.

Um den Fortgang der Schulung nicht zu gefährden, sollte aus diesem Grund künftig auch verstärkt mit der Schulungsunterlage, die ja als Selbstlernunterlage konzipiert wurde, gearbeitet werden. Konkrete Aufgabenstellungen sollten unter Zuhilfenahme der Unterlage eigenständig gelöst werden. Bei auftretenden Problemen sollten sich die einzelnen Teilnehmerinnen gegenseitig helfen und auch Hilfe durch die Trainerinnen erhalten.

S 27: Durch den Einsatz der Schulungsunterlage soll ein individuelles Lerntempo in den Schulungen ermöglicht werden.

Die Splittung der Themenblöcke und die Art der Vermittlung anhand konkreter Beispiele und Szenarien, ausgehend vom Alltag der Ratsmitglieder, hat sich als gut erwiesen. Somit werden die Schlussfolgerungen **S 2**, **S 3**, **S 5**, **S 6** und **S 7** weiterhin beibehalten.

Die Nutzung von Telekooperationskomponenten zum Bearbeiten des gemeinsamen Materials setzt gegenseitiges Vertrauen voraus. Fehlt dieses Vertrauen, kann es zur Nichtnutzung kommen. Deshalb sollte darauf geachtet werden, dass auch Vertrauen aufgebaut werden kann. Dies wird beispielsweise schon dadurch unterstützt, dass die Transparenz bezüglich der Möglichkeiten des Telekooperationssystems geschaffen wird und gemeinsam Vereinbarungen zur Nutzung der Möglichkeiten getroffen werden.

S 28: Der Aufbau von Vertrauen zwischen den Zusammenarbeitenden sollte unterstützt werden.

Die konkrete Nutzung der Schulungsunterlage sollte auch helfen, den Umgang mit denselben zu erlernen, um später auch eigenständig Fragen und Probleme lösen zu können.

S 29: Der Umgang mit der Schulungsunterlage soll durch den Einsatz in den Schulungen verankert werden.

Das positive Feedback zu der Schulungsunterlage führte zu dem Entschluss, auch für Folgeschulungen eine Unterlage in ähnlicher Aufbereitung zu erarbeiten.
Schlussfolgerungen **S 9** und **S 22** haben sich bestätigt.

Das Mischen des Anwenderkreises, durch das Einbeziehen von Mitarbeiterinnen der Fraktionsgeschäftsstellen, sollte künftig gefördert werden. Gerade im Hinblick auf organisatorische Veränderungen, die in den Schulungen angeregt werden können, kann eine positive Entwicklung erwartet werden. Zudem wird gewährleistet, dass die Mitarbeiterinnen den „möglichen" Lernstand ihrer Ratsmitglieder kennen und auch genau erkennen können, wann Arbeiten an sie delegiert werden können, die die Ratsmitglieder mittlerweile sehr gut selbst durchführen könnten. Sie können dann entsprechend reagieren und so dazu beitragen, ein neues Verständnis der Arbeitsteilung in der Fraktion zu stärken.

S 30: Schlüsselpersonen der Arbeitsablaufgestaltung sollten in die Schulungen einbezogen werden, um organisatorische Veränderungen platzieren und anregen zu können.

S 31: Personen des Benutzerservices sollten an Anwenderschulungen teilnehmen, um dort aus erster Hand Fragen und Lösungen mitzuerleben.

Für alle folgenden Schulungen wurde festgelegt, dass die Verwendung eines Beamers oder LCD-Displays nicht unbedingt erforderlich ist. Da die Teilnehmerinnen nicht zu bewegen waren, den Ausführungen am projizierten Bild losgelöst vom eigenen Bildschirm zu folgen, führte der Einsatz dieser Medien eher zu Schwierigkeiten als zur Hilfestellung.

S 32: Auf den Einsatz von Beamern oder LCD-Displays kann verzichtet werden.

4.4.3.2 Cuparla-Aufbauschulungen

Aufbauschulungen wurden an allen Wochentagen angeboten. Dabei wurde darauf geachtet, dass die Schulungstermine möglichst vor stattfindenden Ausschuss-, Fraktions- oder Gemeinderatssitzungen lagen, um den Ratsmitgliedern Wege zu ersparen.

Die Dauer der Aufbauschulungen war für ca. vier Stunden geplant. Die Inhalte wurden entsprechend zusammengestellt und ein Schulungsablaufplan als Leitfaden für die Trainerinnen, ähnlich dem der Initialschulungen (siehe Tabelle 4-1) zu folgenden Lehr-Lern-Inhalten erstellt:

1. Persönliches Adressbuch (erstellen, bearbeiten, löschen)
2. Email weiterleiten und beantworten
3. Texte formatieren - Tabellen, Rechtschreibung, Gliederungspunkte
4. Kalender
5. Entwurf und Vorlagefunktionen
6. Abwesenheitsprofil
7. Telefonnotiz
8. Umlaufmemo
9. Indizieren und erweitere Suchfunktionen

Die Fraktionszugehörigkeit war bei den Aufbauschulungen weniger von Bedeutung, da hier nicht mehr das Zusammenarbeiten im elektronischen Fraktionszimmer im Mittelpunkt stand.

Aufgrund der terminlichen Situation der Ratsmitglieder konnte bei der Zusammensetzung des Teilnehmerkreises leider keine Rücksicht mehr auf den Kenntnisstand der Ratsmitglieder genommen werden. Zwar wurden Schulungen getrennt nach Kenntnissen angeboten, doch konnte es passieren, dass sich aufgrund eigener Entscheidung und Selbsteinschätzung Anfänger bei den Fortgeschrittenen - und umgekehrt - fanden.

Die Anzahl der Teilnehmerinnen variierte zwischen ein und sechs Personen, wobei der Durchschnitt bei 2,5 Personen lag. Dies macht den sorglosen Umgang mit Zu- und Absagen zu Schulungen - und damit die Teilnahmebereitschaft dazu - von Seiten der Ratsmitglieder deutlich.

Für jede Schulung waren ein oder zwei Trainerinnen im Einsatz. Selten war eine Person alleine dafür verantwortlich. Begründet lag dies in dem ungleichen Kenntnisstand der Teilnehmerinnen und der hohen persönlichen Betreuungsnotwendigkeit, die bereits mehrfach angesprochen wurde. Die Aufbauschulungen wurden auch teilweise durch Mitarbeiter des Benutzerservices übernommen oder unterstützend begleitet.

Beobachtungen bei der Schulungsdurchführung

Fast bei allen Aufbauschulungen kamen Ratsmitglieder aus persönlichen Gründen bis zu einer Stunde später oder verließen die Veranstaltung früher. Dies machte es den Trainerinnen äußerst schwer, allen über eine Schulung hinweg allen das Gleiche zu vermitteln. Mit so ungleichen Kenntnissen wie sie kamen, verließen die Ratsmitglieder in der Regel die Schulung auch wieder.

Diejenigen, die ihr Notebook zur Ratsarbeit einsetzten, kamen mit ganz konkreten Fragen und Problemstellungen in die Veranstaltungen. Die anderen erwarteten, dass eine Wiederholung des nicht Geübten, aber schon ein- oder zweimal Gehörten, stattfand. Insgesamt waren die Teilnehmerinnen wenig bereit, sich auf Neues einzulassen, wenn ihre eigenen Fragen nicht vorher beantwortet wurden. Dies verhinderte dann oft auch das Durcharbeiten der geplanten, neuen Inhalte. Der ungleiche Kenntnisstand wurde hierdurch ebenfalls manifestiert. Auch das Voranschreiten im Lernen des Umgangs mit neuen Komponenten ging nur in kleinen Schritten voran.

Über die gestellten Fragen wurde deutlich, dass sich die Cuparla-Anwenderinnen nicht im Klaren waren, wann sie Email und wann sie die Funktion des elektronischen Fraktionszimmer-Arbeitstisches verwenden mussten. Dies begründete sich auch darin, dass die Einzelnen zwar immer wieder ihre neuen Emails abfragten, selten aber auf den elektronischen Arbeitstisch im Fraktionszimmer schauten. Das animierte zur Emailnutzung. Zudem waren die Entwürfe - wurden sie ins Fraktionszimmer gelegt - allen anderen Fraktionsmitgliedern zugänglich. Dies war von Einigen nicht gewünscht.

Die Fragen und Probleme, die der Benutzerservice sammelte und den Trainerinnen zur Verfügung stellte, wurden in die Schulung miteingestreut. Dabei konnten diejenigen, die die Antworten schon kannten, die Erläuterungen aktiv übernehmen. Dieses Vorgehen unterstützte die Aktivierung der Teilnehmerinnen und half, den Wissensstand anzugleichen.

Durch das Weglassen des Beamers oder LCD-Displays mussten sich die Teilnehmerinnen auf ihren eigenen Bildschirm konzentrieren. Dadurch konnten sie den Erläuterungen - waren sie langsam und ausführlich genug - besser folgen und vollzogen zeitgleich die beschriebenen Schritte nach. Dadurch traten häufiger Aha-Effekte auf und der Bildschirmaufbau sowie die Schrittfolgen prägten sich besser ein. Dies zeigte sich bei den anschließenden Übungen.

Die benutzten Schulungsunterlagen wurden im Gegensatz zu den Initialschulungen weniger eingesetzt und traten somit eher in den Hintergrund. Anhand der gestellten Fragen der Teilnehmerinnen konnte auch darauf geschlossen werden, dass diese wenig oder gar nicht zur Hilfe genommen wurden, um Probleme zu lösen und Wissenslücken zu schließen. Es trat jetzt die Forderung auf, ein Nachschlagewerk in Form eines Karteikartensystems zu erstellen, das eine Funktion auf einer Karte in knappen Worten schrittweise erläutert.

Schlussfolgerungen als Ausgangspunkt der nachfolgenden Qualifizierungsmaßnahmen
Als Antwort auf die „Erscheinungsmoral" der Ratsmitglieder wurde eine neue Methodik entwickelt. Waren bereits neue Inhalte vermittelt worden, mussten die darin Geschulten dem Neuankömmling diese erläutern. Abgerundet wurde diese Vorgehensweise durch eine kurze Zusammenfassung, anhand einer konkreten Aufgabenstellung, durch die Trainerinnen. Dadurch konnten alle Teilnehmerinnen das Gehörte eigenständig nochmals umsetzen. Dies hatte mehrere Vorteile: Erstens waren die Teilnehmerinnen gezwungen das Gelernte in eigene Worte zu fassen und zu wiederholen. Dabei stellten sie dann selbst fest, was ihnen noch nicht klar war und wo sie noch Fragen hatten. Diese konnten dann gleich mitbearbeitet werden. Zweitens hatten die Trainerinnen eine Kontrolle darüber, ob das Gelernte richtig verstanden worden war und konnten ihre eigenen, anschließenden Ausführungen entsprechend gestalten. Drittens langweilte sich niemand, während den Zuspätkommenden der Stoff nachvermittelt wurde. Im Folgenden wird diese Vorgehensweise „Wiederhol-Vermittlungs-Methode"[170] genannt.

Diese Methode wurde dann in Auffrischungsschulungen grundsätzlich angewendet. Hier sollten diejenigen, die sich in Bezug auf Fragen ihrer Kolleginnen kompetent fühlten, die Antworten geben. Diese Art der Beteiligung von Lernenden förderte gleichzeitig
- das Aus-Fehler-lernen,
- das Etablieren gegenseitiger Hilfe,
- die Bereitschaft dem Schulungsverlauf zu folgen und
- das Miteinander der Teilnehmerinnen.

Die Trainerinnen wurden mehr und mehr zu Lernmoderatorinnen.

S 33: Die Wiederhol-Vermittlungs-Methode sollte zur Verankerung von gerade Gelerntem und bei zu spät kommenden Personen eingesetzt werden.

S 34: Trainerinnen sollten sich zu Lernmoderatorinnen entwickeln und den Teilnehmerkreis stärker aktivieren.

Konnten die mitgebrachten Fragen von allen Teilnehmerinnen nicht geklärt werden, wurde bei neuen Inhalten die Erklärung durch die Trainerin gegeben, bei Wiederholungen wurden die Teilnehmerinnen aufgefordert, es erst zusammen zu probieren, bevor die Erklärung von der Trainerin geliefert wurde. Dieses Vorgehen führte dazu, dass die Anwenderinnen sich eigenständig mit den Komponenten auseinandersetzten und diese ausprobierten. Es war dann zu beobachten, dass dies sie ermutigte, auch anderen Fragen selbstständig nachzugehen.

S 35: Entdeckendes Lernen unterstützt die Anwenderinnen, Vertrauen in ihre Lösungskompetenz im Umgang mit dem Telekooperationssystem zu entwickeln.

Ein weiteres Fazit der „Erscheinungsmoral" war die Festlegung der Verkürzung der Schulungen. Vier Stunden sollten das Maximum darstellen. Künftig sollten auch kürzere Einheiten angeboten werden. Damit hat sich **S 10** überholt und muss neu formuliert werden.

---

[170] Die Überlegungen zur Ausgestaltung der Wiederhol-Vermittlungs-Methode finden ihren Ursprung in der Methode Gruppenpuzzle (vgl. [Aronson et al. 1978; Heger 1995, S. 111]) und dem Ansatz des Fragestellens und –beantwortens als effektive Lernstrategien (vgl. [Wong 1985; Wucherer 1993]).

S 10: Die Dauer von Aufbauschulungen sollte maximal vier Stunden umfassen.

Als Konsequenz auf die geforderte Behandlung der mitgebrachten Fragen und Problemstellungen gleich zu Anfang der Aufbauschulungen, erhielten diese mehr und mehr Workshop-Charakter. So wurde entschieden, diese künftig nur noch als Workshops anzubieten. Sie sollten so gestaltet sein, dass auf bereits gesammelte Erfahrungen, Wünsche, aufgetretene und auftretende Fragen und Probleme der Anwenderinnen eingegangen werden konnte, um diese zu lösen und die vorhandenen Kenntnisse zu vertiefen. Erst danach sollten neue Inhalte vermittelt werden. Die Hälfte der Zeit wurde für diesen Zweck reserviert. Zu Beginn der Workshops sollte abgefragt werden, welche Probleme und offenen Fragen bestehen. Mit Hilfe der Gesamtgruppe sollten sie dann bearbeitet und gelöst werden. Dabei sollten weitere Informationen zu dem Angesprochenen vermittelt werden. Die weiterführenden Inhalte für die Aufbauschulung wurden danach im Einzelnen vorgestellt und die Teilnehmerinnen konnten wählen, welche der angebotenen Inhalte in der restlichen Zeit noch besprochen werden sollten.

S 36: Aufbauschulungen sollten als Workshops gestaltet und durchgeführt werden.

Die Schwierigkeiten der Abgrenzung zwischen Email zur Kommunikation und den Zusammenarbeitskomponenten - wie elektronische Schreib- und Sitzungstische - sollten in den kommenden Schulungen aufgegriffen werden, indem die Unterschiede klar aufgezeigt, erläutert und vertieft werden.

S 37: Unterschiede und Gemeinsamkeiten einzelner Komponenten zur Zusammenarbeit sind differenziert herauszuarbeiten und zu verankern.

Das Aufgreifen von Fragen und Problemen aus dem Benutzerservice hat sich bestätigt und folglich wird die Schlussfolgerung **S 11** weiter beibehalten.

Die positiven Erfahrungen mit dem Weglassen des Beamers oder LCD-Displays führten zu der Entscheidung, künftig ganz auf diese Hilfsmittel zu verzichten.
Schlussfolgerung **S 32** hat sich bestätigt.

Die Umsetzung der Schulungsunterlagen in eine funktionsorientierte Lernkartei erfolgte aus Kapazitätsgründen nicht mehr im Rahmen von Cuparla.

4.4.3.3 Allgemeine Beobachtungen

Im Folgenden werden allgemeine Beobachtungen vorgestellt und daraus die Schlussfolgerungen zu den Qualifizierungsmaßnahmen gezogen. Dies betrifft zum einen die aktiven Mediatorinnen bzw. den Trainerinnen und Betreuerinnen und zum anderen die organisatorischen Entwicklungen.

Beobachtungen und Schlussfolgerungen bezüglich Trainerinnen
Vor allem in den Cuparla-Aufbauschulungen konnte beobachtet werden, dass die Teilnehmerinnen mit der Unterscheidung der Möglichkeiten, einen Text in der Lotus Notes-basierten Cuparla-Software oder in MS Word zu schreiben, nicht zurechtkamen. Auch

wurden wiederholt Fragen zum Ablegen von Dokumenten gestellt, die deutlich machten, dass die Anwenderinnen nicht wussten, wann sie im MS Explorer arbeiten mussten und wann nicht. Diese Verwirrungen hemmten den Lernfortschritt. Dies war besonders zu spüren, wenn die Teilnehmerinnen zuvor eine MS Office-Schulung besucht hatten, die nach wie vor von der Stadt Stuttgart durch die eigens dafür ausgesuchten, externen, Cuparla-fremden Trainerinnen durchgeführt wurden. Daraufhin nahm eine Trainerin des Cuparla-Projektes an einer Win95-Schulung und zwei MS Word-Schulungen teil.

Die Verwirrung der Anwenderinnen erklärte sich angesichts dieser Veranstaltungen recht schnell. Die hierfür zuständigen Trainerinnen hatten zwar zugesagt, sich in Lotus Notes einzuarbeiten und sich in die Cuparla-Software einweisen zu lassen, jedoch schien dies nur mangelhaft erfolgt zu sein und hatte zudem keine Konsequenz für ihre eigene Schulungsgestaltung. So wurde den Anwenderinnen beispielsweise erklärt, dass Anträge in MS Word zu schreiben seien, ohne zu erwähnen, dass eine Alternative existiert. Der Aufruf von MS Word wurde dann nicht aus der Cuparla-Oberfläche heraus durchgeführt, sondern losgelöst über den herkömmlichen Weg, den alle Anwenderinnen beschreiten würden, die keine Cuparla-Anwendung haben. Nach dem Schreiben des Antrags wurde dann geübt, wie dieser im Dateienverzeichnis des MS Explorers abgelegt werden kann. Die Problematik wurde dadurch noch verschärft, dass zum Teil die Schulungsrechner der Stadt Stuttgart und nicht die Notebooks der Ratsmitglieder genutzt wurden. Zudem wurde nicht mit den Cuparla-Schulungsunterlagen gearbeitet, in denen der Aufruf der Fremdsoftware aus der Cuparla-Oberfläche heraus schrittweise beschrieben ist. Den Anwenderinnen wurde dabei nicht klar, dass ein Schreiben eines Antrages in MS Word lediglich ihre individuelle Arbeit, nicht aber die Zusammenarbeit in der Gruppe fördert. Erst durch die Nutzung der Cuparla-Software, indem ein Antrag dort geschrieben oder ein, in MS Word geschriebener Antrag in ein Cuparla-Dokument eingebunden wird, ist Telekooperation möglich.

Um den Ratsmitgliedern diese Schwierigkeiten künftig zu ersparen, wurde vereinbart, dass alle MS Office-Produkte aus der Cuparla-Oberfläche heraus gestartet werden sollten und mit den Cuparla-Unterlagen in diesem Zusammenhang zu arbeiten ist. Zusätzlich gab die Trainerin die Zusage, selbst eine der Cuparla-Schulungen zu besuchen, um Cuparla-Spezifika anschließend in ihren Schulungen konkret berücksichtigen zu können.

Zwei Schlussfolgerungen können in diesem Zusammenhang festgehalten werden. Zum einen sollten die eingesetzten Trainerinnen einen einheitlichen Wissensstand über alle Telekooperationskomponenten, ihre Funktionen und ihre Nutzungsmöglichkeiten haben. Nur dann kann ein abgestimmtes Vorgehen und eine logisch stringente Betreuung der Anwenderinnen gewährleistet werden. Grundsätzlich sollten alle beteiligten Trainerinnen Fragen zu allen Komponenten und auch komponentenübergreifende Fragen adäquat beantworten können. Zum anderen ist es zu empfehlen, die Anwenderinnen, die reine Anfängerinnen sind, nicht mit scheinbar gleichartiger Software, die parallel geschult wird, zu konfrontieren. Erst nachdem die Anwenderinnen die eine Komponente beherrschen und wissen, wozu diese eingesetzt werden kann, sollte die zweite Softwarekomponente geschult werden. Dabei ist darauf zu achten, dass klar abgegrenzt wird, wofür welche Software zum Einsatz kommen sollte. Dieser zweite Aspekt sollte auch bei der Einführungsstrategie berücksichtigt werden, nicht nur bei der Planung der Qualifizierungsmaßnahmen.

S 38: Die eingesetzten Trainerinnen sollten einen einheitlichen Wissensstand über alle Telekooperationskomponenten, ihre Funktionen und Nutzungsmöglichkeiten haben.

S 39: Anwenderinnen sollten nicht mit Systemkomponenten konfrontiert werden, die auf den ersten Blick in der Nutzung gleich sind, auf den zweiten Blick aber unterschiedliche Ansätze verfolgen. Die Komponente, die Telekooperation ermöglicht, sollte zuerst eingeführt werden.

Über alle Cuparla-Schulungen hinweg waren mehrere Trainerinnen tätig, die zum Teil im Projektteam oder im Cuparla-Benutzerservice der Stadt Stuttgart mitarbeiteten. Der Kenntnisstand der einzelnen Trainerinnen, bezüglich der Cuparla-Software und der Arbeit der Ratsmitglieder, war recht unterschiedlich.

Diejenigen, die als Systementwickler mitgearbeitet hatten, verfügten über die weitreichendsten Kenntnisse in puncto Telekooperationstechnologie. Dies hatte den Nachteil, dass bei Erklärungen oft zu ausführliche, teilweise unnötige Informationen gegeben wurden, je nach Mitarbeiter mit oder ohne Bezugspunkt zur Ratsarbeit.

Mitarbeiter des Benutzerservices hatten sich über die Zeit der Benutzerbetreuung viel Wissen über die Technologie und die Ratsarbeit angeeignet.

Alle anderen Trainerinnen hatten nicht die Möglichkeit, die Cuparla-Telekooperationsumgebung zu nutzen. Dies war aus datenschutzrechtlichen Gründen nicht möglich gewesen. Dies erschwerte es, Feinheiten selbst herauszuarbeiten oder Beispiele und Aufgabenblätter für die Schulungen vorzubereiten. Aber auch Schwierigkeiten, die auf Fehlern in der Software basierten, konnten nicht schnell genug erkannt werden, da das testende Nachvollziehen den Trainerinnen nicht möglich war. Um zumindest den Umgang mit der Telekooperationsumgebung selbst zu erfahren, wurde im Projektteam das Cuparla-System für Projektzwecke eingesetzt. Als Fazit kann hierzu festgehalten werden, dass den Trainerinnen Zugang zu dem Telekooperationssystem gegeben werden sollte und dass die Trainerinnen die Möglichkeit haben, das Aufgabengebiet, die Arbeitsabläufe und die Kooperationskultur und –beziehungen der Anwenderinnen umfassend kennen zu lernen. Dies ermöglicht das Sammeln von Eigenerfahrungen, den Aufbau von Anwendungswissen, das Erstellen von anwendernahen Aufgabenblättern und Übungen sowie letztendlich eine fundiertere Schulung.

S 40: Trainerinnen sollten Zugang zu dem aktiven Telekooperationssystem haben.

S 41: Trainerinnen sollten das Aufgabengebiet, die Arbeitsabläufe und die Kooperationskultur und –beziehungen der Anwenderinnen umfassend kennen.

Weiter war zu beobachten, dass die einzelnen Trainerinnen zu gleichen Fragestellungen der Anwenderinnen unterschiedliche Schrittfolgen als Lösungen nannten. Dies resultierte aus den systemimmanenten Alternativen. Beispielsweise kann eine Email versendet werden, in dem auf eine Ikone geklickt wird oder über die Menüleiste entsprechende Befehle aufgerufen werden. Je nach Vorliebe der Trainerinnen wurde einer der Wege erklärt. Oft wich dieser auch von der schrittweisen Erklärung in der Cuparla-Schulungsunterlage ab. Da die Anwenderinnen nicht immer von derselben Person geschult wurden, führte dies zu zusätzlicher Verwirrung. Hierzu kann festgehalten werden, dass entweder immer die gleiche Trainerin einen festen Anwenderkreis schult, oder die Trainerinnen miteinander absprechen, welche der Alternativen sie den Anwenderinnen nennen. Existiert eine Schulungsunterlage, sollte grundsätzlich die ihr zugrunde liegende Schrittfolge zur Anwendung kommen. Zusammenfassend kann festgestellt werden:

S 42: Erklärungen, die Anwenderinnen gegeben werden, sollten deckungsgleich sein und sich nicht widersprechen oder andere Akzente setzen.

S 43: Die Schulungskomponenten sind aufeinander abzustimmen und die einzelnen Maßnahmen müssen ineinandergreifen.

Daraus lässt sich eine weiter Schlussfolgerung ableiten:

S 44: Die Trainerinnen sollten eng miteinander kooperieren und regelmäßige gegenseitige Schulungsbesuche sowie gemeinsame Abstimmungstermine von vornherein einplanen.

In diesem Zusammenhang war auch festzustellen, dass nicht alle Trainerinnen den „Geist" des Cuparla-Software verstanden hatten, so dass die Art der Anwendungsempfehlungen und die Art der Erläuterungen zur Aufgabenerledigung variierten. Sie erklärten nicht den Sinn, sondern lediglich die Handhabung der Software. Folglich konnte das Gehörte von den Ratsmitgliedern nicht immer miteinander verknüpft werden oder wurde als gegensätzlich verstanden. Zudem verstärkte sich die Nutzung des Telekooperationssystems als Individualsoftware.

S 45: Die eingesetzten Trainerinnen sollten den „Geist" des Telekooperationssystems verinnerlicht haben.

Eine weitere Beobachtung war, dass die einzelnen Trainerinnen ein unterschiedliches pädagogisches Grundverständnis hatten. Dies resultierte vermutlich daraus, dass sich fast alle ihr pädagogisches Geschick, Wissen und Fähigkeiten auf dem Hintergrund ihrer Erfahrungen und ihres Menschenbildes selbst erarbeitet und angeeignet hatten. So war zu erkennen, dass zwei Trainerinnen einen sehr partizipativen Lehr-Lern-Stil hatten, während andere eher autoritär waren. Geht man davon aus, dass die Trainerinnen durch ihre Person beeinflussen und auch als Lernmodell dienen, wurde nur bedingt kooperatives Verhalten vermittelt. Auch hatte sich über den Verlauf der Schulungen - wie bereits beschrieben - herausgestellt, dass die Trainerinnen eher moderierende Funktion einnehmen sollten. Dies ist den autoritär Geprägten kaum möglich gewesen.

S 46: Die pädagogische Ausrichtung der Trainerinnen sollte sich am partizipativen Lehren und Lernen orientieren und in einem moderierenden Lehrstil niederschlagen.

Ein grundsätzliches Problem stellte die Nichtzugänglichkeit des Cuparla-Systems für die Trainerinnen dar. Aus Datenschutzgründen war es ihnen nicht erlaubt, mit dem „Echtsystem" umzugehen, um Aufgaben etc. zusammenzustellen oder auch nur, um die Funktionsfähigkeit zu überprüfen. Da es aber ein Testsystem mit Testdaten gab, war dies eine zusätzliche Hürde, die kaum überwunden werden konnten. Beispielsweise musste darauf vertraut werden, dass Rechercheergebnisse zu Aufgaben korrekt sind, ohne überprüfen zu können, ob die Anwenderinnen bei der Abfrage einen Fehler machten oder ein Fehler im Programm vorlag. Letzteres war durchaus der Fall, als die Cuparla-Software noch in den Kinderschuhen steckte.

S 47: Den Trainerinnen sollte entweder Zugang zum Echtsystem gegeben werden oder ein Testsystem mit entsprechenden Testdaten für die Schulung zur Verfügung stehen.

Beobachtungen und Schlussfolgerungen bezüglich des Organisatorischen Lernens
Bis Juli 1997 hatte sich die fraktionsinterne Zusammenarbeit wenig verändert. Dies lag vor allem darin begründet, dass noch nicht alle Ratsmitglieder an Cuparla angeschlossen waren. Aufbauend auf dem Wissen, das die sich Cuparla-Anwenderinnen über die Nutzung angeeignet hatten bzw. aneigneten und den Vorschlägen der Cuparla-Mitarbeiterinnen, die regelmäßig die Fraktionsgeschäftsstellen besuchten, wurden danach einzelne Maßnahmen - beispielsweise, dass Tagesordnungen für die Fraktionssitzung nur noch im elektronischen Fraktionszimmer eingestellt werden - vereinbart. Dieses Vorgehen zur Unterstützung des organisatorischen Lernens hatte sich sehr bewährt. Denn die Akzeptanz der vereinbarten Maßnahmen war positiv und führte durch die dezente Handhabung nicht zu Widerständen. Jedoch war festzustellen, dass die Änderungen weitgehend von außen, d. h. von den Cuparla-Mitarbeiterinnen initiiert werden mussten, da von den Anwenderinnen wenig Initiative ausging.

S 48: Organisatorische Veränderungen sollten nicht alleine der Eigeninitiative der Anwenderinnen überlassen werden, sondern von außen initiiert werden.

S 49: Organisatorische Veränderungen sollten schrittweise angeregt werden.

Insgesamt kann festgestellt werden, dass die Bereitschaft zu organisatorischen Maßnahmen und Veränderungen grundsätzlich erst entstanden ist, nachdem bei den Anwenderinnen eine Basis an Handhabungswissen gelegt war, also das individuelle Lernen dem organisatorischen Lernen vorausging. Die Anwenderinnen griffen danach die, von den Cuparla-Mitarbeiterinnen immer wieder eingestreuten Anregungen auf und trieben diese auch voran, sofern ihnen die daraus resultierenden Vorteile bewusst wurden. In diesem Zusammenhang entwickelte sich die Rolle der Trainerinnen im Sinne von Lernmoderatorinnen hin zu Organisationsberaterinnen.

S 50: Organisatorisches Lernen sollte auf individuellem Lernen des Telekooperationssystems aufbauen.

S 51: Trainerinnen sollten sich von Lernmoderatoren zu Organisationsberatern entwickeln.

Eine Episode aus einer der Fraktionen unterstützt dies. Dort war auf Betreiben eines Cuparla-Fürsprechers, der hohen Einfluss auf das Fraktionsgeschehen hatte, der elektronische Gruppenterminkalender eingeführt worden. Im Gegensatz zur Einführung sonstiger Telekooperationsbausteine wurde diese Einführung aktiv von Seiten der Anwenderinnen vorangetrieben. Zu dem Zeitpunkt war noch kein Mitglied der Fraktion oder der Fraktionsgeschäftsstelle im Umgang und der Nutzung des Gruppenterminkalenders geschult worden. Dieses Vorgehen führte dazu, dass an die Mitarbeiterinnen der Fraktionsgeschäftsstelle falsche Erwartungen gestellt wurden. Sie konnten diese nicht erfüllen, teils aufgrund von falschen Vorstellungen über die Möglichkeiten des Gruppenkalenders, teils weil das Know-how noch nicht in ausreichendem Maße vorhanden war. Nur durch intensive Nachschulung und organisatorische Vereinbarungen konnte die daraus resultierende Ablehnung des Gruppenkalenders vermieden werden.

Es hat sich also gezeigt, dass Lernen und Arbeiten auf individueller und organisatorischer Ebene ineinander verwoben sind. Dies sollte als solches erkannt und in Einführungsmaßnahmen berücksichtigt werden.

4.4.4 Phase 6: Januar bis März 1998

Ende 1997 erklärte sich eine Fraktion, Fraktion Y, bereit an Workshops teilzunehmen, die die interne Zusammenarbeit thematisierten. Dazu wurde ein Arbeitskreis gebildet, bestehend aus fünf Teilnehmern des Fraktionsvorstandes der Fraktion und der Fraktionsgeschäftsstelle. Mit dieser Arbeitsgruppen wurden 1998 zwei Workshops durchgeführt und die Resultate in Gesamtfraktionssitzungen diskutiert und verabschiedet.

Der Aufbau und die Durchführung der Cuparla-Reorganisations-Workshops ist detailliert in Schwabe [1999, S. 491ff.] beschrieben. Deshalb wird in dieser Arbeit darauf verzichtet, diese im Einzelnen nochmals vorzustellen. Lediglich die wesentlichen Punkte werden aufgezeigt.

Der Workshop-Aufbau orientierte sich an den elektronischen Räumen der Cuparla-Oberfläche, die das Zentrum für die Zusammenarbeit bildeten. Hier stand vor allem das elektronische Fraktionszimmer im Mittelpunkt.

In einem ersten Schritt wurden, in Forum eines Brainstormings, Vorschläge zu Dokumenten gesammelt, die in diesem abgelegt werden sollten. Anschließend wurden alle im Fraktionszimmer vorhandenen elektronischen Dokumentenaufbewahrungsorte (Eingangskorb, Schreibtisch, Sitzungstisch, Schwarzes Brett, Ablage) durchgesprochen und Vereinbarungen getroffen, wie diese genutzt werden sollten. In diesem Zusammenhang wurde auch festgelegt, welche Dokumente wo abzulegen waren. Im Folgeschritt wurden die Geschäftsprozesse zur Erstellung der einzelnen Dokumente durchgegangen und definiert, welcher Dokumentenaufbewahrungsort bei welchem Arbeitsschritt verwendet werden sollte. Anschließend wurden Verantwortliche bestimmt, die für die Pflege der Dokumente, bestimmter Dokumentenaufbewahrungsorte oder Räumen zuständig sein sollten. Zum Beispiel sollten die Fraktionsgeschäftsstellenmitarbeiterinnen für das Aufräumen des Sitzungstisches nach den Sitzungen zuständig sein.

Der zweite wesentliche Part betraf die Nutzung der Emailfunktion. In diesem Rahmen wurden Ideen gesammelt, welche Kommunikationsvorgänge über Email abgewickelt werden sollten, um diese dann anschließend zu diskutieren. In der Diskussion wurde die Abgrenzung zur Nutzung des Fraktionszimmers und des Arbeitsgruppenzimmers mit berücksichtigt, um deutlich zu machen, dass Kommunikation im Sinne von Bearbeitung des gemeinsamen Materials dort besser angesiedelt ist.

Drittes Thema war das elektronische Arbeitsgruppenzimmer. Hierzu wurden in einem Brainstorming bestehende und mögliche Arbeitsgruppen gesammelt, um sich darüber Klarheit zu schaffen. Danach wurde die künftige Zusammenarbeit unter Nutzung von Cuparla erarbeitet und dabei die Abgrenzung zur Nutzung von Email und des elektronischen Fraktionszimmers herausgearbeitet.

Den Abschluss bildete das Thema Sitzungen. Hier ging es um Ideen und Möglichkeiten die elektronische Sitzungsunterstützung zu nutzen.

Das Resultat dieser Workshops war, dass ein notwendiger Bestandteil der Einführung von Telekooperation auch die Reorganisation der Zusammenarbeit, unter Berücksichtigung der neuen Technologie, beinhalten muss. Nur so kann Doppelarbeit vermieden, eine konkrete Zuordnung von Aufgaben zu Verantwortlichen erreicht, schneller und einfacher Informationen verteilt und zugänglich gemacht werden. Auch die Erreichbarkeit aller Betroffenen per Email wurde durch die Durchführung dieser Workshops und den anschließenden Sitzungen zur Ergebnisdiskussion und –verankerung verstärkt.

Beobachtungen und Schlussfolgerungen
Da ein breites Grundverständnis der Telekooperationsumgebung gelegt war, konnten die Workshop-Teilnehmerinnen sehr fundiert diskutieren und Vereinbarungen ausarbeiten. Die Unterstützung der Moderatoren erhielt dadurch einen anderen Charakter. Ihren Vorschlägen standen die Teilnehmerinnen offen gegenüber.

Die Durchführung dieser Workshops war ein Meilenstein für die organisatorische Entwicklung in der Fraktion Y. Von den Ergebnissen ausgehend, veränderte sich die Zusammenarbeit hin zur verteilten Zusammenarbeit. Dies wurde maßgeblich durch die Mitarbeiter der Fraktionsgeschäftsstelle vorangetrieben, die immer wieder auf die neu erarbeiteten und vereinbarten organisatorischen Abläufe verwiesen und auch keine Ausnahmen bei einzelnen Ratsmitgliedern machten.

Daraus lässt sich schließen, dass das organisatorische Lernen aus den eigenen Reihen der Anwenderinnen einsetzt, wenn das Telekooperationssystem in seinen Möglichkeiten und Chancen gekannt und erkannt wird sowie der Umgang mit diesem nicht mehr fremd ist. Zeitgleich wächst die Bereitschaft für organisatorische Veränderungen und Umlernen, wenn langfristig Nutzen daraus entsteht. Dies kann durch Anstoß von außen unterstützt werden, sofern dies nicht aus der Gruppe heraus erfolgt (vgl. [Engel/Kaiser/Mayer 1998, S. 306f.]). Die Schlussfolgerungen **S 48** und **S 50** haben sich bestätigt.

Der eng an Telekooperation angelegte Aufbau des Workshops verdeutlichte seinerseits die Potenziale, die in dem Telekooperationssystem stecken. Der Einstieg über ein Brainstorming setzte durch die Fragestellung an Bekanntem an, denn Dokumente werden sowohl ohne als auch mit Computerunterstützung benutzt. Dies erleichterte es den Teilnehmerinnen, im zweiten Schritt konkreter auf die verteilte Arbeit unter Nutzung der Dokumentenaufbewahrungsorte einzugehen. Durch das Benennen von Verantwortlichen für die Pflege der einzelnen elektronischen Orte wurde verdeutlicht, dass es - wie in der Realität - auch hier Zuständige geben muss, die für Ordnung sorgen. So wurden die Regeln der bisherigen Zusammenarbeit ansatzweise auf die telekooperative Zusammenarbeit übertragen (siehe **S 21**).

S 52: Der Aufbau der Workshops sollte den Transfer der bisherigen Abläufe auf computergestützte Abläufe unterstützen, indem er an Bekanntem ansetzt und zu Neuem überleitet.

Ein Workshop mit Wenigen hilft jedoch nicht, die neuen Abläufe zu verankern. Hier muss durch das Einbeziehen aller Beteiligten in Informations- und Diskussionsrunden eine breitere Akzeptanz geschaffen werden. Zudem müssen ein oder mehrere Personen konsequent die Umsetzung des Beschlossenen im Auge behalten und es dürfen möglichst keine Ausnahmen gemacht werden.

4.4.5 Stand der Fraktionszusammenarbeit

Abschließend soll ein Überblick gegeben werden, wie der Stand der Fraktionszusammenarbeit unter Nutzung der Cuparla-Telekooperationsumgebung nach anderthalb Jahren nach Projektabschluss ist. Hierfür wurden Interviews in den Fraktionsgeschäftsstellen im Oktober 1999 durchgeführt.

Fraktion X
Die Ratsmitglieder schreiben heute Antragsentwürfe in ihrem elektronischen Arbeitszimmer und senden diese per Email an die Mitarbeiterinnen der Fraktionsgeschäftsstelle. Das elektronische Fach im Fraktionszimmer, das für den Austausch der Anträge gedacht ist, wird bewusst nicht genutzt. Der Fraktionsvorstand möchte nicht, dass Anträge in der Fraktion bekannt werden, denen er vorher nicht bereits zugestimmt hat.

Protokolle von Fraktionssitzungen dürfen mit der Begründung, dass niemand wissen kann, wer noch Zugriff auf diese Dokumente hat, ebenfalls nicht im elektronischen Fraktionszimmer veröffentlicht werden. Diese Protokolle sollen vorbehaltlich Fraktionsvorstand und -geschäftsführer zugänglich sein.

Dafür wurde vereinbart, bereits fraktionsintern beschlossene Haushaltsanträge, Anträge nach Zustimmung des Fraktionsvorstandes, Einladungen zu Haushaltssitzungen und Tagesordnungen zu Fraktionssitzungen, Termine, Pressemitteilungen und Geburtstagslisten in elektronischer Form einzustellen.

Der elektronische Terminkalender wird innerhalb der Fraktionsgeschäftsstelle genutzt, nicht aber über die gesamte Fraktion hinweg. Grund ist die Unkenntnis der Ratsmitglieder im Umgang mit diesem und die Problematik, überlappende Termine zu berücksichtigen.

Die Kommunikation mit den Ratsmitgliedern erfolgt weitgehend über Email, wobei dies personenbezogen stark variiert. Korrespondenz, die nach außen verschickt wird, wird grundsätzlich in MS Word geschrieben und dann in Cuparla per Email versendet und/oder abgelegt.

Fazit: Das konsequente Weiterentwickeln der organisatorischen Abläufe kam zum Stocken. Gründe hierfür sind die geringe Bereitschaft, die Telekooperationsumgebung wirklich zu nutzen, alte Abläufe zu verlernen und neue zu lernen sowie das mangelnde Vertrauen untereinander. Daraus lässt sich auch ableiten, dass die Ziele der einzelnen Personen mit den organisatorischen Zielen kompatibel sein müssen. Ansonsten ist die Akzeptanz von Telekooperation gefährdet. Dies gilt vor allem dann, wenn es Schlüsselpersonen sind, die den Nichteinsatz oder den Einsatz wesentlich beeinflussen.

Stabilisiert hatten sich die beschriebenen Maßnahmen, die mit Projektabschluss bereits umgesetzt waren. Ungenutzt blieben deshalb Potenziale der Telekooperationstechnologie zur Effizienzsteigerung und Produktivitätsverbesserung hinsichtlich der Zusammenarbeit - wie das gemeinsame Erstellen von Anträgen oder Anfragen. Dies mag auch in der passiven Haltung einiger Ratsmitglieder hinsichtlich der Ausübung ihrer Ratsarbeit liegen, die schlicht Kooperation nicht notwendig macht. In dieser Fraktion wird dies auch darin deutlich, dass bereitgestellte Informationen wenig abgerufen werden. Das Hol-Prinzip funktioniert also nicht.

Fraktion Y

Antragsentwürfe werden bereits zum Großteil von den Ratsmitgliedern auf dem Arbeitstisch im Sitzungszimmer geschrieben. Selbst Anmerkungen von anderen Ratsmitgliedern zu einem Antragsentwurf sind zu finden. Dies zeigt deutlich die Akzeptanz der Cuparla-Umgebung als Mittel zur Telekooperation. Die Antragsentwürfe werden durch die Fraktionsassistentinnen fertiggestellt und dann auf den Fraktionssitzungstisch gelegt, sofern sie in der nächsten Fraktionssitzung besprochen werden soll.

Termine und Terminverschiebungen werden auf den elektronischen Fraktionszimmer-Sitzungstisch gelegt und darüber bekannt gemacht - bei kurzfristigen Änderungen über Email. „Blindgänger“, damit wurden Personen bezeichnet, die Email nach wie vor nicht nutzen, werden per Telefon oder Fax benachrichtigt, wobei diese wohl die Ausnahme zu sein scheinen. Terminkoordination wird nicht über den elektronischen Terminkalender durchgeführt, sondern per Email abgewickelt.

Tagesordnungen zu Fraktionssitzungen werden am Mittwochnachmittag für den Donnerstag eingestellt, allerdings vor Sitzungsbeginn noch in Papierform gebracht und an die Anwesenden der Sitzung ausgegeben.

Fazit: Die organisatorischen Veränderungen, die durch die beschriebenen Workshops angeregt wurden, sind in der Fraktion verankert worden und haben sich eingespielt. Dies mag auch dadurch begünstigt gewesen sein, dass die Notwendigkeit zur Optimierung der Geschäftsabläufe durch den Ausfall eines Mitarbeiters der Fraktionsgeschäftsstelle gegeben war. Die Akzeptanz der Telekooperationsumgebung stieg nach Aussagen mit der Offensichtlichkeit der Notwendigkeit. In dieser Fraktion hat sich die Zusammenarbeit zur computergestützten Zusammenarbeit hin entwickelt.

Fraktion Z

Die Arbeit im elektronischen Fraktionszimmer hat sich nicht eingebürgert. Antragsentwürfe der Ratsmitglieder kommen per Fax, per Email oder anderen Varianten in die Fraktionsgeschäftsstelle. Selten werden sie über das Telekooperationssystem ausgetauscht. Erst die Mitarbeiterinnen der Fraktionsgeschäftsstelle bringen diese in eine saubere, elektronische Form und stellen sie in das elektronische Fraktionszimmer ein. Zur Informationsbereitstellung wird das elektronische Fraktionszimmer verwendet. Dort werden alle Fraktionsprotokolle bereitgehalten. Nach Aussage der Mitarbeiterinnen wird es aber zur Informationsrecherche nur selten genutzt.

Der elektronische Terminkalender wird nicht verwendet, da die Fraktionstermine grundsätzlich Fixtermine sind, zu denen nicht mehr eingeladen wird und keine zusätzliche Abstimmung erfolgt. Terminverschiebungen werden telefonisch oder per Fax geklärt; lediglich wenn vorher viel Zeit besteht, auch per Email. Unterlagen werden in papiergestützter Form nach wie vor bereitgehalten und verteilt.

Fazit: Trotz offener und vertrauensvoller Atmosphäre hat sich die Telekooperation in dieser Fraktion nicht durchgesetzt. Cuparla wird für die individuelle Ratsarbeit genutzt, nicht aber für die Zusammenarbeit. Mit anderen Worten, die Nutzung der Telekooperationstechnologie bleibt weitgehend auf die individuelle Nutzung beschränkt. Zusammenarbeitspotenziale der Technologie werden nicht ausgeschöpft. Anregungen, die bis Projektende nicht umgesetzt wurden, versandeten danach. Gründe hierfür können zum einen in der geringen Notwendigkeit der Zusammenarbeit liegen, da die Fraktion kleiner als die anderen ist, und zum anderen in der geringen Bereitschaft, gewohnte Verhaltensweisen aufzugeben und die neue Technik mit neuen Verhaltensweisen einzuüben. Organisatorisches Lernen und Fortentwickeln fand nicht statt. Ähnlich wie bei Fraktion X mag dies in der passiven Haltung einiger Ratsmitglieder hinsichtlich der Ausübung ihrer Ratsarbeit liegen.

4.5 Konzeptionelle Überlegungen - Stadt Kornwestheim

Die konzeptionellen Überlegungen zu den Qualifizierungsmaßnahmen in Kornwestheim bauen insgesamt auf den, bis zum Herbst 1997 gewonnen Erfahrungen in der Stadt Stuttgart auf. Deshalb können sie kürzer dargestellt werden als die Vorüberlegungen zur Stadt Stuttgart.

4.5.1 Programmplanung

Die Themenbereiche der Qualifizierungsmaßnahmen bleiben die gleichen, mit Ausnahme von MS Office und Lotus Organizer. Diese beiden finden in Kornwestheim keinen Einsatz und entfallen somit. Es bleiben die Themenbereiche Hardwarenutzung, MS Windows und Cuparla-Software.

Die Zielgruppen der Qualifizierungsmaßnahmen sind die Mitarbeiterinnen des Benutzerservices in Kornwestheim sowie die Ratsmitglieder. Weitere Zielgruppen entfallen, da

- die Projektmitarbeiter bereits alle qualifiziert sind,
- die Fraktionsgröße nicht ausreicht, um eigene Fraktionsmitarbeiterinnen zu haben und
- auch aus der Verwaltung keine weiteren Personen mit Cuparla vertraut gemacht werden müssen.

Als ***Organisationsform*** sind für die Hard- und Softwareeinführung Präsenzveranstaltungen sowie Coaching vorgesehen. Da zwei Trainerinnen für eine relativ kleine Zahl an Anwenderinnen zur Verfügung stehen, kann ein adäquates Qualifizierungsangebot zusammengestellt werden.

Das angemessene Qualifizierungsangebot entspannt auch die Schwierigkeit der schnellen Erstqualifizierung, die bei der ***Durchführungslogistik*** eine Rolle spielt. Da die Qualifizierungsmaßnahmen komplett von zwei Trainerinnen durchgeführt werden, entfällt die Einbindung in das bestehende Kornwestheimer Qualifizierungsangebot.

4.5.2 Veranstaltungs- und Unterrichtsplanung

Die als ***Schulungspersonal*** ausgewählten Trainerinnen hatten bereits im Rahmen der Cuparla-Qualifizierungsmaßnahmen in Stuttgart ausreichend Erfahrung im Umgang mit der Hard- und Software, dem Gemeinderatsumfeld und mit Ratsmitgliedern gesammelt und waren deshalb sehr gut für die Qualifizierungsmaßnahmen in Kornwestheim vorbereitet.

Da kleine Teilnehmerzahlen von bis zu fünf Personen pro Veranstaltung geplant waren, wurde grundsätzlich kein zusätzliches Betreuungspersonal oder eine Doppelbesetzung der Veranstaltungen erforderlich. So waren nicht alle Schulungen mit zwei Trainerinnen bzw. Betreuenden besetzt.

Die ***Zielgruppenanalyse*** der Ratsmitglieder entspricht dem Bild der Ratsmitglieder in Stuttgart. Die Altersstruktur im Gemeinderat war im Durchschnitt in Kornwestheim wie in Stuttgart älter als 50 Jahre, wobei auch in Kornwestheim die Altersspanne extrem breit von 21 Jahren bis über 70 Jahre reichte. Die Doppelbelastung von Beruf und Ehrenamt macht auch den Kornwestheimer Ratsmitgliedern zu schaffen, da die zeitliche Belastung ebenfalls hoch ist.

In Kornwestheim war der Kenntnisstand der Ratsmitglieder in Zusammenarbeit mit der Informations- und Kommunikationsabteilung ermittelt worden. Das Ergebnis zeigte, dass ein sehr heterogener Stand gegeben war. Einige Ratsmitglieder waren seit langem schon mit der Computernutzung vertraut und arbeiteten ständig mit Rechnern, andere hatten noch nie einen Rechner angefasst. Keines der Ratsmitglieder hatte bereits mit der Hardware, wie sie in Cuparla zum Einsatz kam, gearbeitet. So bestand keinerlei Erfahrung damit. Auch mit Lotus Notes und der Cuparla-Software waren alle Ratsmitglieder nicht vertraut. Die Mitarbeiter des Benutzerservices hatten Lotus Notes bereits seit längerem im Einsatz, so dass für diese nur die Besonderheiten der Cuparla-Software interessant waren. Hinsichtlich der Hardware war ihnen lediglich das Notebook unbekannt, alle weiteren Komponenten waren bereits im Rathaus im Einsatz.

Die ***Gruppengröße und –zusammensetzung*** richtete sich weitgehend nach Kenntnisstand und Fertigkeiten im Umgang mit der Hard- und Software. In den Veranstaltungen zur Softwareeinführung konnten Fraktionen getrennt voneinander geschult werden. In Wiederholungs- und Aufbaumaßnahmen war dies aufgrund der kleinen Teilnehmerzahl nicht möglich. Hier wurde den Kenntnissen und Fertigkeiten in der Gruppenzusammenstellung Priorität gegeben.

Veranstaltungsthemen, -ziele und –inhalte werden in Tabelle 4-2 dargestellt:

Notebook und Druckereinführung	
1. Das Notebook	• Kennen der einzelnen Anschlüsse (Druckeranschluss, externe Laufwerke, Stromversorgung, ISDN-Adapter) und ihrer Bedeutung. • Bedeutung der mitgelieferten Bestandteile kennen. • Notebook ein- und ausschalten können. • Wissen, wie die interne Maus des Notebooks genutzt werden kann. • Wissen, was ein Diskettenlaufwerk und eine Diskette ist und wie ich diese nutzen kann. • Disketten bespielen können.
2. Der Drucker	• Kennen der einzelnen Bestandteile und ihrer Bedeutung. • Wissen, wo der Papierschacht angebracht ist. • Papier in den Drucker einfüllen können. • Den Drucker an das Notebook anschließen können. • Wissen, was bei auftretenden Fehler gemacht werden kann.
Cuparla-Softwareeinführung	
1. Einstieg in /Ausstieg aus Cuparla	• In die Cuparla-Software ein-/aussteigen können.
2. Aufbau der Cuparla-Oberfläche	• Kennen des Aufbaus der Cuparla-Oberfläche (Eingangshalle und der Bedeutung der einzelnen „Räume“). • Verstehen des dahinter liegenden Security-Konzeptes. • Kennen des Aufbaus der einzelnen elektronischen Räume (Dokumentenablageorte und Funktionen).
3. Email	• Eine Email erstellen und versenden können. • Replizieren können. • Neue Emails erkennen können. • Emails lesen und beantworten können. • Emails löschen können.
4. Informations-recherche	• Wissen, wo Informationen bereitliegen. • Informationen abrufen können. • Auswertungen starten und lesen können.
5. Dokumentenpflege	• Cuparla-Dokumente (z. B. Freitext) kennen. • Cuparla-Dokumente erstellen/verschieben/ändern/löschen können.
Cuparla-Aufbauschulung	
1. Email	• Emails weiterleiten können. • Emails mit Historie beantworten können. • Emails an alle Beteiligten beantworten können.
2. Persönliches Adressbuch	• Kennen der Funktionen des persönlichen Adressbuches. • Einträge in das Adressbuch erstellen/verändern/löschen können. • Einträge aus dem Adressbuch bei der Emailerstellung nutzen können.
3. Kalenderfunktionen	• Kennen der Kalenderfunktionen. • Nutzen können der Kalenderfunktionen.
4. Entwurf und Vorlage	• Kennen der Entwurf- und Vorlagefunktion. • Entwürfe und Vorlagen erstellen/ändern/löschen können.
5. Abwesenheitsprofil	• Kennen der Funktion des Abwesenheitsprofiles.

	• Erstellen/Verändern/Löschen/An- und Ausschalten des Abwesenheitsprofiles.
6. Telefonnotiz	• Kennen der Telefonnotiz und ihrer Verwendungsmöglichkeiten. • Erstellen/Verändern/Löschen/Senden können einer Telefonnotiz.
7. Umlaufmemo	• Kennen der Umlaufmemo und ihrer Verwendungsmöglichkeiten. • Erstellen/Verändern/Löschen/Senden können einer Umlaufmemo.
8. Indizieren und erweiterte Suchfunktionen	• Kennen der Indizierungsfunktion und ihrer Verwendungsmöglichkeiten. • Indizierung anstoßen können. • Erweiterte Suchfunktionen kennen. • Erweiterte Suchfunktionen durchführen können.

Tabelle 4-2: Themen und Ziele der Qualifizierungsmaßnahmen in Kornwestheim (Quelle: Eigene Darstellung)

Nach einer Einführung in die Cuparla-Oberfläche mit ihren Räumen und deren Nutzungspotenzialen sollte die Erstqualifizierung in raumweise gegliederten Lernabschnitten erfolgen. Dabei lag der Schwerpunkt eindeutig auf den Kooperationsfunktionen wie z. B. Email zur Kommunikation und Dokumente zur gemeinsamen Bearbeitung. Bei Aufbauschulungen lag dann der Schwerpunkt auf den einzelnen zusätzlichen Funktionen, die in den Räumen zur Verfügung stehen und für die individuelle Arbeit Erleichterungen bringen, z. B. Kalender, persönliches Adressbuch und Emailfunktionen.

In jeder Veranstaltung war geplant, einen Ausblick auf die nachfolgenden Veranstaltungen zu geben, um so Interesse zu wecken und die Motivation zur Teilnahme zu steigern. Beispielsweise sollte in der Ersteinführung auf die Terminkalenderfunktionen und weitere Informationen aus der Verwaltung, die bis zur nächsten Schulung zur Verfügung stehen sollten, verwiesen werden.

Das Thema der Zusammenarbeit sollte in Workshops gemeinsam bearbeitet werden, nachdem der Grundstock zur Telekooperationssystem-Nutzung bei allen Ratsmitgliedern gelegt war. Dazu war vorgesehen, dass die einzelnen Ansprechpartner der Fraktionen diese aktiv begleiten und beraten sowie die Durchführung der Workshops übernehmen.

Veranstaltungsform, -dauer und –häufigkeit: Angeboten wurden den Ratsmitgliedern Nachmittags- und Abendveranstaltungen zwischen zwei und vier Stunden. Für die einzelnen Veranstaltungen waren jeweils zwei bis vier Termine pro Woche geplant, um den Ratsmitgliedern ausreichend Gelegenheit zur Teilnahme zu bieten.

Als Schulungsmaterialien kamen Aufgabenblätter und die funktionsorientierte Selbstlernunterlage, ergänzt durch das Szenario „Stadtrat Schütterle“, zum Einsatz.

4.6 Durchführung und Beobachtungen in Kornwestheim

Grundlage für dieses Kapitel bildete Cuparla [1998c, S. 45-52], das den Abschlussbericht der Kornwestheimer Einführung von Telekooperation enthält. In die Durchführung der Qualifizierungsmaßnahmen flossen implizit die methodischen Prinzipien der Interaktion der Themenzentrierten Interaktion (im folgenden mit „TZI“ abgekürzt) (siehe Kapitel 6.3) mit ein, da zu diesem Zeitpunkt bereits klar wurde, dass eine einseitig auf Computer- oder

Erwachsenendidaktik basierende Qualifizierungsmaßnahme für die Einführung von Telekooperation nicht ausreicht und erste Schritte in eine neue Richtung bei der Durchführungsgestaltung vorsichtig unternommen wurden.

4.6.1 Hardware-Einführung

Für den Großteil der Ratsmitglieder fanden drei Veranstaltungen zur Hardware-Einführung statt. Die restlichen Ratsmitglieder wurden durch den Benutzerservice der Stadt Kornwestheim eingewiesen.

Die Hardware-Einführungen wurden gleichzeitig dazu genutzt, zu überprüfen, ob der ermittelte Kenntnisstand und die erfragten Fähigkeiten im Umgang mit Computern den Tatsachen entsprachen oder nicht. Das Ergebnis sollte in die Zusammenstellung der Teilnehmerkreise für die Cuparla-Einführungsveranstaltungen einfließen.

Insgesamt wurden 13 Ratsmitglieder geschult. Von Anfang an war zu beobachten, wer im Umgang mit Rechnern versiert war und wer nicht. Vier Ratsmitglieder, die sich gut auskannten, verließen alle die mit zwei Stunden angesetzte Schulung zur ersten Pause in der Halbzeit. Ein Rat holte sich lediglich die Hardware ab, ließ sich die Cuparla-Selbstlernunterlage geben und ging, nachdem er alle Formalitäten erledigt hatte, nach ca. 15 Minuten. Am nächsten Tag erhielt der Kornwestheimer Benutzerservice von ihm erste Emails aus Cuparla heraus mit Hinweisen darauf, was gut klappte und was er noch gern hätte. Beispielsweise war er einer der Anwender, die für sich gerne MS Office auf ihrem Notebook installiert hätten.
Die Schlussfolgerung **S 19** kann eingeschränkt werden auf Anwenderinnen, die im Umgang mit Rechnern ungeübt bis durchschnittlich geübt sind.

Vier Ratsmitglieder, die selten oder nie einen Rechner bedient hatten, taten sich relativ schwer mit dem Hardwareumfeld. Eine Person legte jedes Gerät, bis auf das Notebook selbst, auf ein Blatt Papier, zeichnete den Umriss nach und schrieb sich dann in diesen die Bezeichnung der Komponente z. B. Stromadapter, ISDN-Karte... Sie war extrem unkonzentriert und konnte oft das Gesehene oder selbst schon Ausprobierte bei den Übungen nicht mehr wiederholen. Hier war die Akzeptanz der anderen Teilnehmerinnen und der Trainerin notwendig, wobei auf Seiten der Teilnehmerinnen eher mit Ungeduld reagiert wurde. Erst als das Problem „Umgang mit neuer Technologie" gezielt angesprochen und durch die betreffende Person auf sich bezogen erklärt wurde, war das Verständnis ihr gegenüber durch die anderen Teilnehmerinnen spürbar. Hier hat sich die implizite Einführung des TZI-Postulates „Störungen haben Vorrang" als positiv ausgewirkt. Daraus lässt sich eine neue Schlussfolgerung ableiten:

S 53: Es bedarf methodischer Prinzipien der Interaktion, um den Interaktionsprozess zu unterstützen.

Die Schulungsdauer von zwei Stunden war für die Ratsmitglieder mit mäßigen bis durchschnittlichen Vorkenntnissen ausreichend und wurde entsprechend der Rückmeldungen als angemessen empfunden. Auch die Teilnehmerzahl von bis zu fünf Personen war problemlos, da sich in jeder Gruppe sehr versierte Ratsmitglieder befanden, die die anderen unterstützen und diesen genügend Raum für ihre Fragen ließen. Damit können die Schlussfolgerungen **S 2** und **S 3** relativiert werden. Sofern technikversierte Teilnehmerinnen auch als Betreuerinnen fungieren, können bis zu fünf Teilnehmerinnen zusammengefasst werden und es genügen ca. zwei Stunden Einführung.

Die funktionsorientierte Selbstlernunterlage - kombiniert mit dem aufgabenbezogenen Szenario des Stadtrat Schütterle - hat sich als geeignet erwiesen, um gewillten Ratsmitgliedern das Einarbeiten in die Software zu ermöglichen. Damit bestätigt sich **S 9** nicht. Sofern das Szenario aufgabenorientiert ist und Querverweise enthält, kann die Selbstlernunterlage also auch funktionsorientiert aufgebaut sein. Hier bestätigt sich wiederholt Schlussfolgerung **S 22**.

4.6.2 Cuparla-Einführung

Die Einführungsveranstaltungen wurden getrennt nach versierten und ungeübten Ratsmitgliedern durchgeführt. Dies kann im Nachhinein positiv bewertet werden, da die angesetzte Zeit von insgesamt vier Stunden bei den versierten Ratsmitgliedern ausreichend war, bei den ungeübten Ratsmitgliedern aber im gleichen Zeitraum, lediglich die Hälfte des angedachten Inhalts vermittelt werden konnte. Auch hatten die ungeübten Ratsmitglieder nicht den Druck, schnell nachkommen zu müssen, um Schritt zu halten. Die Geübten hingegen konnten ihrem Tempo entsprechend schnell und ungehindert durch das Lernpensum gehen. Die hohe Motivation, das Telekooperationssystem zu nutzen, konnte somit gehalten werden.

Interessanterweise stellte gerade die Aufgaben- und Arbeitsprozessorientierung in der Einführung eine Hürde dar, als mit Cuparla-Dokumenten in unterschiedlichen elektronischen Räumen gearbeitet wurde. Das Engagement der Ratsmitglieder für die Ratsarbeit und das Verständnis über den Inhalt der Ratsarbeit war zwischen den Einzelnen sehr unterschiedlich. Fast zwei Drittel der Fraktionen verstanden Ratsarbeit in dem Sinne, dass sie regelmäßig an Sitzungen teilnahmen, über eingebrachte Anträge der Fraktionsspitze bzw. -aktiven abstimmten und sich um ihren Wählerkreis kümmerten. Der Kooperationsaspekt, der beispielsweise beim Erstellen von Anträgen herausgestellt wurde, war für diese Ratsmitglieder gar nicht relevant. Hier klafften die Vorstellungen der Trainerinnen, geprägt durch den Stuttgarter Kontext, und die Realität der Kornwestheimer Ratsmitglieder auseinander. Schlussfolgerung **S 41** wird hierdurch wiederholt bestärkt.

Ausgehend von dem Erlebnishintergrund der Ratsmitglieder, der sich in den Einführungsmaßnahmen herauskristallisierte, wurde der Schulungsinhalt angepasst. Denn bei der Aktivierung der Ratsmitglieder, eigene Beispiele einzubringen, wurde herausgefunden, dass

- kaum Anträge von allen Ratsmitgliedern geschrieben werden,
- die Rolle des Ratsmitglieds von den einzelnen Personen mit unterschiedlichen Aufgaben assoziiert und unterschiedlich ausgefüllt wird,
- die Emailfunktion eine der wichtigsten Bestandteile ist,
- die fraktionsinterne Zusammenarbeit mehr oder weniger aus Informationsbereitstellung besteht und
- die Recherchemöglichkeiten ebenfalls als wichtig eingeschätzt werden.

Für die Wiederholungs- und Nachzüglerveranstaltungen wurden diese Aspekte dann bereits berücksichtigt. Damit hat sich auch in diesem Zusammenhang die Schlussfolgerung **S 6** als positiv erwiesen. Auch verstanden sich die Trainerinnen in dieser Periode von Cuparla bereits als moderierende und partizipierende Leiterinnen. Dadurch wurde der Wissenstransfer von den Ratsmitgliedern zu den Trainerinnen in Bezug auf die Ratsarbeit begünstigt. Die Schlussfolgerung **S 46** wurde damit bestätigt.

Abweichend von den Einführungsmaßnahmen in Stuttgart wurde kein LCD-Display oder Beamer eingesetzt. Der Hintergrund für diese Entscheidung war die Tatsache, dass sich die Teilnehmerinnen auf das Bild an der Wand konzentrierten, nicht aber auf ihren Bildschirm und somit das Erklärte nicht auf ihrem Bildschirm wiederfanden. Die allgemeine Erklärung ohne Projektion hatte somit den Vorteil, dass sich die Teilnehmerinnen bereits während der Erläuterungen auf ihren Bildschirm konzentrierten, diesen intensiv betrachteten und selbstständig die Erläuterungen daran nachvollzogen. Anschließende kleine Übungen zeigten, dass sich die Ratsmitglieder auf der Oberfläche besser zurechtfanden und auch Arbeitsschritte leichter behalten hatten. Die Schlussfolgerung **S 32** hat sich bestätigt.

Im Anschluss an die Einführungsmaßnahmen wurden mit den Ratsmitgliedern individuelle Termine für die nächsten Veranstaltungen vereinbart. Dabei wurden mit den Anfängerinnen wöchentliche Termine vereinbart, um das Gelernte zu wiederholen, zu üben und das Vergessen zu vermeiden. Dies hatte zusätzlich den Effekt, dass die Anfängerinnen mindestens einmal in der Woche ihren Rechner nutzen mussten und somit langsam daran gewöhnt wurden. Mit versierten Anwenderinnen wurden Termine für Aufbauveranstaltungen vereinbart.

In diesem Rahmen wurde im Frühjahr 1998 einer Gruppe absoluter Neueinsteigerinnen im Verlauf der Qualifizierung auch hin und wieder eine Aufgabe per Email gestellt, die bis zur nächsten gemeinsamen Präsenzveranstaltung eigenständig gelöst werden sollte. Die Resonanz darauf war unterschiedlich. Von vier Ratsmitgliedern schafften es anfangs zwei, die Email zu beantworten und die Aufgabe durchzuführen. Zwei hatten bereits beim Beantworten der Email Schwierigkeiten. Nach weiteren Präsenzveranstaltungen konnten dann alle die Email beantworten, aber eine Person nach wie vor nicht die Aufgabe lösen. Die Form der Aufgabenstellung per Email wurde von den Ratsmitgliedern akzeptiert und auch gern angenommen. Denn so konnten sie nach eigener Aussage die Emailfunktionen mit der Trainerin üben, ohne Kolleginnen dafür zu brauchen.

Mit Stand vom 31. März 1998 wurde in einem Interview mit einem Verwaltungsmitarbeiter der Stadt Kornwestheim erhoben, dass 50% der Ratsmitglieder Intensivnutzer[171] sind, 25% Wenignutzer und 25 % Nichtnutzer. Von allen Ratsmitgliedern hat innerhalb von zehn Tagen ungefähr die Hälfte eine erhaltene Email gelesen. Jedoch kommen Sitzungsabsagen weitgehend von allen Nutzern per Email.

---

[171] Als *Intensivnutzer* wird die Gruppe von Ratsmitgliedern bezeichnet, die innerhalb einer Woche mindestens an 50 % der Tage Daten repliziert. *Wenignutzer* bezeichnet die Gruppe von Ratsmitgliedern, die innerhalb von neuen Wochen weniger als acht Replikationen durchführt. Mit *Nichtnutzer* wird die Gruppe von Ratsmitgliedern bezeichnet, die lediglich einmal innerhalb von neun Wochen repliziert (siehe hierzu [Schwabe 1999, S. 510]).

4.6.3 Allgemeine Beobachtungen

Dadurch, dass die Anwenderinnen nur mit der Lotus Notes Software vertraut gemacht wurden, wurde diesen schnell klar, welche Funktion für welchen Zweck eingesetzt werden kann. Die Verwirrungen, die sich aus der MS Office- und Lotus Notes-Nutzung in Stuttgart ergeben hatten, blieben den Kornwestheimern erspart.

Das eingesetzte Trainerinnen-Duo hat zusätzlich dazu beigetragen, den Ratsmitgliedern Verwirrungen und Ungereimtheiten zu ersparen. Sie hatten den Geist des Telekooperationssystems bereits verinnerlicht und kannten die einzelnen Komponenten mit ihren Funktionen, Unterschieden und Gemeinsamkeiten sehr gut. Dadurch wurde den Ratsmitgliedern auf ihrem Fraktionshintergrund ein einheitliches Nutzungsbild gezeichnet. Darüber hinaus stimmten sich die Trainerinnen in regelmäßigen Abständen ab und kannten somit beide den Kenntnisstand der Teilnehmerinnen gut, auch wenn sie diese in den zuvor stattfindenden Veranstaltungen nicht selbst geschult hatten. Die Schlussfolgerungen S 37 bis S 45 haben sich dadurch bestätigt.

Eine weitere Beobachtung wurde hinsichtlich der Zusammenarbeit der Ratsmitglieder gemacht. Dadurch, dass sich in den Fraktionen so gut wie keine Zusammenarbeit abspielte, blieben etliche elektronische Räume weitgehend ungenutzt. Die Emailfunktion und die Informationsrecherche bildeten die Hauptbestandteile der Nutzung. Um hier das Telekooperationssystem gewinnbringend zu verankern, hätte erst die Gemeinderatsarbeit und -zusammenarbeit geschult werden müssen. Die Technologie selbst regte nicht zu einer intensiveren Zusammenarbeit an. Dadurch, dass für die Telekooperationseinführung lediglich ein halbes Jahr zur Verfügung stand, konnte dieser Aspekt innerhalb des Projektes nicht mehr verfolgt werden. Eine langfristige, beratende Begleitung scheint bei der Telekooperationseinführung aber notwendig zu sein.

Ebenso wie in Stuttgart, stellte sich auch in Kornwestheim die Nichtzugänglichkeit des Cuparla-Systems als Problem für die Trainerinnen dar. So konnten auch hier beispielsweise keine Rechercheaufgaben mit geprüften Ergebnissen gestellt oder die Funktionsfähigkeit des Cuparla-Systems überprüft werden.

4.7 Lessons learned - Zusammenfassung und Systematisierung

Das beschriebene iterative Vorgehen bei der Qualifizierung der Anwenderinnen mag im Rahmen eines Forschungsprojektes tragbar sein, da ein Ausprobieren von unterschiedlichen Konzeptionen der Qualifizierungsmaßnahmen möglich ist. Dieses kostenintensive Vorgehen kann jedoch nicht für die Praxis gelten. Deshalb ist es notwendig, die Erfahrungen und Ergebnisse sowie die besonderen Aspekte der Telekooperation zusammenzustellen und zu systematisieren, die sich in der Planung und Durchführung der Qualifizierungsmaßnahmen als sinnvoll und förderlich erwiesen haben. Dabei erfolgt die Systematisierung der Schlussfolgerungen den Kriterien der Programm- und Veranstaltungsplanung entsprechend.

4.7.1 Programmplanung

4.7.1.1 Themenbereiche

Der thematische Schwerpunkt innerhalb des Cuparla-Projektes lag auf der Aufgabenerledigung unter Telekooperationseinsatz durch den Einzelnen und die Gruppe, so dass vorrangig die Nutzung des Telekooperationssystems vermittelt wurde. Wenig Berücksichtigung fand das Thema "Zusammenarbeit unter Nutzung des Telekooperationssystems", keine Berücksichtigung fand die Thematik "Gruppe" selbst in dem Sinne, dass Sensibilität für die Geschehnisse, Stimmungen etc. geschaffen wurde oder dass sie für eine eigenständige, weitere Entwicklung ihrer Zusammenarbeit mit entsprechenden Methoden und Techniken ausgestattet wurden. Dies greift zu kurz, wie die Cuparla-Einführung und beispielsweise die daraus abgeleiteten Schlussfolgerungen **S 20**, **S 28** zeigen. Künftig sollten diese Themen mitabgedeckt werden oder die Gruppen über einen noch längeren Zeitraum hinweg von entsprechenden Beratern begleitet werden, um den Adaptionsprozess der Telekooperation nicht ins Stocken oder zum Erlahmen zu bringen.

S 54: Themenbereiche sollten sich aus dem Telekooperationssystem, der Nutzung durch die Gruppe und der Nutzung durch den Einzelnen ableiten.

4.7.1.2 Zielgruppen

Die in der Planung herauskristallisierten Zielgruppen (siehe Kapitel 4.3.1.1) haben sich als relevant erwiesen. Noch eine Weitere kam hinzu: die Lebenspartnerinnen der Räte und Rätinnen (siehe **S 14**). Dies verändert die Anzahl der zu Schulenden nicht erheblich, da das Angebot nicht von allen genutzt wird. Auch wurde auf sie nicht speziell Rücksicht genommen, da sie lediglich "mithören" durften. Trotzdem verändert dies die Lehr-Lern-Situation und muss deshalb mitbedacht werden.

S 55: Zielgruppen sind sowohl *Intervenierende* (Mitarbeiter des Projektes, Mitarbeiter des Benutzerservices und Schulungspersonal und Mitarbeiter der Fraktionsgeschäftsstellen) sowie *Anwender* (Mitarbeiter der Fraktionsgeschäftsstellen, Ratsmitglieder und deren Lebenspartnerinnen, Mitarbeiter der Verwaltung).

4.7.1.3 Organisationsform

Die Überlegungen zu Organisationsformen (siehe Kapitel 4.3.1.2) sind zu überdenken. Durch die hohe Zeitbelastung der Ratsmitglieder war die Bereitschaft, zu fixen Schulungsterminen zu erscheinen, recht gering. Dies verwundert umso mehr, wenn die Evaluationsergebnisse betrachtet werden, in denen die Schulungen unter dem Aspekt "Was hat Sie dazu motiviert, damit zu beginnen, Cuparla zu nutzen?" mit einem Mittelwert von 7,1 auf einer Skala von 10=sehr gut bis 1=schlecht bewertet wurden. Damit lagen sie an zweiter Stelle der Einführungsmaßnahmen, hinter "Unterstützung durch das Cuparla-Team", das einen Mittelwert von 7,4 erreichte. Auch die Qualität der Schulungen wurde mit einem Mittelwert von 7,4 bewertet, also durchaus als gut betrachtet.

Die Wahl angeleiteter Maßnahmen, im Sinne von Schulungen und Workshops für die Erstqualifizierung, hat sich bestätigt. Zum einen, um den Anwenderinnen ohne jegliche

Vorkenntnisse helfen zu können, die ersten Hemmungen abzubauen und Sicherheit zu bieten, zum anderen deshalb, weil Initialschulungen darauf angelegt sind, in einer Veranstaltung möglichst viele Anwenderinnen mit dem Basiswissen zur Nutzung des Telekooperationssystems auszustatten. Damit wird zwei Aspekten Rechnung getragen: dem Aspekt der kritischen Masse und dem Aspekt der Schaffung des gleichen Kenntnisstandes als Ausgangsbasis für die neue Form der Zusammenarbeit.

S 56: Zur Initialschulung sollten angeleitete Maßnahmen im Sinne von Schulungen durchgeführt werden.

Für Weiterqualifizierungen haben sich Workshops als angemessen erwiesen. Jedoch ist eine Ergänzung oder ein Ersatz von Workshops durch autodidaktische Maßnahmen und/oder Fernveranstaltungen durch die geringe Bereitschaft zur Beteiligung angezeigt. Speziell bei der Vermittlung von Wissen über die Softwarenutzung ist dies möglich.

S 57: Weiterqualifizierungsmaßnahmen sollten als Workshops durchgeführt und Ersatzmaßnahmen wie autodidaktisches Material und/oder Fernveranstaltungen ergänzend angeboten werden.

Die Form des Training-off-the-job ist durchaus durch Maßnahmen als Training-on-the-job zu ergänzen. Vor allem deshalb, da Ratsmitglieder doch ein unterschiedliches Verständnis von Inhalt und Umfang der Ratsarbeit haben und dadurch diese mitvermittelt werden kann. Auch eine stärkere Motivation zur Nutzung kann erwartet werden. Denn vollzieht sich das Lernen an konkreten Tätigkeiten der Ratsarbeit, muss scheinbar keine extra Zeit für das Lernen eingeplant werden.

S 58: Ergänzend zu Maßnahmen als Training-off-the-job sollten Training-on-the-job-Maßnahmen angeboten werden.

Die Mehrheit der Ratsmitglieder hat offensichtlich nicht die Geduld, Zeit oder Eigenmotivation, sich die Handhabung und das Wissen für den Umgang mit einer Telekooperationsumgebung eigenständig anzueignen. Dies zeigte die geringe Nutzung der Schulungsunterlagen - obwohl die Qualität dieser in der Evaluation als gut bewertet wurde - der Online-Hilfe oder der Datenbank mit den am häufigsten gestellten Fragen mit Antworten. Dies erklärt auch das Ergebnis auf die Evaluationsfrage "Welche Einführungsmaßnahmen haben Ihnen besonders geholfen?", bei der die Schulungsunterlagen mit einem Mittelwert von 4,7 und die Online-Infothek mit 4,1 abschnitten, auf einer Skala von 10=sehr geholfen bis 1=hat überhaupt nicht geholfen. Trotzdem sollte nicht darauf verzichtet werden, da bei Ratsmitgliedern mit weniger Computer-Berührungsängsten die Nutzung gegeben war und in der Zukunft davon auszugehen ist, dass diese Gruppe zahlenmäßig ansteigt.

S 59: Schulungsunterlagen, Online-Hilfe und online verfügbare „frequently asked questions (FAQ)" sollten den Anwenderinnen zur Verfügung gestellt werden.

Für absolute Neueinsteiger ohne Vorkenntnisse und Personen, die sich mit der Nutzung von Rechnern sehr schwer tun, sind Einzelcoachings sinnvoll. Diese müssen nicht durch Trainerinnen oder den Benutzerservice übernommen werden. Hier ist auch ein Mentorensystem zwischen den Ratsmitgliedern denkbar, so dass versierte Anwenderinnen wenig Geübte betreuen.

Die Schlussfolgerung **S 26** wird reformuliert: Einzelcoaching ist eine sinnvolle Ergänzung der Schulungen und kann durch Trainerinnen, Benutzerservice oder ein Mentorensystem zwischen den Ratsmitgliedern durchgeführt werden.

Diese Schlussfolgerung wird auch durch das Evaluationsergebnis bestätigt, in dem auf die Frage "Welche Einführungsmaßnahmen haben Ihnen besonders geholfen?" auf einer Skala von 10=sehr geholfen bis 1=hat überhaupt nicht geholfen, bei Einzeleinweisungen der höchste Mittelwert von allen Maßnahmen mit 7,2 gefolgt von Beratung durch den Benutzerservice mit 6,6 erreicht wurde.

4.7.1.4 Veranstaltungsform, -dauer und –häufigkeit

Diesbezügliche Planungsentscheidungen (siehe Kapitel 4.3.2.4) haben sich weitgehend bestätigt. Für die Initialschulungen hat sich eine Tagesschulung an Wochenenden als beste Alternative qualifiziert. Deren Dauer sollte auf ca. acht Stunden begrenzt sein, inklusive kurzer Pausen und langen Erholungsphasen z. B. Mittagspausen. Durch methodischen und inhaltlichen Wechsel sollte den Teilnehmerinnen geholfen werden, acht Stunden konzentriert zu arbeiten. Die Häufigkeit der Initialschulungen hängt von der Anzahl der zu Schulenden und der Lehrenden ab. Je nachdem sollten möglichst viele Angebote innerhalb kürzester Zeit bestehen, um so schnell wie möglich viele Anwenderinnen mit der Telekooperationsumgebung vertraut zu machen (siehe **S 17**).

S 60: Initialschulungen sollten als Ganztagesschulungen mit methodischem Wechsel sowie inhaltlich unterschiedlichen Schwerpunkten geplant werden.

Halbtagesschulungen bis max. vier Stunden fanden als Aufbau- und Auffrischungsworkshops hohe Akzeptanz (siehe **S 1**, **S 10** und **S 15**). Diese sind an allen Wochentagen durchführbar. Das Veranstaltungsangebot sollte möglichst bis zu drei Workshops pro Woche vorsehen, um allen die Chance zu geben, daran teilnehmen zu können (siehe **S 17**).
Die einzelnen durchgeführten Typen von Veranstaltungen können nach den Merkmalsdimensionen "inhaltsorientiert versus personenorientiert" und "Fremdbestimmung versus Teilnehmerinitiative" betrachtet werden (siehe Abbildung 4-7). Daran lässt sich erkennen, dass sich diese im Verlauf der Einführungszeit hin zur Teilnehmerzentrierung entwickelten.

S 61: Veranstaltungen sollten teilnehmeraktivierend und personenorientiert gestaltet werden.

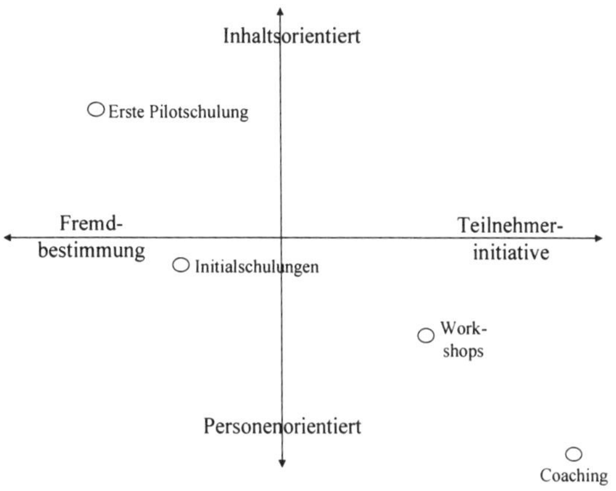

Abbildung 4-7: Veranstaltungsformen nach Merkmalsdimensionen (Quelle: In Anlehnung an [Frommer 1983, S. 24])

4.7.1.5 Durchführungslogistik

Die ursprünglichen Überlegungen zur Durchführungslogistik (siehe Kapitel 4.3.1.3) bleiben erhalten. Ziel ist es, möglichst schnell vielen Anwenderinnen den Umgang mit dem Telekooperationssystem zu vermitteln. Hierzu müssen genügend Trainerinnen ausgebildet und ein engmaschiges Schulungsangebot aufgestellt werden (siehe hierzu auch Veranstaltungshäufigkeit und **S 15**). Unterstützen kann hier zusätzlich ein Mentorensystem zwischen den Ratsmitgliedern und autodidaktisches Material.

4.7.1.6 Einbindung der Qualifizierungsmaßnahmen in das bestehende Qualifizierungsprogramm

Die Einbindung der Qualifizierungsmaßnahmen hinsichtlich Telekooperation in ein bestehendes Programm ist im Hinblick auf die Durchführungslogistik und Kosten-Nutzen-Aspekte sinnvoll. Jedoch muss strikt darauf geachtet werden, dass sowohl die beteiligten Trainerinnen den gleichen Wissensstand zu der Telekooperationsumgebung und dem Arbeitsfeld der Anwenderinnen haben als auch die Abstimmung aufeinander sowie eine enge Verzahnung der Veranstaltungen gewährleistet ist (siehe **S 38**, **S 42**, **S 43** und **S 44**). Die vorab angestellten Planungsüberlegungen (siehe Kapitel 4.3.1.4) wurden diesbezüglich korrigiert.

4.7.1.7 Kosten-Nutzen-Abwägungen

Hinsichtlich Kosten-Nutzen-Abwägungen (siehe hierzu Kapitel 4.3.1.5) sind einige Überlegungen angestrengt worden, als der Zulauf zu den Schulungsveranstaltungen zu gering war und blieb. Beispielsweise ist es zu vertreten, wenn Lebenspartnerinnen unter der Bedingung zu den Veranstaltungen mitkommen, dass angebotene Maßnahmen nicht nur mit zwei Anwenderinnen stattfinden sollten (siehe **S 14**). Im Mittelpunkt blieb aber der Gedanke, die Nutzung voranzutreiben, der den Kostenaspekt in den Hintergrund drängte, denn grundsätzlich ist bei den Entscheidungen unter Kostenaspekten abzuwägen, ob eine

Nichtnutzung der Telekooperationstechnologie im Endeffekt teurer kommt als eine anfänglich intensivere Betreuung der Anwenderinnen.

4.7.2 Veranstaltungs- und Unterrichtsplanung

4.7.2.1 Schulungspersonal – Die Lehrenden

Die getroffenen Annahmen über das Schulungspersonal (siehe Kapitel 4.3.1.2) aus der Planungsphase werden entsprechend den Erfahrungen im Projekt angepasst und um weitere Aspekte ergänzt.

Persönlichkeitsmerkmale wie Geduld, Einfühlungsvermögen und pädagogisches Geschick sind unabdingbare Voraussetzungen für die Betreuung von Ratsmitgliedern. Aber auch ein sicheres Auftreten ist essentiell, da Ratsmitglieder gewöhnt sind, sich durchzusetzen.

S 62: Trainerinnen sollten Sozialkompetenz[172] und pädagogische Kompetenz mitbringen.

Grundsätzlich sollten alle Trainerinnen einen partizipativen Lehrstil entwickeln und sich eher als Lernberaterinnen und –moderatorinnen sehen (siehe **S 34** und **S 46**). Über den Verlauf der Telekooperationseinführung sollten sie sich zu Organisationsberaterinnen entwickeln, um das organisatorische Lernen anregen und unterstützen zu können (siehe **S 51**). Hierzu sind pädagogische Kompetenz, Sachkompetenz[173], bezogen auf das Telekooperationssystem, die Ratsarbeit, Organisationsentwicklung und Gruppenprozesse, Sozialkompetenz, Selbstkompetenz und Umfeldkompetenz[174] wichtig.

Für das Schulen ist das Verständnis über den „Geist“, der dem Telekooperationssystem zugrunde liegt und von den Systementwickelnden gedacht war, essentiell (siehe **S 45**). Um dieses aufzubauen muss Medienkompetenz vorhanden sein und kann neben Schulungen auch das Anwenden der Telekooperationsumgebung für die eigene Zusammenarbeit, Erfahrungen und damit ein tiefergehendes Verständnis ermöglichen. Dies macht es notwendig, dass die Trainerinnen Zugang zu dem Echtsystem oder zu einem adäquaten Testsystem haben (siehe **S 40** und **S 47**) und:

S 63: Trainerinnen müssen ihrerseits Medienkompetenz mitbringen.

---

[172] Mit dem Begriff „Sozialkompetenz“ bezeichnet Bader [1989, S. 75] „... die Fähigkeit und Bereitschaft, sich mit anderen rational und verantwortungsbewußt auseinanderzusetzen und zu verständigen“ (vgl. auch [Reetz 1984, S. 127]).

[173] Unter Sachkompetenz versteht Bader [1989, S. 75] „... die Fähigkeit und Bereitschaft, Aufgabenstellungen selbständig, fachlich richtig, methodengeleitet zu bearbeiten und das Ergebnis zu beurteilen“ (vgl. auch [Reetz 1984, S. 127]).

[174] Mit dem Begriff „Umfeldkompetenz“ wird das Wissen über das Umfeld der Lernenden und des Lehr-Lern-Gegenstandes sowie die Fähigkeit zu dessen Einordnung in Umfeld- und überfachliche Zusammenhänge, die Herstellung von Bezügen und Zusammenhängen verstanden (vgl. [Döring 1997, S. 33]).

Ein einheitlicher Wissensstand über alle Komponenten des Telekooperationssystems, ihre Funktionen und Nutzungsmöglichkeiten ist ebenfalls integrale Voraussetzung für das Lehren (siehe **S 38**). Darüber hinaus ist aber auch Wissen über die Arbeit, die Arbeitsabläufe, die Zusammenarbeit und die Kooperationskultur der zusammenarbeitenden Anwenderinnen eine notwendige Voraussetzung für das Lehren bzw. Moderieren und Beraten beim Lernprozess (siehe **S 41**).

Eine enge Abstimmung und Kooperation der Trainerinnen sowie gegenseitige Besuche in Veranstaltungen, sind Basis für eine reibungslose, einheitliche Vermittlung des Verständnisses und der Nutzung einer Telekooperationsumgebung (siehe **S 43** und **S 44**).

4.7.2.2 Zielgruppenanalyse - Die Lernenden

Der ursprüngliche Blickpunkt der Zielgruppenanalyse (siehe Kapitel 4.3.2.1) muss erweitert werden. Private und berufliche Interessen sowie Ziele sind in Erfahrung zu bringen, um den Ratsmitgliedern einen ausreichenden Anwendungstransfer in diesen Bereichen zu vermitteln und damit auch im Privaten und Beruflichen den konkreten Nutzen durch den Systemeinsatz aufzeigen zu können (siehe **S 12**).

Wesentlich ist es, persönliche Ziele der einzelnen Personen zu kennen. Denn die Ziele der Einzelnen müssen mit den organisatorischen Zielen der Einführung von Telekooperation kompatibel sein. Ansonsten ist die Akzeptanz von Telekooperation gefährdet.

S 64: Eine Zielgruppenanalyse muss auch die persönlichen Ziele der einzelnen Anwenderinnen umfassen.

S 65: Zur Einführung von Telekooperationssystemen sind die persönlichen Ziele der Anwenderinnen und die organisatorischen Ziele auf Zielkompatibilität, Zielkongruenz oder Zielkonflikte hin zu betrachten und entsprechend zu berücksichtigen.

An dieser Stelle soll rückblickend dargestellt werden, was die Zielgruppe der Ratsmitglieder von anderen Zielgruppen unterscheidet und wie sich dies anhand der Qualifizierungsmaßnahmen zeigte. Der Vergleich wird ausgehend von Schulungen im Rahmen der Technologie-Einführung in Unternehmen angestellt. Dabei lassen sich folgende Unterschiede finden:

1. Bei Mitarbeiterinnen eines Unternehmens bestehen in aller Regel keine immensen Altersunterschiede, da sich alle im erwerbsfähigen Alter befinden. Dadurch ist oft auch ein homogenerer Ausgangsstand an Kenntnissen, Fähigkeiten und Fertigkeiten vorzufinden.
2. Ratsmitglieder sind ehrenamtlich tätig und deshalb nicht zur Nutzung eines Telekooperationssystems zu verpflichten. Dies macht zusätzliche Anstrengungen notwendig, um sie zur Nutzung zu bewegen (siehe beispielsweise der Nutzentransfer auf Privatinteressen).
3. Ein weiterer Unterschied liegt in der Einstellung zu den Schulungen. Sie werden von Mitarbeiterinnen eines Unternehmens nicht als reine Zeitverschwendung betrachtet, sondern als Chance, die neue Technologie einsetzen zu können. Dies ist selbst dann gegeben, wenn die neue Technologie abgelehnt wird. Kann Nutzen aufgezeigt werden, ist auch die konkrete Bereitschaft da, das Gelernte einzusetzen. Zudem lassen sich die Mitarbeiterinnen auf die Qualifizierungsmaßnahmen ein und wollen nicht schon zu Beginn fertig

sein. Denn die Qualifizierungsmaßnahmen liegen in ihrer Arbeitszeit, so dass sie fester Zeitbestandteil sind. Für die Ratsmitglieder stellen sie eine Zusatzbelastung in bereits angespannter Terminsituation dar. Eine Schulung wird dann akzeptiert, wenn sie keine Zeit kostet.

4. Zu beobachten ist auch, dass sich Mitarbeiterinnen eines Unternehmens aus unterschiedlichen Gründen heraus selbständig um den Transfer des Gelehrten bzw. Gelernten bemühen. Kehren sie an ihren Arbeitsplatz zurück, versuchen sie das Neue anzuwenden und umzusetzen. Bei Ratsmitgliedern war die Transferleistung innerhalb der Schulungen kaum zu beobachten, hier musste sie meist von den Trainerinnen geleistet werden. Außerhalb der Schulungen wurde nur das bereits konkret Aufgezeigte angewandt, selten eigenständig auf neue Tätigkeiten übertragen.
5. Weiter liegt bei den Mitarbeiterinnen eines Unternehmens ein einheitliches Verständnis von der Art der Aufgaben und der Aufgabenerledigung vor. Da sich die Ratsmitglieder bei der Ausgestaltung ihrer Ratsarbeit selbst überlassen sind und sich nicht an anderen Personen orientieren müssen, herrscht dort ein recht unterschiedliches Verständnis darüber, was Ratsarbeit beinhaltet. Somit war die Motivation der Einzelnen, sich die Technologie für die Ratsarbeit anzueignen, recht unterschiedlich.
6. Im Gegensatz zu den Mitarbeiterinnen in einem Unternehmen stehen die Ratsmitglieder in stärkerer Konkurrenz zueinander, denn ihr vorrangiges Ziel ist die Wiederwahl. In ihrem Verhältnis zueinander und in ihre Zusammenarbeit fließt je nach Fraktionskultur ein politischer Akzent mit ein, der das Vertrauensverhältnis zueinander erschwert.
7. Ein weiterer wesentlicher Unterschied liegt in der Art der Betrachtung der Trainerinnen. In Unternehmen werden diese eher als Wissensträger betrachtet und in der Rolle als Lernmoderatorinnen und –beraterinnen akzeptiert. Bei Ratsmitgliedern war die Einstellung vorherrschend, und im Umgang zu beobachten, dass sie die Trainerinnen als "Dienstleister" betrachteten, nicht aber als ebenbürtige Personen. Dies erschwerte häufig den Umgang miteinander und stellte die Geduld der Trainerinnen auf die Probe. Vor allem, da der Trend zur sofortigen Bedürfnisbefriedigung bei den Ratsmitgliedern gegeben war, der bei mehr als einer lernenden Person von einer Trainerin nur schwer zu erfüllen war.
8. Das Alltagsgeschäft der Ratsmitglieder fordert von ihnen Beurteilungswissen. Die Anwendung eines Telekooperationssystems verlangt aber Detailwissen in der Handhabung, um es sinnvoll und effizient einsetzen zu können. Die Bereitschaft sich mit Detailwissen auseinanderzusetzen muss aber erst geweckt werden. Dies ist äußerst schwierig, wenn von Anfang an Ressentiments gegen die Nutzung von Technologie bestehen.

4.7.2.3 Gruppengröße und –zusammensetzung

(siehe 4.3.2.2)

Sinnvoll ist es, alle zusammenarbeitenden Personen in Lerngruppen zusammenzufassen, jedoch in Relation zur Anzahl der betreuenden Personen. Bei Gruppen bis zu fünf Personen hat es sich bewährt, eine Trainerin und eventuell, entsprechend der Verfügbarkeit, eine zusätzliche Person (entweder Trainerin oder Mitarbeitende des Benutzerservices) vorzusehen. Bei Gruppen von fünf bis zehn Personen, sind grundsätzlich zwei Lehrende zu empfehlen, bei Gruppen ab elf Personen sollten immer drei und mehr vorgesehen sein. (Siehe hierzu **S 24** und **S 25**).

Um in den Schulungen Regeln der Zusammenarbeit vereinbaren zu können, sollte sich die Zusammensetzung der Gruppen bei Schulungen mit diesem Thema immer danach richten, welche Personen in der Realität miteinander arbeiten. Sind nur Teilgruppen daran beteiligt, leidet die Akzeptanz des Vereinbarten und es wird nur wenig oder gar nicht umgesetzt. Auch bildet sich ein zu ungleicher Wissensstand, der die Zusammenarbeit ebenfalls beeinträchtigen kann. (Siehe **S 20** und **S 21**). Des Weiteren sind die Schlüsselpersonen der Arbeitsablaufgestaltung in die Schulungen einzubeziehen, um mit ihnen die organisatorischen Veränderungen vereinbaren zu können (siehe **S 30**).

Die Teilnehmergruppen sollten auch Personen des Benutzerservices umfassen, damit diese aus erster Hand Fragen und Probleme der Anwenderinnen sowie die entsprechenden Lösungen kennenlernen (siehe **S 31**). Dies ist im Hinblick auf eine einheitliche, abgestimmte Vermittlung notwendig, da die Mitarbeiterinnen des Benutzerservice die Anwenderinnen durch ihre Hilfestellung gleichzeitig auch in der Anwendung unterweisen. Werden den Anwenderinnen unterschiedliche Lösungsmöglichkeiten in der Schulung von den Trainerinnen und bei Hilfestellung im Alltag durch den Benutzerservice genannt, verwirrt dies.

Der unterschiedliche Kenntnisstand der Gruppenmitglieder ist nicht entscheidend für das Lernen von Telekooperation. Dieser kann durch entsprechend eingesetze Methoden, Einsatz und Verankerung guter Schulungsmaterialien, angebotene zusätzliche Auffrischungskurse, individuelles Coaching sowie den Benutzerservice ausgeglichen werden (siehe **S 33**).

4.7.2.4 Lehr-Lern-Inhalte

Die auf Basis der Themenplanung (siehe 4.3.1.5) definierten Lehr-Lern-Inhalte und deren Konkretisierung in Lehr-Lern-Einheiten waren angemessen (siehe Kapitel 4.3.2.2), müssen aber entsprechend den Schlussfolgerungen erweitert und ausgewogen berücksichtigt werden.

Zusätzlich sollten die Probleme und Fragen der Anwenderinnen berücksichtigt werden, die von dem Benutzerservice und den Fraktionsgeschäftsstellen gesammelt und an die Trainerinnen weitergegeben werden (siehe **S 11**).

Ergänzend sind die Inhalte, bezogen auf die Themen "Organisationsentwicklung" und "Gruppenprozess", auszuarbeiten und in Lehr-Lern-Einheiten zusammenzustellen. Dies muss auf dem konkreten Hintergrund und Stand der Einführung, den Betroffenen und der Organisation erfolgen.

Bezüglich der Zusammenarbeit sollte der Aufbau von Vertrauen mit berücksichtigt werden (siehe **S 28**), da dieses notwendige Voraussetzung für die freiweilige Nutzung des gemeinsamen elektronischen Materials ist.

Da die Nutzung des Telekooperationsystems vom Entlernen alten Verhaltens und dem Lernen neuen Verhaltens abhängt, sollte dem Wecken dieser Bereitschaft, auch durch die Thematisierung derselben, Rechnung getragen werden, denn nicht alleine das Aufzeigen von konkretem Nutzen führt zum gewünschten Erfolg.

Zu folgenden Themenbereichen sollten die Lehr-Lern-Einheiten in jeweils einer Veranstaltung zusammengefasst werden:

- Hardware-Nutzung und Nutzung von MS Windows bzw. Win95 (siehe **S 3**),
- Zusammenarbeitsaspekte der Telekooperation und
- Nutzung von MS Office-Paketen.

4.7.2.5 Lehr-Lern-Sequenz

Bei der Festlegung der Abfolge der Lehr-Lern-Einheiten sollte darauf geachtet werden, dass die Komponenten, welche die Telekooperation ermöglichen und fördern, als Erstes behandelt werden, z. B. eine gemeinsame Dokumentenablage. Ist dies nicht möglich, muss mindestens bei den geschulten Komponenten immer wieder der Aspekt der Telekooperation aufgezeigt und deutlich gemacht werden. Anwenderinnen dürfen nicht parallel mit Systemkomponenten konfrontiert werden, die in der Nutzung scheinbar gleich sind, bei genauerer Betrachtung aber unterschiedliche Ansätze verfolgen (siehe **S 39**).

Weiter sollte beachtet werden, dass das individuelle Lernen dem organisatorischen Lernen, im Sinne von gemeinsamer Nutzung des Telekooperationssystems, vorausgeht. Können die Einzelnen nicht mit der Technologie umgehen, können sie auch nicht Telekooperation damit betreiben.

4.7.2.6 Gestaltung des Lehr-Lern-Prozesses

Entsprechend den Erfahrungen aus den Einführungsphasen, werden die Schlussfolgerungen an dieser Stelle als Empfehlungen für die Gestaltung des Lehr-Lern-Prozesses aufgegriffen.

Die Vermittlung des Lehr-Lern-Stoffes sollte eng am Arbeitsprozess der Anwenderinnen orientiert sein und anhand konkreter Beispiele erfolgen (siehe **S 5**). Vom ersten Moment an muss der konkrete Nutzen durch die Trainerinnen aufgezeigt werden, so dass ihn die Ratsmitglieder nachvollziehen können.

Eine stärkere Aktivierung der Teilnehmerinnen durch die Aufforderung, eigene Beispiele einzubringen, sollte wesentlicher Bestandteil sein (siehe **S 6**). Methodisch ist, ausgehend von diesen konkreten Beispielen, der Technologie-Einsatz zu erklären und zu üben (siehe **S 7**). Zur Verankerung von Gehörtem und Gelerntem eignet sich die Wiederhol-Vermittlungs-Methode (siehe **S 33**). Die, der Methode zugrunde liegende gegenseitige Hilfestellung bietet den Erklärenden die Möglichkeit, eigene Kenntnisse und Fähigkeiten zu festigen und den Fragenden die Chance, Wissenslücken zu füllen. Zum Aufbau von Lösungskompetenz im Umgang mit dem Telekooperationssystem ist entdeckendes Lernen zu ermöglichen (siehe **S 35**) (vgl. [Wulf 1999, S. 341]).

Um nicht den Eindruck zu erwecken, dass das Telekooperationssystem Individualsoftware ist, muss darauf geachtet werden, dass Erläuterungen, Aufgaben, Beispiele etc. den Kooperationsgedanken transferieren (siehe **S 8**).
Bei der Ausgestaltung der Lehr-Lern-Einheiten ist darauf zu achten, dass bei Komponenten des Telekooperationssystems, die zu gleichen Zwecken eingesetzt werden können, Unterschiede und Gemeinsamkeiten in einer Lehr-Lern-Einheit herausgearbeitet und verankert werden (siehe **S 37**).

Hinsichtlich der Ausgestaltung der Themen zum Organisatorischen Lernen sind folgende Aspekte zu berücksichtigen. Erstens soll das Organisatorische Lernen auf dem individuellen Lernen des Telekooperationssystems aufbauen und davon ausgehen (siehe **S 50**). Dabei sollten organisatorische Veränderungen schrittweise angeregt werden (siehe **S 49**).

Für die Erarbeitung organisatorischer Änderungen sollten Workshops eingesetzt werden. Der Aufbau der Workshops sollte den Transfer der bisherigen Arbeitsprozesse auf künftige computerunterstützte Abläufe unterstützen, indem er an Bekanntem ansetzt und zu Neuem überleitet (siehe **S 52**).

Bei der Zusammenstellung der Lehr-Lern-Einheiten sind Einheiten vorzusehen, die das gemeinsame Arbeiten zum Thema haben, denn: wird grundsätzlich nicht zusammengearbeitet, wird auch nicht computerunterstützt zusammengearbeitet.

Bei der Lehr-Lern-Prozessgestaltung ist mitzuberücksichtigen, dass der Nutzen der Telekooperation immer wieder herausgearbeitet und durch Beispiele unterstrichen wird. In diesen Rahmen gehören auch akzeptanzschaffende Beispiele, wie die Betonung, dass kein Statusverlust mit der Technologie-Nutzung einhergeht (siehe **S 18**).

Um den Anwenderinnen ihr eigenes Lerntempo zu ermöglichen, sollten Phasen geplant werden, in denen die Schulungsunterlagen zum Lernen genutzt werden, beispielsweise, indem anhand von diesen, konkrete Aufgaben eigenständig gelöst werden können (siehe **S 27**). Werden Arbeitsaufgaben für unterschiedliche Lernstände bzw. mit variierenden Schwierigkeitsgraden vorbereitet, können zusätzlich noch Lernunterschiede berücksichtigt und über die Zeit ausgeglichen werden.

Um den Interaktionsprozess in der Durchführung des Lehr-Lern-Prozesses zu unterstützen, sollten methodische Prinzipien der Interaktion, wie sie die TZI bietet, zur Anwendung kommen (siehe **S 53**).

4.7.2.7 Schulungsmaterialien und Hilfsmitteleinsatz

Eine Schulungsunterlage ist sowohl aufgaben- als auch funktionsorientiert zu gestalten und sollte auf der Basis von Szenarien der Ratsarbeit Anleitungen enthalten, die die einzelnen Schritte aufzeigen (siehe **S 9** und **S 22**). Ein umfassender Index und ein Inhaltsverzeichnis müssen ein integraler Bestandteil der Schulungsunterlage sein, um ein schnelles Finden zu gewährleisten (siehe **S 23**).

Die Schulungsmaterialien haben innerhalb vonCuparla wenig Beachtung gefunden. Dies gilt sowohl für die Nutzung in, als auch außerhalb der Schulungen. Ein Grund kann darin liegen, dass konkrete Aufgaben mit Lösungen fehlten, anhand derer selbständig geübt werden kann. Als Nachschlagewerk wurden sie von den versierten Anwenderinnen durchaus genutzt.
Auf den Einsatz von Beamern oder LCD-Displays kann verzichtet werden (siehe **S 32**).

In Tabelle 4-3 werden alle Schlussfolgerungen, bezogen auf die Kriterien der Programm- sowie Veranstaltungs- und Unterrichtsplanung, zum Überblick zusammengefasst.

Kriterien	Schlussfolgerungen
Programmplanung	
Themenbereiche	
Zielgruppen	**S 14:** Das Einbinden von Lebenspartnerinnen schafft die Bereitschaft die Schulungen zu besuchen. **S 18:** Dem Gefühl der Abwertung durch Notebook-Nutzung soll durch Beispiele hochrangiger Persönlichkeiten, die Computer einsetzen, entgegengetreten werden. **S 19:** Die Notebook-Übergabe darf nur mit gleichzeitiger Zusage zu einem Schulungstermin erfolgen.
Organisationsform	**S 2:** Die Übergabe der Notebooks erfolgt separat in Einweisungen von ein bis drei Personen. **S 26:** Einzelcoaching ist in Ausnahmefällen, z. B. bei Gefahr der Demotivation oder des immensen Wissensunterschiedes zwischen den Anwenderinnen, eine sinnvolle Ergänzung der Schulungen.
Veranstaltungsform, -dauer und –häufigkeit	**S 1:** Die Schulungsdauer ist auf einen halben Tag zu begrenzen. **S 2:** Die Übergabe der Notebooks erfolgt separat in Einweisungen von ein bis drei Personen. **S 3:** Die Hardware- und MS Windows-Einweisung sowie die Einführung in Cuparla-Software stellen jeweils eine Halbtagesschulung dar. **S 10:** Die Dauer von Aufbauschulungen sollte max. vier Stunden umfassen. **S 13:** Auffrischungskurse zur Wiederholung des Gelernten sind notwendig. **S 15:** Die Weiterqualifizierungsmaßnahmen sollen sich in einem Zeitrahmen von zwei bis vier Stunden bewegen. **S 35:** Aufbauschulungen sollten als Workshops gestaltet und durchgeführt werden.
Durchführungslogistik	**S 17:** Das Schulungsangebot hat so engmaschig zu sein, dass alle einen Termin finden können. **S 25:** Für zwei Teilnehmende soll eine Schulungsperson zur Verfügung stehen. **S 30:** Schlüsselpersonen der Arbeitsablaufgestaltung sollten in die Schulungen einbezogen werden, um organisatorische Veränderungen platzieren und anregen zu können. **S 31:** Personen des First-Level-Support sollten an Anwenderschulungen teilnehmen, um dort aus erster Hand Fragen und Lösungen mitzuerleben. **S 42:** Die Schulungskomponenten sind aufeinander abzustimmen und die einzelnen Maßnahmen müssen ineinandergreifen.
Einbindung in bestehende Qualifizierungsprogramme	**S 42:** Die Schulungskomponenten sind aufeinander abzustimmen und die einzelnen Maßnahmen müssen ineinandergreifen.
Kosten-Nutzen-Abwägungen	
Veranstaltungs- und Unterrichtsplanung	
Schulungspersonal – Die Lehrenden	**S 34:** Trainerinnen sollten sich zu Lernmoderatorinnen entwickeln und den Teilnehmerkreis stärker aktivieren. **S 37:** Die eingesetzten Trainerinnen sollten einen einheitlichen Wissensstand über alle Telekooperationskomponenten, ihre Funktionen und Nutzungsmöglichkeiten haben. **S 39:** Trainerinnen sollten Zugang zu dem aktiven Telekooperationssystem haben. **S 40:** Trainerinnen sollten das Aufgabengebiet, die Arbeitsabläufe und die Kooperationskultur und –beziehungen der Anwenderinnen umfassend kennen. **S 43:** Die Trainerinnen sollten eng miteinander kooperieren und von vornherein regelmäßig gegenseitige Schulungsbesuche sowie gemeinsame Abstimmungstermine einplanen. **S 44:** Die eingesetzten Trainerinnen sollten den „Geist" des Telekooperationssystems verinnerlicht haben. **S 45:** Die pädagogische Ausrichtung der Trainerinnen sollte sich am partizipativen Lehren und Lernen orientieren und in einem moderierenden Lehrstil niederschlagen. **S 46:** Den Trainerinnen sollte entweder Zugang zum Echtsystem gegeben werden oder ein

	Testsystem mit entsprechenden Testdaten für die Schulung zur Verfügung stehen. **S 49:** Trainerinnen sollten sich von Lernmoderatoren zu Organisationsberatern entwickeln.
Zielgruppenanalyse - Die Lernenden	
Gruppengröße und – zusammensetzung	**S 2:** Die Übergabe der Notebooks erfolgt separat in Einweisungen von ein bis drei Personen. **S 16:** Eine Teilnehmerzahl von zwei Personen reicht für die Durchführung eines Seminares aus. **S 24:** Fünf Teilnehmende als Kleingruppe sollen die Grenze für die Schulungen bilden.
Lehr-Lern-Inhalte	**S 11:** Basis der Aufbauschulungen sollten die gesammelten Anfragen des Benutzerservices sein, um einem ungleichen Kenntnisstand entgegenzuwirken. **S 12:** Privater und beruflicher Nutzen durch die Anwendung des Telekooperationssystems soll mit aufgezeigt werden. **S 20:** Aspekte der Zusammenarbeit müssen in den Schulungen stärker hervorgehoben werden, um diese bewusst zu machen und zu verstärken. **S 21:** Regeln für die computergestützte verteilte Zusammenarbeit müssen gemeinsam erarbeitet und vereinbart werden. **S 28:** Der Aufbau von Vertrauen zwischen den Zusammenarbeitenden sollte unterstützt werden. **S 30:** Schlüsselpersonen der Arbeitsablaufgestaltung sollten in die Schulungen einbezogen werden, um organisatorische Veränderungen platzieren und anregen zu können. **S 36:** Unterschiede und Gemeinsamkeiten einzelner Komponenten zur Zusammenarbeit sind differenziert herauszuarbeiten und zu verankern. **S 38:** Anwenderinnen sollten nicht mit Systemkomponenten konfrontiert werden, die auf den ersten Blick in der Nutzung gleich sind, auf den zweiten Blick aber unterschiedliche Ansätze verfolgen. Die Komponente, die Telekooperation ermöglicht, sollte zuerst eingeführt werden. **S 41:** Erklärungen, die Anwenderinnen gegeben werden, sollten deckungsgleich sein und sich nicht widersprechen oder andere Akzente setzen. **S 47:** Organisatorische Veränderungen sollten schrittweise angeregt werden.
Lehr-Lern-Sequenz	**S 4:** Zwischen den Schulungen sollte genügend Zeit liegen, um das Üben des Gelernten zu ermöglichen. **S 13:** Auffrischungskurse zur Wiederholung des Gelernten sind notwendig. **S 48:** Organisatorisches Lernen sollte auf individuellem Lernen des Telekooperationssystems aufbauen.
Gestaltung des Lehr-Lern-Prozesses	**S 5:** Die Vermittlung des Lehr-Lern-Stoffes sollte eng am Arbeitsprozess der Ratsmitglieder orientiert und anhand konkreter Beispiele erfolgen. **S 6:** Stärkere Aktivierung der Teilnehmerinnen durch eigene Beispiele. **S 7:** Methodisch soll, ausgehend vom konkreten Beispiel, der Technologie-Einsatz erläutert und anschließend geübt werden. **S 8:** Erläuterungen und Aufgaben müssen den Kooperationsaspekt hervorheben, um nicht den Eindruck von Individualsoftware aufkommen zu lassen. **S 27:** Durch Einsatz der Schulungsunterlage soll ein individuelles Lerntempo in den Schulungen ermöglicht werden. **S 29:** Der Umgang mit der Schulungsunterlage soll durch den Einsatz in den Schulungen verankert werden. **S 33:** Die Wiederhol-Vermittlungs-Methode sollte zur Verankerung von gerade Gelerntem und bei zu spät kommenden Personen eingesetzt werden. **S 47:** Organisatorische Veränderungen sollten schrittweise angeregt werden. **S 50:** Der Aufbau der Workshops sollte den Transfer der bisherigen Abläufe auf computergestützte Abläufe unterstützen, indem er an Bekanntem ansetzt und zu Neuem überleitet. **S 51:** Es bedarf methodischer Prinzipien der Interaktion, um den Interaktionsprozess zu unterstützen.

Schulungsmaterialien und Hilfsmitteleinsatz	**S 8:**	Erläuterungen und Aufgaben müssen den Kooperationsaspekt hervorheben, um nicht den Eindruck von Individualsoftware aufkommen zu lassen
	S 9:	Eine Schulungsunterlage ist aufgabenorientiert zu strukturieren und sollte auf der Basis von Szenarien der Ratsarbeit Anleitungen enthalten, die die einzelnen Schritte aufzeigen.
	S 22:	Schulungsunterlagen sollten sowohl aufgaben- als auch funktionsorientiert gestaltet sein.
	S 23:	Ein umfassender Index und ein Inhaltsverzeichnis müssen Bestandteil der Schulungsunterlage sein, um ein schnelles Finden zu gewährleisten.
	S 32:	Auf den Einsatz von Beamern oder LCD-Displays kann verzichtet werden.

Tabelle 4-3: Empirische Schlussfolgerungen im Überblick (Quelle: Eigene Darstellung)

4.7.3 Reflexion zu Dörings Erwachsenendidaktik

Bei der Einführung von Cuparla wurden die Qualifizierungsmaßnahmen auf der Basis von Dörings Erwachsenendidaktik konzipiert. Rückblickend betrachtet, war dies sehr hilfreich, reichte aber nicht aus, um die einzelnen Schwierigkeiten im Bereich der Veranstaltungs- und Unterrichtsplanung sowie –durchführung zu antizipieren, zu erkennen und/oder zu vermeiden. Im Folgenden werden einige Beispiele aufgeführt, um dies zu untermauern.

Döring benennt drei Ebenen, auf denen Lehrende Kompetenzen besitzen müssen [Döring 1988, S. 16]:

- Psychosoziale Ebene: Der Dozent als Lernpartner.
- Methodisch-didaktische Ebene: Der Dozent als Lehrer.
- Fachsystematische Ebene: Der Dozent als Fachmann.

Als Lernpartner bezeichnet er Lehrende, die auf die Lernbedürfnisse und –schwierigkeiten der Teilnehmerinnen eingehen, die Lernbereitschaft dieser unterstützen sowie integrierend und stabilisierend im Sinne der Gesamtgruppe wirken [Döring 1988, S. 16]. Die vorgeschlagenen Methoden hierfür sind jedoch nicht ausreichend. Beispielsweise genügt der Hinweis nicht, dass Einwände, Konflikte und Kritik der Teilnehmerinnen sachlich zu behandeln sind [Döring 1988, S. 85]. An dieser Stelle wäre es hilfreich, einige konkrete Methoden als Beispiele zu haben, wie damit umgegangen werden kann.

Döring betont auch, dass Qualifizierungsmaßnahmen durch erworbene Einstellungen und Ängste auf Zustimmung oder Ablehnung stoßen können [Döring 1988, S. 128]. Deshalb sollen diese vor oder zu Beginn der Qualifizierungsmaßnahme erhoben werden. Er gibt jedoch keine konkreten Hinweise darauf, wie weiter mit diesen umzugehen ist. Den Trainerinnen stellt sich aber die Frage, wie sie mit der Ablehnung und dem Unwillen der Ratsmitglieder hinsichtlich der Nutzung des Telekooperationssystems umgehen sollen, da diese für die Einführung eine nicht unwesentliche Hürde bilden. Mit ihren Einwürfen umzugehen, sie zu motivieren und zu aktivieren, ohne die anderen Teilnehmerinnen zu verlieren, war eine ständige Herausforderung für die Trainerinnen. So sind Hinweise oder Methoden zum Umgang mit Widerständen für die Lehrenden sehr wichtig.
Die allgemeinen Hinweise für die Unterrichtsplanung und -durchführung waren im Rahmen von Cuparla eine wichtige Hilfestellung. Da Dörings Didaktik jedoch unter allgemeinen Erwachsenendidaktiken einzuordnen ist, fehlt ein bereichsdidaktischer Bezugsrahmen, der Spezifika zur Telekooperation hervorhebt. Dies stellte sich im Nachhinein als problematisch heraus, da der Schwerpunkt der Qualifizierungsmaßnahmen auf der Vermittlung des

Umgangs des Einzelnen mit dem Telekooperationssystem lag, weniger auf dem Aspekt der Zusammenarbeit unter Einsatz des Telekooperationssystems. Die eher individualistische Nutzung des Telekooperationssystems kann durchaus eine Folge davon sein. Die Annahme, dass die Trainerinnen den Transfer ihrer, in den Schulungen gesammelten Lehr-Erfahrungen auf das Gebiet der Telekooperation leisten können, hat sich bewiesen. Ein didaktisches Konzept sollte deshalb die bereichsdidaktische Sicht der Telekooperation beinhalten.

4.8 Die empirischen Schlussfolgerungen im Überblick

5 Grundlagen zur Einführung von Telekooperation

Nachdem in Kapitel 3 und 4 die Grundlagen und Empirie zu Gemeinderat und Gemeinderatsarbeit dargestellt wurden, werden nun in Kapitel 5 und 6 die Theorien der CSCW sowie die didaktische Ansätze vorgestellt.

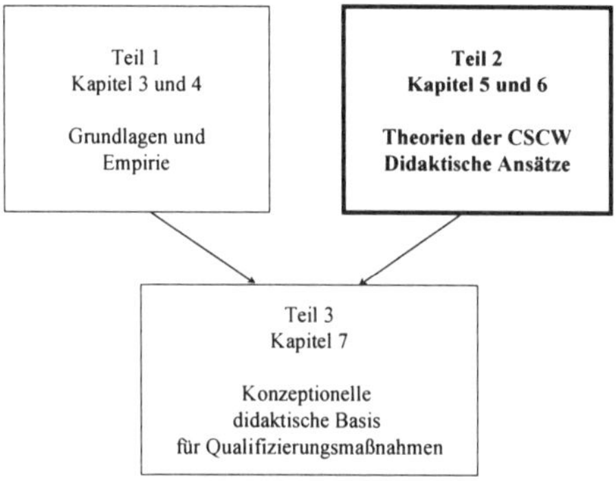

Abbildung 5-1: Aufbau der Arbeit (Quelle: Eigene Darstellung)

In Kapitel 5 werden die theoretischen und inhaltlichen Grundlagen für die Neukonzeption der Qualifizierungsmaßnahmen von Telekooperation, die in Kapitel 6 erfolgt, gelegt. Zur Fundierung der konzeptionellen Arbeit werden einzelne Theorien aus dem Wirkkreis der CSCW-Forschung vorgestellt und ihre Hinweise für die Einführung von Telekooperation herausgearbeitet. Zum Abschluss wird die Telekooperationsanalyse *Needs Driven Approach* zur Erhebung der Gegebenheiten vorgestellt.

Die *Adaptive Structuration Theory* [DeSanctis/Poole 1994] begründet, worin der Unterschied von Telekooperationssystemen zu traditioneller Software liegt. Ausgehend von diesem Grundverständnis werden Hinweise zur Adaption von Telekooperationssystemen und der Telekooperation gegeben, die wesentlich für die Einführungsmaßnahmen sind. Dabei lassen DeSanctis und Poole Erkenntnisse aus der allgemeinen Strukturationstheorie nach Giddens [Giddens 1988] und der Übertragung der Strukturationstheorie auf Informationssysteme [Orlikowski 1990] einfließen und schlagen die Brücke zur *Time, Interaction, and Performance Theory*.

McGrath [1991] arbeitet in der *Time, Interaction, and Performance Theory* die gleichwertige Bedeutung der aufgaben-, gruppen- und personenbezogenen Funktionalität in der Zusammenarbeit von Gruppen heraus. Diese vielschichtige Betrachtung erlaubt Rückschlüsse auf Gruppenprozesse bei der Einführung von Telekooperation und damit zusammenhängenden Einführungsmaßnahmen.

Die *Media Synchronicity Theory* (vgl. [Dennis/Valacich 1998]) wird herangezogen, um Medieneigenschaften der unterschiedlichen Komponenten von Telekooperationssystemen zu verdeutlichen. Für den Medienkompetenzaufbau der Ratsmitglieder müssen die Lehrenden einzelne Komponenten eines Telekooperationssystems hinsichtlich ihrer Medieneigenschaften unterscheiden können. Erst dadurch wird es ihnen möglich, den Ratsmitgliedern eine sinnvolle Nutzung zu vermitteln.

Die Methode *Needs Driven Approach* (NDA) ist eine Methode zur Untersuchung von Kooperationsbeziehungen bzw. von den organisatorischen, technischen und sozialen Aspekten der Zusammenarbeit und dem anschließenden Design eines Telekooperationssystems. Im Rahmen von Cuparla wurde mit dieser Methode gearbeitet, deren Ergebnisse somit auch Basis für die Entwicklung von Szenarien, Schulungsunterlagen etc. im Rahmen der Einführungsmaßnahmen wurden.

5.1 Charakteristika der Adaption von Telekooperationssystemen

5.1.1 Adaptive Structuration Theory[175]

Ausgehend von der allgemeinen Strukturationstheorie nach Giddens [Giddens 1988], in der er die sozialen Strukturen in der Gesellschaft betrachtet, und Orlikowskis Übertragung der Strukturationstheorie auf Informationssysteme [Orlikowski 1990], in der sie die duale Wirkung von Informationssystemen in Organisationen untersucht, entwickelten DeSanctis und Poole [DeSanctis, Poole 1994] die *Adaptive Structuration Theory* (AST). Dabei übertragen sie die Ideen von Giddens und Orlikowski auf die Aneignung und Nutzung von Informationstechnologie in Gruppen bzw. Organisationen und untersuchen, inwiefern Informationstechnologie und Gruppenstrukturen, sich gegenseitig beeinflussend, Handlungen von Individuen fördern und/oder beschränken. Die AST zeichnet ein Modell, welches das Zusammenspiel zwischen Telekooperationssystem, sozialen Strukturen und menschlicher Interaktion verdeutlicht. Als Basis menschlicher Aktivitäten werden soziale Strukturen (Regeln und Ressourcen) - bereitgestellt durch Technologie und Organisation - verstanden. Sie gehen davon aus, dass zwei Quellen für soziale Strukturen gegeben sind: Technologie und Handlungen. Denn sowohl bei der Entwicklung eines Telekooperationssystems als auch in Handlungen fließen bestehende soziale Strukturen als Schablone ein, werden produziert und reproduziert.

Im Folgenden werden die sieben Hypothesen[176] vorgestellt, die sich als Ergebnis aus den Überlegungen von DeSanctis und Poole [1994] ergeben haben.

---

[175] Die folgenden Ausführungen basieren auf dem Original von DeSanctis und Poole [1994, S. 121-147], wobei die deutsche Übersetzung der Hypothesen von Schwabe [1999, S. 49-60] stammt. Deshalb wird im Folgenden auf Fußnoten verzichtet.

[176] Die deutsche Übersetzung der Hypothesen basiert ausschließlich auf der Übersetzung von Schwabe [1999, S. 49-60].

„H1: Telekooperationssysteme[177] sorgen für soziale Strukturen, die durch ihre Eigenschaften und ihren Geist beschrieben werden können. In dem Maße, wie sich Telekooperationssysteme in ihrem Geist und in ihren strukturellen Funktionen unterscheiden, werden unterschiedliche Formen der sozialen Interaktion durch die Technologie gefördert."

Ein Telekooperationssystem beinhaltet sowohl strukturelle als auch abstrakte Eigenschaften. Strukturelle Eigenschaften sind konkrete Funktionen, wie das Versenden und Empfangen von Emails, das gemeinsame Erstellen von Dokumenten etc. . Abstrakte Eigenschaften beschreiben den Funktionsumfang, also wie restriktiv das Telekooperationssystem ist, z. B. in welchem Ausmaß es Kontrolle ermöglicht, wie ausgefeilt und anspruchsvoll es ist. Eigenschaften bringen Bedeutung (nach Giddens 'Signifikation') und Kontrolle (nach Giddens 'Herrschaft') in die Interaktion bzw. Zusammenarbeit von Gruppen. Im Gegensatz zu herkömmlicher Software stellen die Eigenschaften bei Telekooperationssystemen ein Bündel an Möglichkeiten dar, die wahlweise genutzt und miteinander kombiniert werden können (vgl. [DeSanctis/Poole 1994, S. 125f.]).

Der Geist von Telekooperationssystemen steht für die systemimmanenten Werte und Ziele, die den strukturellen Eigenschaften zugrunde liegen. Sie bringen die offizielle Entwicklerlinie der Technologienutzung, des Funktionenverständnisses und der Erwartung über den Umgang mit dem Telekooperationssystem zum Ausdruck. Der Geist eines Telekooperationssystems stellt somit im Sinne von Giddens eine 'Legitimation' dar, d. h. einen normativen Rahmen bezüglich des angemessenen Verhaltens innerhalb des Telekooperationssystems. Der Geist kann aber auch zu 'Signifikation' und 'Herrschaft' beitragen. Der Geist eines Telekooperationssystems kann identifiziert werden, indem (a) die zugrundeliegenden Metaphern, (b) die Eigenschaften, die diese beinhalten und wie diese benannt sind, (c) die Benutzeroberfläche, (d) das Schulungsmaterial und die Online-Hilfe sowie (e) weitere Einführungsmaßnahmen und Hilfestellungen analysiert werden. Zu dem Geist eines Telekooperationssystems tragen die Entwickler, die einführenden Personen und letztendlich die Nutzenden bei. Je mehr Einigkeit bei allen beteiligten Personen über den Geist eines Telekooperationssystems besteht, desto größer ist dessen Einfluss auf die Nutzung (vgl. [DeSanctis/Poole 1994, S. 126f.]).

Eigenschaften und Geist eines Telekooperationssystems sind das strukturelle Potenzial eines Telekooperationssystems, mit dem Gruppen soziale Strukturen im Rahmen ihrer Zusammenarbeit und Interaktion entwickeln können (vgl. [DeSanctis/Poole 1994, S. 127]).

„H2: Die Nutzung von Telekooperationssystemstrukturen kann variieren, und zwar in Abhängigkeit von der Aufgabe, der Umgebung und anderen Rahmenbedingungen, die alternative Quellen für soziale Strukturen anbieten."

Neben dem Telekooperationssystem stellen die Aufgabe, die Organisation und ihre Geschichte, die Informationen aus der Organisation etc. weitere Quellen für Gruppenstrukturen dar. Sie alle nehmen Einfluss auf die Nutzung eines Telekooperationssystems. Die

[177] Der Begriff 'Advanced Information Technology' wurde von Schwabe an allen Stellen durch den Begriff 'Telekooperationssystem' ersetzt.

Bandbreite von alternativen Strukturierungsmöglichkeiten, die einer Gruppe zur Verfügung steht, bedingt die Nutzung der strukturellen Telekooperationssystem-Eigenschaften sowie die Interpretation der Ergebnisse (vgl. [DeSanctis/Poole 1994, S. 128).

„H3: Neue Quellen für Strukturen entwickeln sich, indem die Technologie-, Aufgaben- und Umgebungsstrukturen während der sozialen Interaktion angewendet werden."

Mit dieser Hypothese wird die gegenseitige Beeinflussung verdeutlicht. Durch die Ergebnisse der Nutzung des Telekooperationssystems und der Erledigung von Aufgaben sowie veränderter Umfeldeinflüsse ergeben sich neue Quellen für Gruppenstrukturen. Beispiel hierfür kann das Wissen sein, das über die Lösung einer Aufgabe entwickelt wird (vgl. [DeSanctis/ Poole 1994, S. 128]).

„H4: Neue soziale Strukturen entstehen bei der Interaktion in der Gruppe, indem die Regeln und Ressourcen eines Telekooperationssystems in einem gegebenen Kontext angeeignet und dann bei der Gruppeninteraktion über die Zeit reproduziert werden."

Auch in Hypothese 4 wird eine Wechselwirkung angesprochen. Durch die Aneignung eines Telekooperationssystems werden innerhalb einer Gruppe neue Strukturen möglich und auch entwickelt. Dadurch verändert sich die Gruppe nicht nur in Hinblick auf ihre Effizienz, Leistungsfähigkeit und Flexibilität bei der Aufgabenerledigung, sondern auch in Hinblick auf ihre Gruppenstrukturen, also ihr Zusammenwirken, ihre Werte und Normen etc. Durch die Wechselwirkung wird ein Aneignungsprozess in Gang gesetzt. Die Gruppe eignet sich das Telekooperationssystem an und entwickelt soziale Strukturen. Durch die Entwicklung der sozialen Strukturen, wird die Nutzung weiterer Funktionen des Telekooperationssystems möglich, die wiederum Strukturen schaffen. Dies ist ein fortlaufender Prozess. Jedoch verändert sich die Geschwindigkeit, mit der dies geschieht. Bei der Einführung eines neuen Telekooperationssystems sind viele unterschiedliche Aneignungsaktivitäten zu beobachten. Je länger das Telekooperationssystem genutzt wird, desto stärker etabliert sich eine bestimmte Nutzung und desto weniger verändern sich die soziale Strukturen.

Bei der Aneignung wählt die Gruppe bestimmte Funktionen des Telekooperationssystems aus, passt sich diese an oder passt sich selbst an diese an. Beabsichtigt oder unbeabsichtigt können hierbei die Eigenschaften verändert oder unverändert genutzt werden und im Sinne des Geistes des Telekooperationssystems erfolgen oder von ihm abweichen. Die Aneignung vollzieht sich in unterschiedlichen Aktivitäten, die sowohl schlüssiges Handeln als auch Äußerungen zur Aneignung umfassen können. Dabei spielen vier Aspekte zusammen, die die Aneignung beeinflussen (vgl. [DeSanctis/Poole 1994, S. 129f. und 134f.]):

1. Die Gruppen können bei der Aneignung die Telekooperationssystem-Strukturen
    - direkt anwenden,
    - in Beziehung setzen,
    - begrenzen oder interpretieren bzw. reinterpretieren sowie
    - beurteilen.
2. Innerhalb dieser Vorgänge können die Gruppen die Telekooperationssystem-Strukturen im Sinne des Geistes des Telekooperationssystems anwenden oder nicht (wenn beispielsweise ein elektronisches Informationsbrett nicht als Informationsaushang, sondern als Dokumentenablage verwendet wird).

3. Die Aneignungsaktivitäten hängen stark vom Zweck der Telekooperationssystem-Nutzung ab. Entscheidet sich eine Gruppe, das Telekooperationssystem als reines Informationsinstrument zu nutzen, werden andere Funktionen angewendet als bei der Nutzung des Telekooperationssystems zur Kooperation oder Koordination.
4. Die innere Haltung gegenüber dem Telekooperationssystem beeinflusst die Aneignung. Betrachtet die Gruppe das Telekooperationssystem als sinnvoll und arbeitserleichternd, wird sie sich intensiv damit auseinandersetzen, um es anwenden zu können. Hält die Gruppe das Telekooperationssystem für wertlos, wird sie wenig Zeit für die Aneignung investieren.

In Tabelle 5-1 werden die unterschiedlichen Einflussfaktoren und Aktivitäten der Aneignung aufgeführt. Um die Lesbarkeit zu erhöhen, wird „Telekooperationssystem" mit TKS abgekürzt.

Typ	*Erläuterung*
Direkte Verwendung (TKS-Struktur wird bewahrt)	
Direkte Aneignung	Offener Bezug auf eine TKS-Struktur oder eindeutige Verwendung einer TKS-Struktur
In Bezug zu anderen TKS-Strukturen setzen (TKS-Struktur kann mit anderen TKS-Strukturen gemischt werden)	
Substitution	Verwendung eines Teils einer TKS-Struktur oder einer ähnlichen TKS-Struktur. Wenn eine gegensätzliche TKS-Struktur zu der gedachten verwendet wird, liegt eine Aneignung gegen den Geist des Systems vor (z.B. Fax statt Email)
Kombination	Verbindung zweier TKS-Strukturen. Dies kann im Geist des Systems sein (z.B. gemeinsame Verteilerkreise für Email und Fax) oder ihm widersprechen (Verwendung eines betrieblichen Telekooperationssystems für Spiele). Durch die Kombination zweier TKS-Strukturen können auch Defizite einer TKS-Struktur behoben werden (Telefon als Begleitung einer verteilten Bearbeitung gemeinsamen Materials).
Vergrößerung	Die Ähnlichkeit zwischen zwei TKS-Strukturen wird z.B. über eine Metapher festgestellt und damit beide TKS-Strukturen in einen gemeinsamen Rahmen gesetzt.
Kontrastierung	Der Unterschied zwischen zwei TKS-Strukturen wird festgestellt, indem auf einen Widerspruch hingewiesen wird oder eine TKS-Struktur einer anderen vorgezogen wird. Eine TKS-Struktur kann auch kritisiert werden ohne expliziten Bezug zu einer anderen TKS-Struktur.
Begrenzung der TKS-Struktur (Die TKS-Struktur wird interpretiert und reinterpretiert)	
Begrenzung	Eine TKS-Struktur kann in ihrer Bedeutung interpretiert werden. Es kann gefragt und angewiesen werden, wer sie wie und in welcher Reihenfolge zu verwenden hat und wie die Arbeit damit abgeschlossen werden kann. Ihre Eignung kann diagnostiziert werden. Der Status bei der Nutzung der TKS-Struktur kann erfragt und bekanntgegeben werden.
TKS-Struktur beurteilen	
Bestätigung (TKS-Struktur wird akzeptiert)	Es besteht Einigung über die Aneignung der TKS-Struktur. Dies kann nach einem Vorschlag und dessen Annahme oder Ablehnung geschehen. Zu dem Vorschlag kann ein Kompliment über die Vorteile der TKS-Struktur gehören.
Verneinung	Die Aneignung der TKS-Struktur wird abgelehnt oder sie wird ignoriert. Dies kann durch schlüssiges Handeln oder durch einen expliziten Vorschlag geschehen.
Neutralität	Es wird Unsicherheit oder Neutralität zur Nutzung der TKS-Struktur geäußert.

Tabelle 5-1: Aneignungsaktivitäten (Quelle: In Anlehnung an [Schwabe 1999, S. 51])

„H5: Die Gruppenentscheidungsprozesse variieren in Abhängigkeit von der Aneignung des Telekooperationssystems."

Entscheidungsprozesse in der Gruppe werden nicht nur durch die Eigenschaften des Telekooperationssystems determiniert, sondern auch von seiner Aneignung durch die Gruppe. In dem Ausmaß, wie sich die Aneignung eines Telekooperationssystems über die Zeit und/oder innerhalb der Gruppe vollzieht, in dem Ausmaß variieren auch die Entscheidungsprozesse und -ergebnisse. Dies erklärt ebenfalls die unterschiedlichen Ergebnisse in der

Forschung zu den computerunterstützten Sitzungen unter vergleichbaren Rahmenbedingungen (vgl. [DeSanctis/ Poole 1994, S. 130]).

„H6: Die Art der Aneignung eines Telekooperationssystems variiert in Abhängigkeit vom internen System der Gruppe."

Die Aneignung des Telekooperationssystems hängt von vier Faktoren ab, die durch die Gruppe gegeben sind:

1. Dem Interaktionsstil innerhalb der Gruppe: Beispielsweise kann eine Gruppe autoritär oder demokratisch geführt werden; sie kann eine offene Konfliktkultur haben oder Konflikte unter der Decke halten.
2. Das Wissen und die Erfahrung der Gruppenmitglieder mit den Eigenschaften von Telekooperationssystemen: Entsprechend ihrem Erfahrungs- und Wissenshintergrund werden die einzelnen Mitglieder unterschiedliche Funktionen nutzen.
3. Dem Bekanntheitsgrad der Telekooperationssystem-Strukturen: Je mehr die Telekooperationssystem-Strukturen bekannt sind, desto eher werden sie im Sinne der gedachten Nutzung angewendet und desto eher wird die kritische Masse für eine Nutzung erreicht.
4. Dem Übereinstimmungsgrad bezüglich der Nutzung: Je stärker die Gruppenmitglieder sich über die Nutzung im Klaren sind, desto eher bilden sich stabile einheitliche Nutzungsmuster heraus.

„H7: Bei gegebenem Telekooperationssystem und anderen Quellen für soziale Strukturen N1...Nk und einem idealen Aneignungsprozeß und Entscheidungsprozessen, die zur anliegenden Aufgabe passen, kommt es zu den erwünschten Ergebnissen der Telekooperationsnutzung."

Die letzte Hypothese fasst Hypothese 1 bis 6 zusammen und setzt diese in Bezug zur Strukturationstheorie. „Ob eine Telekooperationsnutzung zu den gewünschten Ergebnissen führt, hängt mindestens davon ab, wie das Telekooperationssystem angeeignet wird und ob es zu der anliegenden Aufgabe paßt. Was ein gewünschtes Ergebnis ist, kann z.B. über die Effizienz, Qualität oder den Konsens gemessen werden." [Schwabe 1999, S. 53].

Einen umfassenden Überblick über die Konstrukte und deren Interdependenzen der AST gibt die nachfolgende Abbildung:

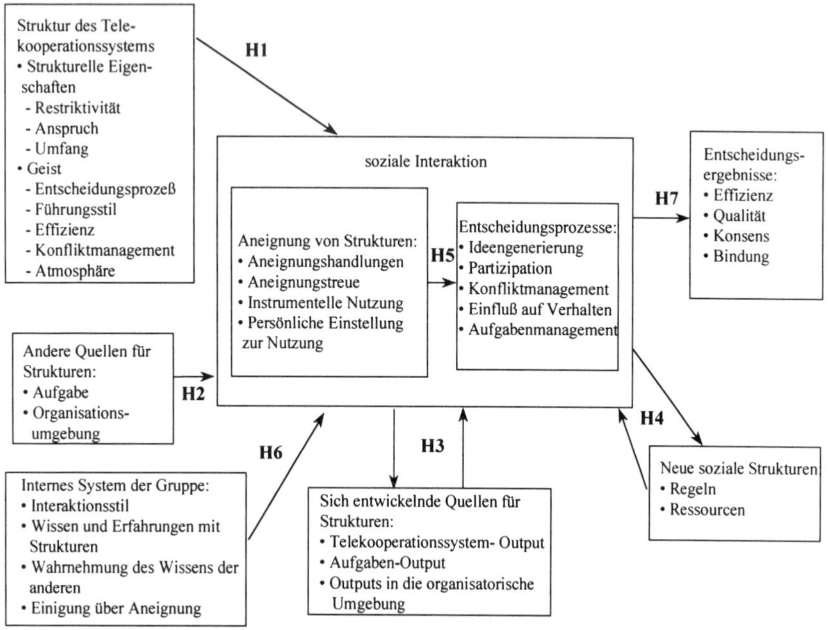

Abbildung 5-2: Konstrukte und Hypothesen der Adaptive Structuration Theory (Quelle: [Schwabe 1999, S. 53])

Wie in **Abbildung 5-2** deutlich wird, sehen DeSanctis und Poole [1994] die Aneignung des Telekooperationssystems ebenfalls als zentral an. Deshalb entwickeln sie ein Schema, um die Aneignung in Gruppen auf der Mikro-, der Gruppen- und Organisationsebene zu analysieren. Auf jeder dieser Ebenen betrachten sie die Aneignungsaktivitäten, den Geist der Aneignung, die instrumentelle Nutzung sowie die Haltung der Anwenderinnen zur Aneignung.

5.1.2 Schlussfolgerungen aus der Adaptive Structuration Theory

Die AST greift die Erkenntnisse der Strukturationstheorie nach Giddens und Orlikowski auf und führt sie, auf die Gruppe bezogen weiter, aus. Sie gibt einen Einblick in die Komplexität von Wirkungen und Wechselwirkungen bei der Aneignung von Telekooperationssystemen: Soziale Strukturen, Regeln und Ressourcen als Basis menschlicher Handlungen sind in der Organisation und der Gruppe vorhanden, fließen in die Entwicklung des Telekooperationssystems und Handlungen mit ein und werden durch die Telekooperationssystem-Anwendung und Handlungen wieder produziert und reproduziert. Hinsichtlich der Vorgehensweise für die Einführung von Telekooperationssystemen lassen sich daraus wertvolle Hinweise ableiten. Schwabe [1999, S. 55ff.] hat diese ausführlich diskutiert, deshalb sollen im Folgenden nur diejenigen herausgegriffen und ggf. erweitert werden, die für die Konzeption und Durchführung von Qualifizierungsmaßnahmen wesentlich sind.

Abbildung 5-2 verdeutlicht, dass die Einführung eines Telekooperationssystems nicht unabhängig von der Organisation, der Gruppe und der Gruppenmitglieder erfolgen kann (vgl. [Krcmar 1992, S. 7; Cyranek 1993, S. 4; Welter 1988, S. 21f.]). Für die Einführung eines Telekooperationssystems bedeutet dies, dass nicht nur die Aneignung im Sinne von Handhabung des Telekooperationssystems an sich, sondern auch

- der Einfluss des Telekooperationssystems auf das Individuum, die Gruppe und die Organisation,
- die Aneignung durch das Individuum, aber auch innerhalb der Gruppe und der Organisation

berücksichtigt werden muss. Zwei Schlussfolgerungen lassen sich ableiten:

F-1: Einführungsmaßnahmen sollten Personal- und Organisationsentwicklungsmaßnahmen umfassen.

F-2: Themenbereiche ergeben sich aus der Handhabung des Telekooperationssystems, seine Veränderungen für bzw. seinen Einfluss auf das Individuum, die Gruppe und die Organisation.

Ferner leitet sich daraus ab, dass nicht nur der Umgang mit dem Telekooperationssystem vermittelt werden darf, so wie es bei Individualsoftware der Fall ist. Dies greift zu kurz, da die Gruppe unberücksichtigt bleibt. Deshalb ist ein umfassendes Telekooperationskonzept für die Arbeit der Einzelnen, der Gruppe und der Organisation mit dem Telekooperationssystem zu entwickeln und in die Einführungsmaßnahmen zu integrieren. Dieses kann dann z. B. als Basis für die Ausarbeitung von Nutzungsszenarien, Schulungsunterlagen und der Vermittlung der Telekooperationssystem-Nutzung dienen. Wesentlich ist, dass das erarbeitete Telekooperationskonzept in die Strukturen passt, nicht dass es diese von vorneherein neugestaltet.

F-3: Ein umfassendes Telekooperationskonzept ist für die Arbeit der Einzelnen, der Gruppe und der Organisation mit dem Telekooperationssystem zu entwickeln und in die Einführungsmaßnahmen zu integrieren.

Dazu müssen die sozialen Strukturen in der Organisation, der Gruppe und des Telekooperationssystems analysiert und betrachtet werden. Wichtig ist, dass das Konzept im Verlauf der Zeit, entsprechend der Gegebenheiten, immer wieder überarbeitet und angepasst wird. In diesem Zusammenhang weist Schwabe [1999, S. 55] darauf hin, dass auch eine Analyse nicht nur einmalig vor Einführung des Telekooperationssystems durchgeführt werden darf, sondern eine dauernde Aufgabe darstellt. Denn nur durch ständige Beobachtung ist es möglich, Änderungen in den sozialen Strukturen und deren Wechselwirkungen zu erkennen und entsprechend auch weiterhin die Aneignung begünstigen zu können.

F-4: Eine Analyse der Zusammenarbeit der Gruppe unter Berücksichtigung ihres Umfeldes, sollte als Quelle für die Entwicklung eines Telekooperationskonzeptes nicht nur vor der Einführung durchgeführt werden, sondern auch bei späteren Konzeptanpassungen.

Nutzen mehrere Gruppen das Telekooperationssystem, können sich innerhalb jeder Gruppe aus den jeweils eigenen sozialen Strukturen unterschiedliche Nutzungsmöglichkeiten ergeben, beispielsweise aus dem Führungsstil der Gruppenleitung, der Vertrautheit einzelner Gruppenmitglieder und/oder dem Vertrauen innerhalb der Gruppe.

F-5: Für eine gruppengerechte Einführung sind jeweils die einzelnen Gruppen zu betrachten.

F-6: Den Mediatorinnen sollte die Gruppenkultur bekannt sein, um den Einsatz des Telekooperationssystems gruppenspezifisch anregen zu können.

F-7: Für unterschiedliche Gruppen können sich unterschiedliche Nutzungsszenarien des Telekooperationssystems ergeben.

Durch den Einsatz von Nutzungsszenarien kann der Gruppe der Wert der Telekooperationssystem-Nutzung verdeutlicht werden, solange sie dieses selbst noch nicht in allen Einzelheiten kennt und sich keine eigenen Vorstellungen entwickeln kann. Diese Szenarien können die Gruppe animieren, gegebenenfalls mehr Engagement in die Aneignung zu investieren.

Im Gegensatz zu herkömmlicher Software, ist ein Telekooperationssystem ein Bündel von lose gekoppelten Funktionen. Diese können direkt angewendet, nicht angewendet, verändert und/oder gekoppelt werden. Das bedeutet, dass Komponenten des Telekooperationssystems in ihrer ursprünglichen Funktion - z. B. Email als Kommunikationsmittel - aber auch in angepasster Funktion - z. B. Email als Terminkoordinationsmittel - eingesetzt werden können. Auch haben die einzelnen Komponenten unterschiedliche Eigenschaften, so dass sie sich für die eine Aufgabe mehr oder weniger eignen. Der Ausgangspunkt für die Entwicklung von Nutzungsszenarien sollte deshalb der Zweck der Telekooperationssystem-Nutzung und die Ziele, die die Gruppe damit verfolgt, sein. Je nachdem muss die Nutzung der Funktionen unterschiedlich vermittelt werden. Da auch Aufgaben, die Umgebung und andere Rahmenbedingungen Quellen für die sozialen Strukturen sind, sollten diese ebenfalls analysiert und berücksichtigt werden.

F-8: Bei der Entwicklung von Nutzungsszenarien ist sowohl auf die Passung von Aufgaben, Telekooperationssystem-Funktion, Zweck und das damit verfolgte Ziel, als auch auf die Gruppenstruktur zu achten.

In diesem Zusammenhang sind auch die Intentionen der einzelnen Gruppenmitglieder und der Gruppe von Bedeutung. Was wollen sie? Welche Ziele und Interessen verfolgen sie? Welche Geschichte haben die Einzelnen in der Gruppe? Welche Geschichte hat die gesamte Gruppe? Will oder muss die gesamte Gruppe eine Aufgabe erledigen? Müssen die Einzelnen im Rahmen der Gesamtaufgabe auch Teilaufgaben erledigen, an deren Ergebnis sie nicht interessiert sind, oder wollen sie diese Teilaufgaben erledigen? Die Auswirkungen des Telekooperationssystems sind vor diesem Hintergrund zu sehen, zu interpretieren und zu berücksichtigen (vgl. [Schwabe 1999, S. 56]). Nimmt beispielsweise der Einsatz des Telekooperationssystems einem Einzelnen seine Vormachtstellung, indem Informationen für alle zugänglich werden, wird er diesen zu verhindern versuchen. Oder bietet der Einsatz des Telekooperationssystems die Möglichkeit bisherige Arbeiten zeitsparender zu erledigen, fördert dies die Nutzung bei den Anwenderinnen. Wann immer es möglich ist, sollten Einführungsmaßnahmen neben den Interessen und Zielen der Gesamtgruppe auch an den Interessen und Zielen der Einzelnen ansetzen. Dadurch wird Akzeptanz gefördert, die die Nutzung des Telekooperationssystems begünstigt.

F-9: Die Kenntnis über Interessen und Ziele muss bei den Mediatorinnen vorhanden sein, um den Einzelnen Nutzen und Vorteile vermitteln sowie deren Agieren einschätzen und interpretieren zu können.

F-10: Einführungsmaßnahmen sollten neben den Interessen und Zielen der Gruppe und der Organisation auch die, der einzelnen Gruppenmitglieder berücksichtigen.

Das Wissen und die Erfahrung der Gruppenmitglieder mit Eigenschaften von Telekooperationssystemen kann unterschiedlich sein und sollte deshalb in der Zielgruppenanalyse erhoben werden. Davon ausgehend, kann dann in der Gesamtgruppe ein einheitlicher Wissensstand angestrebt und eine möglichst einheitliche Nutzung der Telekooperationssystem-Funktionen erreicht werden. Denn wie bereits erörtert, korreliert die gedachte Nutzung mit dem Bekanntheitsgrad der Telekooperationssystem-Strukturen und zwei positive Effekte ergeben sich: Zum einen bilden sich stabile einheitliche Nutzungsmuster heraus. Zum anderen wird die kritische Masse der Telekooperationssystem-Nutzung früher erreicht.

F-11: In der Zielgruppenanalyse sind Wissen und Erfahrung der Gruppenmitglieder hinsichtlich der Anwendung von Telekooperationssystemen zu ermitteln.

Die schnelle Adaption des Telekooperationssystems durch einzelne Anwenderinnen kann dazu führen, dass sich die Aufgabenteilung innerhalb der Gruppe verändert. Auch kann sich das Ansehen des Einzelnen in der Gruppe verändern. Folge hiervon kann bei einzelnen Anwenderinnen der Widerstand oder die Akzeptanz des Telekooperationssystems sein, die die Nutzung insgesamt fördern oder gefährden und sollte den Mediatorinnen daher bekannt sein. Widerstände müssen abgebaut und Akzeptanz aufgebaut werden, um eine breite Nutzung zu erhalten.

F-12: Mediatorinnen sollten für die Widerstände gegen und die Akzeptanz in Bezug auf die neue Technologie bei Einzelnen und in der Gruppe sensibel sein.

Da sich in der Zusammenarbeit, durch die Anwendung des Telekooperationssystems neue Quellen für Strukturen entwickeln, muss die Einführung eines Telekooperationssystems als Prozess über einen längeren Zeitraum hinweg verstanden werden. Durch die Wechselwirkungen wird es notwendig, nicht nur kurzzeitig am Beginn Einführungsmaßnahmen wie Schulungen und Workshops durchzuführen. Die Gruppe sollte in ihrer Aneignung und ihrer Entwicklung neuer Strukturen, aber auch dem Verwerfen oder Ändern bestehender Strukturen, über einen längeren Zeitraum mit unterstützenden Maßnahmen begleitet werden. Denn dadurch können neue Einsatzmöglichkeiten für das Telekooperationssystem entstehen, die die Gruppe selbst evtl. nicht wahrnimmt.

F-13: Die Einführung von Telekooperationssystemen sollte als Prozess betrachtet werden und die betroffene Gruppe deshalb über einen längeren Zeitraum in ihrer Aneignung z. B. in Form von Workshops begleitet werden.

Die Aneignung und Nutzung von Telekooperationssystemen wird durch extern Handelnde und Umfeldstrukturen erschwert oder erleichtert. Bei der Aneignung kommt beispielsweise den Lehrenden oder dem Benutzerservice eine tragende Rolle zu. Sie geben Nutzungsempfehlungen, haben einen direkten Zugang zu den Gruppen und Gruppenmitgliedern und können die Aneignung und den Umgang mit dem Telekooperationssystem beobachten. Kennen sie die Aufgaben und/oder die Funktionen und den Geist des Telekooperationssystems und/oder die Gruppe und/oder begrenzende Umfeldstrukturen nicht genau, geben sie eventuell falsche Nutzungsempfehlungen. Wichtig ist deshalb, dass diesem Personenkreis genügend Zeit und Material zur Verfügung steht, um sich einarbeiten und die Einführung entsprechend gut begleiten zu können.

Auch ermöglichen und beschränken Telekooperationssysteme die Reproduktion von Strukturen in Handlungen. Deshalb gilt es zu überlegen, ob diese gerechtfertigt und sinnvoll sind. Greifen sie beispielsweise in bestehende Strukturen ein und behindern diese, muss geprüft werden, ob dies im Sinne der Gruppe, der Aufgabenerledigung und des Umfeldes ist (vgl. [Schwabe 1999, S. 56]). Mediatorinnen sollten in der Lage sein, dies zu tun.

F-14: Mediatorinnen sollten den „Geist" des Telekooperationssystems mit all seinen Komponenten, Möglichkeiten und Facetten intensiv kennen.
F-15: Mediatorinnen sollten Medienkompetenz besitzen, um die Systemfunktionen in ihrer ursprünglichen Funktion und mit ihren Eigenschaften zu erfassen und dadurch den Anwenderinnen bei dem Transfer auf neue Aufgabenstellungen und der Anwendung unter veränderten Bedingungen beratend zur Seite stehen zu können.
F-16: Wird erkannt, dass bestehende Strukturen durch das Telekooperationssystem begrenzt oder behindert werden, sollte dies in der Gruppe thematisiert werden.

Durch die Komplexität rückgekoppelter Prozesse und der Wechselwirkung von Technologie und Gruppe, die durch die AST zum Ausdruck gebracht wird, empfiehlt Schwabe [1999, S. 57f.] Bei der Einführung von Telekooperationssystemen sollte Zurückhaltung in Bezug auf den Eingriff in den Gruppenprozess und die Gruppenarbeit geübt werden. Der Aneignungsprozess sollte mehr moderiert denn forciert werden (vgl. [Gehm 1996, S. 172f.]).

F-17: Bedingt durch die Wechselwirkungen, sollte der Aneignungsprozess moderiert, nicht forciert werden.

Aus diese Forderung kann eine weitere abgeleitet werden:
F-18: Mediatorinnen sollten sich als Aneignungsmoderatoren und –berater verstehen.

Welche didaktischen Empfehlungen lassen sich aus der AST ableiten?
Die Aneignung eines Systems, und damit das Lernen, vollzieht sich nach der AST im Wechselspiel von Strukturen und Rückkopplungsprozessen in einem Interaktionsprozess und Erkenntnisprozess. Was bedeutet dies auf die Gemeinderatswelt übertragen? Die Wirklichkeit der Ratsarbeit stellt sich für jedes Ratsmitglied anders dar, ausgehend von seinen Vorstellungen, Wünschen etc. und den Strukturen, in die es eingebettet ist. Das Ratsmitglied agiert also ausgehend von den, in ihm existenten Deutungsmustern. In Rückkopplung mit den existenten Strukturen z. B. der eigenen Fraktion, wird das jeweilige Verständnis von Ratsarbeit gelebt und/oder die bestehenden Strukturen verändert. Dies hat sich über die Einführung von Cuparla bereits bestätigt (siehe Kapitel 3). Daraus lassen sich folgende Rückschlüsse ziehen:

- Es gibt keine objektive Wirklichkeit, sondern die individuell und sozial konstruierte. Es sollten deshalb zum einen in den Qualifizierungsmaßnahmen von den Mediatorinnen mehrere Wirklichkeiten zugelassen werden und zum anderen sollte Lernen auch situiert erfolgen, also in dem Kontext, in dem das Gelernte eingesetzt werden soll.
- Aneignungsprozesse erfolgen in sozialer Interaktion, deshalb sollte Lernen soziale Interaktion ermöglichen z. B. durch kooperatives Lernen.
- Wenn jedes Verhalten eines Systems auf dieses selbst zurückfällt und zum Ausgangspunkt neuen Verhaltens wird, wird dies als ein, sich selbst organisierendes Systems bezeichnet (vgl. [Saldern 1996, S. 36f.]). Organisiert sich ein System selbst, muss ihm hierzu auch die Möglichkeit gegeben werden.

Lernen erfolgt also nicht 1 : 1 im Sinne des Gelehrten, sondern durch die auf die soziale Interaktion wirkenden, bestehenden Strukturen und Faktoren (siehe **Abbildung 5-2**).

Nach der AST werden Strukturen durch Handlungen reproduziert. Es ist demnach wichtig, den Lernenden die Möglichkeit zum „Handeln", also zur Anwendung des Telekooperationssystems, anhand ihrer konkreten Aufgaben zu geben, um zu erkennen, ob und wie sich die gegebenen Strukturen im Telekooperationssystem abbilden lassen.

F-19: Lernen sollte „Handeln", also das Anwenden des Telekooperationssystems an konkreten Aufgaben, ermöglichen.

Der Ausgangspunkt für die Gestaltung des Lehr-Lern-Prozesses, der Lehr-Lern-Ziele, Lehr-Lern-Materialien etc. sollte das Telekooperationskonzept sein, das auf Basis des Ergebnisses einer umfassenden Analyse der einzelnen Aspekte in **Abbildung 5-2** aufbaut. Zur Analyse gehören somit die Strukturen des Telekooperationssystems, die Quellen für Strukturen wie die Aufgaben und das Umfeld, das interne System der Gruppe sowie die soziale Interaktion. Da sich die einzelnen Aspekte durch die Einführung des Telekooperationssystems verändern können, darf ein geplanter Lehr-Lern-Prozess, definierte Lehr-Lern-Ziele, erarbeitete Lehr-Lern-Materialien etc. nicht als fest betrachtet werden, sondern sollte, entsprechend der eintretenden Veränderungen, rollierend neu geplant und gestaltet werden.

F-20: Im Verlauf der Einführung sind der geplante Lehr-Lern-Prozess, -Ziele, -Inhalte, -Materialien und -Methoden entsprechend eingetretener Veränderungen zu überarbeiten und anzupassen.

Da ein Telekooperationssystem nicht stereotyp nach einem Muster angewendet werden kann, muss neben den Funktionen und Eigenschaften auch der Geist desselben vermittelt werden. Als Lehr-Lern-Ziele lassen sich analog zwei Forderungen ableiten:

F-21: Anwenderinnen sollte der Geist und die Nutzung eines Telekooperationssystems vermittelt werden.
F-22: Bei den Anwenderinnen sollte Medienkompetenz aufgebaut werden.

Bei der Analyse des Umfeldes ist mitzuberücksichtigen, inwiefern die Aneignung durch externe Einflüsse unterstützt oder behindert wird (vgl. [Schwabe 1999, S. 56]. Diese Einflüsse können durch extern Handelnde - am Beispiel Cuparla z. B. durch die Verwaltung, Bürgerinnen und Trainerinnen - und Strukturen - am Beispiel Cuparla z. B. die Presse -

beeinflusst werden. Den Lehrenden kommt in diesem Zusammenhang verstärkt Bedeutung zu, da sie das Lernen anregen und den Umgang mit dem Telekooperationssystem vermitteln. Ihnen sollten diese „Hindernisse“ bekannt sein, um sie bei der Planung, Gestaltung und Durchführung der Qualifizierungsmaßnahmen entsprechend berücksichtigen zu können.

F-23: Umfeldeinflüsse sollten den Lernenden bekannt sein und in die Planung, Gestaltung und Durchführung der Qualifizierungsmaßnahmen einfließen.

Unter Beachtung der Komplexität von Rückkopplungseffekten in Gruppenprozessen, kommt den Lehrenden eine eher zurückhaltende, moderierende und unterstützende Rolle im Rahmen der Qualifizierungsmaßnahmen zu. Es gibt nicht die „richtige“ Nutzung eines Telekooperationssystems, die forciert werden muss, sondern lediglich eine „gedachte“ Nutzung, die vorgeschlagen und diskutiert werden kann. Für jede Gruppe kann sich die Nutzung und die Telekooperation anders gestalten. Das Bild der Lehrenden verändert sich somit hin zu dem von Lernmoderatorinnen und –beraterinnen (siehe auch **F-18**).

F-24: Lehrende sollten sich als Lernmoderatorinnen und –beraterinnen verstehen.

Tabelle 5-2 fasst die, aus der AST abgeleiteten Schlussfolgerungen unter den Aspekten aus Kapitel 3 der Planung und Durchführung von Qualifizierungsmaßnahmen zusammen. Dabei werden für alle Kriterien geltende Schlussfolgerungen unter der Überschrift „Allgemeine Hinweise“ zusammengefasst und die Themenbereiche nicht weiter in den Lehr-Lern-Bereichen differenziert.

Kriterien	**Schlussfolgerungen**
Allgemeine Hinweise	**F-3:** Ein umfassendes Telekooperationskonzept ist für die Arbeit der Einzelnen, der Gruppe und der Organisation mit dem Telekooperationssystem zu entwickeln und in die Einführungsmaßnahmen zu integrieren. **F-4:** Eine Analyse der Zusammenarbeit der Gruppe unter Berücksichtigung ihres Umfeldes, sollte als Quelle für die Entwicklung eines Telekooperationskonzeptes nicht nur vor der Einführung durchgeführt werden, sondern auch bei späteren Konzeptanpassungen. **F-7:** Für unterschiedliche Gruppen können sich unterschiedliche Nutzungsszenarien des Telekooperationssystems ergeben. **F-8:** Bei der Entwicklung von Nutzungsszenarien ist sowohl auf die Passung von Aufgaben, Telekooperationssystem-Funktion, Zweck und das damit verfolgte Ziel, als auch auf die Gruppenstruktur zu achten.
	Programmplanung
Allgemeine Hinweise zur Programmplanung	**F-1:** Einführungsmaßnahmen sollten Personal- und Organisationsentwicklungsmaßnahmen umfassen.
Themenbereiche	**F-2:** Themenbereiche ergeben sich aus der Handhabung des Telekooperationssystems, seine Veränderungen für bzw. seinen Einfluss auf das Individuum, die Gruppe und die Organisation.
Zielgruppen	**F-5:** Für eine gruppengerechte Einführung sind jeweils die einzelnen Gruppen zu betrachten.
Organisationsform	
Veranstaltungsform, -dauer, –häufigkeit	

Durchführungslogistik	**F-13:** Die Einführung von Telekooperationssystemen sollte als Prozess betrachtet werden und die betroffene Gruppe deshalb über einen längeren Zeitraum in ihrer Aneignung z. B. in Form von Workshops begleitet werden.
Einbindung in das bestehende Qualifi-zierungsprogramm	
Kosten-Nutzen-Abwägungen	
Veranstaltungs- und Unterrichtsplanung	
Allgemeine Hinweise zu Veranstaltungs- und Unterrichtsplanung	**F-10:** Einführungsmaßnahmen sollten neben den Interessen und Zielen der Gruppe und der Organisation auch die, der einzelnen Gruppenmitglieder berücksichtigen. **F-20:** Im Verlauf der Einführung sind der geplante Lehr-Lern-Prozess, -Ziele, -Inhalte, -Materialien und -Methoden entsprechend eingetretener Veränderungen zu überarbeiten und anzupassen.
Schulungspersonal – Die Lehrenden	**F-6:** Den Mediatorinnen sollte die Gruppenkultur bekannt sein, um den Einsatz des Telekooperationssystems gruppenspezifisch anregen zu können. **F-9:** Die Kenntnis über Interessen und Ziele muss bei den Mediatorinnen vorhanden sein, um den Einzelnen Nutzen und Vorteile vermitteln sowie deren Agieren einschätzen und interpretieren zu können. **F-12:** Mediatorinnen sollten für die Widerstände gegen und die Akzeptanz in Bezug auf die neue Technologie bei Einzelnen und in der Gruppe sensibel sein. **F-14:** Mediatorinnen sollten den „Geist“ des Telekooperationssystems mit all seinen Komponenten, Möglichkeiten und Facetten intensiv kennen. **F-15:** Mediatorinnen sollten Medienkompetenz besitzen, um die Systemfunktionen in ihrer ursprünglichen Funktion und mit ihren Eigenschaften zu erfassen und dadurch den Anwenderinnen bei dem Transfer auf neue Aufgabenstellungen und der Anwendung unter veränderten Bedingungen beratend zur Seite stehen zu können. **F-18:** Mediatorinnen sollten sich als Aneignungsmoderatoren und –berater verstehen. **F-23:** Umfeldeinflüsse sollten den Lernenden bekannt sein und in die Planung, Gestaltung und Durchführung der Qualifizierungsmaßnahmen einfließen. F-24: Lehrende sollten sich als Lernmoderatorinnen und –beraterinnen verstehen.
Zielgruppenanalyse – Die Lernenden	**F-11:** In der Zielgruppenanalyse sind Wissen und Erfahrung der Gruppenmitglieder hinsichtlich der Anwendung von Telekooperationssystemen zu ermitteln.
Gruppengröße und –zusammensetzung	
Lehr-Lern-Inhalte	**F-16:** Wird erkannt, dass bestehende Strukturen durch das Telekooperationssystem begrenzt oder behindert werden, sollte dies in der Gruppe thematisiert werden. **F-21:** Anwenderinnen sollte der Geist und die Nutzung eines Telekooperations-systems vermittelt werden. **F-22:** Bei den Anwenderinnen sollte Medienkompetenz aufgebaut werden.
Lehr-Lern-Sequenz	
Gestaltung des Lehr-	**F-17:** Bedingt durch die Wechselwirkungen, sollte der Aneignungsprozess

Lern-Prozesses	moderiert, nicht forciert werden. **F-19:** Lernen sollte „Handeln", also das Anwenden des Telekooperationssystems an konkreten Aufgaben, ermöglichen.
Schulungsmaterialien und Hilfsmitteleinsatz	

Tabelle 5-2: Überblick über die, aus der AST abgeleiteten Schlussfolgerung (Quelle: Eigene Darstellung)

Welche Hinweise lassen sich aus dem bisher Dargestellten für die Qualifizierungsmaßnahmen von Cuparla ableiten?

Der Ausgangspunkt für die Erarbeitung von Unterrichtsmaterialien und die Vermittlung sollte ein konkretes Konzept für die Gemeinderatsarbeit mit dem Cuparla-System darstellen. Dies wird dadurch bedingt, dass zum einen das Cuparla-System als Telekooperationssystem eben ein loses Bündel an Funktionalitäten darstellt, die unterschiedlich genutzt werden können, und zum anderen die Ratsmitglieder keine Erfahrung mit einem ähnlichen System haben. Ein konkretes Konzept mit Nutzungsszenarien bietet den Ratsmitgliedern die Möglichkeit, sich ihre zukünftige, computergestützte Tele-Zusammenarbeit erst einmal vorstellen und mit ihrer bisherigen Ratsarbeit vergleichen zu können. Dabei lernen sie Vor- und Nachteile erkennen und abschätzen und erhalten Ideen für den eigenen Transfer von Anwendungsmöglichkeiten in ihrem Alltag. Da bei Cuparla, je nach Fraktion, durchaus unterschiedliche Strukturen in der Zusammenarbeit gegeben sind, lässt sich für die Durchführung von Schulungen schlussfolgern, dass sich unterschiedliche Nutzungsszenarien, in Abhängigkeit der jeweiligen Fraktion, ergeben können. Die Lehrenden sollten sich darüber bewusst sein, um sensibel auf die Unterschiede eingehen zu können.

Bedingt durch die Rückkopplungseffekte zwischen Systemaneignung, der Entwicklung von Strukturen und der letztendlichen Nutzung von Cuparla, ist es empfehlenswert, das ursprünglich entwickelte Konzept der Gemeinderatsarbeit immer wieder zu überprüfen und gemeinsam mit den Ratsmitgliedern anzupassen. Dazu können die Anwenderinnen in ihrem Nutzungsverhalten beobachtet und befragt werden, um das Erhobene anschließend in den Qualifizierungsmaßnahmen zu thematisieren und gegebenenfalls neue Vorgehensweisen und Nutzungsmöglichkeiten vorzustellen oder zu erarbeiten und entsprechend zu vereinbaren.

Das Cuparla-System wurde in bestehende Gruppen - die Fraktionen und den Gesamtgemeinderat - eingeführt. Wie dargestellt, ergaben sich daraus positive und negative Effekte und Rückwirkungen auf die einzelnen Ratsmitglieder und auch auf die Gruppe der Zusammenarbeitenden. Um diese in eine nutzungsfördernde Richtung lenken zu können, müssen sie antizipiert bzw. mindestens erkannt werden. Um dies leisten zu können, sollten sich die Lehrenden mit der Ratsarbeit, den Fraktions- und Gemeinderatsgegebenheiten und – gepflogenheiten auseinandersetzen und diese kennen.

Um die Qualifizierungsmaßnahmen entsprechend auf die Cuparla-Anwenderinnen zuschneiden zu können, wird eine Zielgruppenanalyse notwendig, die unter anderem das Wissen und die Erfahrung der Ratsmitglieder hinsichtlich der Nutzung von Telekooperationssystemen, Ziele und Interessen erhebt.

Da die Einführung auch Personal- und Organisationsentwicklungsmaßnahmen umfassen sollte, sind Qualifizierungsmaßnahmen zu planen, die zum einen den Einzelnen in seiner individuellen Arbeit, zum anderen aber die Gruppe und ihre Zusammenarbeit berücksichtigen. Individuelles Lernen und organisatorisches Lernen sind einzuplanen.

Die Analyse durchgeführter Qualifizierungsmaßnahmen sollte regelmäßig erfolgen, um die eventuell durch die Trainerinnen aufgebauten Hindernisse im Umgang mit dem Cuparla-System zu erkennen.

5.2 Charakteristika von Gruppenprozessen bei Zusammenarbeit

5.2.1 Time, Interaction, and Performance Theory

1991 hat McGrath sein Gruppenmodell (vgl. [McGrath 1984]) ausgehend von den Erkenntnissen der Gruppenforschung, dass verschiedene Umfeldfaktoren auf eine Gruppe wirken und die Gruppe selbst dynamisch ist, erweitert und in einer neuen Theorie, der *Time, Interaction, and Performance Theory* (TIP-Theorie), zusammengefasst.

Die TIP-Theorie besagt, dass Gruppen in soziale und organisatorische Systeme eingebettet sind. Sie haben eine gemeinsame Geschichte und Zukunft und sind nicht starr in ihrer Mitgliedschaft. McGrath definiert den Begriff *Gruppe* folgendermaßen:

„Groups are assumed to be complex, intact social systems that engage in multiple, interdependent functions, on multiple, concurrent projects, while partially nested within, and loosely coupled to, surrounding systems.“ [McGrath 1991, S. 151].

Deshalb üben Gruppenmitglieder bei ihrer Zusammenarbeit gleichzeitig drei, voneinander nicht trennbare Funktionen aus:

(1) *Die aufgabenbezogene Funktion* bzw. Produktionsfunktion (production function), wie die Ausführung einer übertragenen Aufgabe. Das Produktionsergebnis ist z. B. ein Beitrag zu einer Problemlösung innerhalb der Organisation, in der die Gruppe eingebettet ist.

(2) *Die gruppenbezogene Funktion* (group well-being), die das Wohlbefinden der Gruppe als intaktes und fortdauerndes soziales Gebilde betrifft, z. B. die Übernahme von Rollen in der Gruppe und das Entwickeln von Verhaltensregeln und Normen.

(3) *Die personenbezogene Funktion* (member-support), die auf die Unterstützung des Einzelnen zielt, beispielsweise beim Aufbau von Beziehungen untereinander.

Gruppen üben zweck-/zielorientierte Aktivitäten aus, die sich auf drei, ineinander gebettete Ebenen beziehen: Projekte, Aufgaben und Schritte. Mit Projekt wird hier eine Reihe von Aktivitäten bezeichnet, die zur Erreichung eines oder mehrere Ziele dienen. Als Aufgabe wird eine Reihe von Aktivitäten verstanden, die einem speziellen Projekt zugeordnet werden können. Ein Schritt wird als eine Aktivität definiert, die Teil einer Aufgabe ist. Im Rahmen der Zusammenarbeit haben Schritte und Aufgaben instrumentellen Wert, Projekte haben intrinsischen Wert für die Gruppe. Gewöhnlich sind die Gruppenmitglieder mit Aktivitäten aus mehreren Projekten auf den drei Funktionsebenen beschäftigt. D. h. eine Gruppe benötigt Mittel zur Koordination der Überschneidungen hinsichtlich der Zeit, des Ortes und der Mitglieder bei der Ausübung ihrer Aktivitäten im Rahmen der unterschiedlichen Funktionen innerhalb vieler Projekte (vgl. [McGrath 1991, S. 151]), wobei der größte Teil der Gruppenarbeit von einzelnen Mitgliedern oder Teilgruppen erledigt wird, ohne dass alle Gruppenmitglieder anwesend sind (vgl. [McGrath 1991, S. 151]). Während der Durchführung der Projekte ist jede Gruppe in ein Umfeld eingebettet, wobei eine Verbindung zu mehreren übergeordneten Systemen wie Abteilungen, Unternehmen etc. gleichzeitig bestehen kann.

Die TIP-Theorie besagt weiter, dass sich die Gruppe in jeder dieser drei Funktionen in vier unterschiedlichen Phasen, sogenannten 'modes', befinden kann: der Startphase (inception), der Vorstrukturierungsphase (problem solving), der Konfliktlösungsphase (conflict resolution) oder der Arbeitsausführung (execution).[178]

Die Startphase bezieht sich auf das Suchen und Herausbilden von Zielen und Zielerreichungsstrategien für das Projekt, für die Gruppe und für die einzelnen Gruppenmitglieder. Natürlicherweise erfolgt dies früh im Leben einer Gruppe. Es kann aber auch auftreten, wenn sich die Aufgabe, die Gruppe oder einzelne Mitglieder ändern und es für die Gruppe notwendig wird, ihre Ziele zu überdenken.

Die Vorstrukturierungsphase erfordert die Lösung aller formellen und formalen Aspekte wie das Durchführen, die Ausstattung und auch die Rollenverteilung innerhalb des Projektes, z. B. wer macht was, wie, bis wann, womit und mit wem.

Die Konfliktlösungsphase bezieht sich auf die Lösung konfliktärer Präferenzen, Werte, Interessen, Arbeitszuweisungen und Entlohnungen.

Die Ausführungsphase zielt auf Regeln der Zusammenarbeit innerhalb der drei Funktionen, die die Zielerreichung ermöglichen, wobei in vielen Fällen die Ausführung von Einzelnen oder Teilgruppen übernommen wird (vgl. [McGrath 1991, S. 152ff.]).

Functions	**Production**	**Well-being**	**Member Support**
Mode I **Inception**	Production Demand/ Opportunity	Interaction Demand/ Opportunity	Inclusion Demand/ Opportunity
Mode II **Problem Solving**	Technical Problem Solving	Role Network Definition	Position/ Status Attainments
Mode III **Conflict Resolution**	Policy Conflict Resolution	Power/ Payoff Distribution	Contribution/ Payoff Relationships
Mode IV **Execution**	Performance	Interaction	Participation

Tabelle 5-3: Funktionen (functions) und Stadien (modes) einer Gruppe (Quelle: In Anlehnung an [McGrath 1991, S. 154])

[178] Diese vier Stadien sind vergleichbar mit Tuckmans [1965] forming, storming, norming, and performing.

Die vier Phasen der aufgabenbezogenen Funktion geben die Beziehung der Gruppe als funktionale Einheit in ihrem Umfeld, z. B. einer Organisation, wieder. Die vier Phasen der gruppenbezogenen Funktion beschreiben Aktivitäten, die zur Bildung und Aufrechterhaltung der Gruppe als soziales Gebilde notwendig sind und reflektieren die Beziehungen der Gruppenmitglieder untereinander. Die vier Phasen der personenbezogenen Funktion greifen die Aktivitäten auf, die auf die Integration des Einzelnen in die Gruppe zielen. Sie spiegeln die Beziehung des Einzelnen zur Gruppe wieder. Alle drei Funktionen stellt McGrath gleichwertig nebeneinander. So wird deutlich, dass auch die personen- und die gruppenbezogene Funktion für eine effiziente Aufgabenbearbeitung wesentlich sind.

Interaktionsbedürfnisse, Rollendefinition, Machtverteilung und letztendlich die Interaktion selbst, werden als Teilaufgaben der Gruppenarbeit begriffen und nicht als Störfaktoren, die effiziente Arbeit behindern. Die Darstellung verdeutlicht zudem, dass sich auch die einzelnen Gruppenmitglieder über ihre Position und ihren potenziellen Beitrag zur Gruppenaufgabe bewusst werden müssen, bevor sie ihren eigentlichen Beitrag leisten können.

Es gibt keine inhärente Ordnung oder notwendige Abfolge dieser Phasen, außer dass bei allen Projekten in der aufgabenbezogenen Funktion mindestens die Start- und Ausführungsphase durchlaufen wird. Es kann aber auch sein, dass Projekte in der Startphase beginnen, zur Ausführungsphase übergehen und durch das Aufkommen neuer Informationen in die Vorstrukturierungsphase oder Konfliktphase zurückgehen etc. . Wichtig ist dabei, dass sich die Gruppen in den unterschiedlichen Phasen, innerhalb der unterschiedlichen Funktionen befinden können z. B. Vorstrukturierung in der Produktionsfunktion und Ausführungsphase beim Gruppenwohlbefinden. Das Durchlaufen der Phasen variiert mit dem Übernehmen von neuen Aufgaben unterschiedlicher Komplexität, dem Ausscheiden alter und/oder Integrieren neuer Mitglieder sowie der Veränderung von Umfeldfaktoren.

Das Verhalten von und innerhalb der Arbeitsgruppen zeigt unterschiedliche Formen temporärer Verhaltensmuster, bedingt durch

(1) temporäre Aspekte des Arbeitsdurchlaufs innerhalb einer Gruppe, welche Planungsfragen, allgemeine Abstimmungs- sowie Zeitabstimmungsfragen aufwerfen,
(2) Probleme der zeitgerechten Fertigstellung von Aktivitätsblöcken,
(3) Einstimmungsprozesse (entrainment processes) aufeinander, die zu Verhaltens- bzw. Abstimmungsmustern der Gruppenmitglieder untereinander sowie zwischen Gruppenmitgliedern und der Außenwelt führen.

ad (1):

Die Zusammenarbeit beinhaltet letztendlich drei generische, temporäre Probleme, mit denen sich Organisationen und Individuen auseinandersetzen müssen: vorübergehende Doppeldeutigkeit, vorübergehende konfliktäre Interessen und Anforderungen sowie vorübergehender Mangel an Ressourcen. Organisationen reagieren normalerweise mit der Planung und Abstimmung der Aktivitäten durch die einzelnen Organisationsbereiche sowie der Verteilung momentan verfügbarer Ressourcen auf die Projekte. Parallel dazu reagieren Individuen mit vorübergehenden Zugeständnissen, der Regulierung des Arbeitsflusses und zwischenmenschlicher Beziehungen sowie der Normendebatte zu Verhaltensabläufen. Zwischen der organisatorischen und individuellen Reaktion besteht meist eine Inkongruenz, die zu weiteren temporären Problemen führt, wie beispielsweise das Einrichten und Forcieren von Endterminen, dem Etablieren von Regeln für eine reibungslose Zusammenarbeit sowie der Regulierung des Arbeitsflusses und zwischenmenschlicher Beziehungen, um Ineffizienz oder ungerechtfertigte Nachfrage-Verfügbarkeits-Fragen zu lösen. Diese Probleme bestimmen oft alle drei Funktionen, die in einer Gruppe mit mehreren Projekten ablaufen (vgl. [McGrath 1991, S. 161f.]).

ad (2):
Die Zeit wird als unendlich teilbar und beliebig austauschbar beschrieben. Jedoch ist es in der Realität so, dass sich zu bestimmten Zeiten auch nur bestimmte Aktivitäten erledigen lassen. Deshalb gilt hier nicht die unbegrenzte Teilbarkeit und Austauschbarkeit. Auch können Aktivitäten nicht unendlich zerlegt oder gebündelt werden, ohne dass zusätzliche Kosten oder Zeitbedarfe entstehen. Sie sind deshalb so zu bündeln und zeitlich einzuplanen, dass sie effizient und termingerecht erledigt werden können (vgl. [McGrath 1991, S. 163]).

ad (3):
Die Einstimmungsprozesse („social entrainment“) zielen auf die Abstimmung (temporäre Koordination) in Phasen und Perioden mit zwei oder mehreren Prozessen ab. Sie beziehen sich auf die soziale Ebene und laufen innerhalb der Individuen - z. B. in Denkprozessen - , zwischen den Gruppenmitgliedern sowie zwischen der Gruppe und ihrem Umfeld ab. Dadurch finden die Einzelnen, die Gruppe und die Gruppe in ihrem Umfeld einen gemeinsamen Rhythmus. Einstimmungsprozesse beziehen sich auf die Kommunikations- und Interaktionsprozesse sowie die Qualität der Leistungserbringung.

Der Ablauf der Einstimmungsprozesse variiert je nach Gruppe, Aufgabe und situativen Bedingungen sowie der Gruppenleistungsfähigkeit unter Zeitdruck. Die unterschiedlichen Muster ergeben sich teilweise aus den unterschiedlichen Annahmen und Erwartungen, die die unterschiedlichen Aufgaben mit sich bringen. Einstimmungsprozesse wirken auf Kommunikations- und Interaktionsmuster sowie auf Maß und Qualität der Leistungserbringung (vgl. [McGrath 1991, S. 164]) ein.
Funktionen, Phasen und Einstimmungsprozesse sind interdependent. Gruppen durchlaufen für unterschiedliche Funktionen in einem Projekt oft unterschiedliche Phasen. Zeitdruck zwingt Gruppen oft zum direkten Durchlaufen von Phase 1 und 4, was negative Auswirkungen auf die Ergebnisqualität und zwischenmenschliche Aspekte haben kann. Haben Gruppen ausreichend Zeit, können sie diese in Aktivitäten zur Verbesserung von Qualität und Gruppenwohlbefinden sowie die Unterstützung Einzelner investieren (vgl. [McGrath 1991, S. 165f.]).

Interaktionsprozesse in einer Gruppe beziehen sich auf den Arbeitsfortgang innerhalb dieser. Dabei bestehen die Interaktionsprozesse aus Interaktionshandlungen einzelner Gruppenmitglieder. Diese Interaktionshandlungen beziehen sich auf das Vorwärtskommen der Gruppe, verfolgen bestimmte Absichten und vollziehen sich zu einem bestimmten Zeitpunkt, mit entsprechender Dauer. Einer Interaktion liegt immer ein aktueller Zweck oder ein aktuelles Ziel, als fokussierende Aufgabe, zugrunde. Sie kann zusätzlich zu den Aktivitäten im Rahmen der Aufgabenerledigung erfolgen. In der TIP-Theorie beziehen sich Interaktionshandlungen ausschließlich auf die fokussierende Aufgabe. Deshalb können fokussierende Aufgaben eher sozio-emotionalen als instrumentellen Inhalt haben (vgl. [McGrath 1991, S. 165f.]).

Einzelne Interaktionshandlungen können zu der fokussierenden Aufgabe passen oder nicht. Passende beziehen sich entweder auf die Lösung oder Erledigung einer Aufgabe, auf einen Beitrag zum Management wie Aktivitäten-, Strategien- oder Zielverschiebung oder auf die Evaluation einer einzelnen Aufgabe oder des Prozesses. Nicht-passende beziehen sich auf Einzelne aus der Gruppe oder die Gesamtgruppe, hängen aber nicht mit der fokussierenden Aufgabe zusammen wie z. B. Anekdoten oder Klagen über schlechte Beleuchtung. Die einzelnen Interaktionshandlungen haben keinen generischen, sondern situativen Charakter. Deshalb können einzelne Interaktionshandlungen auch nicht einer spezifischen Phase und Funktion zugeordnet werden. Beispielsweise kann eine negativ bewertende Aussage am Anfang einer Gruppenarbeit darauf zielen, die Gruppe zu Höchstleistungen anzuregen, am Ende der Gruppenarbeit geht dies nicht (vgl. [McGrath 1991, S. 166ff.]).

McGrath [1991, S. 169ff.] schlussfolgert aus seiner TIP-Theorie, dass
1. sich große Rückwirkungen auf die Gruppenarbeit aus Veränderungen bei den Gruppenmitgliedern ergeben z. B. Neueintritt, der Art und dem Schwierigkeitsgrad der Gesamtaufgabe der Gruppe sowie der operationalen Rahmenbedingungen wie Zeitvorgaben.
2. eine Handlungsart unterschiedliche Bedeutungen haben kann, je nach Kontext und Umständen, in denen die Handlung stattfindet, z. B. kann ein Lösungsvorschlag nach einer getroffenen Entscheidung nicht mit dem, der vor einer Entscheidung gemacht wurde, gleichgesetzt werden.
3. die Einführung von Technologie zur Erweiterung der Kommunikations- und Kooperationsmöglichkeiten einer Gruppe gewünschte wie ungewünschte Effekte haben kann, wie auch durch die *Adaptive Structuration Theory* aufgezeigt wird.

5.2.2 Schlussfolgerungen aus der TIP-Theorie

Die TIP-Theorie ist ein Versuch von McGrath, der Komplexität natürlicher Gruppen gerecht zu werden. Sie berücksichtigt sowohl die Multifunktionalität von Gruppen (aufgaben-, gruppen- und personenbezogene Funktion) als auch verschiedene Phasen (inception, problem solving, conflict resolution und execution), die den dynamischen, sich wandelnden Tätigkeiten der Gruppenarbeit im Prozess der Zusammenarbeit Rechnung tragen. Vernachlässigt wird jedoch die Fragestellung, durch welche Form der Zusammenarbeit der Gruppen ihr Ziel erreichen und welche Konsequenzen sich aus der Wahl der Kooperationsform ergeben. Auch finden wir keinen Hinweis darauf, ob und wie ein moderierter Gruppenprozess im Gegensatz zu einem unmoderierten Gruppenprozess auf die Funktionserfüllung wirkt. Trotzdem liefert die TIP-Theorie eine Reihe von wichtigen Hinweisen für die Planung und Durchführung der Einführung von Telekooperationssystemen.

Die Einführung von Telekooperationssystemen ist auf die Unterstützung von Gruppen ausgerichtet. Da Gruppen in ihrer Zusammenarbeit drei Funktionen gleichzeitig ausüben, müssen alle drei Funktionen gleichermaßen bei den Einführungsmaßnahmen Berücksichtigung finden: die Aufgabenerledigung, das Gruppenwohlbefinden und die Unterstützung Einzelner. Denn nach McGrath können die drei Funktionen nicht losgelöst voneinander betrachtet werden, ohne dass daraus negative Auswirkungen auf das Gruppenergebnis resultieren. Wird eine der Funktionen vernachlässigt, kann die Qualität des Gruppenergebnisses sinken und können die zwischenmenschlichen Beziehungen leiden (vgl. [McGrath 1991, S. 164f.]). Das Ausbalancieren der drei Funktionen, im Zeitverlauf der Einführung, ist wesentlich. Dieses

Ergebnis wird auch von Hackert [1999] gestützt, der neben der sachbezogenen Kommunikation auch die soziale Kommunikation als kooperationsfördernde Einflussgröße herausarbeitet.

F-25: Alle drei Funktionsbereiche (Sachaufgaben, Aufgaben zum Gruppenwohlbefinden und Aufgaben zur Unterstützung) sind bei der Einführung von Telekooperationssystemen gleichwertig zu berücksichtigen.

Kommt in eine bestehende Gruppe eine neue, bisher ein neues Mitglied oder eine ungewohnte Sachaufgabe oder wird ein neues Hilfsmittel eingesetzt etc., können sich herausgebildete Strukturen verändern und den Schwerpunkt der Aufgabenerledigung in der Gruppe, kurzzeitig auf die gruppenbezogene Funktion ziehen. Missachtet man dann den Gruppenprozess, ergeben sich negative Auswirkungen auf die Ergebnisqualität. Soll eine Gruppe diese vermeiden, braucht sie Sensibilität sowie Methoden und Techniken, um dieses zu erkennen und damit umgehen zu können.

F-26: Die Gruppe sollte bei eintretenden Änderungen für aktuelle/neue Gruppenprozesse sensibilisiert werden.

F-27: Die Gruppe benötigt Methoden und Techniken, um über sich selbst reflektieren und sich selbst restrukturieren zu können.

Für die inhaltliche Konzeption von Einführungsmaßnahmen bedeutet dies, dass nicht nur die Handhabung des Telekooperationssystems Thema sein kann, sondern auch die daraus resultierenden Veränderungen in der Gruppe bzw. der Zusammenarbeit.

F-28: Thema sollte im Rahmen der Aufgabenerledigung immer die Anwendung des Telekooperationssystems in Verbindung mit der Zusammenarbeit sein und kann die Auswirkungen innerhalb der Gruppe und die Auswirkungen auf Einzelpersonen beinhalten.

Wo die Schwerpunkte in der Themenbearbeitung liegen sollten, müssen die Einführenden auf dem Hintergrund der Gruppe, ihrer Zusammenarbeit und der Einzelpersonen entscheiden. Beispielsweise kann sich ein Arbeitsablauf durch Telekooperation komplett verändern, so dass die Zusammenarbeit in der Gruppe und die Arbeit der Einzelnen davon verändert wird. Dies gilt es zu erkennen und ggf. durch neue Regeln den Arbeitsablauf zu vereinbaren. So können in diesem Zusammenhang Schwerpunkte gesetzt werden auf die Regelung des neuen Arbeitsablaufes, die Vereinbarung von neuen Konventionen für die Zusammenarbeit oder auch die Unterstützung Einzelner, sollten diese jetzt umfangreicher belastet werden.

F-29: Wird ein Telekooperationssystem eingeführt, müssen ggf. neue Regeln der Zusammenarbeit in der Gruppe definiert werden.

Personen, die den Einführungsprozess begleiten, sollten entsprechend sensibel sein, um zu erkennen, an welcher der Funktionen die Gruppe bei der Erledigung ihrer Aufgaben arbeitet. Zeitgleich sollte die Gruppe für ihre Prozesse sensibilisiert werden. Soll die Gruppe später möglichst reibungslos eigenständig arbeiten, sollte sie erkennen können, mit welchen Mitteln sie arbeitsfähig bleibt. Beispielsweise können sich durch die Einführung eines Telekooperationssystems eingespielte Phasen-Funktionen-Durchlaufmuster einer Gruppe verändern. Im Hinblick auf den Arbeitsablauf kann sich die Abfolge der Einzelaktivitäten verschieben. Eingespielte Verhaltensmuster werden dadurch beeinträchtigt. Die Gruppe muss alte Verhaltensmuster vergessen und neue annehmen. Wird dies nicht vereinbart, birgt dies die Gefahr, dass sich einzelne Gruppenmitglieder dem entziehen, wodurch die Zusammenarbeit und/oder die Nutzung des Telekooperationssystems leiden kann. Hilfreich im Hinblick auf eine spätere, eigenständige Zusammenarbeit der Gruppe, können Methoden und Techniken sein, die ein frühzeitiges Erkennen von diesen Gefahren und mit deren Umgang ermöglichen. Entsteht beispielsweise durch die Veränderungen ein Leistungsabfall, muss die Gruppe in der Lage sein, diesen zu identifizieren. Anschließend sollte die Gruppe über den Leistungsprozess nachdenken, um sich die Hintergründe zu erschließen, Lösungsmöglichkeiten zu erarbeiten und eine Lösung für sich zu bestimmen. In diesem Zusammenhang können **F**-26 und **F**-27 wiederholt werden. Daraus lässt sich aber auch das Anforderungsprofil an Personen ableiten, die den Einführungsprozess begleiten. Sind diese EDV-Experten, ist damit lediglich die Vermittlung der Telekooperationssystem-Nutzung in Bezug auf die Aufgabenerledigung, sichergestellt. Sensibilität für die Gruppe und den Einzelnen, für die Gruppenprozesse und die Lernprozesse des Einzelnen sind aber ebenso wichtig.

F-30: Mediatorinnen sollten über Fachkompetenz[179] hinsichtlich des Telekooperationssystems hinaus mindestens auch Sozial-, Methoden- und Umfeldkompetenz besitzen.

McGrath [1991, S. 151] sagt, dass die Gruppe entsprechende Mittel braucht, um die multiplen Funktionen im Rahmen ihrer Projekte koordinieren und handhaben zu können. Neben dem technischen Hilfsmittel, in Form eines Telekooperationssystems, gehören z. B. auch Regeln der Zusammenarbeit dazu.

F-31: Um bei der Durchführung von Einführungsmaßnahmen die Strukturen der Zusammenarbeit betrachten, diskutieren, vereinbaren und üben zu können, sind die Lerngruppen so zusammenzustellen, dass sie aus den später Zusammenarbeitenden bestehen.

Denn wenn Telekooperation eingeübt werden soll, müssen ebenfalls die Personen zugegen sein, die später auch gemeinsam verteilt zusammenarbeiten sollen. Wird nur eine Teilgruppe erfasst, hat dies mehrere Auswirkungen. Erstens wird die Zusammenarbeit über das Telekooperationssystem nicht abgestimmt und kann somit auch nicht umgesetzt werden. Zweitens wird die Auswirkung auf die Gruppen an sich nicht allen deutlich und aufgearbeitet, so dass sich daraus Akzeptanzprobleme beispielsweise im Sinne der Nichtnutzung des Telekooperationssystems ergeben können. Drittens ist keine Einführungsmaßnahme bei wechselnden Teilnehmerinnen mit der anderen identisch, auch wenn sie exakt gleich konzipiert wurde. Durch Beiträge der Teilnehmerinnen entstehen unterschiedliche Lernsituationen, die unterschiedliche Einflüsse auf das Arbeiten und Zusammenarbeiten mit dem Telekooperationssystem erzeugen können.

[179] Unter Fachkompetenz versteht Bader [1989, S. 75] „... die Fähigkeit und Bereitschaft, Aufgabenstellungen selbständig, fachlich richtig, methodengeleitet zu bearbeiten und das Ergebnis zu beurteilen“ (vgl. auch [Reetz 1984, S. 127]) .

Welche Hinweise können nun für ein didaktisches Konzept und Qualifizierungsmaßnahmen aus der TIP-Theorie gezogen werden?

F-32: Hinsichtlich der Gestaltung des Lehr-Lern-Prozesses sind die aufgabenbezogene, die gruppenbezogene und die personenbezogene Funktion gleichwertig zu berücksichtigen.

Beispielsweise, indem in den ersten Qualifizierungsmaßnahmen die Telekooperationsfunktionen für die Aufgabenerledigung vorgestellt werden, in weiteren Maßnahmen dann deren Rückwirkungen auf die Arbeitsabläufe in der Gruppe und auf den Einzelnen aufgearbeitet werden.

Im Hinblick auf die personenbezogene Funktion, die die Unterstützung der einzelnen Personen beinhaltet, empfehlen sich Organisationsformen wie beispielsweise Lerntandems, d. h. zwei Personen arbeiten beim Lernen zusammen. In ihnen wird die sowieso wahrgenommene Funktion der Unterstützung Einzelner institutionalisiert und legitimiert. Darüber hinaus kann dadurch eine umfassendere und evtl. kostengünstigere Betreuung ermöglicht werden.

F-33: Organisationsformen wie Lerntandems helfen die personenbezogene Funktion zu institutionalisieren und zu legitimieren.

Geht man von Einstimmungsprozessen im Sinne von McGrath aus, dann ist der Lehr-Lern-Prozess sinnvollerweise so zu strukturieren, dass sich die Einzelnen und die Gruppe langsam mit dem Telekooperationssystem vertraut machen können, um sich sozusagen auf das Telekooperationssystem einzustimmen. Dies kann durch ein Abholen der Einzelnen und der Gruppe von ihrem Ausgangsstand und ein langsames Heranführen an die Technologie erfolgen, z. B. indem vor einer konkreten Schulung eine Präsentation des Telekooperationssystems mit anschließender Diskussion von Wünschen und Erwartungen der Gruppe sowie der Einzelnen, bezogen auf dessen Anwendung stattfindet.

F-34: Der Lehr-Lern-Prozess ist so zu strukturieren, dass die Lernenden dort abgeholt werden, wo sie stehen und langsam an die Nutzung herangeführt werden.

Für den Bereich der Lehr-Lern-Inhalte lässt sich ableiten, dass das Telekooperationssystem von den konkreten Aufgaben der Zusammenarbeit ausgehend vermittelt werden sollte. Dabei sollten auch die gruppenbezogenen Funktionen und die personenbezogenen Funktionen unter dem Aspekt, wie diese über das Telekooperationssystem erfüllt werden können, thematisiert werden. Dies kann beispielsweise beinhalten, dass konkrete Regeln für die technologiegestützte Telekooperation erarbeitet werden (siehe **F**-25). Ein weiterer Bereich der Lehr-Lern-Inhalte sollte Methoden und Techniken umfassen, die der Gruppe erlauben, sich selbst zu moderieren und ihre Arbeitsfähigkeit zu garantieren (siehe **F**-27).

Die Lehrenden sollten Kenntnisse über die Prozesse besitzen, die innerhalb der drei Funktionen ablaufen können, um der Gruppe die situationsgerechte Anwendung des Telekooperationssystems vermitteln zu können (siehe **F**-30).

Tabelle 5-4 fasst die aus der TIP-Theorie abgeleiteten Schlussfolgerungen unter den Aspekten aus Kapitel 3, der Planung und Durchführung von Qualifizierungsmaßnahmen zusammen. Dabei werden für alle Kriterien geltende Schlussfolgerungen unter der Überschrift „Allgemeine Hinweise“ zusammengefasst und die Themenbereiche nicht weiter in den Lehr-Lern-Bereichen differenziert.

Kriterien	**Schlussfolgerungen**
Allgemeine Hinweise	
	Programmplanung
Allgemeine Hinweise zur Programmplanung	
Themenbereiche	
Zielgruppen	
Organisationsform	**F-33:** Organisationsformen wie Lerntandems helfen die personenbezogene Funktion zu institutionalisieren und zu legitimieren.
Veranstaltungsform, -dauer, –häufigkeit	
Durchführungslogistik	
Einbindung in das bestehende Qualifizierungsprogramm.	
Kosten-Nutzen-Abwägungen	
	Veranstaltungs- und Unterrichtsplanung
Allgemeine Hinweise zu Veranstaltungs- und Unterrichtsplanung	**F-25:** Alle drei Funktionsbereiche (Sachaufgaben, Aufgaben zum Gruppenwohlbefinden und Aufgaben zur Unterstützung) sind bei der Einführung von Telekooperationssystemen gleichwertig zu berücksichtigen.
Schulungspersonal – Die Lehrenden	**F-30:** Mediatorinnen sollten über Fachkompetenz hinsichtlich des Telekooperationssystems hinaus mindestens auch Sozial-, Methoden- und Umfeldkompetenz besitzen.
Zielgruppenanalyse - Die Lernenden	
Gruppengröße und – zusammensetzung	**F-31:** Um bei der Durchführung von Einführungsmaßnahmen die Strukturen der Zusammenarbeit betrachten, diskutieren, vereinbaren und üben zu können, sind die Lerngruppen so zusammenzustellen, dass sie aus den später Zusammenarbeitenden bestehen.
Lehr-Lern-Inhalte	**F-27:** Die Gruppe benötigt Methoden und Techniken, um über sich selbst reflektieren und sich selbst restrukturieren zu können. **F-28:** Thema sollte im Rahmen der Aufgabenerledigung immer die Anwendung des Telekooperationssystems in Verbindung mit der Zusammenarbeit sein und kann die Auswirkungen innerhalb der Gruppe und die Auswirkungen auf Einzelpersonen beinhalten. **F-29:** Wird ein Telekooperationssystem eingeführt, müssen ggf. neue Regeln der Zusammenarbeit in der Gruppe definiert werden.
Lehr-Lern-Sequenz	

Gestaltung des Lehr-Lern-Prozesses	**F-32:** Hinsichtlich der Gestaltung des Lehr-Lern-Prozesses sind die aufgabenbezogene, die gruppenbezogene und die personenbezogene Funktion gleichwertig zu berücksichtigen. **F-34:** Der Lehr-Lern-Prozess ist so zu strukturieren, dass die Lernenden dort abgeholt werden, wo sie stehen und langsam an die Nutzung herangeführt werden.
Schulungsmaterialien und Hilfsmitteleinsatz	

Tabelle 5-4: Überblick über die, aus der TIP-Theorie, abgeleiteten Schlussfolgerungen (Quelle: Eigene Darstellung)

Was ist darüber hinaus bei Cuparla bei der Konzeption der Qualifizierungsmaßnahmen zu beachten?

Das Cuparla-System wird in bestehende Gruppen eingeführt. Daraus kann sich ergeben, dass sich ein veränderter Phasenverlauf innerhalb der drei Funktionen ergibt. Beispielsweise können sich dadurch die Rollen und die Macht Einzelner verändern. Je nach Einfluss und Stellung der Einzelnen kann die Nutzung des Telekooperationssystems dadurch stehen und fallen. Um dies entsprechend begleiten zu können, müssen die Lehrenden Kenntnisse über die inneren Strukturen, Gepflogenheiten etc. der Gruppen haben.

Für Lehr-Lern-Materialen, z. B. Unterlagen und Aufgaben, sowie die Erläuterungen im Training, sollte die Ratsarbeit als konkrete Ausgangsbasis für die Hinweise zur Nutzung des Cuparla-Systems stehen. Dies ermöglicht den Ratsmitgliedern den Transfer der Technologienutzung auf ihre Arbeit, das Erkennen von Wirkungen und Rückwirkungen in der Zusammenarbeit sowie bei der individuellen Aufgabenerledigung.

5.3 Charakteristika der Telekooperation

5.3.1 Media Synchronicity Theory

Ausgehend von der *Media Richness Theory* [Daft/Lengel 1984, Daft/Lengel 1986] und der daran geübten Kritik (vgl. [Daft et al. 1987; Rice/Shook 1990; Trevino et al. 1990; El-Shinnawy/Markus 1992; Kinney/Watson 1992; Lee 1994; Markus 1994; Ngwenyama/Lee 1997]) entwickelten Dennis und Valacich [1998] die *Media Synchronicity Theory*.
Sie gehen davon aus, dass die Effektivität der Kooperation durch den Übereinstimmungsgrad der Medieneigenschaften und der Notwendigkeit des Kooperationsprozesses beeinflusst wird. Hierbei unterscheiden sie zwischen zwei generischen Kooperationsprozessen: divergenten und konvergenten. Divergente Kooperationsprozesse beziehen sich auf den Austausch von Informationen, um Unsicherheit (uncertainty) zu reduzieren. In konvergenten Prozessen werden Informationen verdichtet, um Mehrdeutigkeit (equivocation) zu reduzieren und zu einem gemeinsamen Verständnis zu kommen. Die Effektivität des Kooperationsprozesses wird erhöht, wenn die Medieneigenschaften des eingesetzten Mediums und der Prozess aufeinander abgestimmt sind.

Unsicherheit existiert dann, wenn ein Rahmen für die Interpretation von Informationen zwar gegeben ist, aber nicht alle Informationen für die Interpretation zur Verfügung stehen. In diesem Fall müssen weitere Informationen gesammelt werden. Mehrdeutigkeit tritt auf, wenn eine Information oder ein Rahmenwerk unterschiedliche Interpretationen zulässt. In diesem Fall müssen die Beteiligten des Kooperationsprozesses diskutieren, um ein gemeinsames Verständnis zu erreichen und sich auf eine Interpretation zu einigen.

Anhand von fünf Medieneigenschaften beschreiben sie das Potenzial von Medien:

Unmittelbarkeit des Feedbacks (immediacy of feedback). Dies ist das Maß für die Geschwindigkeit, in der das Medium Feedback ermöglicht, also dem Kommunikationsempfänger das Antworten erlaubt.

Symbolvarietät (symbol variety). Sie bezeichnet das Symbolset, d. h. die Anzahl der Kommunikationsmöglichkeiten, die ein Medium bietet, bzw. die Anzahl der Kommunikationskanäle, die genutzt werden können (z. B. Mimik, Gestik, Tonlage, Worte).

Parallelität (parallelism). Diese bezieht sich auf die Anzahl der Kommunikationskanäle, die simultan effektiv genutzt werden können bzw. auf wie vielen Kanälen wie viele Personen gleichzeitig kommunizieren und/oder kooperieren können.

Veränderbarkeit (rehearsability). Hiermit wird die Möglichkeit und Häufigkeit beschrieben, in der ein Sender seine Nachricht vor dem Senden verändern kann, um sicherzustellen, dass seine Botschaft auch in seinem Sinne interpretiert wird.

Wiederverwertbarkeit (reprocessability). Dies ist das Ausmaß, in dem die Information wieder verwertet werden kann.

In vielen Fällen vereinen Medien eine Reihe von Medieneigenschaften. Beispielsweise kann eine Email sowohl Grafiken als auch Tabellen enthalten. Dennis und Valacich [1998, S. 27] haben entsprechend dieser Eigenschaften einige Medien bewertet (siehe Tabelle 5-5).

Dennis und Valacich [1998, S. 16] ziehen folgende Schlussfolgerungen aus ihrer theoretischen Betrachtung:

1. Für Gruppenkommunikationsprozesse mit dem Ziel, Mehrdeutigkeit zu reduzieren, führt die Nutzung von Medien mit hoher Synchronizität (hoher Feedbackgeschwindigkeit und niedriger Parallelität) zu höherer Effektivität.
2. Für Gruppenkommunikationsprozesse mit dem Ziel, Unsicherheit zu reduzieren, führt die Nutzung von Medien mit niedriger Synchronizität (niedriger Feedbackgeschwindigkeit und hoher Parallelität) zu höherer Effektivität.
3. Die Symbolvarietät eines Mediums wirkt sich nur dann auf die Effektivität aus, sofern das notwendige Symbolset fehlt.
4. Medien, die die Veränderbarkeit unterstützen, führen zu höherer Effektivität, da die Nachrichten nicht immer neu generiert werden müssen.

Für Gruppenkommunikationsprozesse mit dem Ziel, Unsicherheit zu reduzieren, führt die Nutzung von Medien mit hoher Wiederverwertbarkeit zu höherer Effektivität, da die Information immer wieder verwendet werden kann.

Medien	Feedback	Symbol-Varietät	Parallelität	Veränder-Barkeit	Wiederver-wertbarkeit
Face to face	Hoch	Niedrig – hoch	Niedrig	Niedrig	Niedrig
Videokonferenz	Mittel – hoch	Niedrig – hoch	Niedrig	Niedrig	Niedrig
Telefon	Mittel	Niedrig	Niedrig	Niedrig	Niedrig
Geschriebene Post	Niedrig	Niedrig – mittel	Hoch	Hoch	Hoch
Voicemail	Niedrig	Niedrig	Niedrig	Niedrig – mittel	Hoch
Email	Niedrig – mittel	Niedrig – hoch	Mittel	Hoch	Hoch
Chat	Mittel	Niedrig – mittel	Mittel	Niedrig – mittel	Niedrig - mittel
asynchrone Groupware	Niedrig	Niedrig – hoch	Hoch	Hoch	Hoch
synchrone Groupware	Niedrig – mittel	Niedrig – hoch	Hoch	Mittel – hoch	Hoch

Tabelle 5-5: Einschätzung der Medieneigenschaften ausgewählter Medien (Quelle: In Anlehnung an [Dennis/Valacich 1998, S. 27])

Ausgehend von der TIP-Theorie (siehe Kapitel 5.2) stellen sie fest, dass sich die Wahl des Mediums auch nach dem Gruppenentwicklungsprozess orientiert. Etablierte Gruppen haben bereits Normen für die Erhaltung des Wohlbefindens der Gruppe und der Unterstützung der Einzelnen sowie ein gemeinsames Grundverständnis entwickelt. Auf diese greift die Gruppe bei wechselnden Routineaufgaben zurück. Die Gruppe wird direkt in die Arbeitsausführung gehen und kaum Zeit für Problemlösung und Konfliktbewältigung benötigen. Der Bedarf an Mediensynchronizität ist damit in der Ausführungsphase niedriger als in der Start-, Vorstrukturierungs- und Konfliktbewältigungsphase. Allerdings ändert sich dies, sobald der Gruppe eine neugeartete Aufgabe gestellt wird. Dann wird für den Start und die Vorstrukturierung sowie zur Reduktion von Mehrdeutigkeit mehr Zeit und eine höhere Mediensynchronizität benötigt. Ist eine Gruppe gerade erst gebildet worden, muss sie sich erst noch ein gemeinsames Grundverständnis erarbeiten. Deshalb bedarf sie eines Mediums, dass hohe Synchronizität erlaubt.

Dennis und Valacich [1998, S. 18f.] fassen dies wie folgt zusammen:

1. Etablierte Gruppen mit entwickelten, akzeptierten Normen und einem gemeinsamen Grundverständnis haben einen geringeren Bedarf an Medien mit hoher Synchronizität (hoher Feedbackgeschwindigkeit und niedriger Parallelität) als Gruppen ohne Normen.
2. Je länger eine Gruppe zusammenarbeitet, desto höher wird das gemeinsame Grundverständnis und desto weniger Bedarf an Synchronizität besteht.
3. Neu gebildete Gruppen, Gruppen mit neuen Mitgliedern und Gruppen ohne entwickelte, akzeptierte Normen für Produktion, Gruppenwohlbefinden und Unterstützung des Ein-

zelnen haben einen höheren Bedarf an Medien mit hoher Synchronizität (hoher Feedbackgeschwindigkeit und niedriger Parallelität).

4. Neu gebildete Gruppen, Gruppen mit neuen Mitgliedern und Gruppen ohne entwickelte, akzeptierte Normen für Produktion, Gruppenwohlbefinden und Unterstützung des Einzelnen werden erst soziale Beziehungen herausbilden und haben deshalb einen höheren Bedarf an Medien, die über ihre Symbolvarietät soziale Präsenz vermitteln lassen.

Mediensynchronizität definieren sie schließlich als das Ausmaß, in dem Beteiligte an der gleichen Aufgabe, zur gleichen Zeit zusammenarbeiten bzw. einen gemeinsamen Fokus haben. Der erste Schritt ist hierbei, die Medieneigenschaften (Unmittelbarkeit des Feedbacks, Symbolvarietät, Parallelität, Wiederverwertbarkeit und Veränderbarkeit) zu untersuchen, um die zwei generischen Kommunikationsprozesse (divergenter Prozess, konvergenter Prozess) entsprechend den Gruppenfunktionen (Produktion, Wohlbefinden der Gruppe, Unterstützung des Einzelnen) zu unterstützen.

5.3.2 Schlussfolgerungen aus der Media Synchronicity Theory

Die *Media Synchronicity Theory* verweist über ihre Integration der TIP-Theorie auf die Bedeutung der Gruppennormen und des gemeinsamen Grundverständnisses. Diese müssen bei wechselnden Einflussgrößen immer wieder neu herausgebildet und adaptiert werden. Währenddessen bedarf die Gruppe unterschiedlicher Medien. Sie liefert damit auch den Hinweis, dass sich die Wahl des Mediums nicht nur auf die Aufgabe beziehen darf, sondern der Blick auch auf den zu unterstützenden Gruppenprozess gerichtet werden muss. Sie erweitert somit den Ansatz der Media Richness Theory, die bei der Medienwahl lediglich die Eigenschaften des Mediums und die Komplexität der Kommunikationsaufgabe als relevant thematisiert.

Gerade bei der Telekooperation sind Gruppenprozesse ein wichtiger Aspekt, da diese bei computergestützter Zusammenarbeit von Personen gegeben sind. Um die Gruppenproduktivität zu erhöhen, sollten sie berücksichtigt werden. Zu der Frage, wie Gruppenprozesse berücksichtigt werden können, antwortet die *Media Synchronicity Theory* mit wertvollen Hinweisen: Bei neu geformten Gruppen bedarf es Medien höherer Synchronizität, bei bereits bestehenden Gruppen ist der Bedarf an Medien geringerer Synchronizität niedriger.

F-35: Die Anwenderinnen sollten vor dem Hintergrund der Media Synchronicity Theory die eingesetzten Komponenten des Telekooperationssystems beurteilen können.

Keine Hinweise gibt die *Media Synchronicity Theory* im Hinblick auf die Art des Einsatzes der Medien. Je nachdem, wie geschickt und treffend dieser gewählt wird, steigt oder fällt der Nutzen. So kann beispielsweise auch eine face-to-face-Projektstartsitzung, die hohe Synchronizität erlaubt, ihre gewünschte Wirkung völlig verfehlen, wenn eine schlechte Moderation gegeben ist (ausführlicher [Schwabe 1999, S. 42]).

Für Qualifizierungsmaßnahmen gewinnt die *Media Synchronicity Theory* im Hinblick auf die Entwicklung von Medienkompetenz[180] Bedeutung. Anwenderinnen sind nicht nur in der Handhabung der Medien, dem Zurechtfinden in der Medienwelt, dem Aufnehmen, Bearbeiten und Gestalten von Medieninhalten und –prozessen zu schulen, sondern auch im Hinblick auf die Medienwahl bei gegebener Aufgabe und momentanem Stand des Gruppenprozesses.

F-36: Wissen über Gruppenprozesse, Gruppenmoderation und Medieneigenschaften ist im Hinblick auf Medienwahl zusätzlich zu vermitteln.

Um den Anwenderinnen dies zu vermitteln, brauchen die Lehrenden selbst das Wissen und Verständnis darüber. Daraus leitet sich die Forderung ab, dass Lehrende nicht nur die Komponenten eines Telekooperationssystems mit ihren Eigenschaften, Vor- und Nachteilen kennen müssen, sondern auch Kenntnis und Erfahrung über Gruppenprozesse und die Aufgaben der Anwenderinnen haben müssen. Erst dann können sie sinnvoll vermitteln, wann welche Komponenten eines Telekooperationssystems am Gewinnbringendsten einsetzbar sind.
Dies bestätigt die Forderungen **F-14**, **F-15** und **F-16**.

Im Hinblick auf die unterschiedlichen Gruppenprozesse und die entsprechend anstehenden Aufgaben müssen die Anwenderinnen wissen, welches Medium für welchen Zweck geeignet ist:

F-37: Lehr-Lern-Ziel wird es sein, neben Medienkompetenz auch Medienwahlkompetenz aufzubauen.

Tabelle 5-6 fasst die, aus der MST-Theorie abgeleiteten Schlussfolgerungen unter den Aspekten der Planung und Durchführung von Qualifizierungsmaßnahmen aus Kapitel 3 zusammen. Dabei werden die Kriterien der Programmplanung nicht beachtet, da hierzu keine Schlussfolgerungen gezogen werden konnten.

Kriterien	Schlussfolgerungen
Veranstaltungs- und Unterrichtsplanung	
Allgemeine Hinweise zu Veranstaltungs- und Unterrichtsplanung	
Schulungspersonal – Die Lehrenden	**F-14:** Mediatorinnen sollten den „Geist" des Telekooperationssystems mit all seinen Komponenten, Möglichkeiten und Facetten intensiv kennen. **F-15:** Mediatorinnen sollten Medienkompetenz besitzen, um die Systemfunktionen in ihrer ursprünglichen Funktion und mit ihren Eigenschaften zu erfassen und dadurch den Anwenderinnen bei dem Transfer auf neue Aufgabenstellungen und der Anwendung unter veränderten Bedingungen beratend zur Seite stehen zu können.

[180] Medienkompetenz bedeutet, gemäß der Definition des Deutschen Bundestages [1998, S. 68], „Medien zu handhaben, sich in der Medienwelt zurechtzufinden, Medieninhalte aufzunehmen und zu bearbeiten und gestalterisch in den Medienprozeß einzugreifen." (vgl. [Schorb 1997, S. 63f.]).

	F-30: Mediatorinnen sollten über Fachkompetenz hinsichtlich des Telekooperationssystems hinaus mindestens auch Sozial-, Methoden- und Umfeldkompetenz besitzen.
Zielgruppenanalyse - Die Lernenden	
Gruppengröße und –zusammensetzung	
Lehr-Lern-Ziele	**F-35:** Die Anwenderinnen sollten vor dem Hintergrund der Media Synchronicity Theory die eingesetzten Komponenten des Telekooperationssystems beurteilen können. **F-37:** Lehr-Lern-Ziel wird es sein, neben Medienkompetenz auch Medienwahlkompetenz aufzubauen.
Lehr-Lern-Inhalte	**F-36:** Wissen über Gruppenprozesse, Gruppenmoderation und Medieneigenschaften ist im Hinblick auf Medienwahl zusätzlich zu vermitteln.
Lehr-Lern-Sequenz	
Gestaltung des Lehr-Lern-Prozesses	
Schulungsmaterialien und Hilfsmitteleinsatz	

Tabelle 5-6: Überblick über die, aus der Media Synchronicity Theory abgeleiteten Schlussfolgerungen (Quelle: Eigene Darstellung)

Welche Bedeutung kann für die Qualifizierungsmaßnahmen in Cuparla abgeleitet werden? Um ein Medium adäquat für die eigene Arbeit einsetzen zu können, sind für das Ratsmitglied drei Wissensbereiche wichtig:

1. Das Cuparla-System mit seinen einzelnen Komponenten, deren Eigenschaften, Vor- und Nachteilen,
2. die Ratsarbeit in ihren unterschiedlichen Facetten und Ausprägungen und
3. der Stand des Gruppenprozesses.[181]

Damit sind die drei großen Bereiche der Lehr-Lern-Inhalte definiert.

In den drei Kapiteln 5.1, 5.2 und 5.3 wurden ausgewählte Theorien der CSCW-Forschung vorgestellt und ihre Implikationen für die Einführung von Telekooperationssystemen aufgezeigt sowie Hinweise für die didaktische Konzipierung herausgearbeitet. Vergleicht man die Ergebnisse der drei Theorien (siehe Tabelle 5-2, Tabelle 5-4 und Tabelle 5-6) stellt man fest, dass sich die gezogenen Schlussfolgerungen teilweise überschneiden und ergänzen. Widersprüchlichkeiten lassen sich nicht erkennen. Die weitaus meisten Hinweise liefert die *Adaptive Structuration Theory,* die fast zu allen Kriterien der Programm- sowie Veranstaltungs- und Unterrichtsplanung Schlussfolgerungen zulässt. Die *Time, Interaction and Performance Theory* gibt vor allem im Bereich der Veranstaltungs- und Unterrichtsplanung wichtige Hinweise, wohingegen die *Media Synchronicity Theory* nur noch Rückschlüsse auf die Lehr-Lern-Ziele und –Inhalte sowie auf die Kompetenzanforderungen gegenüber den Lehrenden zulässt.

[181] Auch wenn sich der Gemeinderat bei der Einführung von Cuparla schon formiert hat, so sollte doch bedacht werden, dass alle vier Jahre eine Gemeinderatswahl ist. Danach ist in aller Regel eine veränderte personelle Zusammensetzung des Gemeinderates gegeben. Vertrauen muss neu gebildet werden, Gruppennormen müssen sich erneut etablieren etc.

Als Grundlage für die konzeptionellen Überlegungen zu Qualifizierungsmaßnahmen werden in Kapitel 6 die Ergebnisse der drei, sich ergänzenden Theorien kombiniert.

5.4 Telekooperationsanalyse mit dem Needs Driven Approach

Die Orientierung der Softwareentwicklung an den alltäglichen, zweckgerichteten und selbstverständlichen Handlungen der späteren Anwenderinnen, ist ein wesentlicher Schritt für einen erfolgreichen Softwareeinsatz. Dabei wird Software als Werkzeug und Material verstanden und ausgehend von den Gegenständen und Begriffen der Anwendungsbereiche ein Konzept entwickelt (vgl. [Züllighoven 1992, S. 141ff.]). Um ein Telekooperationssystem nutzenbringend einführen zu können, bedarf es also der Untersuchung der organisatorischen, technischen und sozialen Aspekte der Zusammenarbeit. Dazu ist eine Methode erforderlich, die diese Aspekte integrierend berücksichtigt. Am Lehrstuhl für Wirtschaftsinformatik wurde, basierend auf den Erfahrungen der Gestaltung computerunterstützter Sitzungen sowie theoretischer und konzeptioneller Arbeiten, die Methode *Needs Driven Approach* (NDA) einwickelt (siehe [Schwabe/Krcmar 1996]). Ziel der Methode ist es, durch die umfassende Analyse der Zusammenarbeit das Design von Telekooperationssystemen zu unterstützen. Dabei geht sie von der Wechselwirkung zwischen Technologie und Anwenderinnen aus. Bei Cuparla kam diese Methode auch deshalb zum Einsatz (vgl. [Schwabe 1999, S. 191ff.]). Für die Konzeption der Einführungsmaßnahmen von Telekooperationssystemen ist die Analyse von besonderer Bedeutung. Das, aus der Analyse eventuell folgende Design eines Telekooperationssystems wird im Rahmen dieser Arbeit nicht weiter betrachtet (siehe hierzu [Schwabe 1999]).

5.4.1 Analyse

Im Folgenden werden die einzelnen Komponenten der NDA-Analyse vorgestellt, die in Abbildung 5-3 zusammengestellt sind.

Analyse von	Ergebnis
Analyse des Teams	
Aufgaben	Vorgaben an die Gruppe und die Gruppenmitglieder
Arbeitsprozessen	Typische Arbeitsprozesse (als Episoden)
Interaktionen	Aufgabenbezogene Kommunikations- und Kooperationsbeziehungen
Soziale Kooperations-Struktur	Das soziale Netzwerk der beteiligten Personen
Analyse der Hilfsmittel	
Arbeitsmittel	Verwendete Materialien und Werkzeuge
Arbeitsräume	Probleme des Arbeitsumfeldes (Geräusch ...), Nutzungsformen des Arbeitsraums, soziale Umgangsformen in Arbeitsräumen
Aneignung	Umgangsformen mit Technologie, Beschreibung von Lernvorgängen (Episoden)
Analyse der Informationsspeicher	
'Gedächtnis'	Struktur und Beschaffenheit der gespeicherten Informationen

Abbildung 5-3: Analyseschritte des Needs Driven Approach (Quelle: In Anlehnung an [Schwabe 1999, S. 193])

Zur Durchführung der Analysekomponenten werden ausgewählte und kooperierende Personen befragt und/oder beobachtet, Selbstaufschriebe (von diesen sowieso durchgeführt), Dokumente, Vorschriften, Dokumentenflüsse und ausgewählte Arbeitsplätze analysiert. Daneben werden die Anwenderinnen in Workshops zusammengefasst, in denen sie gemeinsam typische Arbeitsabläufe mit notwendigen Werkzeugen, Materialien und Informationen modellieren sowie Probleme bei denselben zusammentragen.

Das Ergebnis der gesamten NDA kann als Informationsbasis für Mediatorinnen genutzt werden, um sich einen Einblick und Überblick über die Gegebenheiten zu verschaffen. Zusätzlich kann es als Grundlage für die Entwicklung von Szenarien, Schulungsunterlagen etc. eingesetzt werden.

5.4.1.1 Aufgabenanalyse

Hier steht die Frage im Mittelpunkt, welche Vorgaben den Arbeitenden bei ihrer Aufgabenerledigung gemacht werden. Vorgaben können explizit oder implizit hinsichtlich zu verwendender Materialien (z. B. Formulare), der Beteiligten, der Arbeitswerkzeugen (z. B. Software), des Arbeitsprozesses, einzuhaltender Fristen etc. existieren. Somit beschreibt die Aufgabenanalyse „den Spielraum, den die Gruppe zur Gestaltung ihrer Arbeit und Zusammenarbeit hat und stellt die Schnittstelle der Gruppe zur Organisation dar.“ [Schwabe 1999, S. 193].

Bezogen auf Telekooperation sind solche Vorgaben von Bedeutung, die eine örtlich und zeitlich verteilte Zusammenarbeit behindern, da sie von der Bearbeitung am gleichen Ort ausgehen. Ein Beispiel hierfür ist die Vorgabe, dass Originalunterschriften auf Papierdokumenten innerhalb kürzester First erfolgen müssen.

Ergebnis der Aufgabenanalyse sind die Aufgaben mit dazugehörigen Vorgaben sowie Probleme bei der Aufgabenerfüllung.

5.4.1.2 Die Arbeitsprozessanalyse

Die Frage, welche Arbeitsschritte bei der Aufgabenerledigung durchlaufen werden, ist Kern der Arbeitsprozessanalyse, die für Individual- und Gruppenarbeitsplätze durchgeführt wird. Weitere Fragestellungen beziehen sich darauf, ob parallel oder sequentiell gearbeitet wird und wodurch dies bedingt ist, ob informell zusammengearbeitet wird und warum, ob einzelne Schritte dokumentiert werden und weshalb, etc. Wesentlich bei der Arbeitsprozessanalyse ist zum einen die Untersuchung, ob Kooperation gelingt oder misslingt, aufgrund von organisatorisch bedingten Grenzen oder Freiräumen, zum anderen, ob die derzeitige Gestaltung des Arbeitsprozesses den Mitarbeiterinnen entgegenkommt und deren Interessen berücksichtigt, z. B. durch die Möglichkeit des Zusammentreffens mit Vorgesetzten im Rahmen von Entscheidungsprozessen (vgl. [Schwabe 1999, S. 194]).

Ergebnis sind die Arbeitsprozessschritte mit beteiligten Personen, die auftretenden Probleme bei der Erfüllung des Arbeitsprozesses sowie die Interessen der Beteiligten, die an die Arbeitsschritte gekoppelt sind.

5.4.1.3 Interaktionsanalyse

Bei dieser Analyse steht die Frage, wer, mit wem, wie aufgabenbezogen kommuniziert und kooperiert, im Zentrum. Die Interaktionsbeziehungen werden durch Angaben zu

- den beteiligten Personen,
- der Teilnehmerzahl,
- den verwendeten Medien wie Fax, Telefon etc.,
- ihrer Bedeutung im Sinne von zeit- oder erfolgskritisch,
- ihrer Häufigkeit,
- ihrer Dauer,
- ihres Typs und
- den Problemen bei ihrer Durchführung

beschrieben.

Ergebnis ist ein Interaktionsnetz, anhand dessen die wirtschaftlich sinnvolle Unterstützung durch Telekooperationssysteme erarbeitet werden kann (vgl. [Schwabe 1999, S. 194f.]).

5.4.1.4 Analyse der sozialen Kooperationsstruktur

Mit der Frage, welche Gepflogenheiten und welcher Umgang zwischen den Personen besteht, beschäftigt sich die Analyse der sozialen Kooperationsstruktur. Dabei wird nicht nur die aufgabenbezogene Kommunikation untersucht, sondern auch die begleitende Kommunikation, die scheinbar belanglos ist und häufig auch informell stattfindet. Im Unterschied zur Interaktionsanalyse steht hier die Gruppe, nicht der Arbeitsprozess, im Blickpunkt.

Ergebnis ist ein Netzwerk, in dem Pfade der Kommunikation und Kooperation, mit Angaben zu Häufigkeit, Dauer, Intensität, Medium und Art (synchron/asynchron) aufgezeigt werden. Diese Netzwerke werden dann hinsichtlich Netzwerktopologie, Cliquen, zentraler Personen, Außenseiter, Cluster, Brücken und Erreichbarkeit analysiert. Ziel ist es, diese Netzwerke durch die Einführung von Telekooperationssystemen zu unterstützen (vgl. [Schwabe 1999, S. 195f.]).

5.4.1.5 Arbeitsmittelanalyse

Zwei Fragen stehen im Mittelpunkt der Arbeitsmittelanalyse: Welche Materialien und Werkzeuge verwendet der Einzelne oder die Gruppe bei der Erledigung der Arbeit und welche Materialien bearbeiten sie gemeinsam synchron oder asynchron. Zu den Materialien gehören Dokumente, Formulare, Notizen, Zeichnungen, Bilder, Zeitungen, Bücher etc. in Papier- oder elektronischer Form. Zu den Werkzeugen gehören Stifte, Locher, Klebstoff, Ordner, Rechenmaschine, Computer etc. .

Werden schon elektronische Materialien verwendet, können diese in das Telekooperationssystem einbezogen werden. Werden papierbasierte Materialien verwendet, ist zu hinterfragen, warum dies so ist: entweder aufgrund von Vorschriften und Vorgaben oder „weil es schon immer so war". Werden elektronische Materialien ausgedruckt und dann in Papierform aufbewahrt, gilt es ebenfalls, das Warum abzuklären. Beispielsweise können gesetzliche Vorschriften dies erforderlich machen.

Das Analyseergebnis ist einerseits eine Liste verwendeter Materialien und Werkzeuge, sowie damit zusammenhängender Probleme, andererseits die Feststellung ob Materialien und Werkzeuge in passender/unpassender bzw. geeigneter/ungeeigneter Form vorliegen (vgl. [Schwabe 1999, S. 196f.]).

5.4.1.6 Aneignungsanalyse

Die Fragen, wie die Einzelnen und die Gruppe den Umgang mit den Werkzeugen und Materialien erlernt haben und wie sie sich diese für ihre Zwecke angepasst haben, bewegt die Aneignungsanalyse (vgl. [Schwabe 1999, S. 197]).

Ergebnis sind Erkenntnisse darüber,

- wie sich die Einzelnen und die Gruppe den Werkzeugumgang angeeignet haben, z. B. in Schulungen oder durch learning by doing,
- welche Werkzeuge ihrem ursprünglichen Zweck entsprechend und welche davon abweichend (und warum) eingesetzt werden,
- ob und wie Werkzeuge weiterentwickelt wurden und
- wie neue Gruppenmitglieder die Werkzeugnutzung erlernen.

5.4.1.7 Arbeitsraumanalyse

Fragen zur Ausgestaltung und Funktion des Arbeitsraumes der Gruppe und der Einzelnen stellt die Arbeitsraumanalyse: Wie ist der Arbeitsplatz ausgestattet? Welche Funktion haben Teile des Arbeitsraumes? In welcher räumlichen Entfernung befinden sich die zusammenarbeitenden Personen bei welcher Zusammenarbeit?

Vor allem bei dem Design von Telekooperationssystemen ist das Ergebnis, das auch Hinweise auf soziale Regeln beinhaltet, wichtig. Bei der Einführung eines Telekooperationssystems kann es genutzt werden, um zu überprüfen, ob die Zusammenarbeit in dieser Art nicht mehr möglich ist; beispielsweise, wenn in der Realität eine Besprechungsecke existiert, die im Telekooperationssystem nicht abgebildet werden kann (vgl. [Schwabe 1999, S. 197f.]).

Ergebnis ist eine Liste von Gegenständen mit zugehörigen Funktionen und eine Übersicht über Tätigkeiten mit den zusammenarbeitenden Personen sowie der Entfernung zwischen ihnen und den bestehenden sozialen Regeln.

5.4.1.8 Analyse der Informationsspeicher

Welche alten oder derzeitigen Informationen werden wie gespeichert, um sie später wiederzufinden und verwenden zu können? Mit dieser Fragestellung setzt sich die Analyse der Informationsspeicher auseinander. Hierzu zählen auch die Fragen, welche wichtigen Fakten und Ereignisse sich Personen zu welchem Zweck merken, wozu sie diese Informationen wieder brauchen und wie sie diese suchen. Aufbewahrungsfristen, Anforderungen an Ablage und Archivierung, Datenschutzvorschriften etc. sind hier mit zu untersuchen.

Ergebnis ist eine Übersicht über Arbeitsunterlagen, Ablagen und Archive etc., die vorgegeben sind oder die Einzelnen und die Gruppe sich geschaffen haben sowie ihrer Suchstrategien zum Wiederauffinden und Probleme, die damit zusammenhängen.

5.4.2 Design

Das Analyseergebnis (Ist-Zustand) fließt in die Designphase (Soll-Konzeption) ein, in der es normalerweise darum geht, ein neues System - inklusive eines Telekooperationssystems - zu gestalten. Für die Einführung eines bestehenden Telekooperationssystems sind sowohl das Design von neuen Vorgaben zu Aufgaben, Arbeitsabläufen und Kooperationen als auch das Konzept für das computergestützte Gruppengedächtnis, unter Einsatz des neuen Telekooperationssystems relevant. Voraussetzung hierfür ist, neben dem Analyseergebnis, die genaue und umfassende Kenntnis des neuen Telekooperationssystems.

Abbildung 5-4 stellt alle Designkomponenten im Überblick vor. Die mit Stern Gekennzeichneten werden im Folgenden vorgestellt, da sie für die Konzipierung von Telekooperationseinführungsmaßnahmen relevant sind.

Design von	Ergebnis
Teamarbeit	
* Aufgaben	Neue Vorgaben (z. B. Ergebnis, Werkzeuge)
* Arbeitsprozess	Neue Vorgehensweisen, neue Arbeitsformen, neue Formen der Zusammenarbeit
* Kooperationsstruktur	Neue Regeln der Zusammenarbeit, Bereitstellung einer dazu passenden Infrastruktur
Hilfsmittel und Informationsspeicher	
Werkzeug und Material	Neue Werkzeuge und Materialien, Erweiterungen, Einstellungen, Schablonen, Konfigurationen, neue Medien, Prototyp einer Telekooperationsumgebung
Arbeitsraum	Konzept für eine Einbettung der Telekooperationstechnologie in die Arbeitsumgebung
* Gruppengedächtnis	Konzept eines computergestützten Gruppengedächtnisses
Technische Integration	
Einbettung in IS-Architektur	Konzept für die Einbettung in die Informationssystemarchitektur

Abbildung 5-4: Überblick über die Designschritte (Quelle: In Anlehnung an [Schwabe 1999, S. 199])

Die Ausarbeitung der Konzepte sollte nicht im stillen Kämmerchen der Designerinnen stattfinden, sondern unter Partizipation der künftigen Anwenderinnen des Telekooperationssystems, denn die NDA geht von einer Wechselwirkung von Anwenderinnen und Technologieeinsatz aus. Aber auch die Gestaltung von neuen Kooperationskonzepten fordert die Beteiligung der Kooperierenden. Künftige Anwenderinnen sind in Workshops einzubinden, in denen diese Konzepte entwickelt, durchdacht und verbessert werden.

5.4.2.1 Aufgabendesign

Die neuen Aufgaben ergeben sich aus den bisherigen Aufgaben, unter Berücksichtigung des neuen Telekooperationssystems sowie der damit zusammenhängenden organisatorischen und strategischen Veränderungen. Für jede neue Aufgabe werden Vorgaben definiert und spezifiziert, die die einzusetzenden Werkzeuge, Materialien, beteiligte Personen, gewünschte Ziele und Ergebnisse umfassen (vgl. [Schwabe 1999, S. 200]).

5.4.2.2 Arbeitsprozessdesign

Das Arbeitsprozessdesign bezieht sich auf die Neugestaltung der Vorgehensweise bei der Aufgabenerfüllung. Reihenfolgen der Arbeitsschritte, bessere Informationsversorgung, Auswahl geeigneter Werkzeuge des neuen Telekooperationssystems, Arbeitsformen wie paralleles vs. sequentielles und synchrones vs. asynchrones Arbeiten werden definiert. Hierbei ist es essentiell, zu prüfen, bei welchen Schritten an einem Ort zusammengearbeitet werden muss und bei welchen Schritten verteilt gearbeitet werden kann. Der Übergang von verteiltem zu ortsgleichem Zusammenarbeiten muss weitgehend reibungslos, ohne Medienbrüche gestaltet werden (vgl. [Schwabe 1999, S. 200]).

5.4.2.3 Kooperationsstrukturdesign

„Das Kooperationsstrukturdesign dient der Neugestaltung der formalen Regeln der Zusammenarbeit und der Bereitstellung einer Infrastruktur für soziale Kooperation." [Schwabe 1999, S. 200].

Die Analyseergebnisse des Interaktionsnetzes und der sozialen Kooperationsstruktur offenbaren, welche Personen, wie häufig miteinander in Interaktion stehen. Das neue Telekooperationssystem muss daraufhin untersucht werden, ob es diese Interaktionsbeziehungen unterstützt oder ob sich diese, in der bestehenden Form, nicht mehr aufrecht erhalten lassen. Neben der formalen Interaktion ist auch die informelle zu berücksichtigen, um Defizite erkennen zu können. Die Akzeptanz von neuen Telekooperationssystemen hängt auch davon ab, inwieweit sich Interaktionsbeziehungen verändern (vgl. [Schwabe 1999, S. 200]).

5.4.2.4 Gruppengedächtnis

Durch die enormen Speichermöglichkeiten ist zu beachten, dass durch die Einführung eines Telekooperationssystems viel mehr Informationen elektronisch ablegt und archiviert werden können. Ausgehend von diesem Tatbestand ist neu zu überdenken, welche Informationen in Papierform und/oder elektronisch, wie lange und für wen zugänglich vorgehalten werden. Organisatorische, technische und datenschutzrechtliche Aspekte sind zu berücksichtigen (vgl. [Schwabe 1999, S. 202]). Medienbrüche sollten bei der Neugestaltung beseitigt werden.

5.4.3 Schlussfolgerungen aus der Needs Driven Approach

Der Needs Driven Approach enthält eine systematische Vorgehensweise zur Analyse und zum Design von Telekooperation. Durch die Analyse kann zum einen ein genaues Bild der Zusammenarbeit mit bestehenden Problemen, Begrenzungen und Strukturen ermittelt und gezeichnet werden, zum anderen bietet sich durch das Design die Möglichkeit, bei der Konzeption von Telekooperationsszenarien anwendungs- und praxisorientiert vorzugehen.

Für die Einführungsmaßnahmen sind diese Szenarien der telekooperationssystemunterstützten Zusammenarbeit wesentlich, da sie Beispiele, Metaphern etc. liefern können, die in Schulungsunterlagen, Übungsaufgaben, Handbücher, Erläuterungen in den Schulungen und Workshops etc. einfließen sollten.

Das Analyseergebnis kann auch Aufschluss über Stolpersteine, Hemmnisse und Hindernisse bei der Einführung von Telekooperation geben. Diese zu kennen, ist für die Mediatorinnen wichtig. Sie können diese bei ihren Nutzungsempfehlungen beachten, um die Nutzung des Telekooperationssystems in positive Bahnen zu lenken.

Wesentlich für die Aneignung eines neuen Telekooperationssystems ist, neben dem problemlosen Umgang mit den Komponenten eines Telekooperationssystems, auch die Vermittlung der Designidee, die dem Design des Telekooperationssystems zugrunde liegt (siehe Kapitel 5.1; vgl. [Schwabe 1999, S. 202]). Verstehen die Anwenderinnen diese nicht, verstehen sie den Geist des Telekooperationssystems nicht und können diesen somit nicht ausfüllen und für sich nutzen.

5.5 Die theoriegeleiteten Schlussfolgerungen im Überblick

6 Didaktische Grundlagen der Einführung von Telekooperation

In Kapitel 3.1.2 wurden bereits die allgemeinen Grundlagen zu Didaktik gelegt, um ein Verständnis der anschließenden Ausführungen zu Dörings Erwachsenendidaktik (Kapitel 3.1.3), als Basis der empirischen Arbeit und den damit zusammenhängenden Überlegungen zu sichern. Da sich Dörings Erwachsenendidaktik für die Konzeption von Einführungsmaßnahmen zu Telekooperation nicht als vollständig ausreichend herausstellte, werden in diesem Kapitel weitere didaktische Ansätze betrachtet. Zum einen werden dabei die Aspekte betrachtet, die sich als unzureichend herausgestellt haben: Methoden zur Beziehungsgestaltung zwischen Teilnehmerinnen und Lehrenden, Methoden für den Umgang mit „kritischen" Personen sowie eine bereichsdidaktische Ergänzung. Zum anderen werden die Erkenntnisse aus Kapitel 4 - den theoretischen Grundlagen - herangezogen.

Im ersten Schritt werden die angestellten Überlegungen zur Didaktikauswahl vorgestellt, die zu drei didaktischen Ansätzen geführt hat: die sozio-informationstechnische Didaktik von Euler, die Themenzentrierte Interaktion von Cohn und der EDV-Dozent von Lehnert.

Als metatheoretische Basis für die didaktische Gestaltung von Einführungsmaßnahmen wird die Sozio-informationstechnische Didaktik nach Euler [1995] vorgestellt. Sie beinhaltet einen didaktischen Bezugsrahmen für Qualifizierungsmaßnahmen für sozio-informationstechnische Systeme sowie allgemeindidaktische Ausführungen. Da Telekooperationssysteme als sozio-informationstechnische Systeme betrachtet werden können, kann Eulers Didaktik für die Konzeption von Einführungsmaßnahmen von Telekooperationssystemen angewendet werden. Da sie sich allerdings auf metatheoretischer Ebene bewegt, fehlen konkrete Methoden. Dies macht es notwendig, weitere Ansätze zu betrachten.

Für die konkrete Planung und Gestaltung sowie die Durchführung der Einführungsmaßnahmen wird die Themenzentrierte Interaktion (vgl. [Cohn 1994]) als Konzept für Gruppenarbeit und teilnehmerorientiertes, aktives Lehren und Lernen herangezogen. Damit wird die Themenzentrierte Interaktion zum Kernstück. Sie lässt darüber hinaus Querbezüge zu der *Time, Interaction, and Performance Theorie* als Gruppentheorie und der sozio-informationstechnischen Didaktik zu, die anschließend aufgezeigt werden.

Um konkrete Hinweise zu Methoden der Anwenderschulung von Computersystemen berücksichtigen zu können, schließt die Darstellung der Computerdidaktik von Lehnert [1995] die Überlegungen zur Didaktikauswahl ab. Sie baut auf Dörings Erwachsenendidaktik auf, die sich in Cuparla als gute, allgemeindidaktische Grundlage herausgestellt hat.

Im letzten Abschnitt werden die gewonnen Erkenntnisse zusammengefasst und systematisiert, um als Ausgangsbasis für die konzeptionellen Überlegungen in Kapitel 7 verwendet werden zu können.

6.1 Didaktikauswahl

6.1.1 Überlegungen zur Didaktikauswahl

Für die Planung und Durchführung von Einführungsmaßnahmen der Telekooperation stellt sich die Frage, welche Didaktik bzw. welche Teile aus verschiedenen Didaktiken hierfür geeignet sind. Da CUPARLA sich auf die computerunterstützte, verteilte Zusammenarbeit von Erwachsenen bezieht, sollten (1) Aspekte der Erwachsenenbildung, (2) Aspekte des Umgangs mit neuen Technologien und (3) Aspekte der Kooperation enthalten sein.

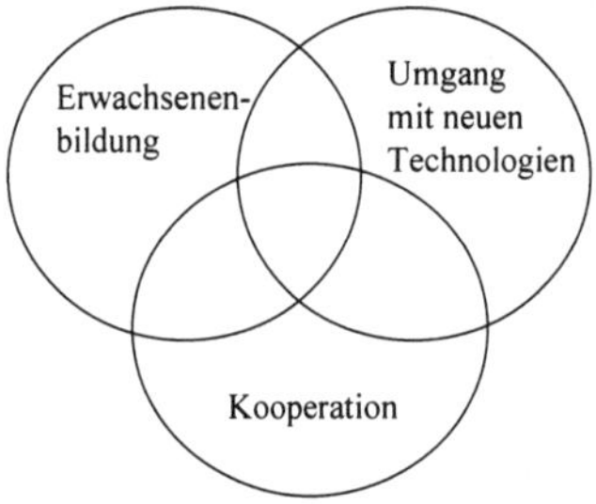

Abbildung 6-1: Relevante Bereiche für die Didaktikauswahl (Quelle: Eigene Darstellung)

Problematisch ist die Auswahl geeigneter Didaktiken. Denn wie bereits in Kapitel 4 festgestellt, sind die verschiedenen Didaktikansätze und Didaktiken unterschiedlich hinsichtlich ihrer semantischen Einordnung, ihrer Ziele und Funktionen, ihres Planungs- und Zeithorizontes sowie ihres Gegenstandsbereiches. Um ein ganzheitliches, didaktisches Konzept für die Einführung von Telekooperationssystemen erstellen zu können, müssen deshalb mehrere Didaktiken betrachtet und gegebenenfalls didaktische Elemente kombiniert werden, sofern sich diese nicht widersprechen.[182]

Hinsichtlich der semantischen Einordnung auf den drei Ebenen Meta-, Theorie- und Objektebene lässt sich feststellen, dass unabhängig von der entsprechenden Ebene wichtige Hinweise für die Konzeption von Telekooperationseinführungsmaßnahmen in einer Didaktik enthalten sein können. Deshalb können Didaktiken der unterschiedlichen Ebenen kombiniert werden. Gleiches lässt sich hinsichtlich der Ziele und Funktionen von Didaktiken sagen.

Der Planungs- und Zeithorizont für die Konzeption von Telekooperationseinführungsmaßnahmen umfasst die Programmplanung bis hin zur Planung von Unterrichtseinheiten. Somit

[182] Dieses Vorgehen entspricht der Entwicklung in der Pädagogik seit den 90er Jahren, die Weinert [1996, S. 10] mit folgenden Worten skizziert: „Sechs moderne Entwicklungslinien des pädagogisch-psychologischen Denkens haben sich – pluralistisch genutzt – als neue Wege, - puristisch verwendet - als mögliche Sackgassen künftiger Forschung erwiesen."

werden didaktische Hinweise sowohl für die Programm- als auch die Unterrichtsplanung benötigt.

Da sich der Gegenstandsbereich immer auf Lehr-Lern-Prozesse mit unterschiedlicher Akzentuierung bezieht, werden die bisher vorgestellten empirischen Daten (siehe Kapitel 4) sowie die theoretischen Erkenntnisse (siehe Kapitel 5) herangezogen, um die Auswahl geeigneter Didaktiken und/oder didaktischer Elemente durchführen zu können. Diese werden in Hinblick auf

- den Lernbegriff,
- den Lehr-/Lerninhalt,
- die Gestaltung des Lehr-/Lernprozesses,
- die Lernenden und die Lehrenden

im Folgenden zusammengefasst vorgestellt.

6.1.1.1 Lernen

Die Erfahrung, über Cuparla-Qualifizierungsmaßnahmen hinweg, hat gezeigt, dass die starke Teilnehmer- und Personenorientierung, viel Eigenaktivität durch die Lernenden, ein enger Bezug zur Ratsarbeit sowie das partizipative Lehren wichtig sind. Deshalb sollte ein Lernbegriff diese Aspekte beinhalten. Diese Erfahrungen entsprechen auch der Annahme der modernen Pädagogik, nach der erfolgreiches Lernen aus ganzheitlicher, aktiver Aneignung und Konstruktion von Wissen resultiert. Arnold [1996, S. 1ff.] prägt in diesem Zusammenhang den Begriff „Lebendiges Lernen", der aus mehreren Bereichen gespeist wird. Abbildung 6-2 zeigt die Zulieferer, aber auch Grenzen, dieses Lernbegriffs.

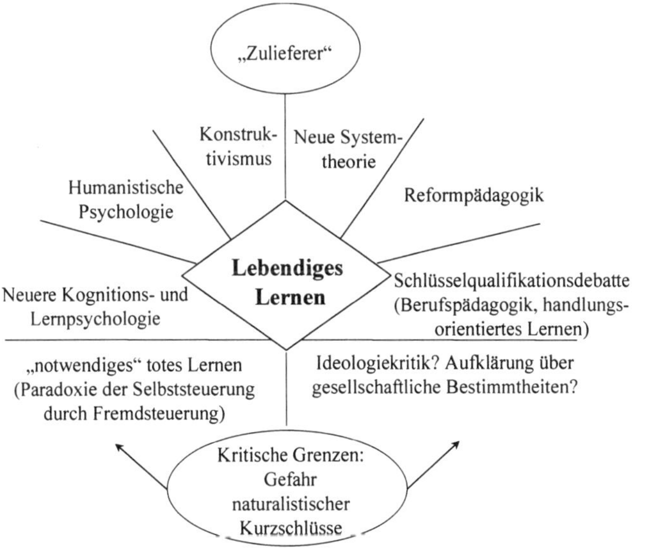

Abbildung 6-2: Zulieferer und kritische Grenzen einer Konzeption Lebendigen Lernens (Quelle: In Anlehnung an [Arnold 1996, S. 3])

In der neueren Kognitions- und Lernpsychologie wird das Lernen als eine eigenständige Aktivität und nicht als Reflex auf Lehren bzw. Lehrangebote betrachtet (siehe [Holzkamp 1996, S. 21ff.]). Dies war auch die Erfahrung aus den zahlreichen Qualifizierungsmaßnahmen innerhalb der Cuparla-Einführung. Erst bei eigenständigem, aktivem Arbeiten mit dem Notebook wurde das vermittelte Wissen zu wirklich gelerntem Wissen der Anwenderinnen, so dass es dann auch in deren Alltag zum Einsatz kam. Der Aspekt der Eigenständigkeit und Selbstorganisation des Lernenden wird auch in der Neueren Systemtheorie betont (siehe [von Saldern 1996, S. 31ff.; Kösel 1996, S. 88ff.]).

Den Aufgaben, anhand derer das Wissen gelehrt und gelernt wurde, kam dabei eine besondere Bedeutung zu. Dadurch, dass sich diese an der Realität der Ratsarbeit und den damit zusammenhängenden Tätigkeiten orientierten, wurde ein Transfer auf die alltägliche Ratsarbeit angebahnt und das Lernen erleichtert. Dieses Vorgehen entspricht dem Ansatz des handlungsorientierten Lernens (siehe [Reetz 1984, S. 124]), aber auch des situierten Lernens (siehe [Mandel et al. 1995]). Letzterer besagt, dass Lernen nicht dekontextualisiert erfolgen kann. Lernen soll in einem möglichst authentischen Kontext ermöglicht werden z. B. durch eine entsprechend komplexe und authentische Lernaufgabenstellung.

Besonderes Gewicht unter den Zulieferern des Lebendigen Lernens kommt der Reformpädagogik als eine umfassende, pädagogische Erneuerungsbewegung zu. Begriffe wie selbstgesteuertes Lernen, elementare Situationen etc. werden durch sie geprägt (vgl. [Potthoff 1979, S. 11ff]). Sie ist damit auch bedeutende Vorläuferin des handlungsorientierten und des situierten Lernens (vgl. [Jank/Meyer 1991, S. 347ff.]).

Aus dem konstruktivistischen Paradigma, dass „unser Wissen über die Welt keine passive Abbildung objektiver Sachverhalte ist, sondern Ergebnis eines mentalen Konstruktionsprozesses" [Wessner/Pfister 2001, S. 3], wird Kooperation, und damit kooperatives Lernen, zum Bestandteil des Lernens. Da ein Telekooperationssystem den Kooperationsaspekt beinhaltet, kann schon durch kooperatives Lernen der spätere Kooperationsaspekt in die Qualifizierungsmaßnahmen hineingetragen werden. Am Beispiel von Cuparla zeigt sich, dass dies besonders günstig ist, da dies auch das Entwickeln eines gemeinsamen Verständnisses von Ratsarbeit begünstigt und einheitliche Nutzungsmuster ermöglicht werden.

Die Humanistische Pädagogik, die ihren Ursprung in der Humanistischen Psychologie findet, verneint das Bild des Menschen als Blackbox, mit messbarem In- und Output. Sie setzt vielmehr auf den Menschen als ein entwicklungsfähiges Wesen. Persönliches Wachstum und Lernen beruhen, entsprechend dem Dialogischen Prinzip, auf Gegenseitigkeit. Lehrende werden als Lernbegleitende und –unterstützende gesehen (vgl. [Burow 1996, S. 43ff.]). Dieses Verständnis der Lehrenden hat sich auch im Rahmen von Cuparla als geeignet erwiesen.

Ein Ansatz, der unter anderem auf die Humanistische Psychologie zurückgeht, ist die Themenzentrierten Interaktion von Ruth Cohn. Mit dieser wird „den LehrerInnen ein direkt umsetzbares praktische Rüstzeug an die Hand" [Burow 1996, S. 50] gegeben. Kernelement der Themenzentrierten Interaktion ist Lebendiges Lernen in Gruppen (siehe [Freudenreich et al. 1996, S. 57ff.]).

6.1.1.2 Lehr-/Lerninhalt

In Kapitel 2.2 wurden die konstitutiven Elemente der Telekooperation vorgestellt: Gruppe, Kooperation und Telekooperation. Folgt man den Ausführungen, sind damit gleichzeitig die Themenbereiche des Lehr-/Lern-Inhaltes identifiziert: die Gruppe, die Zusammenarbeit mittels Kommunikation, Koordination und Bearbeitung gemeinsamen Materials, Aspekte verteilter Zusammenarbeit sowie die Nutzung des Telekooperationssystems zur Unterstützung bzw. Ermöglichung der verteilten Zusammenarbeit.

Folgt man der *Adaptive Structuration Theory* (siehe Kapitel 5.1), sorgen Telekooperationssysteme durch ihre Eigenschaften und ihren Geist für soziale Strukturen. Auch werden diesen von den Anwenderinnen Eigenschaften und Geist ihrer eigenen Struktur, unter Berücksichtigung ihres Umfeldes zugeordnet. Daraus lässt sich ableiten, dass sowohl die Gruppenstruktur und die Struktur des Telekooperationssystems als auch das Umfeld zu thematisieren ist.

Verändern sich die Gruppenstrukturen durch die Anwendung des Telekooperationssystems, wirkt dies auf die Gruppe als Ganzes und auch auf die Einzelnen ein bzw. zurück. Damit eröffnet sich ein weiteres Themenfeld: das Individuum in der Gruppe.

Berücksichtigt man noch zusätzlich die Hinweise der *Time, Interaction and Performance Theory* (siehe Kapitel 5.2), ist eine Verzahnung der Themenbereiche notwendig, da parallel zur sachlichen Aufgabenerfüllung auch soziale Aufgaben erfüllt werden.

Einen weiteren Lehr-Lern-Inhalt stellt die Medienwahl dar. Denn je nachdem, welche sachliche Aufgabe ansteht und welche soziale Aufgabe gerade gelöst wird, sollten entsprechend der *Media Synchronicity Theory* (siehe Kapitel 5.3) die Funktionen des Telekooperationssystems zum Einsatz kommen.

Folgt man diesen Ausführungen, muss eine Didaktik für die Konzeption von Telekooperationseinführungsmaßnahmen als Lehr-Lern-Inhalt die genannten Themenbereiche abdecken und sie in Beziehung zueinander setzen.

6.1.1.3 Gestaltung des Lehr-Lern-Prozesses

Bei der Zusammenarbeit von Gruppen ist die Interaktion ein wesentliches Element (siehe *Time, Interaction, and Performance Theory*, Kapitel 5.2). Auch der Lehr-Lern-Prozess kann als Interaktionsprozess zwischen Lehrenden und Lernenden sowie zwischen den Lernenden untereinander gesehen werden (siehe [Döring 1988, S. 40]). Dies kann dazu genutzt werden, den Lehr-Lern-Prozess als konstruktive, kooperative Zusammenarbeit zu gestalten, um der Gruppe zu ermöglichen, aus dem Erlebten modellhaft Rückschlüsse ziehen und Anregungen auf die Zusammenarbeit außerhalb der Qualifizierungsmaßnahmen gewinnen zu können. Eine Didaktik sollte somit den Lehr-Lern-Prozess als Interaktionsprozess begreifen und auf die kooperative Gestaltung des Lehrens und Lernens zielen.

Ausgehend von der *Adaptive Structuration Theory* (siehe Kapitel 5.1), können die Lernenden sowohl als Anwendende als auch Gestaltende von Telekooperationssystemen betrachtet werden. Beide Aspekte müssen sich in der Gestaltung des Lehr-Lern-Prozesses niederschlagen. Eine Didaktik sollte diese Aspekte abdecken oder um diese Aspekte erweitert werden.

Generell zielt der Lehr-Lern-Prozess auf die Entwicklung und Verfestigung der eigenständigen Aufgaben- und Problembewältigung durch die Gruppe, unter Anwendung des Telekooperationssystems ab. Dies kann auch als zielgerichteter, stabiler Aufbau und Erweiterung von Handlungskompetenz[183] bezeichnet werden. In der zu wählenden Didaktik sollte Lernen somit auch als Erweiterung von Handlungskompetenz aufgefasst werden.

Zur Gestaltung des Lehr-Lern-Prozesses sollten Methoden ausgewählt werden, die die Eigenständigkeit der Individuen und der Gruppe fördern, die isolierte Anwendungssituation berücksichtigen, an der Situation der Erwachsenen ansetzen und Lernen erlebbar machen. Ausgangspunkt für die Gestaltung sollten Nutzungsszenarien sein. Die gewählte Didaktik sollte entsprechende Methoden beinhalten oder entsprechend angereichert werden. Rein kognitives Lernen ist, aufgrund der Notwendigkeit des Entlernens von Verhaltensmustern und Angewohnheiten, nicht angemessen.

Zur Unterstützung des Lehren und Lernens sollten Hilfsmittel und Materialien herangezogen werden. Dazu gehören beispielsweise Schulungsunterlagen, die entsprechend den Anregungen aus der *Adaptive Structuration Theory* (siehe Kapitel 5.1) szenarienbasiert sind. Für die Auswahl der Lehr-/Lerninhalte, sollten didaktische Hinweise gegeben sein.

6.1.1.4 Lernende und Lehrende

Da es sich bei den Lernenden um Erwachsene handelt, muss eine Didaktik gewählt werden, die erwachsenenpädagogische und -didaktische Aspekte beinhaltet, oder es muss eine gewählte Didaktik um diese Aspekte ergänzt werden.

Wie bereits erwähnt, können ausgehend von der *Adaptive Structuration Theory* (siehe Kapitel 5.1), die Lernenden als Anwendende und als Gestaltende von Telekooperationssystemen betrachtet werden. Um dies entsprechend berücksichtigen zu können, wird das Wissen über die Lernenden als Einzelne und als Gruppe notwendig. Zudem sollten die Erfahrungen der Lernenden, ihre Ziele und Interessen etc. beachtet werden. Dies macht eine Teilnehmeranalyse sowie eine Analyse der Zusammenarbeit notwendig. Diese Komponenten sollten in einer Didaktik enthalten sein oder eine Didaktik um diese erweitert werden.[184]

---

[183] Handlungskompetenz wird als Teil der Persönlichkeitsentwicklung gesehen (vgl. [Ballin/Brater 1996, S. 39; Beck 1995, S. 45]), da in ihr auch wertende und emotional-motivationale Aspekte berücksichtigt werden (vgl. Erpenbeck/Heyse 1996, S. 35]). Sie kann definiert werden als „... die Fähigkeit und Bereitschaft des Menschen, in beruflichen Situationen problemorientiert und sachgerecht, durchdacht sowie in individueller und gesellschaftlicher Verantwortung zu handeln." [Bader 1991, S. 443]. Ihr werden in der Literatur unterschiedliche Kompetenzen zugeordnet. Häufig umfasst die Zuordnung sowohl Sach-, Selbst-, Sozial- und Methodenkompetenz (vgl. [Bunk 1994, S. 11; Ott 1995, S. 50f.; Euler 1999a, S. 2;]).

[184] Es gibt eine Reihe von Analyseinstrumenten, die jedoch nur begrenzt nutzbar sind, da meist erhebungstechnische, zeitliche und auch datenschutzrechtliche Hinderungsgründe in der Realität existieren. Oft können die entsprechenden Informationen nur in Unterrichtseinheiten gewonnen werden (vgl. [Burbach 1985, S. 71f. und S. 93ff.]).

Entsprechend der *Time, Interaction, and Performance Theory* (siehe Kapitel 5.2), sollten Lehrende nicht nur Sachkompetenz bezüglich der Telekooperationssysteme besitzen, sondern auch hinsichtlich der Aufgaben und Arbeitsabläufe der Lernenden sowie der Gruppenprozesse. Daneben sollten Sozial- und Umfeldkompetenz mitgebracht werden.

Über die Cuparla-Qualifizierungsmaßnahmen hinweg, hat sich gezeigt, dass Lehrende die Lehr-Lern-Prozesse mit den Lernenden gestalten und diese eher moderieren als leiten sollten (siehe Kapitel 3). Durch die kooperative Gestaltung kann der Unterricht zeitgleich als Modell und Übungsfeld für die kooperative Zusammenarbeit dienen.

6.1.2 Begründung zur Didaktikauswahl

Für den Überschneidungsbereich in der Mitte von Erwachsenenbildung, Technologie-Einführung und Kooperation (siehe Abbildung 6-1) wird die Didaktik einer sozio-informationstechnischen Bildung von Euler [1995] (siehe Kapitel 6.2) herausgegriffen, da er, bei der Entwicklung seines didaktischen Bezugsrahmens, wesentliche Didaktikansätze kritisch reflektierte und Elemente auf sozio-informationstechnische Systeme - und als solches kann ein Telekooperationssystems betrachtet werden - bezogen zusammensetzt. Sein allgemeindidaktisches Konzept versteht er als Metatheorie im Sinne einer *„Didaktik als Argumentation, als ein Vor- und Nachdenken, über definierte Problemstellungen"* [Euler 1995, S. 118f.][185], das er entlang eines allgemeindidaktischen Bezugsrahmens mit den Kategorien Didaktik, Lernen, Lehren, Kommunizieren und Rahmeneinflüsse (vgl. [Euler 1995, S. 96ff. und 389f.], in Hinblick auf bereichsdidaktische Elemente eines sozio-informationstechnischen Systems konkretisiert. Da das Konzept übergeordnete Prinzipien formuliert, können diese für konkrete Anwendungssituationen mit unterschiedlichem Planungshorizont verwendet werden. Für die konkrete Gestaltung und Durchführung von Lehr-Lern-Situationen greift es jedoch zu kurz. Deshalb werden weitere Ansätze zu den Überschneidungsbereichen betrachtet.

Für den Überschneidungsbereich Erwachsene und Kooperation finden sich eine Reihe von Didaktikansätzen[186], die die Themenzentrierte Interaktion (TZI) von Ruth Cohn [1994] (siehe Kapitel 6.3) aufgreifen. Dies macht es interessant, die TZI als Ursprungskonzept vorzustellen. Sie ist ein Konzept für die Moderation und Entwicklung von Gruppen, das lebendiges Lehren und Lernen verwirklichen will (vgl. [Matzdorf/Cohn 1995, S. 39). Die TZI thematisiert in diesem Zusammenhang sowohl den Einzelnen, die Gruppe, das Thema, das Umfeld bzw. den Globe, den Leiter als auch den Lehr-Lern-Prozess im Sinne von Struktur-Prozess-Vertrauen.

Matzdorf [1997, S. 332f.] argumentiert, dass die TZI als allgemeine pädagogische Didaktik verwendet werden kann. Reiser und Lotz [1995] haben die TZI als Pädagogik vorgestellt. Auch haben Belz und Muthmann [1985], Kamps [1992], Klein [1976 und 1984], Knoll [1977], Matzdorf und Matzdorf [1980], Baumgart [1995] bereits gezeigt, dass sich TZI mit bestehenden Didaktiken verknüpfen lässt. Davon ausgehend werden didaktische Elemente der TZI aufgeführt, über die sie mit anderen Didaktiken kombiniert wurde und werden kann.

---

[185] Ausgehend von Frage- und Problemstellungen wird die didaktische Modell- bzw. Theoriebildung dargelegt.

[186] (vgl. [Belz/Muthmann 1985; Kamps 1992; Klein 1976; Klein 1984, Knoll 1977; Matzdorf/Matzdorf 1980]).

Da weder die Didaktik sozio-informationstechnischer Systeme noch die TZI Methoden und Techniken im Hinblick auf das Lehren und Lernen des Umgangs mit Computern liefert, wird eine weitere Didaktik herangezogen, die den Überschneidungsbereich Erwachsenenbildung und Umgang mit neuen Technologien abdeckt. Zu diesem Zweck wird Lehnerts Didaktik „Der EDV-Dozent" [Lehnert 1995] (Kapitel 6.4) ausgewählt, die sich auf der Objektebene, der Praxis des Lehrens und Lernens, bewegt, um konkrete Unterrichtsmethoden und -techniken zu erhalten.

6.2 Sozio-informationstechnische Didaktik - Dieter Euler[187]

6.2.1 Darstellung der sozio-informationstechnischen Didaktik

Euler [1995] behandelt die wirtschaftspädagogische Problemstellung, wie Menschen im Rahmen von Bildungsprozessen auf den zielorientierten Umgang mit Informationen in ökonomischen Lebenssituationen vorbereitet werden können (vgl. [Euler 1995, S. 2ff.]). Im ersten Schritt erstellt er für den Bereich der sozio-informationstechnischen Systeme (vgl. [Euler 1995, Teil II]) einen bereichsdidaktischen Bezugsrahmen. Im zweiten Schritt arbeitet er kritisch reflektierend allgemeindidaktische Ansätze zur Entwicklung eines allgemeindidaktischen Bezugsrahmens auf (vgl. [Euler 1995, Teil III]). Anschließend fasst er seine didaktische Ausgangsbasis mit den wesentlichen Begriffen Didaktik, Kommunikation, Lernen und Lehren sowie Rahmeneinflüsse, zum bereichsdidaktischen Ansatz mit Inhalten in einer sozio-informationstechnischen Bildung zusammen. Er sagt, dass Lehren und Lernen der Inhalte einer sozio-informationstechnischen Bildung über Kommunikation bzw. Interaktion erfolgt und durch Rahmeneinflüsse geprägt wird (siehe Abbildung 6-3). Dabei wirken die Rahmeneinflüsse sowohl auf das Lehren und Lernen als auch auf die Inhalte einer sozio-informationstechnischen Bildung.

DIDAKTIK
einer
sozio-informationstechnischen Bildung

Lernen ⟷ INHALTE einer sozio-informationstechnischen Bildung
↑
Kommunizieren ⟷
↓
Lehren ⟷

↕ Rahmeneinflüsse ↕

Abbildung 6-3: Integration des Gegenstandsbereiches einer sozio-informationstechnischen Bildung in den didaktischen Gesamtzusammenhang (Quelle: In Anlehnung an Euler [1995, S. 507])

[187] Die folgenden Ausführungen beziehen sich ausschließlich auf den Originaltext [Euler 1995].

6.2.1.1 Allgemeindidaktischer Bezugsrahmen

Euler [1995, S. 119] bezeichnet, im Rahmen seiner Didaktik einer sozio-informationstechnischen Bildung, Didaktik als Theorie kommunikativer Lehr-Lern-Situationen im Sinne von zielgerichtetem Lernen und Lehren in mittelbaren und unmittelbaren Kommunikationsbeziehungen.

Lernen wird als innerer Prozess verstanden und „... *als zielgerichtete, relativ stabile Erweiterung von Handlungskompetenzen im Rahmen mittelbarer oder unmittelbarer Kommunikationsbeziehungen* aufgefaßt". [Euler 1995, S. 122 und S. 508]. Der Begriff 'Handeln' wird als zielgerichtetes Verhalten zur Bewältigung von Situationen definiert. Somit soll durch das Lernen die bereits bestehende Handlungskompetenz ergänzt werden, indem ausgehend von den Lernvoraussetzungen, den Lernenden erweiternd Verhaltensmöglichkeiten aufzeigt werden. Ziel ist, dass sie diese auf mittlere Sicht in bestimmten Situationen parat haben und „zielorientierte, informationstechnisch unterstützte, ökonomische Informationsaufgaben *eigenverantwortlich und sozialverträglich*" [Euler 1995, S. 259] bewältigen können. Handlungskompetenz bezieht Euler auf die Verhaltenskomponente entsprechend folgender Lernzieltaxonomie[188] (vgl.[Euler 1995, S. 508f.]):

- Stufe 1: Ausführung (Ausführung eines vorbestimmten Problemlösungsweges, basierend auf gegebenen Regeln),
- Stufe 2: Anwendung (Übertragung aufgebauter Kompetenzen auf ähnliche Situationen),
- Stufe 3: Bewertung (Analyse und Bewertung einer Problemlösung, basierend auf spezi fischen Zielkriterien) und
- Stufe 4: Gestaltung (Zielorientierte Planung und Entwicklung von neuen Problemlösungen).

Euler argumentiert, dass sich Lernen im Rahmen unmittelbarer (sozial-kommunikativer) und mittelbarer (medialer) Beziehungen zwischen dem Lehrenden und dem Lernenden innerhalb eines Lehr-Lern-Prozesses vollzieht, wobei der Lehrende die Lernumwelt gestaltet und beeinflusst (vgl. [Euler 1995, S. 123ff.]). Der Lernende wird hierbei als „aktives, schöpferisch tätiges Subjekt" [Euler 1995, S. 508] verstanden.

Bezüglich der Strukturierung des Lernprozesses werden zwei Ansatzpunkte hervorgehoben (vgl. [Euler 1995, S. 510f.]):

(1) Die Abfolge des Inhaltlichen soll vom elementaren Rahmen zur komplexen Detailstruktur verlaufen und
(2) Lernhandeln soll als Problemlösungsprozess strukturiert sein.

Ausgangspunkt für den Lernprozess sind die Lernvoraussetzung, Endpunkt die Lernziele (vgl. [Euler 1995, S. 125ff.]). Lernziele sollen aus der Kenntnis der spezifischen Anwendungssituation weiter präzisiert und in ein Zielsystem, aus einer Vielzahl von hierarchisch

---

[188] Lernziele können entsprechend ihres Abstraktionsniveaus und ihres Schwierigkeitsgrades auf mehreren Ebenen formuliert werden. Die Klassifizierung nach Verhaltensklassen (kognitiv, affektiv, psycho-motorisch) und durch Taxonomien ist vielfach Praxis. Taxonomien gehen davon aus, dass sich das Lernen in regelhaften psychischen Abläufen vollzieht und somit eine, diesen gemäße Stufung des Lernens möglich ist (siehe [Dahm et al. 1980, S. 232]).

angeordneten Ebenen mit zunehmend konkreteren Lernzielen, gefasst werden (vgl. [Euler 1995, S. 135f. und 510]).

Nach Euler können Lernvoraussetzungen einer konkreten Zielgruppe ermittelt werden, ausgehend von

- den präzisierten Lernzielen,
- der Vorstellung über den Lernprozessverlauf sowie
- der Planung darauf bezogener Lernmethoden.

Lernvoraussetzungen werden von Euler [1995, S. 146ff. und 510] als diejenigen Handlungskompetenzen definiert, die die Lernenden zu Beginn des Lernprozesses mitbringen. Somit ist der Begriff Lernvoraussetzung nicht identisch mit den, in diesem Zusammenhang oft genannten anthropogenen und sozio-kulturellen Voraussetzungen einer Zielgruppe (vgl. [Burbach 1985, S. 71f.]) .

Den Lernprozess sieht Euler [1995, S. 82ff.] aber auch im Zusammenhang mit Organisationsentwicklungsmaßnahmen, da er der Auffassung der Interdependenzthese folgt, die besagt, dass zirkuläre Wechselwirkungen zwischen allen Subsystemen eines sozio-informationstechnischen Systems (Technologie - Aufgaben - Personen/Sozialsystem - Zielen) existieren. Dieser Auffassung folgt auch die *Adaptive Structuration Theorie* (siehe Kapitel 5.1). Allerdings bezieht Euler das Lernen in diesem Zusammenhang darauf, dass Mitarbeiterinnen zur Mitgestaltung von Arbeit und Technik sowie dem Aufbau ihrer sozialen Integration und personalen Identifikation befähigt werden müssen.

Die Prüfung des Lernerfolgs basiert auf den festgelegten Lernzielen, der Messung des Lernergebnisses und der anschließenden Beurteilung des Lernerfolgs. Messen und Beurteilen sind eng miteinander verknüpft, sollten aber nicht vermengt werden. Denn der Vorgang des Messens bezieht sich auf die Erfassung, ob Handlungskompetenz zu einem bestimmten Zeitpunkt verfügbar ist. Das Beurteilen bezieht sich auf den Vergleich der gemessenen Ergebnisse mit einem gesetzten Standard (vgl. [Euler 1995, S. 155ff.]). Zur Problematik des Messens und Beurteilens verweist Euler darauf, dass neue Verfahren mit Akzentuierung auf prozessbezogene Diagnoseverfahren entwickelt werden müssen und Anteile der Subjektivität akzeptiert und als begründungsreflexive Verantwortung betrachtet werden sollten (vgl. [Euler 1995, S. 158]).

Lehren wird als Impulsgebung, als eine Hilfe bzw. Förderung des Lernenden verstanden. Der Lehrende organisiert Lehrhilfen auf der Basis seiner mitgebrachten Lehrvoraussetzungen so, dass sie aus der Sicht des Lernenden als Lernhilfen erkannt und angenommen werden. Somit wird Lehren „als organisierter Methodengebrauch“, als „ein Arrangieren der ‘äußeren’ Bedingungen des ‘inneren’, eigenaktiven Lernprozesses der Lernenden verstanden.“ [Euler 1995, S. 160]. Grenzen erfährt das Lehren dort, wo Erkenntnisse über das Lernen unvollständig oder widersprüchlich sind (vgl. [Diederich 1988, S. 41]). Die Beziehung zwischen Lehren und Lernen besteht darin, für ausgewählte Inhalte Aktivitäten und Methoden zu finden, die der Lehrende anwenden kann, um den Lernenden beim Lernen zu unterstützen, wobei nur bedingt davon ausgegangen werden kann, dass Methoden die Erreichung von Lernzielen ermöglichen. Denn es gibt keine Kausalbeziehung zwischen Methoden und Lernzielerreichung, vielmehr muss von einer komplexen und nur begrenzt erfassbaren und gestaltbaren Beziehung zwischen methodischen Handlungen der Lernenden sowie Lehrenden und Lernzielen ausgegangen werden (vgl. [Euler 1995, S. 163]). Ein weiterer wesentlicher Faktor sind - analog zu den Lernvoraussetzungen bei den Lernenden - die Lehrvoraussetzungen bei den Lehrenden. Die Leitenden müssen Kompetenzen in

- der Bestimmung von Lehr-Lern-Zielen,
- der Analyse der Lernvoraussetzungen und des Lernprozesses,
- der Gestaltung von Lernmethoden,
- der Prüfung des Lehr- und Lernerfolgs,
- der Gestaltung von Kommunikationsbeziehungen sowie
- der Gestaltung relevanter Rahmeneinflüsse des Lehr-Lern-Prozesses

mitbringen (vgl. [Euler 1995, S. 172ff.]).

„Lernen und Lehren konkretisieren und verbinden sich im Prozeß des Kommunizierens" [Euler 1995, S. 176]. D. h. Lehrende und Lernende kommunizieren im Lehr-Lern-Prozess miteinander. Dadurch kommt der Gestaltung des Kommunikationsprozesses eine stärkere Bedeutung zu als in bisherigen Didaktikansätzen, in denen dies oft nur implizit angesprochen wird und ohne weitergehende didaktische Konsequenz bleibt (vgl. [Manstetten 1983, S. 210ff., Bromme et al. 1992, S. 571.]). Kommunikationstheoretische Ansätze können hier als Ergänzung herangezogen werden, um bestehende Defizite auszugleichen und zur Präzisierung sowie teilweisen Erweiterung der didaktischen Perspektive zu dienen (vgl. [Euler 1995, S. 186ff.]). Als Beispiel führt Euler [1995, S. 188f.] hier die Beziehungsebene der Kommunikation an, die die Lehrer-Lerner-Beziehung stärker ins Blickfeld rückt. Auch rechnet er kommunikative Elemente der Lehr-Lern-Prozessgestaltung zu, die die Berücksichtigung expressiver Kommunikationsziele zur Klärung von Ansprüchen, Vorstellungen und Interessen zwischen den Lehrenden und Lernenden verfolgen (vgl. [Euler 1995, S. 511]).

Auf den Lehr-Lern-Prozess und seine Beteiligten wirken unterschiedliche Rahmeneinflüsse:

(1) *Formale Erwartungen*, gegeben durch curriculare Vorgaben (z. B. Prüfungen) und institutionell bedingte organisatorische Vorgaben (z. B. Zeitumfang und –aufteilung), Räumlichkeiten, Gruppengröße und -zusammensetzung, Rekrutierungskriterien für Lehrende sowie außerpädagogische Anforderungen wie die Abstimmung mit Kollegen (vgl. [Euler 1995, S. 199ff.]).
(2) *Informale Erwartungen* wie Loyalitätsansprüche oder Vertrauensbezeugungen, aber auch negative Äußerungen bezüglich des Faches durch Dritte (vgl. [Euler 1995, S. 202f.]).
(3) *Die Verfügbarkeit fremdproduzierter Medien* wie Schulbücher oder Fallstudien, die wesentlich zur Gestaltung der Lehr-Lern-Prozesse beitragen (vgl. [Euler 1995, S. 203f.]).
(4) *Die Kooperationskultur,* d. h. gültige Normen, Regeln und Verhaltensweisen, im Hinblick auf die gegenseitige Information, die Abstimmung und die Zusammenarbeit (a) der Lehrenden, (b) den Institutionen und den Lehrenden sowie (c) den Institutionen von Lehrenden und Lernenden. Fehlende Kooperation kann beispielsweise dazu führen, dass die Lehrenden durch die Lernenden gegeneinander ausgespielt werden (vgl. [Euler 1995, S. 204f.]).
(5) *Sachlich-materieller Ausstattungsrahmen* wie Raumausstattung, Hard- und Softwareausstattung etc. (vgl. [Euler 1995, S. 205]).

6.2.1.2 Bereichsdidaktischer Bezugsrahmen

Für die Ermittlung der Inhalte betrachtet Euler den Lebensbereich 'Wirtschaft' als sozio-informationstechnisches Handeln und leitet die Gegenstandsbereiche aus seiner systemischen Betrachtung der Informationstechnik im sozialen System ab (vgl. [Euler 1995, S. 59f. und S. 509]). Dazu definiert er die konstitutiven Elemente eines bereichsdidaktischen Bezugsrahmens, bezogen auf sozio-informationstechnische Systeme:

- das Informationssystem,
- das Aufgabensystem,
- das Personal-/Sozialsystem und
- das Zielsystem.

Bei der Definition des Begriffs Information geht er davon aus, dass Informationen zum einen statisch-ergebnisorientiert sind, also eine Darstellung von Sachverhalten und Vorgängen in der Welt, und zum anderen dynamisch-prozessbezogen sind, also einen Konstruktionsvorgang[189] darstellen, der durch die subjektiven Erfahrungen und Ziele des Einzelnen bedingt ist (vgl. [1995, S. 39ff.]). Die dynamisch-prozessbezogene Sicht wird genauer mit dem Begriff 'informationelles Handeln' bestimmt. Handeln bezeichnet Euler als „zielgerichtetes Verhalten eines Menschen zur Bewältigung einer Problemsituation" [Euler 1995, S. 41] und informationelles Handeln als Umgang mit Informationen in solchen Problemsituationen (vgl. [Euler 1995, S. 41]). Informationstechnik wird für ihn im Rahmen des informationellen Handelns unterstützend eingesetzt (vgl. [Euler 1995, S. 46]).

Informationstechnik hat für ihn ebenfalls zwei Komponenten: die statisch-gegenstandsorientierte im Sinne von Werkzeug, Artefakt oder Sachsystem, und die dynamisch-handlungsorientierte im Sinne von zweckbezogenem Verfahren der Entwicklung und Anwendung dieses Gegenstandes. „In diesem Sinne sollen Entwickler bzw. Anwender nicht lediglich um die Struktur einer Technik wissen, sondern auch um die Gründe, Gesetzmäßigkeiten und Rechtfertigung des technischen Gegenstandes." [Euler 1995, S. 45]. Hier lässt sich eine deutliche Parallele zur *Adaptive Structuration Theorie* (siehe Kapitel 5.1) feststellen, die dies mit den Begriffen „strukturelle Eigenschaften" im Sinne von konkreten Funktionen und „abstrakten Eigenschaften" im Sinne des Funktionsumfangs beschreibt.

Wird die Informationstechnik in ein soziales System integriert, entsteht ein sozio-informationstechnisches System, als „abgegrenzte Einheit von Menschen und Informationstechniken (Aufgabenträger), die miteinander in einer Beziehung stehen um zielorientiert bestimmte Aufgaben zu erfüllen." [Euler 1995, S. 58]. Daraus ergeben sich nach Euler (vgl. [1995, S. 57f.]) zwei Konsequenzen, die Bildungsmaßnahmen begründen:

(1) Es werden „... Einzelbereiche des informationellen Handelns vom Menschen auf die Techniken, von personalen Qualifikationen auf technische Funktionen übertragen" [Euler 1995, S. 57].

(2) Die Übertragung der personalen Qualifikation und der sozialen Prozesse in technische Sachsysteme verändert die Anwendungsbedingungen und stellt neue Anforderungen an den Menschen.

[189] Der zweite Aspekt der Information erhält somit konstruktivistischen Charakter.

Der Inhalt eines sozio-informationstechnischen Systems umfasst das

(1) *Informationstechniksystem*: Beschreibung der konkreten Hard- und Software.

(2) *Aufgabensystem*: Analytische Beschreibung der Gesamtaufgabe, die in Einzeltätigkeiten zerlegt ist, welche sachlich unter dem Zusammenspiel von Personen und/oder Informationstechniken als Aufgabenträger zu bewältigen sind.

(3) *Personal-/Sozialsystem*: Dies umfasst alle Systemmitglieder mit ihren Qualifikationen zur Förderung der Ziele, Bewältigung der Aufgaben und Anwendung der Technik sowie dem Zusammenwirken innerhalb der Systemkultur (z. B. Unternehmen).

(4) *Zielsystem*: Beschreibung der Kriterien, die für die Aufgabenträger zur Leistungserbringung maßgeblich sind.

6.2.2 Reflexion zur sozio-informationstechnischen Didaktik

Euler liefert die Basis dafür,

- was unter Lernen verstanden werden soll,
- was Lehren bedeutet und welche Kompetenzen die Lehrenden mitbringen sollen,
- nach welcher Typologie die Lernziele definiert werden sollten,
- wie der Lehr-Lern-Prozess zu strukturieren ist,
- welche Rahmenbedingungen auf die Lehrenden und Lernenden einwirken und schließlich
- welche Inhalte (Informationstechnologie-, Aufgaben-, Personen-/Sozialsystem, Zielsystem) berücksichtigt werden sollten.

Dies stellt eine Orientierungshilfe für die Lehrenden dar, die für ihre Entscheidungen richtungsweisend ist. Es wird erkennbar, wo didaktische Entscheidungen gefordert sind und welche Bedingungen beachtet werden müssen.

Euler versteht sein Konzept als Metatheorie, die durch die Formulierung von o. g. Prinzipien auf die Bildung von Theorien, in Form der Entwicklung von Bildungsprogrammen, Lehrplänen, Lehrbüchern etc. abzielt. Deshalb macht er nur wenige konkrete Aussagen zur Planung, Durchführung und dem Handeln in Unterrichtssituationen sowie zur kritischen Reflexion über das konkrete Handeln in Lehr-Lern-Situationen (vgl. [Euler 1995, S. 508]). Eine Ergänzung und Ausdifferenzierung der einzelnen didaktischen Elemente, hinsichtlich Programmplanung, Planung und Gestaltung der einzelnen Einführungsmaßnahmen sowie deren Reflexion, wird notwendig.

Hinsichtlich des Inhaltlichen greift Euler als wesentliche bereichsdidaktische Bezugspunkte das Informationstechniksystem, das Aufgabensystem, das Personal-/Sozialsystem sowie das Zielsystem auf und deckt damit alle Bereiche, die durch die Einführung eines Telekooperationssystems betroffen sind, auf den ersten Blick ab. Dies macht es notwendig, eine genauere Betrachtung anzustellen.

Setzt man die Konstrukte und Hypothesen der *Adaptive Structuration Theory* (siehe 5.1) mit den Elementen der Didaktik einer sozio-informationstechnischen Bildung in Verbindung, lassen sich Unterschiede und Gemeinsamkeiten finden. Die *Adaptive Structuration Theory* argumentiert, dass die Struktur des Telekooperationssystems spezielle strukturelle Eigenschaften aufweist und einen bestimmten Geist beinhaltet. Folgt man Eulers Ausführungen zur Informationstechnik und –technologie, so erkennt man, dass er diese in Anlehnung an Dessauer als „ein reales Sein aus Ideen“ [Euler 1995, S. 45] definiert und nicht zuletzt deshalb fordert, dass Entwicklerinnen und Anwenderinnen nicht nur die Struktur der Informationstechnik, sondern auch dessen Hintergründe kennen sollten. Damit greift Euler zwar strukturelle und abstrakte Eigenschaften auf, konsequenterweise nicht aber die Rückbezüglichkeit, die sich aus der Anwendung eines Telekooperationssystems auf die Strukturen ergibt. Er tut dies, obwohl er zuvor betont, dass zirkuläre Wechselwirkungen zwischen allen Subsystemen eines sozio-informtionstechnischen Systems bestehen (vgl. [Euler 1995, S. 82ff.]).

Euler stellt lediglich fest, dass die Einführung einer Informationstechnik Rückwirkungen auf Aufgaben-, Ziel- und Personal-/Sozialsystem haben kann, nicht aber, dass diese ihrerseits die Nutzung und Ausgestaltung der Informationstechnik beeinflussen. Da diese Rekursivität, entsprechend der *Adaptive Structuration Theory,* ein wesentlicher Punkt bei der Einführung von Telekooperationssystemen ist, muss dies sowohl bei der Einführungsprogrammplanung als auch bei der Konzeption der Einführungsmaßnahmen Berücksichtigung finden.

Das sozio-informationstechnische System als „abgegrenzte Einheit von Mensch und Informationstechniken" [Euler 1995, S. 58] zu betrachten, greift zu kurz. Folgt man der *Adaptive Structuration Theory*, dann sind auch Umfeldeinflüsse wie die Organisationsumgebung maßgeblich und müssen damit bei Qualifizierungsmaßnahmen berücksichtigt werden.

Bei seinen didaktischen Forderungen hebt er sich deutlich von den Didaktiken ab, die sich auf eine Vermittlung von Anwenderkenntnissen über den Umgang mit der Hard- und Software begrenzen. Er zielt auf die Bedienungsqualifikation, bezogen auf Informationstechnik im Anwendungszusammenhang ab. Die Lernenden sollen in diesem Zusammenhang auch als Anwendende und Gestaltende von Technik betrachtet werden (vgl. [Euler 1995, S. 86f.]). Jedoch bezieht er hier „gestaltend" nicht auf das Ausfüllen des Geistes der Informationstechnik, sondern auf die partizipative Entwicklung und Konzeption einer Software. Damit greift er einen wesentlichen Einflussfaktor auf die Akzeptanz - und damit die Nutzung von Hard- und Software - auf.

Aufgaben und Organisationsstruktur werden bei der *Adaptive Structuration Theory* als Quellen für Strukturgebung und damit als wesentliche Bestandteile für die Telekooperationsadaption aufgeführt. Auch Euler berücksichtigt bei seinen bereichsdidaktischen Betrachtungen das Aufgabensystem und die Organisationsstruktur. Ausgehend von der Anwendungsorientierung, folgert er darauf aufbauend, dass Aufgaben und unterstützende Informationstechnik zusammen betrachtet werden müssen (vgl. [Euler 1995, S. 488]). Im Sinne der *Adaptive Structuration Theory* greift dies jedoch zu kurz, da hierin der Aspekt der Strukturgebung nicht berücksichtigt wird.

In der *Adaptive Structuration Theory* wird weiter das 'interne System der Gruppe', wie Interaktionsstil, Wissen und Erfahrungen mit Strukturen, Wahrnehmung des Wissens anderer etc. als Einflussfaktor benannt. Auch Euler greift diesen Aspekt implizit mit dem Personal-/ Sozialsystem auf. Er argumentiert, dass das Zusammenwirken von Mitarbeiterinnen im Rahmen von Partizipationsstrategien neben der Gestaltung von Informationstechnik- und Aufgabensystem thematisiert werden kann.

Die *Time, Interaction, and Performance Theory* (siehe Kapitel 5.2) greift die Bedeutung der Prozesse Aufgabenerledigung, Gruppenwohlbefinden und Unterstützung Einzelner als gleichwertige Prozesse auf, die nicht losgelöst voneinander betrachtet werden können. Bezieht man dies auf Eulers sozio-informationstechnischen Bezugsrahmen, ergibt sich, dass eine Gleichgewichtung der Lehr-Lern-Inhalte beachtet werden sollte.

Die einzelnen Inhaltskomponenten, die Euler benennt, umfassen jeweils detaillierte Beschreibungen des Gegebenen, z. B. beim Aufgabensystem die analytische Beschreibung von Gesamtaufgabe in Einzeltätigkeiten. Wie dabei vorzugehen ist und welche Hilfsmittel dabei verwendet werden können, benennt Euler jedoch nicht. Eine Methode, die sich hierfür eignet, ist die Telekooperationsanalyse *Needs Driven Approach* (siehe Kapitel 5.4).

Bezüglich des bereichsdidaktischen Bezugsrahmens kann zusammenfassend festgehalten werden, dass dieser zwar die wesentlichen Bestandteile für die Einführung von Telekooperationssystemen abdeckt, in seiner Ausdifferenzierung aber angepasst werden muss. Beispielhaft sei das Personal-/Sozialsystem genannt.

Eulers Didaktik der sozio-informationstechnischen Bildung zielt nicht konkret auf Erwachsene ab und kann auch nicht als Erwachsenendidaktik verstanden werden. Es fehlen Hinweise auf Besonderheiten beim Lehren und Lernen von Erwachsenen. Dies macht eine Ergänzung um erwachsenenpädagogische und -didaktische Elemente notwendig.

Im Hinblick auf die Zielgruppenanalyse sind bei Euler keine Anregungen zu finden. Er hebt zwar bei der Ermittlung von Lernvoraussetzungen auf vorhandene Handlungskompetenzen ab, die für ihn den Ausgangspunkt für das Lernen darstellen, gibt aber keinerlei Hinweise, wie diese ermittelt werden können (vgl. [Euler 1995, S. 146]). Er geht auch nicht auf alle weiteren Aspekte der Teilnehmeranalyse wie Intentionen, Ziele, Interessen und Einstellungen der Lernenden im Hinblick auf das Telekooperationssystem ein. Da diese aber auf die Aneignung eines Telekooperationssystems wirken, fehlt hier ein wesentliches Element für die Programm-, Veranstaltungs-, Unterrichtsplanung und -gestaltung.

Euler argumentiert, dass Lehrende Kompetenzen in der Gestaltung von Kommunikationsbeziehungen in Lehr-Lern-Situationen mitbringen müssen. Dieser Hinweis ist wertvoll, greift aber für die Durchführung der Einführungsmaßnahmen zu kurz. Hierfür wird es notwendig, den Lehrenden konkrete Hilfestellung für die Gestaltung der Kommunikationsbeziehungen aufzuzeigen.

Auch bleibt die Forderung nach einer 'eigen- und sozialverantwortlichen' Aufgabenlösung der Lernenden ohne konkrete methodische Hinweise, wie dies durch die Lehrenden unterstützt werden kann.

Keine Aussagen trifft Euler bezüglich der Gewichtung der Themenbereiche, die er herauskristallisiert hat. Er erwähnt zwar bei seiner Untersuchung der Erstausbildung und betrieblichen Weiterbildung, inwieweit die einzelnen Bereiche vertreten sind, nimmt aber zu deren Gewichtung keine Stellung.

Weiter fehlen, im Rahmen der Ermittlung der Inhalte, Ansatzpunkte dafür, in welcher Abfolge die Themenbereiche bei der Programmplanung oder in einem Lehr-Lern-Prozess anzuordnen sind. Hier bleibt es allein dem Erfahrungsschatz und dem Ermessen des Lehrenden überlassen, was er für relevant hält, wo er Schwerpunkte setzt und wie er die Abfolge bzw. Lehr-Lern-Sequenz festlegt. Bei der Unterrichtsgestaltung ist eine Aussage zur Abfolge zu finden. Der Strukturierungshinweis 'vom elementaren Rahmen zur komplexen Detailstruktur' gibt eine grobe Orientierung vor.

Euler [1995] trifft zudem keine Aussagen bezüglich den Methoden und Medien oder zeigt einen Zusammenhang zwischen Medien, Methoden, Inhalt und Ziel. Auch dieser Punkt bedarf der Konkretisierung durch die Lehrenden.

6.3 Themenzentrierte Interaktion - Ruth Cohn

Themenzentrierte Interaktion, im Folgenden TZI genannt, ist ein Konzept für die Moderation von Gruppen, entwickelt von Ruth Cohn, das „lebendiges“ also aktives, schöpferisches und entdeckendes Lehren und Lernen verwirklichen will (vgl. [Matzdorf/Cohn 1995, S. 39). Mit anderen Worten bedeutet dies, dass die Lernenden und Lehrenden gemeinsam aktiv sein sollen, die Kreativität der Lernenden und Lehrenden gefordert und ein entdeckendes Lernen gefördert werden soll.

Das Konzept basiert auf Erfahrungen und Erkenntnissen der Psychoanalyse sowie der Humanistischen Psychologie. Auch kommen Einflüsse aus der Gestalttherapie zum Tragen (vgl. [Cohn 1994, S. 64ff. und S. 111]). Zwei Charakteristika gaben dem Konzept seinen Namen. Einerseits kommen Gruppen wegen eines bestimmten **Themas** zusammen, andererseits bearbeiten sie dieses in **Interaktion**. Zusätzlich fließen hier die persönlichen Befindlichkeiten des Einzelnen, der Gruppe und des Umfeldes (Globe) mit ein. Ziel ist es, die Personen in ihrer Individualität, ihr interaktionelles Geschehen, das Thema und das Umfeld als jeweils gleichwertig zu berücksichtigen und zu behandeln.

Getragen wird das Konzept durch die Vorstellung, dass die Selbstbestimmung und Entwicklungsfähigkeit des Menschen alle Lernprozesse sowie die Zusammenarbeit in Gruppen bestimmen. Deshalb befasst sich TZI mit dem komplexen Geschehen, wie eine Person mit ihren Gewohnheiten, Charakteristika und Begabungen mit anderen Personen in Interaktion treten kann, um eine festgelegte Aufgabe in einer bestimmten Situation zu bewältigen. Dazu werden Axiome (Wertvorstellungen), Postulate, Interaktionsmethoden und Hilfsregeln als theoretisches Fundament und praktische Handlungsanweisungen für Schulungen bzw. Gruppenarbeit entwickelt. Die Axiome bilden die Basis, zu deren Verwirklichung die weiteren Elemente kreiert wurden, so dass sich dies als ein Konzept mit mehreren Ebenen darstellen lässt. Wichtig ist hierbei, dass die Ebenen nicht isoliert zu betrachten sind, sondern im realen Geschehen wechselseitig wirken, also interaktiv sind. Abbildung 6-4 fasst dies zusammen.

TZI verbindet die individuellen, zwischenmenschlichen und sachlichen Aspekte des Lernens zu einem didaktischen System[190]. Mehr noch: TZI kann als allgemeine Didaktik betrachtet werden, die ein offenes System darstellt, das in der Lage ist, unterschiedliche Methoden und Verfahren zu integrieren, sofern sie den zugrundegelegten Werten und Prinzipien der TZI nicht widersprechen. „Zur Anwendung ist es erforderlich, im jeweiligen Fall TZI mit den bereichsspezifischen und -relevanten interdisziplinären Inhalten und Arbeitsweisen zu verbinden bzw. TZI in ihnen zu aktualisieren." [Matzdorf 1997, S. 332f.] (vgl. [Langmaack/Braune-Krickau 1995, S. 96ff.; Reiser 1995 S. 11, S. 221ff.]).

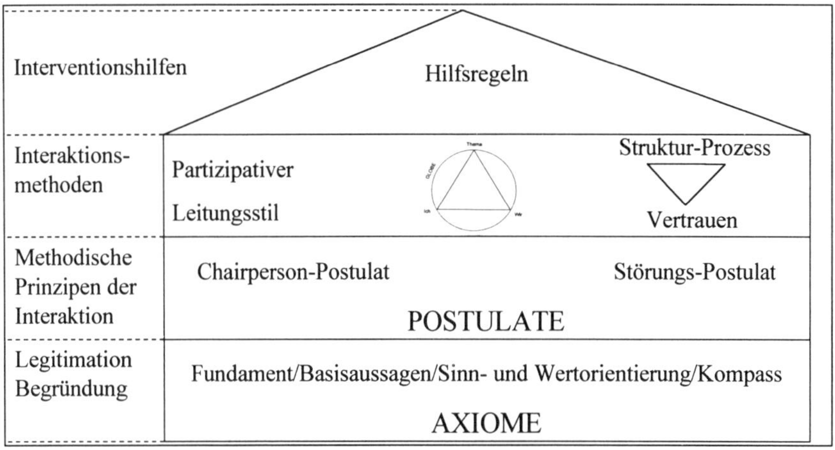

Abbildung 6-4: Schichtenmodell der TZI (Quelle: In Anlehnung an Matzdorf [1997, S. 339]; vgl. [Reiser 1995, S. 17])

Im Folgenden werden die einzelnen Elemente von TZI vorgestellt, um einen Einblick in die jeweiligen Ebenen zu geben und das Gesamte greifbar werden zu lassen.

6.3.1 Axiome bzw. Wertvorstellungen

Die Axiome stellen die Legitimation und Begründung dar. Nach Cohn erklären sie sich von selbst und werden als richtig anerkannt, ohne dass es hierfür eines Beweises bedarf. Denn jede Begründung nimmt schon das Axiom in Anspruch, welches sie begründen will. Axiome dienen als Sinn- und Wertorientierung und sind Kompass im Miteinander. Durch die Axiome wird TZI zur Einstellung und Haltung, ohne sie wäre die TZI lediglich eine Methodik (vgl. [Cohn/Farau 1984, S. 357]).

Das erste, existential-anthropologische Axiom:
„Der Mensch ist eine psycho-biologische Einheit und ein Teil des Universums. *Er ist darum autonom und interdependent. Die Autonomie (Eigenständigkeit) wächst mit dem Bewußtsein der Interdependenz (Allverbundenheit).* " [Cohn 1994, S. 120]

---

[190] Der Begriff System ist hier als die Art der Systematik von inneren Verbindung der TZI-Elemente zu verstehen (vgl. [Reiser 1995, S. 11]).

Mit diesem Axiom besagt Cohn, dass wir Menschen gleichzeitig unabhängig und abhängig sind. Wir sind eingebunden in unser Umfeld und können in beschränktem Maß eigenständig agieren. Geprägt sind wir dabei durch unsere Vergangenheit, die Gegenwart und was wir in Zukunft erwarten, denn „Geschehnisse sind keine isolierten Begebenheiten, sondern bedingen einander in Vergangenheit, Gegenwart und Zukunft." [Cohn 1994, S. 120]

Der Mensch ist eine Einheit von Intellekt, Körper und Gefühl sowie ein Teil der Welt, die die übergeordnete Einheit darstellt. Der Aspekt der Ganzheitlichkeit kommt somit zweifach zum Ausdruck (vgl. [Langmaack 1994, S. 6f. 12; Cohn/Farau 1984, S. 357]). Autonomie und Interdependenz bezeichnen die Dimensionen des Ganzen. Der Einzelne ist mündig und ist zeitgleich in ein System eingebettet, das auf ihn wirkt und auf das er wirkt. Matzdorf stellt dies in seinem Modell der strukturierten Komplexität der Wirklichkeit, indem er die Kette von Autonomie und Interdependenz von Erde, Natur und Kosmos bis zum Individuum herunterbricht, anschaulich dar (vgl. [Matzdorf 1997, S. 347; Langmaack 1994, S. 12; Reiser 1995, S. 12f]). Dabei wird deutlich, dass Einzelne jeweils in Teilgruppen, Teilgruppen wiederum in die Menschheit an sich eingebunden sind. Dadurch ist die Autonomie durch die Interdependenz relativiert, was ein Umschlagen in Egoismus und Egozentrismus, aber auch Einseitigkeit in Form von Autismus oder Selbstaufopferung verhindert (vgl. [Cohn 1994, S. 114; Matzdorf 1997, S. 361]). Zusätzlich wird der Erfahrungshorizont berücksichtigt. Gestern gemachte Erfahrungen wirken auf das Handeln im Heute ein und beeinflussen somit die Zukunft (vgl. [Matzdorf 1997, S. 348]).

Das zweite, philosophisch-ethische Axiom:
„Ehrfurcht gebührt allem Lebendigen und seinem Wachstum. Respekt vor dem Wachstum bedingt bewertende Entscheidungen. Das Humane ist wertvoll; Inhumanes ist wertbedrohend." [Cohn 1994, S. 120].

Hier wird die Wert- und Sinnhaftigkeit unseres Daseins angesprochen. Allerdings werden Ausgestaltung und Auslegung der Begriffe Humanes und Inhumanes dem Einzelnen überlassen (vgl. [Matzdorf 1997, S. 344]). Dies ist durchaus ein kritischer Punkt, denn die Frage „Was ist human, was ist inhuman?" ist nicht einfach zu lösen.

Betrachtet man das erste und das zweite Axiom zusammen, wird die Verantwortung für das Umfeld und die Umwelt in der wir leben, deutlich. Das uneingeschränkte Verfügungsrecht über Natur, Erde und Kosmos wird in Frage gestellt.

Das dritte, pragmatisch-politische Axiom:
„Freie Entscheidung geschieht innerhalb bedingender innerer und äußerer Grenzen. Erweiterung der Grenzen ist möglich." [Cohn 1994, S. 120].

Wie im ersten Axiom, kommt auch im dritten Axiom die Spannung zwischen Freiheit und Bedingtheit sowie der Dualismus zwischen Einzelnem und Ganzem zum Ausdruck. Innerhalb gegebener Grenzen wird der Mensch zum Wachsen aufgefordert, mit der Perspektive seine Grenzen durch sein Einwirken erweitern zu können. Veränderungen gehen somit vom Einzelnen aus und werden in die Teilgruppen, Institutionen und Gesellschaft hineingetragen (vgl. [Matzdorf 1997, S. 350ff.]).

6.3.2 Postulate

Die Postulate sind methodische Prinzipien der Interaktion, die von den Axiomen ausgehend entwickelt wurden. Sie stellen Grundprinzipien der Interaktion dar und leiten das Handeln von Einzelnen und Gruppen an. Durch sie soll die Wahrnehmungsfähigkeit geschärft und ein Bewusstsein geschaffen werden, um Entscheidungs- und Handlungsfähigkeit zu fördern (vgl. [Cohn 1994, S. 120f.]).

Das Chairman-Postulat:
„Sei dein eigener Chairman, der Chairman deiner selbst." [Cohn 1994, S. 120].

Der Begriff Chairman[191] kann doppeldeutig verstanden werden: Erstens in Bezug auf die eigene Person als Leiterin ihrer selbst und zweitens in Bezug auf die Gruppe als Vertreterin derer Interessen. Dadurch wird hier, wie bei dem ersten Axiom, Einseitigkeit vermieden. Jede Person vertritt sowohl eigene Interessen als auch die der Gruppe.

Wie der erste Teil des Postulates gemeint ist, verdeutlicht folgender Satz: „Höre auf deine inneren Stimmen - deine verschiedenen Bedürfnisse, Wünsche, Motivationen, Ideen; brauche all deine Sinne - höre, sehe, rieche, nimm wahr. Gebrauche deinen Geist, dein Wissen, deine Urteilskraft, deine Verantwortlichkeit, deine Denkfähigkeit. Wäge Entscheidungen sorgfältig ab." [Cohn 1994, S. 164]. Jede Einzelne ist aufgefordert, sich ihrer inneren Gegebenheiten bewusst zu werden, aber dann nicht darin zu verharren, sondern einen Schritt weiter zu gehen und sich den äußeren Gegebenheiten zuzuwenden. Entscheidungen sind dann das Resultat aus der Analyse des Inneren und Äußeren (vgl. [Cohn 1994, S. 121; Langmaack 1994, S. 279ff]).

Implizit ist das Zutrauen in den Menschen, dass er wachsen, sich selbst leiten und Verantwortung für sich und andere übernehmen kann, enthalten. Die Lernfähigkeit und Entwicklungsfähigkeit des Einzelnen werden angenommen: diese sind Voraussetzung und Basis für jede Lehr-/Lerntätigkeit.

Das Störungs-Postulat:
„Störungen haben Vorrang." [Cohn 1992, S. 121]

Störungen und Betroffenheiten haben Vorrang, um dadurch nicht von dem eigentlichen Thema bzw. der Aufgabe abgelenkt zu werden. Hindernisse bei der Themenbearbeitung, die eigenen und die von anderen, sollen beachtet werden. Störungen sind alle negativen und positiven Eindrücke, Gefühle und Handlungen, die die Aufmerksamkeit von der eigentlichen Aufgabe abziehen. Ursachen von Störungen können in der eigenen Person, der Gruppe, dem Thema und den Umfeldfaktoren liegen. Sie bewirken geistige oder emotionale Abwesenheit, so dass das Thema nicht mehr bearbeitet werden kann. Dies können ganz einfache Dinge sein, z. B. wenn das Arbeitstempo zu langsam oder schnell ist oder wenn im Überschwang einer lockeren Atmosphäre die Sachzielbezogenheit verloren geht, oder Kritischeres z. B., wenn über Konsequenzen der gemeinsamen Arbeit nicht gesprochen werden kann oder

[191] Heute wird meist der geschlechtsneutrale Begriff Chairperson verwendet (vlg. [Matzdorf 1997, S. 354ff.; Freudenreich; Clemens 1999, S. 14ff; Langmaack 1994, S. 76ff.]).

kritische Fragen nicht gestellt werden dürfen bzw. überhört werden. Störungen sind zuerst abzubauen, wenn sie die gemeinsame Arbeit stören (vgl. [Cohn 1994, S. 117; Langmaack/Braune-Krickau 1995, S. 102f. und 106 und 119f.]). Störungen können ignoriert werden, bleiben aber unterschwellig weiterhin bestehen. Ein offenes Aussprechen ermöglicht eine Klärung und damit ein Zurückfinden zum eigentlichen Thema (vgl. [Ockel/Cohn 1995, S. 189ff.; Langmaack 1994, S. 88f.]). Somit bleibt die Arbeitsfähigkeit bzw. die Leistungsfähigkeit der Gruppe und der Einzelnen erhalten. Dies impliziert aber auch ein Annehmen der Person so, wie sie ist. Denn im Sinne von lebendigem Lernen sind Lern- und Lebensstörungen nicht zu durchbrechen oder beiseite zu schieben, sondern im Gegenteil als Teil der Person anzuerkennen. Denn diese Anerkennung erlöst die Betreffenden von der Angst, nicht so sein zu dürfen, wie sie sind (vgl. [Cohn 1994, S. 355ff.]).

Dieses Postulat bietet Unterstützung für den Gruppenprozess. Jeder Einzelne kann seine Ängste, Befürchtungen, Unklarheiten benennen. Damit werden Hinderungsgründe für eine gute Zusammenarbeit aus dem Weg geräumt. Aber auch das gemeinsame Grundverständnis wird durch die Offenheit erweitert, so dass am Thema produktiv gearbeitet werden kann.

6.3.3 Interaktionsmethoden

6.3.3.1 Dynamische Balance - Das ICH-WIR-Thema-Dreieck im Globe

Grundsätzlich geht die TZI davon aus, dass in jedem Arbeits- oder Lernprozess die folgenden Komponenten gleichgewichtig zusammenwirken und ausbalanciert werden müssen, um effektives Zusammenarbeiten zu ermöglichen (vgl. [Cohn/Farau 1984, S. 352ff.; Cohn 1994, S. 113ff.; Langmaack/Braune-Krickau 1995, S. 102f.]):

- *Das ICH*: Mit dem Begriff „ICH“ wird die einzelne Person mit ihrer Geschichte, ihren Erwartungen und Verstörungen, ihren Eigenschaften und Kompetenzen bezeichnet.
- *Das WIR*: „WIR“ umfasst die Zusammenarbeit der verschiedenen Personen in einer Gruppe mit ihren Sympathie- und Antipathiebeziehungen, dem Macht- und Konkurrenzverhältnis sowie den unterschiedlichen Rollen. Dazu zählt aber auch die Bereitschaft sich zu verständigen und zu verstehen, Konflikte aufzugreifen und anzusprechen.
- *Das Thema* (ES): Das „Thema“ verbindet die Personen miteinander und strukturiert ihre Zusammenarbeit und ihr Zusammensein.
- *Der Globe*: Er steht für das Umfeld, in das die Personen eingebettet sind und in dem sie ihre Aufgaben zu bewältigen haben. Dazu gehört Privates, Berufliches, Gesellschaftliches, Politisches, Wirtschaftliches und Ökologisches, Historisches und Künftiges.

Alle vier Komponenten stellen eine Gesamtheit dar. Um dies zu verdeutlichen, hat Ruth Cohn zur Verbindung der einzelnen Elemente, das TZI-Dreieck entwickelt. Die drei Eckpunkte des Dreiecks stehen in Beziehung zueinander und sind in ihre Umgebung eingebettet.

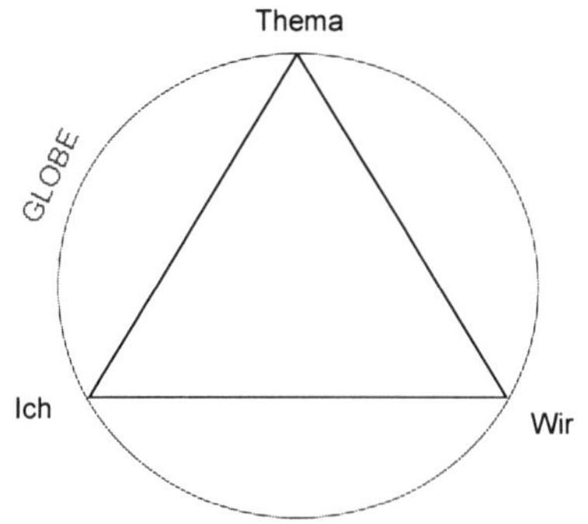

Abbildung 6-5: Themenzentrierte Interaktion (Quelle: [Matzdorf 1997, S. 386])

Als Basis für die TZI-Gruppenarbeit und -leitung, sehen Cohn und Farau [1992, S. 352f.] die Anerkennung und Förderung der Gleichgewichtigkeit dieser einzelnen Komponenten[192]. Die Wichtigkeit jeder einzelnen Person, der Interaktion, des Themas (respektive der Aufgabe) und der Wirkungszusammenhänge in und mit dem Umfeld, sind in dynamischer Balance zu halten. Für die Lehrenden wird das TZI-Dreieck zum Hilfsinstrument, um einen Teil der Dynamik zu verstehen und Ansatzpunkte zur Balance zu erkennen. Konkret heißt dies, dass das TZI-Dreieck in der Reflexion eines Seminars zu erkennen hilft, wie sich über den Seminarverlauf Schwerpunkte oder auch Verschiebungen ergeben haben und wo deshalb in der Planung für das nächste Seminar Schwerpunkte gesetzt werden sollten.

Die ICH-Förderung zielt auf die Entwicklung des Einzelnen ab. Sie will Wachstumspotenziale wecken und zur Selbstverwirklichung verhelfen. Deshalb ermöglicht sie die Ausbildung von Ich-Identität, Individuation und Selbstkonzept (vgl. [Langmaack 1994, S. 37ff.]). Die WIR-Förderung umfasst das Herausbilden eines sozialen Bezugsrahmens für die Ich-Entwicklung sowie die Förderung von Kooperation. Dazu gehört das Einräumen von Gelegenheit zu Aktivität, Austausch und Umsetzung. Die Themen-Förderung unterstützt die Sachbezogenheit, so dass am Thema gearbeitet und nicht unnötig abgeschweift wird.

Durch das Anstreben des Gleichgewichts ermöglicht TZI somit Persönlichkeitsentwicklung, Kooperation und Aufgabenbewältigung unter realitätsnotwendigem Umfeldbezug. Sie arbeitet also personen-, gruppen-, themen- und umfeldbezogen. Allerdings können die unterschiedlichen Komponenten in einzelnen Einheiten durchaus stärker gewichtet sein, sollten aber über einen längeren Zeitraum hinweg ausgewogen sein (vgl. [Cohn 1994, S. 212f.]).

Darüber hinaus hat das TZI-Dreieck die Funktion eines Analyse- und Steuerungsinstrumentes. Leitende können anhand diesem, beispielsweise durch geschickte Fragestellungen entlang des TZI-Dreiecks, analysieren, wo die Gruppe gerade steht und welcher Faktor vernachlässigt wurde. Ist dies deutlich, kann für die nächste Seminareinheit ein neuer

---

192 „Das akademische Lernen bezieht sich fast nur auf das „Es“ (Thema); das psychologische auf das „Ich“, die Gruppentherapie auf das „Ich-Wir“. Die thematische, interaktionelle Gruppe versucht die Dreiheit von Ich-Wir-Es in dynamischer Balance zu halten.“ [Cohn 1994, S. 115].

Schwerpunkt gewählt werden, um die Komponenten erneut auszubalancieren(vgl. [Freudenreich 1997, S. 52]).

6.3.3.2 Das Thema (ES) als didaktisch methodische Drehscheibe

Dem Thema kommt als Verbindungsglied zwischen den Personen sowie den Personen und der Umwelt besondere Bedeutung zu. Über das Thema treten Personen mit anderen Personen und der Umwelt in Interaktion. Dabei muss das Thema nicht sachbezogen, sondern kann auch personen- oder gruppenbezogen sein. Jedoch muss das Thema den Notwendigkeiten und der Gruppe entsprechen (vgl. [Cohn/Matzdorf 1992, S. 74; Matzdorf 1992, S. 375]). Das Finden, Formulieren und Einführen eines Themas nimmt relativ viel Zeit der Lehrenden in Anspruch, ist jedoch sehr effektiv für die Arbeit selbst. Je nach Formulierung eines Themas werden die Lernenden dazu ermutigt Lösungen zu finden oder sie auf negative Assoziationen einzugrenzen, z. B. „Schwierigkeiten im demokratischen Prozess" oder „Wege zur demokratischen Gruppenbildung" (vgl. [Cohn 1994, S. 113; Cohn 1997, S. 323]).

Das Thema kann vorgeschlagen werden, ist aber nicht fix. Es kann sich aus den Bedürfnissen der Beteiligten auch ein neues Thema entwickeln. Allen Beteiligten ist es erlaubt, nachzufragen und zu verhandeln, was denn das Thema sei oder sein soll. Jedoch müssen die Leitenden darauf achten, dass keine Themendiffusion eintritt. Der Fokus muss gewahrt bleiben. Ideal ist es, wenn sich das Thema aus den Interessen der Beteiligten ableitet, unabhängig davon, ob es vorformuliert oder durch die Gruppe selbst entwickelt wurde (vgl. [Reiser 1997, S. 33]).

Es gibt jedoch auch Ausnahmesituationen, in denen Themen nicht formuliert werden können oder sollten. Beispielsweise, wenn Misstrauen gegen die Themen gegeben ist, wie dies bei Gruppen zu beobachten ist, die von der Firmenleitung geschickt werden. Auch bei fortlaufenden Kursen kann eine routinemäßige Festlegung der Themen überflüssig sein, da die Gruppenteilnehmerinnen häufig schon Themen mitbringen (vgl. [Cohn 1997, S. 323; Matzdorf 1995, S. 80]).

Da die Teilnehmerinnen selten das anstehende Thema einer Schulung oder Sitzung im Kopf haben, kommt der Einführung und Hinführung zum Thema durch den Lehrenden besondere Bedeutung zu. Es soll den Teilnehmerinnen „ein Sichzentrieren auf das Thema erleichtern und den eigenen Einstieg in die Aufgabe fördern." [Cohn 1997, S. 324].

Methodisch kann dies beispielsweise ganz unterschiedlich angegangen werden, z. B. durch

- ein kurzes Referat oder einen Text,
- einen kurzen Dialog zwischen Trainerinnen und Teilnehmerinnen über die möglichen Aspekte des Themas,
- ein Aufzeigen von mehreren Punkten zum Thema, ohne dabei schon zu gewichten,
- ein kurzes Brainstorming mit den Teilnehmerinnen zum Thema.

Im Schulungsprozess hat das Thema nicht nur Bindefunktion, sondern kann als Ereignis in der Gruppe bezeichnet werden. „Das ES als ein *Ereignis* in der Gruppe ist in Verbindung mit den subjektiven, intersubjektiven und situativen Anteilen der Gruppe ein höchst komplexes Phänomen." [Matzdorf 1997, S. 377]. Wünsche und Hoffnungen, Sympathien und

Antipathien, Fähigkeiten und Fertigkeiten, Ängste, institutionell-organisatorische Rahmenbedingungen etc. beeinflussen das Arbeiten aller Beteiligten am Thema. In der Pädagogik wird dies als heimlicher Lehrplan bezeichnet, jedoch ohne praktische Konsequenzen. Für die Praxis enthalten die gängigen Didaktiken keine Hinweise, wie die Lehrenden darauf konstruktiv methodisch reagieren könnten (vgl. [Jank/Meyer 1991, S. 69; Matzdorf 1997, S. 377; Meyer 1989, S. 289ff.]).

Darüber hinaus kommt dem Thema in Hinblick auf die Gruppenkohäsion Bedeutung zu. „Wenn alle Personen, jeder in seiner Art, sich zur gleichen Zeit auf denselben Inhalt eines Themas beziehen, ist der Zusammenhalt der Gruppe erreicht.“ [Cohn 1994, S. 117]

Die Bearbeitung des Themas kann nicht fundiert erfolgen, wenn eine Gruppe ab fünf Personen keine Leitung hat. Denn es besteht die Gefahr, dass alle Gruppenmitglieder viel Kraft auf die Beachtung der Leitungsaufgabe verwenden müssen oder sich dem Laisser-faire überlassen und sich Unsicherheit, Angst, Spannung, Langeweile etc. entwickeln. Also braucht jede Gruppe eine Leitung. „Gruppenleiten ist eine wichtige Arbeitsfunktion,..., und nicht ein hierarchisches Statussymbol.“ [Cohn/Matzdorf 1992, S. 75 und 83f.] (vgl. [Freudenreich 1997, S. 53]).

6.3.3.3 Partizipativer Leitungsstil

Die TZI-Gruppenleitung ist eine partizipative. Damit kommt den Leitenden eine besondere Rolle zu. Sie sind zeitgleich Teil der Gruppe sowie Leitende. Dabei erwächst den Leitenden aus ihrer Leitungsaufgabe kein hierarchischer Status, sondern lediglich eine funktionale Sonderaufgabe (vgl. [Cohn 1994, S. 124; Langmaack 1994, S. 124ff.; Matzdorf 1995, S. 84f.]). Cohn [1992, S. 170] umschreibt dies, in Bezug auf Lehr-Lern-Situationen, mit den Worten „*Das Thema wird unterstützt durch Lehrer, die Lehrer-Schüler und durch Schüler, die Schüler-Lehrer sind.* Nichts ist hilfreicher für das Thema als das gemeinsame Bemühen um das Problem“.

Dabei sind Leitende lebendes Modell für die anderen Gruppenmitglieder, indem sie nach den Axiomen und Postulaten handeln. Sie haben Chairperson für sich selbst und für die Gruppe zu sein. Sie müssen Störungen bei sich und Störungen in der Gruppe erkennen und haben für sich und die Gruppe zu entscheiden, ob sie diese zum Thema machen. Ihre innere Haltung und Einstellung machen sie selbst zu ihrem wichtigsten Instrument (vgl. [Cohn 1994, S. 189; Matzdorf 1997, S. 363]).

Die Persönlichkeit von Leitenden ist wichtig, da keine Methode oder Technik eine positive Einstellung zum Menschen, Toleranz und persönliche Wärme ersetzen kann. Deshalb wird an die Persönlichkeit der Leitenden der Anspruch gestellt, dass sie an ihrer Echtheit und Kongruenz arbeiten (vgl. [Cohn 1994, S. 114 und 189f.]). Echtheit ist hier im Sinne von Bewusstwerden über Empfindungen und Gefühlen, der geistigen Präsenz und der Klarheit des Intellekts zu verstehen. Mit Kongruenz wird die Fähigkeit bezeichnet, innere Bewusstheit in Gesten und Worten nach außen klar zum Ausdruck zu bringen. „Dies bedeutet eine Absage an ‘eine Rolle spielen’ und das Akzeptieren seiner Funktionen.“ [Cohn 1994, S. 189].

Nach Cohn [1992, S. 114 und S. 196] sollten Leitende ein allgemeines Wissen vom Menschen und Erfahrungen bezüglich der Gruppendynamik haben; das umfasst auch gruppendynamische und therapeutische Kenntnisse sowie ein umfangreiches Repertoire an Techniken. Matzdorf [1997, S. 378] leitete aus dem TZI-Dreieck Kompetenzen ab, die der TZI-Leiter erfüllen sollte: Personal- bzw. Selbstkompetenz (ICH), Sachkompetenz (Thema), Sozialkompetenz (WIR), Feld- bzw. Umfeldkompetenz (Globe). [193] Der Kompetenzbegriff selbst, wird als Einheit von Bewusstheit und Handlungsfähigkeit, als Reflexion und Aktion verstanden. Die Leitenden bringen über ihre Person, ihre Kompetenzen in das personale und situative Beziehungsgefüge ein.

Morteani [1999] differenziert diese Kompetenzen weiter. Tabelle 6-1 gibt einen Überblick über die Kompetenzen. Fehlt den Leitenden eine der Kompetenzen, müssen sie sich darüber bewusst sein, damit sie diese ausgleichen können.

Kompetenzen	Bedeutung
Selbst-/ Personalkompetenz	Leitende müssen sich selbst kennen und benötigen die Fähigkeit, ihren inneren Zustand wahrzunehmen und einzuordnen, um anschließend über ihr Handeln entscheiden zu können. Nicht reagieren, sondern agieren.
Sozialkompetenz	Leitende haben die Fähigkeit, andere Gruppenmitglieder wahrzunehmen, sich in sie hineinzuversetzen (Empathiefähigkeit), sie zu verstehen und entsprechend zu agieren.
Wertkompetenz	Leitende müssen sich über ihre Werte bewusst sein und Werttoleranz besitzen.
Fachkompetenz	Leitende haben das notwendige Fachwissen, sowohl auf dem Gebiet des Lehr-Lern-Gegenstandes als auch auf dem pädagogisch-didaktischen Gebiet.
Methodenkompetenz	Leitende brauchen ein umfassendes Repertoire an Techniken und Pragmatik.
Typkompetenz	Leitende brauchen ein gewisses Maß an Menschenkenntnis und Wissen über Menschentypen.
Umfeld-/Feldkompetenz	Leitende müssen zum einen das Umfeld kennen, aus dem die Gruppenmitglieder kommen, und zum anderen das Umfeld, in dem sie selbst agieren.
Systemkompetenz	Leitende müssen das System kennen und wissen, wie sie in diesem agieren können.
Visionskompetenz	Leitende müssen Perspektiven und Leitbilder entwickeln und entsprechend Visionen aufzeigen können.

Tabelle 6-1: Wünschenswerte Kompetenzen von TZI-Leitenden (Quelle: Eigene Darstellung)

[193] Mit Selbstkompetenz wird Human- oder auch Individualkompetenz bezeichnet (vgl. [Ott 1995, S. 59]), also die „... Fähigkeit und Bereitschaft, sich selbst im Rahmen der Arbeitsaufgabe oder der Arbeitsgruppe zu entwickeln, eigene Begabung, Motivation und Leistungsbereitschaft zu entfalten ..." [Wilsdorf 1991, S. 42]. Entscheidende Elemente sind nach Jungkunz [1995, S. 64] Kritik-, Reflexionsfähigkeit und Lernfähigkeit. Unter Sachkompetenz wird Kompetenz im Hinblick auf bereichs- oder fachspezifische Inhalte und Methoden subsummiert, also Fach- und Methodenkompetenz. Mit Sozialkompetenz wird die Fähigkeit und Bereitschaft, sich mit anderen rational und verantwortungsbewusst auseinanderzusetzen und sich gruppen- sowie beziehungsbewusst zu verhalten, bezeichnet (vgl. [Bader 1989, S. 75]).

Die Leitungsaufgaben lassen sich in drei Bereiche gliedern: Vorbereitung, Durchführung und Nachbereitung. In der Vorbereitungsphase muss das Thema formuliert und eine Arbeitsstruktur ausgearbeitet werden. Während der Arbeit in der Gruppe haben Leitende darauf zu achten, dass Axiome, Postulate und Hilfsregeln eingehalten werden und die Balance von ICH, WIR und Thema im Globe gewahrt wird. Als wesentliche Aufgabe wird aber auch der Einstieg bzw. Anfang und der Ausstieg bzw. Abschied angesehen. In der Nachbereitung wird analysiert, was, warum, wie gelaufen ist, wo die Gruppe steht und wie sich die weitere Zusammenarbeit entwickeln soll (vgl. [Cohn/Matzdorf 1992, S. 82 und 91f.; Langmaack /Braune-Krickau 1995, S. 71f., S. 77f., S. 124ff. und S. 174ff.).

6.3.3.4 Struktur - Prozess - Vertrauen

Vor allem für die Planung und Durchführungen von Schulungen wird das Zusammenwirken von Struktur, Prozess und Vertrauen als bedeutsam erachtet. Strukturgebende Elemente im Trainingskontext sind beispielsweise die Zeitplanung, die Formen der Zusammenarbeit (Einzel-, Teilgruppen, Plenumsarbeit) und die Raumgestaltung etc., also Elemente, die das gemeinsame Bearbeiten einer Aufgabe organisieren. Zentrales Strukturmoment ist dabei das Thema, als Mittelpunkt der Gruppe. Denn über dieses kommt die Interaktion zustande.

Während die Struktur mit den Begriffen Regelhaftigkeit, Beständigkeit, Bleibendem etc. assoziiert werden kann, stehen bei dem Prozess die Begriffe Spontaneität, Veränderung und Neues im Vordergrund. Damit wird deutlich, dass die Struktur und der Prozess komplementäre Gegenpole sind. Um die Balance zwischen Beiden zu halten, kann eine Strukturanpassung im Prozess notwendig werden. Bezogen auf Trainings heisst dies, dass nicht sklavisch das Vorstrukturierte und Geplante eingehalten werden muss, sondern im Trainingsverlauf, entsprechend dem Gruppenprozess, davon situationsgerecht abgewichen werden darf (vgl. [Matzdorf 1995, S. 83; Matzdorf 1997, S. 381ff.]).

Vertrauen muss aufgebaut werden, um die Zusammenarbeit überhaupt zu ermöglichen. Vor allem im Zusammenhang mit den Postulaten - dem Chairperson-Postulat und dem Störungs-Postulat - wird Offenheit von den Teilnehmern gefordert, so dass Dinge angesprochen werden, die Vertrauen erfordern. Daneben erfordert Teamarbeit ein gewisses Maß an Vertrauen, um zielorientiert und effektiv arbeiten zu können, da Beziehungsprobleme angesprochen und gelöst werden sollten (vgl. [Hackert 1999; Ripperger 1998]). Wesentlich für das Schaffen von Vertrauen ist die Leitungsperson. Ist sie sensibel im Umgang mit Meinungen, Gefühlen und Äußerungen, kann das Vertrauen zu ihr wachsen. Zeitgleich prägt sie den Umgang miteinander und dient als Lernmodell (vgl. Cohn 1994, S. 117; Langmaack 1994, S. 99 und 125ff.; Matzdorf 1997, S. 384]).

Alle drei Faktoren werden als gleichgewichtig angesehen und sollen im Zusammenarbeiten gleichermaßen beachtet werden. Cohn [1983, S. 130] räumt jedoch der Struktur Priorität ein, insofern Strukturmängel gegeben sind. Denn „es ist meine Erfahrung, daß in jeder Arbeitssituation, in der Strukturen nicht den Erfordernissen der Situation dienen, das Vertrauen auch zwischen gutwilligen Menschen sinkt. Ohne Veränderung fehlerhafter Strukturen kann Vertrauenslosigkeit Organisationen, Betriebe, Teamarbeit bis zum Zusammenbruch führen. [...] Wenn Strukturen situations- und menschengerecht sind, erhöhen sich Vertrauen und die

Qualität der Prozesse eher, als wenn der Ansatz ein Versuch ist, Prozesse positiv zu beeinflussen, während Strukturen unverändert ungünstig sind." [Cohn 1983, S. 130].

Matzdorf [1997, S. 384] bezeichnet Struktur-Prozess-Vertrauen als zentrales Organisationsprinzip für Trainings und didaktisch-methodische Handlungsmodelle. Um Struktur, Prozess und Vertrauen in Balance halten zu können, sind für professionelle TZI-Gruppenleiterinnen Flexibilität und Kenntnisse darüber, wie Gruppenprozesse und Arbeitsklima durch Strukturen gefördert und wodurch sie behindert werden können, essentiell. Dazu gehören präzise Techniken der Aufteilung und Zusammenführung von großen und kleinen Gruppen, Techniken zum Umgang mit der Heterogenität oder Homogenität der Gruppe, je nach Schwierigkeit des Themas oder der Aufgabe sowie das Abschätzen oder das Kalkulieren der Relation von gegebener Zeit und Personenzahl. Bestandteil ist auch die Beziehungsklärung mit Co-Trainerinnen und Assistentinnen, sofern die Veranstaltung nicht alleine geleitet wird. Nicht zuletzt gehört die Umfeldanalyse dazu, denn die „meisten Mißerfolge der TZI-Gruppenarbeit resultieren aus Unkenntnis des jeweiligen Globe und nicht genügend durchdachtem Strukturieren im Prozeß." [Cohn/Farau 1984, S. 370].

6.3.4 Hilfsregeln als Interventionshilfen

Hilfsregeln werden als Möglichkeit verstanden, durch das Fördern von Kommunikation Situationen zu klären und den Prozess voranzubringen. Sie dienen der Verwirklichung von Postulaten und Axiomen und stellen eine Operationalisierung in Form von Interventionshilfen dar. Cohn [1992, S. 124ff.] hat eine Reihe von Hilfsregeln formuliert, die sie aber nicht als Fixum betrachtet und auch nicht immer erklärt wissen will. „Es gibt TZI-Hilfsregeln, die fast immer nützlich, andere, die situationsspezifisch sind. Wichtig ist, daß Hilfsregeln taktvoll und nicht diktatorisch angewandt werden." [Cohn 1994, S. 124]. Hilfsregeln sind dann aufzustellen, wenn es für den Gruppenprozess wichtig ist. Werden aus der Situation heraus neue Regeln notwendig, können diese im Sinne der TZI neu kreiert werden (vgl. [Cohn/Farau 1984, S. 364]). Dies ist mit ein Grund, dass die folgenden Hilfsregeln nicht in allen Werken gleich lauten und auch nicht immer alle aufgeführt werden.

Die Hilfsregeln[194] (vgl. [Cohn 1994, S. 124ff.]):

1. „Vertritt dich selbst in deinen Aussagen; sprich per „Ich" und nicht per „Wir" oder per „Man"."

Die Regel per „ich" zu sprechen, dient dazu, verantwortliche Aussagen zu machen, Projektionen zu vermeiden, zu Irrtümern und sich selbst zu stehen. Die Sprechenden übernehmen Verantwortung für das was sie sagen und verstecken sich nicht hinter anderen.

---

194 In der Literatur werden die Hilfsregeln von Cohn lediglich in veränderten Formulierungen wiedergegeben. (Vgl. dazu: [Langmaack/Braune-Krickau 1995, S. 98ff; Langmaack 1994, S. 110ff.; Stollberg 1982, S. 36ff.; Vopel 1972, S. 12ff.]) Lediglich Stollberg und Heigl-Evers/Heigl ergänzen diese. Stollberg fügt eine Chairperson-Regel hinzu „Wenn du willst..., durchbrich alle diese >> Regeln <<!" [Stollberg 1982, S. 45]. Heigl-Evers/Heigl erweitern ihre Ausführungen um die Authentizitätsregel (Sei Dich selbst!), die Ortungsregel (Schätze die Befindlichkeit deines Partners ab!) und die Antizipationsregel (Bedenke die Folgen der Aktion für die Umwelt!). (vgl. [Heigl-Evers/Heigl 1973, S. 523ff.]).

2. „Wenn du eine Frage stellst, sage, warum du fragst und was deine Frage für dich bedeutet. Sage dich selbst aus und vermeide das Interview.“

Mit dieser Regel soll Offenheit und Transparenz geschaffen werden. Rhetorische Fragen, Fragen als Werkzeug von Machtkämpfen und manipulierende Fragen sollen damit vermieden werden. Erkennt der Befragte, warum die Frage gestellt wird, kann er entsprechend antworten und wird nicht in die Defensive gehen.

3. „Sei authentisch und selektiv in deinen Kommunikationen. Mache dir bewußt, was du denkst und fühlst, und wähle, was du sagst und tust.“

Das Sprechen auf der Basis von internalisiertem Soll oder unreflektierter Gruppennorm soll vermieden werden. Die Sprechenden sollen sich wahrnehmen, mit ihren Werten und Gefühlen und danach handeln oder sprechen. Jedoch soll nicht ungefiltert, ohne Rücksicht auf Vertrauensbereitschaft und Verständnisfähigkeit der Kommunikationspartner, gehandelt werden. Denn dies kann ein Miteinander verhindern, Vertrauen zerstören und Verständnislosigkeit auslösen. Erst wenn Vertrauen und Verständnis geschaffen sind, kann ungefiltert kommuniziert werden. „Selektiv authentisch sein ist ein Weg zwischen undifferenzierter Offenheit und ängstlicher Anpassung.“ [Langmaack/Braune-Krickau 1995, S. 101.]).

4. „Halte dich mit Interpretationen von anderen so lange wie möglich zurück. Sprich statt dessen deine persönlichen Reaktionen aus.“

Hiermit soll die spontane Interaktion und das Fortschreiten des Prozesses unterstützt werden. Denn richtige Interpretationen bestärken lediglich das Gesagte bzw. den Sprechenden, falsche Interpretationen führen zu einer Abwehrhaltung und beeinträchtigen den Prozess.

5. „Sei zurückhaltend mit Verallgemeinerungen.“

Verallgemeinerungen unterbrechen den Gruppenprozess. Die Leitungsperson kann sie nutzen, um einen Wechsel zu einem anderen Thema zu vollziehen oder die Balance wieder herzustellen.

6. „Wenn du etwas über das Benehmen oder die Charakteristik eines anderen Teilnehmers aussagst, sage auch, was es dir bedeutet, daß er so ist, wie er ist (d. h. wie du ihn siehst).“

Das Phänomen des Prügelknaben wird hiermit und in Verbindung mit der Frage-Regel vermieden. Denn Interview und Feedback können Angriffe und Ablenkungsmanöver sein. Wird die Bedeutung des Gefragten oder Gesagten für den Sprechenden zu den Aussagen hinzugefügt, wird eine offene und transparente Kommunikation möglich.

7. „Seitengespräche haben Vorrang. Sie stören und sind meist wichtig. Sie würden nicht geschehen, wenn sie nicht wichtig wären...“

Diese Regel hilft Teilnehmerinnen und Leitenden im Miteinander aufmerksam zu bleiben. Denn Seitengespräche können aus unterschiedlichen Gründen vorkommen:

(a) Das Gruppenmitglied ist stark betroffen, traut sich aber nicht, dies in der Gruppe zu äußern oder kommt durch andere Wortmeldungen nicht zum Zuge. Es braucht Hilfe, um sich in der Gruppe erklären zu können.
(b) Das Gruppenmitglied ist aus dem Gruppenprozess herausgefallen und versucht nun wieder hineinzukommen. Es braucht Hilfe, um den Anschluss zu finden.

8. „Nur einer zur gleichen Zeit bitte."
Diese Regel bezieht sich auf Diskussionen und Gesprächsrunden. Mit ihr soll die Gruppenkohäsion gefördert werden, denn diese wird durch konzentriertes Interesse füreinander und für die Aussagen oder Aktionen der einzelnen Teilnehmerinnen gefördert. Sprechen alle gleichzeitig, können wir dem Gesagten der Einzelnen nicht folgen. Dies gilt auch für nonverbale Kommunikation. Denn Gesten können genauso ablenkend wirken, wie gesprochene Worte.

9. „Wenn mehr als einer sprechen will, verständigt euch in Stichworten, über was ihr zu sprechen beabsichtigt."
Hierdurch wird das explosive Bedürfnis, sich mitzuteilen, gemindert und alle erhalten einen Überblick. Anschließend kann der Faden dort angeknüpft werden, wo die Priorität der Gruppe liegt.

10. „Beobachte Signale aus deiner Körpersphäre, und beachte diese auch bei anderen Teilnehmern." [Cohn/Farau 1995, S. 363] (vgl. [Cohn 1994, S. 116; Langmaack/Braune-Krickau 1995, S. 101]).
Körpersignale liefern über das Gesprochene hinaus zusätzliche Informationen. Da häufig zwischen ausgesprochenen Worten und Körpersignalen Diskrepanzen vorliegen, können wir besser mit anderen und mit uns selbst umgehen, wenn wir sie beachten und verstehen lernen. Diese Regel soll auch als ein Gegenpol zu unserer kulturell bedingten Vernachlässigung von Körper- und Gefühlswahrnehmung dienen.

6.3.5 Didaktische Elemente der Themenzentrierten Interaktion

Da die Themenzentrierte Interaktion von ihrem Ursprung her keine Didaktik im eigentlichen Sinne darstellt, werden im Folgenden Bezugspunkte zur Didaktik und zu den didaktischen Elementen aufgezeigt. Damit soll gleichzeitig die Frage „Was ist anders in der TZI?" beantwortet werden.

Lehren und Lernen wird als Interaktionsprozess verstanden. In diesem Sinne stellt Lehren und Lernen der TZI ein Gleichgewicht zwischen Lehrer-, Schüler-, Gruppen- und Stoffzentrierung dar. Dies kommt in der ICH-WIR-Thema-Balance zum Ausdruck (vgl. [Pausch/Terfurth 1993, S. 388]). Damit werden bisherige didaktische Ansätze und Didaktiken, die lediglich den einen oder anderen Aspekt ins Zentrum rücken, erweitert (siehe Übersicht über aktuelle Theorien und Modelle didaktischen Handelns in Kron [1993, S. 117ff.]). Schulz [1991, S. 35] greift sogar das TZI-Dreieck als didaktisches Element zur Planung von Unterricht auf und bezeichnet es als Mittel zur Balance der Aufgaben unterrichtlicher Interaktion.[195]

Dem Einstieg als erste Unterrichtsphase und dem Ausstieg als letzte Unterrichtsphase schreibt Cohn [1994, S. 116] besondere Bedeutung zu (vgl. [Osswald 1997, S. 15]). „Die ersten Anweisungen am Anfang der Gruppenarbeit sind besonders wichtig." [Cohn 1994, S. 116]. Der Einzelne und die Gruppe muss Zugang zum Thema finden und es muss Klarheit über das Thema und die Aufgabenstellung bestehen.

---

[195] Jedoch sieht er bei Zwangsgruppen keine Möglichkeit der vollständigen Integration des TZI-Konzeptes (vgl. [Schulz 1980, S. 52 und S. 83 Fußnote 7]).

Das Thema wird als didaktisch methodische Drehscheibe verstanden. Es wird sinnvoller Fokus der Gruppe und wird als Teil von den Einzelnen, der Gruppe und des Globes betrachtet. Der Lehr-Lern-Stoff ist nicht mehr „Fremdkörper“, der die Lernenden zu interessieren hat. Durch die Auseinandersetzung mit der Zielgruppe, ihren Interessen und Wünschen soll die Formulierung des Themas so gewählt werden, dass sie die Teilnehmerinnen für das Thema aufschließt. Ziel ist es, dass das Thema als gemeinsames Thema betrachtet und anschließend bearbeitet wird.

Dies findet sich ansatzweise auch in anderen didaktischen Ansätzen in der Forderung nach Praxisbezug wieder (vgl. [Pausch/Terfurth 1993, S. 388 und 390]) oder beispielsweise in der fünften Grundfrage der didaktischen Analyse - der Frage nach der Zugänglichkeit - bei Klafki (vgl. [Jank/Meyer 1991, S. 133]). Doch geht der Ansatz der TZI weiter. Er fordert, dass das Thema zwar vorformuliert sein soll, aber entsprechend den Bedürfnissen der Lernenden modifiziert werden kann. Dieser Aspekt wird zwar ebenfalls in anderen Didaktiken aufgenommen, kommt aber nicht konsequent zur Umsetzung (z. B. bei Schulz [1980, S. 65f.] Planungsbeteiligung der Schüler). Der TZI-Ansatz fordert nicht einseitiges Lehrerdozieren, sondern ein aktives Beteiligen der Lernenden bei der Bearbeitung des Themas. In der Interaktion sollen die Lernenden ihre Anteile miteinbringen, die Lehrenden strukturieren, Hilfestellung geben und theoretisches Wissen in einer solchen Form anbieten, dass es aktiv bearbeitet werden kann.

Persönliches Interesse aneinander und am Thema soll geweckt werden (vgl. [Pausch/Terfurth 1993, S. 388f.]). Dies umfasst einen weiteren Unterschied zu den bestehenden Didaktiken. Diese verlangen einen Einstieg, der Interesse am Thema weckt, nicht aber an den anderen Beteiligten im Lehr-Lern-Prozess. Die TZI rückt das gesamte Lehr-Lern-System in den Blickpunkt. Da wir mit anderen zusammen lernen und arbeiten, müssen wir auch Interesse an deren Belangen haben. Hiermit wird zeitgleich soziale Kompetenz gefördert. Im Hinblick auf diesen zusätzlichen Aspekt des sozialen Lernens bezeichnen Döring und Ritter-Mamczek [1998, S. 273] die TZI als wegweisend.

Mit dem Einbeziehen persönlicher Anliegen wird das Interesse der Einzelnen am Thema gestärkt. Querbezüge ins Private helfen hier, das Neue in bekannte Strukturen zu integrieren und zu festigen. Die oft vorhandene Konsumentenhaltung der Lernenden kann hierdurch zu überwinden versucht werden.

Kooperation und Teamwork sind ein ganz konkretes Lernziel, das in folgender Formulierung zum Ausdruck kommt: „Ich bin ich und wichtig für mich und dich. Du bist du und wichtig für dich und mich. Wir sind füreinander mitverantwortlich, jedes ICH ist ein WIR-Anteil.“ [Pausch/ Terfurth 1993, S. 389]. Auch wird die Akzeptanz der Gruppe gesteigert, Schwächen und Schwierigkeiten der Lernenden mit dem Thema an- und aufzunehmen. Dadurch kann ein neues Verhältnis zu Fehlern geschaffen werden, indem Fehler aus Achtung vor den Einzelnen und ihrer Leistung als Aufforderung zu Korrektur und nicht als Makel begriffen werden. Dies bietet der Forderung nach einem Fehlermanagement ganz konkret Nachschub. Denn, wenn die Grundsätze „Fehler sind erlaubt!“ und „Aus Fehlern lernt man!“ etabliert werden können, sind die Hemmungen der Teilnehmerinnen geringer, Fehler zu machen.

Die adäquate und flexible Strukturierung des Lehrens und Lernens ist ein Part verantwortlichen Lehrens bzw. verantwortlicher Gruppenleitung. Doch wird diese Verantwortung bei der TZI nicht nur von den Lehrenden getragen. Alle Beteiligten sollen daran mitwirken (vgl. [Pausch/ Terfurth 1993, S. 390f.]). Ist eine Gruppe noch nicht fähig, diese Aufgabe mitzutragen, wird als Minimum die Transparenz der Lehr-Lern-Prozessgestaltung gefordert. Einblick in diesen Prozess ermöglicht das Verstehen des Warum und Wieso, um daraus lernen und später selbst mitgestalten zu können. Dies fördert und entwickelt die Eigenverantwortlichkeit der Teilnehmerinnen.

Lehrende sind partizipierende Leitende. Sie sind verantwortlich, dass eine Situation zum Lernen und Kooperieren entsteht. Dies begründet die Forderung nach selektiver Authentizität in der Kommunikation. Aussagen der Lehrenden sollen wahrheitsgetreu sein sowie den Lernenden und dem Globe entsprechen (vgl. [Pausch/Terfurth 1993, S. 391]). Raapke [1985, S. 30] beschreibt dies wie folgt: „Die Funktion der Lehrenden wie der Lernenden werden vielfältiger und als Rollen sogar austauschbar. Der Lehrer ist nicht mehr so sehr der Informator als der Organisator von Lernprozessen. Die Planung des Unterrichts gemeinsam mit den Lernenden wird zu einem wichtigen Teil des Lernprozesses selbst. Die Lernkontrolle schließlich wird nicht zur Überprüfung abstrahierter Leistungsnormen sein, sondern auch Selbstkontrolle und Bewährungsprobe in der Praxis."
„Störungen haben Vorrang": Hiermit wird die „hidden agenda" berücksichtigt und konkret eine Umgangsmöglichkeit mit ihr angeboten. Das persönliche Befinden der Einzelnen und zwischen Einzelnen in der Gruppe, die Einstellung zum Thema etc. wirken gegen und/oder auf die Bearbeitung eines Themas. Warum die Bearbeitung des Themas gefährden, indem Gefühle ausgeklammert werden? Gefühle sind doch Bestandteile unserer Person (vgl. [Cohn 1994, S. 111f. und 116; Pausch/Terfurth 1993, S. 388]). Zwar gehen auch andere Didaktiken auf das Vorhandensein dieser unterschwelligen Punkte ein, die vom eigentlichen Geschehen ablenken, doch bieten sie keine Anregungen für den praktischen Umgang mit diesen (vgl. [Benikowski 1995; Kron 1993, S. 180ff.; Winkel 1991, S. 87ff.]).

Leistungsmaßstäbe werden nicht vorgegeben, sondern sollen individuell in gemeinsamer Interaktion entwickelt werden (vgl. [Pausch/Terfurth 1993, S. 388]). Das bedeutet, dass keine Lehr-Lern-Ziele aufoktroyiert, sondern nur angeboten werden. Die Einzelnen setzen sich diese dann selbst, entsprechend ihren Vorkenntnissen und Möglichkeiten. Leistungsmaßstäbe orientieren sich somit an den Voraussetzungen, die die Einzelnen mitbringen. Durch dieses erwachsenengemäße Vorgehen, das Eingehen auf die Einzelnen, werden alle Lernenden mit ihren Voraussetzungen ernstgenommen und es wird ihnen vermittelt, dass sie zum einen wichtig sind und zum anderen den Lehr-Lern-Prozess mit steuern können. Gleichzeitig motiviert dies zum Mitarbeiten und Lernen (vgl. [Raapke 1985, S. 30]).

Diese Art, Leistungsmaßstäbe zu setzen, wird in der Wirtschaft zum Beispiel im Bereich der Mitarbeiterzielsetzung bereits angewendet. Vorgesetzte besprechen in jährlichen, sogenannten Mitarbeiterbeurteilungsgesprächen mit den Mitarbeiterinnen, deren Leistungen und entwickeln im Gespräch gemeinsam neue Ziele für den nächsten Beurteilungszeitraum.

Soziale Interaktion fließt zwischen Lehrenden und Lernenden sowie zwischen den Lernenden in alle methodischen Überlegungen und Entscheidungen ein. Zwei wichtige Funktionen werden damit durch die Lehr-Lern-Methoden erfüllt: Zum einen sind sie Mittel und Zweck zur Vermittlung von Inhalten und zum anderen sind sie ein Weg oder sogar der Ausgangspunkt möglicher sozialer Kommunikation bzw. Interaktion (vgl. [Kuypers 1985, S. 92ff.]). Dies hat Modellfunktion für die kooperative Zusammenarbeit der Gruppe und fördert diese. In anderen didaktischen Ansätzen, die den Interaktionsbegriff in das Zentrum ihrer Überlegungen stellen (vgl. [Schäfer-Schaller 1976; Winkel 1991, Flechsig 1991]), kommt dies zwar auch zum Tragen, hat aber im Gegensatz zur TZI, mit ihren Axiomen und Postulaten, eine andere Basis und schlägt sich nicht in dieser Ausprägung in den Lehr-Lern-Methoden nieder.

6.3.6 Reflexion zur Themenzentrierten Interaktion

Die TZI kann nach Matzdorf [1997, S. 332f.] als allgemeine pädagogische Didaktik bezeichnet werden, die Hinweise für alle drei semantische Ebenen enthält.[196] Auf der Ebene der Metatheorie sind es die Axiome (vgl. [Reiser 1995, S. 16ff.]), auf der Theorie-Ebene das Modell der Gruppenarbeit mit der Innen- und Außenperspektive, der dynamischen Balance, bezogen auf das TZI-Dreieck, dem Ansatz von Einheit und Unterschiedlichkeit sowie der partizipierenden Leitung (vgl. [Reiser 1995, S. 21ff.]) und schlussendlich auf der Objektebene die Perspektive der Veränderung, die Beachtung der Gegenseite, die Hilfsregeln, Prozess-Struktur-Vertrauen, das Thema sowie der Ausgang von der subjektiven und konkreten Basis (vgl. [Reiser 1995, S. 26ff.]).

Gleich wie die *Time, Interaction, and Performance Theory* (siehe Kapitel 5.2) greift die TZI die aufgaben-, gruppen- und personenbezogene Funktion auf und argumentiert, dass diese ausbalanciert werden müssen. Somit liegen die Parallelen zwischen der *Time, Interaction, and Performance Theory* und der Themenzentrierten Interaktion in Verknüpfung der drei Funktionen Produktion, Wohlbefinden der Gruppe und Unterstützung des Einzelnen mit den drei Elementen Thema, WIR und ICH. Darüber hinaus ist die Einbettung der Gruppe in das soziale und organisationale System analog dem Globe, der alles umschließt.
Für die inhaltliche Planung und Konzeption der Einführungsmaßnahmen ist damit der Rückschluss auf eine Gleichgewichtung und Ausbalancierung von Aufgabe, Gruppe und Einzelnem über einen längeren Zeitraum hinweg durch beide Theorien begründet.

In der Begründung der Leitungskompetenzen lässt sich gleichfalls eine Gemeinsamkeit zwischen der *Time, Interaction, and Performance Theory* und der TZI finden. Durch die *Time, Interaction, and Performance Theory* wird deutlich, dass nicht nur technologiebezogene Sachkompetenz notwendig ist, sondern auch Sozial- und Umfeldkompetenz (siehe Kapitel 5.2). Bei der TZI werden diese Kompetenzen ganz explizit benannt. Doch geht die TZI hier noch einen Schritt weiter, da sie die Leitenden als Teil einer Gruppe ansieht und partizipierende Leitende fordert, die den Lehr-Lern-Prozess moderieren. Letzteres fordert Euler [1995, S. 172] beispielsweise bei der Lernzielbestimmung. Jedoch bleibt er dabei stehen und leitet daraus keine konkreten Kompetenzanforderungen ab.

---

[196] Peterßen [1994, S. 27] stellt in diesem Zusammenhang fest: „Es wird angenommen, daß eine Didaktik nur vollständig ist, wenn sie sich auf drei Strukturebenen zur Darstellung bringt, ...Wer einen Ansatz näher betrachtet, müßte danach Aussagen auf allen drei Ebenen feststellen können, sofern eine Didaktik sich als vollständige Theorie anbietet.“ und Peterßen [1994, S. 39] „Für die *horizontale Ausbreitung* kann ... gesagt werden, daß kein didaktischer Ansatz die ganze Weite ... völlig abdecken kann.“

Im dritten Axiom kommt zum Ausdruck, dass das Lernen innerhalb bedingender äußerer und innerer Grenzen geschieht. Dies lässt bei den Lernenden das Bewusstsein wachsen, in ein Gesamtsystem eingebunden zu sein. Gleichzeitig ermöglicht es ihnen, auszuloten, wie weit Grenzen manifest sind oder erweitert bzw. verändert werden können. Setzt man den Begriff Grenzen mit dem Begriff Strukturen gleich, findet man Parallelen zur Strukturationstheorie von Giddens. Die Strukturationstheorie besagt, dass Strukturen unser Handeln begrenzen und ermöglichen, aber auch verändert, erweitert und als Chance begriffen werden können. Der Dualismus zwischen Einzelnem und Ganzem kommt somit in beiden Ansätzen zum Ausdruck. Geht man nun einen Schritt weiter und betrachtet die *Adaptive Structuration Theory* (siehe Kapitel 5.1), die auf der Strukturationstheorie beruht, so wird deutlich, dass der Aneignungsprozess eines Telekooperationssystems durch dieses Axiom indirekt gestützt wird. Denn dieses fordert das Erkennen von Strukturen und die Bereitschaft, diese zu erweitern und/oder zu verändern.

Der zugrunde gelegte Lernbegriff des Lebendigen Lernens, der Lernen als aktives und entdeckendes Lernen versteht und den Lernenden sowohl in Sachkompetenz fördert als auch die Sozial- und Selbstkompetenz weiterentwickelt, korrespondiert auch mit dem Begriff *transformative learning*, der auf der Reflexion und Interpretation von Erfahrungen mit Gelerntem basiert. Diese Art des Lernens findet seine Wurzeln im „meaning making process that is central in constructivism". [Palloff/Pratt 1999, S. 129]. Dies kann auch Telekooperation begünstigen, da diese durch die räumliche Trennung Eigenständigkeit und damit Reflexionsfähigkeit erforderlich macht.

Für die Programm-, Veranstaltungs- und Unterrichtsplanung kann das TZI-Dreieck im Globe sowie der Balanceaspekt den Lehrenden als Analyse- und Planungsinstrument dienen, um zum einen herauszukristallisieren, wo Schwerpunkte gesetzt werden müssen, und zum anderen die Schwerpunkte adäquat in der Planung bei der Themenwahl und Festlegung der Lehr-Lern-Einheiten zu berücksichtigen.

In der TZI finden sich zur Teilnehmeranalyse wenig konkrete Hinweise, wie Fragestellungen. Sie ist jedoch auch in der TZI wesentlicher Bestandteil, da hervorgehoben wird, dass dem ICH besondere Bedeutung zukommt und das zu formulierende Thema Interesse bei den Teilnehmerinnen wecken soll. Auch soll über das Thema eine Beziehung zwischen den Lernenden und dem zu Lernenden geschaffen werden. Um diesen Forderungen gerecht werden zu können, bedarf es einer Teilnehmeranalyse. Die entsprechenden Fragen hierzu können anhand des TZI-Dreiecks gebildet werden, liegen aber stark im Ermessen und der Erfahrung derjenigen, die diese Aufgabe übernehmen.

Gleiches kann im Hinblick auf den organisatorischen Hintergrund genannt werden. Die TZI thematisiert diesen nicht explizit, außer im Begriff *Globe*. So können beispielsweise keine Hinweise auf die kritische Masse bei Telekooperationseinführungen abgeleitet werden. Dies bleibt wieder den Kenntnissen derjenigen überlassen, die die Konzipierung der Einführungsmaßnahmen übernehmen.

Da die TZI keinen bereichsdidaktischen Ansatz darstellt, müssen die Inhaltsbereiche entsprechend der vorgestellten Theorien in Kapitel 4 ergänzt und/oder aus dem bereichsdidaktischen Bezugsrahmen von Euler [1995] abgeleitet werden.

Die Gestaltung des Lehr-Lern-Prozesses wird durch die methodischen Prinzipien der Interaktion (Störungs- und Chairperson-Postulat) und die Interaktionsmethoden (partizipativer Leitungsstil, TZI-Dreick und Struktur-Prozess-Vertrauen) bestimmt. Dadurch enthält die TZI, im Gegensatz zu anderen Didaktiken, ein Modell der Gruppenarbeit mit konkreten Handlungsmöglichkeiten. Sie füllt damit eine Lücke, die andere Didaktiken zum Teil benennen, aber nicht schließen. Im Zusammenhang mit der Berücksichtigung gruppendynamischer Aspekte in den Lerngruppen, empfehlen deshalb auch Döring und Ritter-Mamczek [1998, S. 134] den Einsatz von TZI.

Im Zusammenhang mit dem ersten Chairperson-Postulat kritisiert Raguse [1995, S. 265f.], dass das Ziel, seine eigene Chairperson zu sein, im Postulat schon vorgegeben ist und dadurch nicht mehr eigenständig entwickelt werden kann. Dies stimmt nur bedingt, da das Ausfüllen des Postulates mit der jeweiligen Persönlichkeit der Lernenden verbunden ist und durchaus, je nach Entwicklungsstand, unterschiedlich wahrgenommen wird. Ein weiterer Kritikpunkt Raguses [1995, S. 265] liegt darin, dass sich jeder und seine Gefühle beobachten muss, um diese zum Ausdruck bringen zu können. Das behindert seiner Meinung nach manchmal ein Hinschauen aus der Metaperspektive und ein Abstrahieren von Erlebtem. Da jedoch in unserer Zeit das Abstrahieren von den Gefühlen im Lehren-Lernen stärker gefördert wird, ist dies aus der Perspektive der Autorin weniger ein Nachteil als ein Vorteil. Denn dadurch lernen die Teilnehmerinnen sich selbst mit ihren Gefühlen wahrzunehmen, die letztendlich doch unsere Handlungen beeinflussen. In Kombination mit dem Abstrahierungsvermögen ist dies eine zusätzliche Fähigkeit, die im Rahmen der Selbstkompetenz aufgebaut wird.

Die methodischen Prinzipien der Interaktion und die Interventionshilfen bieten sowohl eine Basis für die Zusammenarbeit von Lehrenden und Lernenden innerhalb der Einführungsmaßnahmen als auch für die Zusammenarbeit in der Lern- und späteren Arbeitsgruppe. Werden Interaktionsprinzipien und -methoden im Rahmen der Einführungsmaßnahmen etabliert und angewendet, kann zwischen den Beteiligten Vertrauen aufgebaut und gefördert werden, das über die Zeit der Einführung hinaus in der Gruppe bestehen bleibt. Da Vertrauen letztendlich eine Voraussetzung zur Kooperation ist, wird diese damit ebenfalls gefördert. Dadurch, dass die Kooperation ein wesentlicher Aspekt der Einführung von Telekooperation ist, füllt die TZI als pädagogischer Handlungsrahmen diesen, im Gegensatz zur sozio-informatoinstechnischen, Didaktik aus.

Die Interventionshilfen müssen jedoch auch kritisch betrachtet und im Zusammenhang mit dem gesamten TZI-Gefüge gesehen werden, z. B. die zweite Hilfsregel in Verbindung mit dem Chairperson-Postulat. Entsprechend der zweiten Hilfsregel ist es wichtig, Transparenz und Offenheit in der Kommunikation zu verankern. Jedoch muss dabei von jeder einzelnen Person selbst entschieden werden, inwieweit ihr Offenheit und Transparenz schaden oder nicht. Daraus wird dann der Grad der Offenheit und Transparenz resultieren.

Bezogen auf den Lehr-Lern-Prozess wird es dadurch den einzelnen Personen beispielsweise erleichtert, ihre Ängste und Befürchtungen hinsichtlich des Technologieeinsatzes zu äußern oder offen Fehler zuzugeben und Lösungen gemeinsam zu suchen. Auch finden die Emotionen der Teilnehmerinnen in der Gestaltung und Durchführung des Lehr-Lern-Prozesses Berücksichtigung, die wesentlich für das Ermöglichen von Lernen sind. Denn „da

... Emotion und Kognition in einem engen Wechselverhältnis stehen, ist die sozioemotionale Verfassung der Teilnehmer für jeden Dozenten/Trainer/Ausbilder in der Weiterbildung ein besonderes Feld der Aufmerksamkeit und Bearbeitung." [Döring/Ritter-Mamczek 1998, S. 131].

Lehren und Lernen wird als fortlaufender Prozess gesehen, weniger als festes Programm mit fixiertem Anfangs- und Endpunkt. Der Lehr-Lern-Prozess wird teilnehmerzentriert angepasst und variiert. Dabei kommt der Mitwirkung der Lernenden in der Gestaltung ihres Lernens hohe Bedeutung zu. Dies ist zwar nicht neu, entspricht aber durchaus einem neuen Verständnis von Lehren und Lernen (vgl. [Kimball 1998, S. 28]), das sich beispielsweise in der rollierenden Planung von Veranstaltungen und Unterrichtseinheiten im laufenden Lehr-Lern-Geschehen niederschlägt.

Die partizipierende Leitung ist bedeutendes Kennzeichen für TZI. Sie hat sowohl klassische Leitungsaufgaben als auch die Aufgabe, sich selbst an der Aufgabe zu beteiligen und teil- bzw. zeitweise die Leitung an die Gruppe abzugeben. Damit wird der Lehr-Lern-Prozess mehr moderiert als leitungsbestimmt. Diese Art der Leitung ist für die Zusammenarbeitenden ein gutes Vorbild und ein Lernmodell für die Gestaltung ihrer Leitung.

Einen weiteren wesentlichen Aspekt für die Gestaltung der Programm- und Unterrichtsplanung liefert Cohn in dem Priorisierungshinweis auf Strukturen. Ungünstige Strukturen können zum „Nicht-Lernen" führen, wenn die Lernenden sich daran stören und diese blockierend auf sie wirken. Auch bei der Einführung von Telekooperationssystemen sind Strukturen wie Zeiten, Räume, Kosten etc. gegeben, die Einfluss auf die Planung nehmen und bis in die Durchführung von Einführungsmaßnahmen hinein wirken. Andere Didaktiken (vgl. [Cube v. 1980, Euler 1995, Gudjons 1995, Klafki 1985, Schulz 1980 und 1991]) enthalten hierzu keine Aussagen.

Die Übertragung von TZI auf andere Bereiche, z. B. in das Erwachsenenpädagogische oder auf die Telekooperation macht deutlich, dass „die Partizipation und die Distanzierung, die Parteinahme und die Neutralität, die Bestimmtheit der Strukturvorgaben und ihre Offenheit, die Sachorientierung und die Orientierung am Gruppenprozess situationsspezifisch variiert werden müssen." [Reiser 1997, S. 19]. TZI muss also in die einzelnen Situationen hineingedacht werden. Bezogen auf die Erwachsenenpädagogik wurde dies bereits in den bisherigen Ausführungen getan. Bezogen auf die Telekooperation soll dies allgemein an einigen Beispielen verdeutlicht werden.

Wie in Kapitel 3 dargestellt, ist die Etablierung und Förderung von Kooperation für die Nutzung der Telekooperationswerkzeuge wesentlich. Durch das Zugrundelegen der TZI wird der Gruppe „Handwerkszeug" für den Umgang miteinander und für ihren gruppendynamischen Prozess vermittelt. Dies wird in der Praxis häufig durch separate Teamentwicklungsmaßnahmen abgedeckt, die die Zusammenarbeit von Angesicht zu Angesicht oder räumlich verteilt durch das Herausbilden von Regeln der Interaktion, Vertrauensaufbau etc. unterstützen soll. In der TZI sind diese Elemente bereits enthalten und können somit bei Berücksichtigung en passant etabliert werden.

Anpassungsbedarf ergibt sich beispielsweise für die Hilfsregeln. Sie sollten nicht nur auf das Sprechen, sondern auch auf das Schreiben bezogen werden. Die erste Hilfsregel könnte so formuliert werden: „Vertritt dich selbst in deinen Aussagen; sprich/schreibe per „Ich“ und nicht per „Wir“ oder per „man“.“ Damit wird dem Umstand Rechnung getragen, dass in der verteilten Zusammenarbeit auch eine umfassende schriftliche Kommunikation erfolgt.

6.4 „Der EDV-Dozent“[197] - Uwe Lehnert

Mit der Zielsetzung, EDV-Trainerinnen bei der Erkennung von Schulungsbedarf über die Planung von Schulungsmaßnahmen bis hin zur Evaluation zu unterstützen, hat Lehnert [1995] sein Handbuch „Der EDV-Dozent“ entwickelt. Es stellt eine konkrete Anleitung für die Praxis dar, ähnlich Dörings Erwachsenenpädagogik „Lehren in der Weiterbildung. Ein Dozentenleitfaden“ [Döring 1995]. Dabei erörtert er erwachsenenpädagogische Aspekte, Prinzipien erfolgreichen Lehrens, Besonderheiten des Lehr-Lern-Stoffes „EDV“ sowie die Gestaltung und Evaluation des Lehr-Lern-Prozesses mit speziellen Lehr-Lern-Methoden und -Medien im Rahmen von EDV-Trainings.

Seine theoretischen und empirischen Grundlagen sind die Lerntheoretische Didaktik der Berliner Schule und das System der Kybernetischen Pädagogik, arbeitswissenschaftliche Studien von Frese et al. [1989, 1992], eine umfassende Evaluationsstudie von Götz [1993] sowie eigene Erfahrungen und Rückmeldungen aus selbst durchgeführten EDV-Trainings und Trainer-Ausbildungskursen (vgl. [Lehnert 1995, S. 21]).

Basis für alle Ausführungen sind die folgenden sechs Prinzipien (vgl. [Lehnert 1995, S. 25ff.]:

1. *Prinzip der positiven Einstellung* des Dozenten zu Thema und Teilnehmerinnen, um ein positives Lehr-Lern-Klima zu entwickeln und die Eigenkräfte der Lernenden zu wecken.
2. *Prinzip der Ziel- und Anwendungsorientierung* des Unterrichts, um ausgehend von der späteren Anwendungssituation und den Vorkenntnissen, Fähigkeiten und Fertigkeiten die Trainingsmaßnahmen zielorientiert planen und durchführen zu können.
3. *Prinzip der Anpassung an die Lernsituation* der Adressatinnen und Adressaten, um die Teilnehmerinnen dort abholen zu können, wo sie stehen, um dann gemeinsam weitergehen zu können.
4. *Prinzip der Strukturierung des Unterrichtsablaufs* und das
5. *Prinzip der umfassenden Aktivierung der Lernenden*, unter Berücksichtigung sachlogischer und lernpsychologischer Aspekte.
6. *Prinzip der Ergebnis- und Transfersicherung*, um die Teilnehmerinnen für eigenständiges Arbeiten zu rüsten.

[197] Die Abkürzung „EDV“ bedeutet *Elektronische Datenverarbeitung*.

6.4.1 Besonderheiten des EDV-Trainings

6.4.1.1 Der Lehr-Lern-Stoff „EDV“

Was ist daran so schwierig? Maßgebliche Gründe dürften die Unanschaulichkeit der elektronisch realisierten Datenverarbeitung und die Unvergleichbarkeit der Strukturen der automatischen Informationsverarbeitung mit herkömmlicher Informationsverarbeitung sein. Oft ist das Wie und das Was nicht nachvollziehbar, welches der Computer tut. Dies macht es notwendig, an Bekanntem anzuknüpfen und das Unbekannte damit zu erklären (vgl. [Lehnert 1995, S. 52ff.]). Es ist zu erläutern, warum die Schwierigkeiten mit der EDV auf objektiven Gründen beruhen und nicht auf mangelndem Technikverständnis oder Intelligenz der Lernenden.

Darüber hinaus ist ein einfaches beschreibendes Modell eines Computers zu vermitteln, sofern die Lernenden bisher keine Berührung mit Computern gemacht haben. Wichtige Hard- und Softwarebegriffe können daran erläutert werden, um ein mentales Modell entstehen zu lassen.

6.4.1.2 Die Aktivierung der Lernenden

In Bezug auf Computeranwender lassen sich offensichtlich unterschiedliche Lern- und Arbeitsstile beobachten: Lernen durch probierendes Tun (learning by doing) und Lernen durch schriftliche Anleitung (learning by studying) (vgl. [Frese/Brodbeck 1989, S. 94]). Allerdings präferieren Männer wohl eher das Ausprobieren und Frauen eher das angeleitete Lernen (vgl. [Lehnert 1995, S. 106]). Darüber hinaus lassen sich nach Möller [1992, S. 141 zitiert nach Lehnert 1995, S. 106] noch folgende drei Reaktionsmuster von EDV-Lernenden erkennen[198]:

1. Die Lehrbuchzentrierten, die die Wichtigkeit von Grundlagenwissen betonen und Regeln hinter den Ablaufschritten bzw. Klickfolgen erkennen möchten.
2. Die Aktiven, die aktiv auf alle zugänglichen Informationsquellen zurückgreifen und aktives Problemlösen durch das Ausprobieren am Computer als effizientestes Lernen empfinden.
3. Die Eiligen, die lediglich an den Klick- bzw. Kommandofolgen interessiert sind und Grundlagen, Kenntnisse über den Computer sowie jegliches Ausprobieren als Zeitverschwendung empfinden.

Wie kann ein EDV-Training allen Typen gerecht werden? „Eine realistische Einschätzung der Situation kommt schnell zu dem Ergebnis, daß die Vielzahl dieser Einflußmöglichkeiten [...] nicht gleichzeitig berücksichtigt werden kann.“ [Lehnert 1995, S. 107]. Durch folgende Ansätze kann versucht werden, dem Dilemma zu entgehen:

- der Wechsel an Lehr-Lern-Methoden, um möglichst zeitweilig die einzelnen Lerntypen anzusprechen,
- die Aktivierung der Lernenden durch Fragen, Aufgaben, Diskussion, Mitschreiben, Wechsel an Darstellungsformen, gemeinsames Wiederholen etc.,

---

[198] Auch wenn 1992 noch keine Windowsoberfläche existierten, sind diese heute bei EDV-Lernenden zu beobachten.

- die Förderung der Selbständigkeit durch Nachvollziehen von Gehörtem, Durcharbeiten von Instruktionsblättern, Freiraum zur eigenständigen Erkundung von Funktionen, selbständiges Wiederholen etc.
- das Ermöglichen von Lernerfolgen, um die Eigenkräfte der Lernenden zu aktivieren.

6.4.1.3 Inhomogene Gruppen

Oft stellt sich den Trainerinnen die Frage, wie bei inhomogenen Gruppen (z. B. gekennzeichnet durch unterschiedliche Vorkenntnisse und Fertigkeiten) verfahren werden soll. Die folgenden Ausführungen zeigen dazu Möglichkeiten auf (vgl. [Lehnert 1995, S. 298f.]):

- Bei sehr inhomogenen Gruppen können alle genannten Methoden aus Kapitel 6.4.4 eingesetzt werden. Eine weitere Möglichkeit ist es, einzelne, sehr versierte Teilnehmerinnen kurzfristig zu Tutorinnen zu ernennen, die ihren Kurskolleginnen und -kollegen bei Fragen und Problemen helfen.
- Das Hinzuziehen von weiteren Trainerinnen kann helfen, die Betreuungsmöglichkeit zu erhöhen und damit möglichst vielen Teilnehmerinnen gerecht zu werden.
- Teilnehmerinnen mit Wissensdefiziten oder Ausführungsproblemen kann eine halbe Stunde zu Trainingsbeginn die Möglichkeit geboten werden, ihre speziellen Fragen und Probleme zu bearbeiten. Währenddessen können versierte Teilnehmende Übungsaufgaben bearbeiten. So kann eine einheitlichere Ausgangsbasis geschaffen werden.
- Haben die Teilnehmerinnen unterschiedliche Interessen, kann diesem Aspekt durch Aufgabenblätter mit unterschiedlichen Interessenschwerpunkten begegnet werden. Im Training können Teilgruppen gebildet werden, die sich jeweils mit einem Interessenschwerpunkt auseinandersetzen und die Aufgaben dazu lösen.
- Schriftliche, trainingsbegleitende Unterlagen sind bedeutend für den Lernerfolg. Sie sollten so verfasst sein, dass sie das Verstehen schwieriger Sachverhalte, das kontextbezogene Mitschreiben und das Wiederholen unterstützen. Dies bietet bei fehlenden Vorkenntnissen Unterstützung und schafft den Ausgleich bei unterschiedlichen Lernverhaltensweisen. Werden die Unterlagen vorab zugesendet, haben die Lernenden die Möglichkeit, sich vorher damit auseinanderzusetzen.

6.4.2 Die Strukturierung des Unterrichtsablaufs

Die Strukturierung des Unterrichtsablaufs durch

- die Schaffung einer Orientierungsgrundlage,
- die Anpassung des Lehrprozesses an den Verstehens- und Lernprozess,
- eine am Handlungsablauf orientierte Einführungsreihenfolge

soll das Lernen erleichtern (vgl. [Lehnert 1995, S. 72]).

Die Orientierungsgrundlage im Sinne einer Strukturierung des Lehr-Lern-Inhaltes dient dem Verorten des zu Lernenden, wo gehört es hin bzw. kann es zugeordnet werden? Dies kann durch ein Beispiel, eine Analogiebildung, ein reduziertes Modell oder eine Abbildung des komplexen Sachverhaltes, ein Handlungsmuster etc. erfolgen, anhand dessen das zu Lehrende bzw. Lernende eingeordnet wird (vgl. [Lehnert 1995, S. 72ff.]).

Die Strukturierung des Unterrichtsablaufs in Abschnitte bzw. Phasen sollte die lernpsychologischen Gesichtspunkte bei der Bildung von Lehr-Lern-Einheiten beachten (vgl. [Lehnert 1995, S. 78ff.]), um dem Verstehens- und Lernprozess gerecht zu werden. Rezeptive bzw. aufnehmende Phasen wechseln sich mit aktiven Phasen ab, um den Lernenden passives Zuhören und aktives Mitarbeiten bzw. Stoffaneignung zu ermöglichen. Lehnert empfiehlt im Hinblick auf die Einführung von Anwendungssoftware Unterrichtsphasen in dieser Idealfolge:

1. *Problematisieren*: Neugierde und Interesse an dem Thema wecken.
2. *Orientieren*: Überblick und Verständnisrahmen für das zu Lernende schaffen.
3. *Informieren*: Sachinformationen vermitteln.
4. *Anwenden*: Aktives Aneignen, Anwenden und Üben durch die Lernenden mit dem Ziel, Anwendungssicherheit aufzubauen und dauerhaftes Behalten zu sichern.
5. *Transferieren*: Gelerntes auf ähnliche und schwierigere Anwendungen übertragen.
6. *Zusammenfassen*: Wesentliches betonen und festigen.

Dabei können durchaus Phasen übersprungen werden (z. B. der Transfer, wenn es schon ein konkreter Anwendungsfall ist und keinen weiteren gibt) oder sich abwechseln (z. B. Informieren und Anwenden). Beispielsweise hat Hoberg [1988, S. 229] aus diesen Phasen die PITT-Methode abgeleitet: Problematisieren - Informieren - Trainieren - Transferieren.

Komplexe Sachverhalte sollten in mehreren Durchläufen im Top-Down-Teaching angeeignet werden. Zuerst ein grober Überblick über das Thema, dann eine Darstellung von Grundbegriffen sowie ersten Einzelheiten und schließlich eine Vermittlung der Details und des Wissens, die zur praktischen Nutzung des Systems wichtig sind.

Mit der Orientierung am Handlungsablauf ist die Reihenfolge der Handlungsschritte entsprechend der Ablauflogik bei der Aufgabenerledigung gemeint. Dazu sind die unzähligen Einzelschritte zu logisch zusammengehörigen Abschnitten zusammenzufassen und zu gliedern. Anschließend können die einzelnen Abschnitte im Detail gelehrt und gelernt werden. Dadurch wird das Verstehen erleichtert, da Sinn und Zusammenhang von Funktionen deutlich werden. Auch das Behalten wird gefördert, da das zu Lernende in ein Handlungsgerüst eingeordnet und mit konkreten Handlungen assoziiert werden kann (vgl. [Lehnert 1995, S. 91ff.]).

6.4.3 Ergebnis und Transfersicherung

Wird das Training auf ein Ziel ausgerichtet, dann ist es auch naheliegend, zu überprüfen, ob dieses Ziel erreicht wurde. Dies gilt für die Zeit während des Trainings als auch die Zeit danach. Dies kann unterstützt werden durch (vgl. [Lehnert 1995, S. 123ff.])

- behaltensfördernde Lehr-Lern-Formen: das Wecken von Interesse und Motivation, das Ansetzen an Bekanntem, Wiederholungen und Zusammenfassungen,
- die Begrenzung des Lehr-Lern-Stoffes und die Hervorhebung von Inhalten und Methoden, die Selbsthilfe ermöglichen,
- rückkoppelnde Erfolgskontrollen im Sinne von Hilfen während des Trainings: Verständnisfragen, Übungsaufgaben, Arbeitsblätter, Beobachtung der Lernenden, Blickkontakt etc.
- Maßnahmen zur Angleichung der aktuellen Lernsituation an die spätere Anwendungssituation: Beispiele aus dem Anwendungsfeld der Lernenden, Aufforderung der Lernenden

selbst, Beispiele einzubringen, Umgang mit Handbüchern und Unterlagen üben, Instruktionsblätter für komplexe, wiederkehrende Handlungsabläufe, typische Fehler behandeln und Alltagssituationen simulieren.

6.4.4 Methoden für den EDV-Unterricht

Das Vermitteln von Nutzungsmöglichkeiten des Computers, Schrittabfolgen etc. bedarf anderer Formen als das Lehren und Lernen von beispielsweise rein kognitiven Inhalten. Im Folgenden werden die Formen vorgestellt, die bei Lehnert [1995] diese Problematik gezielt aufgreifen.

Die mündliche Schritt-für-Schritt-Instruktion

Schritt für Schritt geben die Trainerinnen alle auszuführenden Aktionen mündlich vor. Die Lernenden vollziehen diese am eigenen Computer Schritt für Schritt nach. Diese Methode eignet sich für Lernende, die noch wenig oder keine Kenntnisse über die zu lernende Software mitbringen. Sie werden damit in die Lage versetzt folgen zu können und es wird eine gemeinsame Ausgangsbasis für den weiteren Unterricht gelegt. Problematisch ist für die Lernenden, dass sie sehr konzentriert dabei sein müssen, um nicht den Faden bzw. den Anschluss bei der Schrittfolge zu verlieren. Treten bei einzelnen Lernenden Fehleingaben auf, bremst dies die ganze Gruppe und führt dazu, dass versierter Lernende selbständig vorangehen. Deshalb sollte diese Methode nur für kurze Zeit eingesetzt werden (vgl. [Lehnert 1995, S. 266f.]).

Die Unterweisung direkt am Computer

Hierunter ist das Erläutern und Vormachen direkt am Computer zu verstehen. Trainerinnen sollten hierbei darauf achten, dass sie genügend verstehensfördernde Informationen geben und die einzelnen Schritte nicht zu schnell vormachen. Grundsätzlich sollte in folgender Schrittfolge gearbeitet werden:

1. *Verbale Information* durch die Trainerinnen im Sinne von Was - Wie - Warum.
2. *Praktisches Vormachen* am Computer durch die Trainerinnen analog dem Dreischritt Was - Wie - Warum.
3. *Eigenständiges Nachmachen* der Lernenden unter Beisein der Trainerinnen.
4. *Selbständiges Üben* der Lernenden.

Diese Methode eignet sich in den Fällen, in denen die Schrittfolgen immer beibehalten werden. Sie fordert mehr eigenständiges Arbeiten von den Lernenden, so dass Verstehens- und Ausführungsprobleme aufgedeckt und dann gelöst werden können (vgl. [Lehnert 1995, S. 267f.]).

Instruktionsblätter zur Selbsterarbeitung

Instruktionsblätter, in Form einer Arbeitsanleitung, werden von den Lernenden selbständig bearbeitet. Damit wird Eigenaktivität gefordert, ohne Aktionismus hervorzurufen. Die Lernenden müssen sich sehr viel intensiver mit dem Stoff auseinandersetzen und haben gleichzeitig eine Anleitung für später zur Hand. Vor allem bei inhomogenen Gruppen schafft diese Art der Unterweisung Freiraum für individuelle Hilfe, Betreuung und Beratung während des Trainings. Je allgemeiner die Instruktionen gehalten sind, um so stärker geht diese Vorgehensweise in entdeckendes und problemlösendes Lernen über (vgl. [Lehnert 1995, S. 268f.]).

Übungen in Partner- oder Gruppenarbeit
Übungen werden vorbereitet und in Partner- oder Gruppenarbeit gelöst. Die Vorteile dieser Methode liegen darin, dass bei sehr inhomogenen Gruppen versierte Lernende und weniger computergewohnte Lernende gemischt werden können. Den Versierten wird es nicht gleich langweilig, wenn sie leichtere Aufgaben lösen müssen, da sie dann, durch die weniger Versierten gefordert sind, die ihrerseits meist Fragen stellen. Die Wissensbasis wird angeglichen und somit eine gute Ausgangsbasis für den weiteren Unterricht geschaffen (vgl. [Lehnert 1995, S. 269]).

6.4.5 Entwicklung und Umsetzung von Bildungsmaßnahmen

In diesem Zusammenhang werden sechs Arbeitsschritte aufgeführt, die nacheinander durchlaufen werden sollen:

1. *Vorgaben des Auftraggebers klären*: Hierzu gehören zeitliche, örtliche und finanzielle Rahmenbedingungen. Denn danach sind die Anzahl der Trainingstage, der Teilnehmerinnen je Training, Einbindung von Co-Trainerinnen etc. auszurichten (vgl. [Lehnert 1995, S. 148ff.]).
2. *Teilnehmeranalyse*: Qualifikationsbedarf, Eingangsvoraussetzungen und Erwartungen bilden die Grundlage für Entscheidungen über die anzubietenden Inhalte und deren Abfolge.
3. *Festlegung von Trainingseinheiten mit generellem Titel, Ziel und Themenschwerpunkten*: Dies erfolgt auf der Basis der Daten aus Schritt 2 und der späteren Verwendungssituation des Lernstoffes. Wichtig ist hierbei, dass eindeutig und für die Lernenden verständlich formuliert wird (vgl. [Lehnert 1995, S. 160ff.]).
4. *Inhalte, Lernziele und Reihenfolge der einzelnen Trainingseinheiten bestimmen*: Dies ist die Ausdifferenzierung der generellen Größen aus Schritt 3. Dabei sind sachlogische und lernpsychologische Aspekte neben den organisatorischen Rahmenbedingungen zu berücksichtigen (vgl. [Lehnert 1995, S. 182ff.]).
5. *Fragebogen für die Trainingsevaluation, gegebenenfalls Abschlusstest und Teilnahmebestätigungen entwickeln*: Um die Trainingsqualität beurteilen zu können, bedarf es eines ausführlichen Feedbacks durch die Teilnehmerinnen. Dies soll durch eine Befragung anhand eines Fragebogens erfolgen. Soll ein Abschlusstest durchgeführt werden und Teilnahmebestätigungen ausgegeben werden, müssen diese vorbereitet sein (vgl. [Lehnert 1995, S. 200ff.]).
6. *Fertigstellung des Trainingskonzeptes, Information der Teilnehmerinnen und eventuell Fortsetzungskurse* (z. B. Transfersicherungstage bzw. Follow up Maßnahmen) *festlegen* (vgl. [Lehnert 1995, S. 217ff.]).

Die Reihenfolge muss nicht zwingend eingehalten werden. Lediglich bei den Punkten, die sich gegenseitig bedingen, muss auf die Abfolge geachtet werden.

6.4.6 Vorbereitung einer EDV-Lehrveranstaltung im Überblick

Auch hierzu entwickelte Lehnert [1995, S. 230ff.] eine Schrittfolge, anhand der die Vorbereitung durchgeführt werden kann:

1. *Spezifikation von Thema und Ziel der Trainingseinheit*: Hierzu gehört das Formulieren des Themas, die Bestimmung der Lehrziele vor dem Hintergrund der Eingangsvoraus-

setzungen der Teilnehmer, ihrer Erwartungen und des Qualifikationsbedarfs (vgl. [Lehnert 1995, S. 238ff.]).
2. *Stoff- und Beispielsammlung erstellen, die für das Verstehen hilfreich sein kann*: Anwendungsbeispiele, Fallbeispiele, Anschauungsmaterial, Checklisten etc., (vgl. [Lehnert 1995, S. 247ff.]).
3. *Inhalte und Beispiele auswählen und den Unterrichtsablauf konzipieren:* Lerninhalte über die didaktische Reduktion auswählen, die vermittelt oder von den Lernenden selbst erarbeitet werden sollen. Entwurf der Unterrichtsgrobstruktur, unter lernpsychologischen und sachlogischen Aspekten (vgl. [Lehnert 1995, S. 258ff.]).
4. *Inhalte und Beispiele ausarbeiten und methodisches Vorgehen konkretisieren*: Erarbeitung der Feinstruktur des Lehr-Lern-Stoffes und der methodischen Vorgehensweise anhand der Fragestellung, „Wie soll das neue Wissen bzw. die neuen Fähigkeiten und Fertigkeiten vermittelt und/oder erarbeitet werden?" (vgl. [Lehnert 1995, S. 282ff.]).
5. *Veranstaltungskonzept schriftlich festhalten*: Basierend auf der Grob- und Feinstruktur, den ausgewählten Beispielen und Methoden ein Veranstaltungskonzept entwerfen. Notwendige Unterrichtsmaterialien wie Folien, Flipchart-Anschriebe etc. erstellen (vgl. [Lehnert 1995, S. 306ff.]).
6. *Veranstaltungsmaterialien erstellen und vervielfältigen*: Instruktions- und Aufgabenblätter, Veranstaltungsskripte etc. zusammenstellen und vervielfältigen lassen (vgl. [Lehnert 1995, S. 330ff.]).

6.4.7 Reflexion zu „Der EDV-Dozent"

Lehnerts Fachdidaktik deckt mit ihren konkreten Aussagen zur Planung und Gestaltung von EDV-Trainingsmaßnahmen sowohl die Programmerstellung als auch die Konzeption von Trainingseinheiten ab. Der konkrete Bezug zur Problematik von EDV-Trainings liefert wertvolle Hinweise für die Vermittlung von Hard- und Softwarewissen.

Für die Einführung eines Telekooperationssystems eignet sich die Fachdidaktik nicht ohne weiteres, da sie den gesamten Bereich der Kooperation nicht thematisiert und hierfür keine didaktischen Hinweise liefert. Einige methodische Ansätze (z. B. Partnerarbeit), die Kooperation fördern können, sind zwar in Kapitel 6.4.4 - Methoden im EDV-Unterricht - genannt, jedoch sind keine Methoden explizit aufgeführt, die auf die Kooperation über das Training hinaus zielen. Unberücksichtigt bleiben somit die wesentlichen Unterschiede zu Trainings bezüglich herkömmlicher Software, die in der *Adaptive Structuration Theory* (siehe Kapitel 5.1) herausgearbeitet wurden.

Auch die Gestaltungsempfehlungen für den Lehr-Lern-Prozess lassen sich aus den bereits genannten Gründen, nur für den Teil der reinen Hard- und Softwarevermittlung einsetzen.

Da Lehnert sich an Döring anlehnt, werden Lernende als Erwachsene mit ihrer Lerngeschichte und lernpsychologischen Besonderheiten berücksichtigt. Lehrende werden als Lernorganisatorinnen und Beraterinnen betrachtet (vgl. [Lehnert 1995, S. 300]). Trotz der Auffassung, dass Lehrende Beraterinnen sind, bleibt - wie bei der sozio-informationstechnischen Didaktik, die Lehren als Lernhilfe versteht - eine starke Lehrkraftdominanz erhalten. Diese kommt auch darin zum Ausdruck, dass Lehnert explizit Lehr-Lern-Maßnahmen mit weitgehend fixem Lehr-Lern-Inhalt plant (vgl. [Lehnert 1995, S. 183.]).

6.5 Zusammenfassung und Systematisierung

Wie die Analyse der drei vorgestellten didaktischen Ansätze gezeigt hat, können diese nicht für sich allein stehen, da sie nur Teilbereiche abdecken, wenn es um die Konzipierung des Einführungsprogramms und der einzelnen Einführungsmaßnahmen von Telekooperationssystemen geht. Deshalb sind die drei Ansätze zu kombinieren. Anhand folgender Punkte werden die einzelnen Positionen zusammenfassend gegenübergestellt und aufgezeigt, ob Elemente daraus kombiniert oder gestrichen werden müssen:

1. Programmplanung
2. Veranstaltungs- und Unterrichtsplanung
   - Lehr-Lern-Inhalt
   - Lehr-Lern-Prozess (Strukturierung des Prozesses, Methoden, Medien und Materialien)
   - Lernende und Lehrende

6.5.1 Programmplanung

Für die Programmplanung ist als erstes der Weiterbildungsbedarf zu ermitteln. Euler [1995] liefert in diesem Zusammenhang keine Hinweise, da sich seine Ausführungen auf die Evaluation von bereits bestehenden Curricula und Weiterbildungsprogrammen beziehen. Doch kann in diesem Zusammenhang auf seinen bereichsdidaktischen Bezugsrahmen zurückgegriffen werden, um entsprechende Fragestellungen für die Analyse des Weiterbildungsbedarfs abzuleiten. Dabei ist zu beachten, dass die Ausdifferenzierung der Begriffe im Sinne der Einführung von Telekooperationssystemen erfolgt.

Auch die TZI bietet keine konkreten Anknüpfungspunkte für die Ermittlung des Qualifikationsbedarfs. Jedoch kann man das TZI-Dreieck als Instrument zur Ableitung entsprechender Fragen heranziehen.

Konkrete Hinweise in Form von Fragen, die sich auf typische Situationen des Tätigkeitsfeldes der Lernenden beziehen und in denen die Hard- und Software zum Einsatz kommt, bietet Lehnert [1995, S. 160ff.]. Problematisch ist hierbei, dass er von einem bereits eingeführten Anwendungssystem ausgeht. Seine Fragestellungen zielen auf die Ermittlung von unbefriedigender Arbeitsqualität aufgrund von Qualifikationsdefiziten. Somit sind diese nicht verwendbar.

Entsprechend diesem Ergebnis kann der bereichsdidaktische Bezugsrahmen der sozio-informationstechnischen Didaktik nach Euler [1995] mit dem TZI-Dreieck zur Ableitung von Fragestellungen zur Bedarfsanalyse kombiniert eingesetzt werden.

Das Analyseergebnis kann dann, unter Berücksichtigung personeller und materieller Ressourcen sowie den Gegebenheiten und Rahmenbedingungen zur Zusammenstellung des Weiterbildungsangebotes eingesetzt werden. Dies umfasst die Auswahl der Themenbereiche, Überlegungen zur Organisations- und Veranstaltungsform sowie der Einbindung in bereits bestehende Weiterbildungsprogramme. Konkrete Hinweise hierzu enthält Lehnerts Didaktik. Jedoch kann diese nicht uneingeschränkt genutzt werden, da sie sich auf reines EDV-Training bezieht. Als Ergänzung kann hier wieder der bereichsdidaktische Bezugsrahmen der sozio-informationstechnischen Didaktik nach Euler [1995] kombiniert mit dem TZI-Dreieck genutzt werden. Wie dies konkret aussehen kann, wird in Kapitel 7 dargestellt.

6.5.2 Die Veranstaltungs- und Unterrichtsplanung

Ausgehend von den Entscheidungen auf der Programmebene werden unter Beachtung der Zielgruppe die Lehr-Lern-Inhalte abgeleitet und in Lehr-Lern-Einheiten strukturiert sowie in der Gestaltung des Lehr-Lern-Prozesses konkretisiert. Deshalb werden im Folgenden die einzelnen Elemente hierfür betrachtet.

6.5.2.1 Die Zielgruppe und ihr Umfeld

Kenntnisse, Erwartungen und Voraussetzungen der Lernenden werden für eine teilnehmerorientierte Veranstaltungs- und Unterrichtsplanung gebraucht (vgl. [Schorch 1991, S. 710f.]). Um diese zu ermitteln, bietet sich eine umfassende Analyse an.

In diesem Zusammenhang rückt Euler [1995, S. 146ff.] lediglich die Lernvoraussetzungen im Sinne von bereits vorhandenen Handlungskompetenzen ins Blickfeld. Dies reicht jedoch nicht aus, wenn an den Interessen der Teilnehmerinnen etc. angesetzt und unter motivationalen Gesichtspunkten die Veranstaltung und der Unterricht geplant werden sollen.[199]

In der TZI finden sich zur Teilnehmeranalyse ebenfalls keine konkreten Aussagen, wenngleich betont wird, dass das zu formulierende Thema Interesse bei den Teilnehmerinnen wecken soll und eine Beziehung zwischen den Lernenden und dem zu Lernenden herzustellen ist (vgl. [Cohn/Matzdorf 1992, S. 74; Matzdorf 1992, S. 375]). Es wird offensichtlich unterstellt, dass die Lehrenden Zugang zu Daten über die Zielgruppe haben oder diese bereits kennen.

Als Teilnehmer-Vorabbefragung bezeichnet Lehnert [1995, S. 162f.] diese Analyse, die er in Form eines Fragebogens zusammengestellt hat. Wünsche, Bedürfnisse, bereits vorhandene Kenntnisse im Umgang mit Computern und der anzuwendenden Software, Hinweise zu Arbeitssituationen, in denen Hard- und Software bereits eingesetzt werden sowie Erwartungshaltung und Alter werden erfragt.

Geht man entsprechend den Erkenntnissen aus Kapitel 4 davon aus, dass sowohl für die Veranstaltungs- als auch Unterrichtskonzeption Kenntnisse über die Gruppe, das Individuum, die Aufgaben und das Umfeld notwendig sind, greifen alle drei didaktischen Ansätze zu kurz. Zudem geht Lehnert [1995] davon aus, dass bereits Kenntnisse über Hard- und Software vorliegen und diese im Arbeitsalltag eingesetzt werden. Da die Lehrenden bei der Einführung eines Telekooperationssystems davon nicht ausgehen können, müssen sie an der Arbeitssituation der Gruppe ohne Telekooperationssystem ansetzen. Basierend auf dem Ergebnis und unter Kenntnis des Telekooperationssystems können sie dann ihre Planungen vornehmen. Es empfiehlt sich vorher eine kombinierte Analyse, die die Aufgaben, verwendete Materialien und Hilfsmittel, den Arbeitsprozess, die Kommunikationsbeziehungen, die

[199] Odenbach [1971, S. 181] schreibt hierzu: „Es ist eine Erfahrungstatsache, die zum Grundwissen eines jeden Lehrers gehört, daß der Erfolg des Unterrichts vom *Interesse* des Schülers abhängig ist.“

Rahmenbedingungen abdeckt sowie vorhandene Kenntnisse, Erfahrungen und Interessen der Lernenden ermittelt. Dies könnte die Telekooperationsanalyse *Needs Driven Approach* in Verbindung mit einer Teilnehmeranalyse leisten.

6.5.2.2 Lehr-Lern-Inhalte und -Ziele

Zur Ableitung von Lehr-Lern-Inhalten kann Gleiches festgestellt werden wie bei den Ausführungen bezüglich der Programmplanung (siehe 6.5.1). Sowohl der bereichsdidaktische Bezugsrahmen einer sozio-informationstechnischen Bildung als auch das TZI-Dreieck sind Hilfen für die Lehrenden, um Inhalte abzuleiten und zu konkretisieren. Lehnert [1995] geht von einem gegebenem Lernstoff aus, da er Hard- und Softwarevermittlung im Auge hat. Deshalb gibt er keine weiteren Hinweise auf die Ermittlung von Inhaltsbereichen, sondern lediglich auf die Ableitung dieser, aus den grob gebildeten Themenbereichen der Programmplanung, die sich eng an der gegebenen Softwarestruktur orientiert.

Hinsichtlich einer didaktischen Reduktion sind bei Euler [1995] keine weiteren Aussagen zu finden. Dies begründet sich darin, dass seine Arbeit zur Evaluation von bereits bestehenden Curricula und Weiterbildungsprogrammen verwendet werden soll.

Eine didaktische Reduktion im Sinne der TZI, betont die Orientierung an den Bedürfnissen und Interessen der Beteiligten unter Berücksichtigung des Globe. Dies kann so weit gehen, dass eine Konkretisierung des Themas - und damit der Inhalte - in die Veranstaltung selbst verlagert wird (vgl. [Cohn 1997, S. 232]). Dies begründet sich auch darin, dass ein partizipativer Ansatz verfolgt und Lernen als moderierter Prozess verstanden wird.

Unter Anwendung der didaktischen Reduktion, sollen nach Lehnert [1995, S. 258f.] Inhalte unter dem Aspekt der Bedeutsamkeit und des Exemplarischen ausgewählt werden. Bedeutsam sind Inhalte, die aufgrund der Analyse als wichtig eingestuft werden. Exemplarisch sind Inhalte, die stellvertretend für das Ganze stehen (vgl. [Jank/Meyer 1991, S. 146]).

Grundsätzlich schließen sich die beiden Ansätze nicht aus. Bei der Auswahl der Inhalte kann am Bedürfnis und den Interessen der Beteiligten angesetzt werden und gleichzeitig der Blick auf das Wesentliche sowie Exemplarische gerichtet sein. Jedoch besteht aus den jeweiligen Ansätzen und auch erfahrungsgemäß ein Unterschied zwischen der Vorbereitung nach TZI und der Vorbereitung, die der Lerntheoretischen Position entspricht.[200] Da in Trainings entsprechend TZI die Inhalte gemeinsam mit den Teilnehmerinnen überdacht und angepasst werden, muss man in der Vorbereitung eine breitere Palette an inhaltlichen Möglichkeiten bedenken, um entsprechende Materialien etc. vorbereiten zu können. In Trainings, entsprechend der Lerntheoretischen Position, stehen selbst nur geringfügige Anpassungen zur Debatte. In der Regel sind die Inhalte fix.[201]

---

[200] Die Erfahrung resultiert daraus, dass die Autorin seit 1989 als Referentin für unterschiedliche Seminare und Trainings - auch EDV-Trainings - tätig ist, und sowohl nach der Lerntheoretischen Position als auch nach der TZI diese vorbereitet und durchgeführt hat.

[201] Lehnert [1995, S. 183] unterscheidet in diesem Zusammenhang den Begriff *Kurs* und *Seminar*. Kurse haben festgelegte Inhalte, die nur gering entsprechenden Teilnehmerwünschen angepasst werden. Seminare haben

Lehr-Ziele sollen als Rahmen für die Lern-Ziele und richtungsgebend für den Lehr-Lern-Prozess verstanden werden. Innerhalb der Lehr-Ziele sollen die Lernenden zur Festlegung eigener Lernziele angeregt werden, um Lernmotivation und –bereitschaft stärker zu fördern. Denn den Erwachsenen soll „so wenig Fremdbestimmung wie nötig, so viel Selbstbestimmung wie möglich“ [Döring/Ritter-Mamczek 1998, S. 315] zugestanden werden. Dieser Ansatz findet sich gleichermaßen in allen drei Didaktiken wieder. Zwar enthält die TZI keine expliziten Aussagen zur Handhabung von Lehr-Lern-Zielen, jedoch kann von ihrem Wesen her darauf geschlossen werden, dass sie keine Fixierung und Überprüfung erarbeiteter Lehr-Lern-Ziele fordert.

6.5.2.3 Lehr-Lern-Prozess

Bei Euler [1995] wird Lernen im Rahmen unmittelbarer (sozial-kommunikativer) und mittelbarer (medialer) Beziehungen gesehen, das sich zwischen dem Lehrenden und dem Lernenden innerhalb eines Lehr-Lern-Prozesses vollzieht. Lernen in der TZI wird als Interaktionsprozess verstanden und geht damit über den kommunikationsbasierten Lernbegriff bei Euler hinaus. Zwar greift Euler auf Erkenntnisse der Kommunikationstheorien, z. B. das Vorhandensein der Beziehungsebene in der Kommunikation, zurück, doch geht er nicht auf die wechselseitige Beeinflussung von Lehrenden und Lernenden ein. Da Telekooperation nicht nur Kommunikation, sondern Interaktion[202,203] umfasst, ist der Lernbegriff der TZI hier vorzuziehen.
Lehnert [1995, S. 62ff.] führt Aspekte des erwachsenenpädagogischen Lernens auf, definiert aber nicht explizit sein Verständnis von Lernen. Er verweist in seinen Ausführungen auf die Basis der Lerntheoretischen Didaktik und der Kybernetischen Didaktik, formuliert aber keinen eigenen Lernbegriff (vgl. [Lehnert 1995, S. 21]).

Hinsichtlich der Strukturierung des Lehr-Lern-Prozesses nennt Euler [1995, S. 510] zwei Prinzipien: Erstens soll die inhaltliche Abfolge vom elementaren Rahmen zur komplexen Detailstruktur gehen und zweitens soll das Lernhandeln als Problemlösungsprozess strukturiert sein.

Die inhaltliche Strukturierung des Lehr-Lern-Prozesses sowie des Lernhandelns sind in der TZI so nicht thematisiert. Hier sind generelle Aussagen zur Gestaltung des Lehr-Lern-Prozesses in Hinblick auf die Interaktionsfähigkeit der Gruppe, die Beziehung der Gruppe sowie der Einzelnen zum Thema und die didaktische Balance anhand des TZI-Dreiecks zu finden.
Nach Lehnert [1995, S. 72ff.] soll den lernpsychologischen und sachlogischen Aspekten bei der Strukturierung des Lehr-Lern-Prozesses gefolgt werden, um das Verstehen und Behalten der Lernenden zu unterstützen. Konkretisiert wird dies durch die Aufforderung, Unterrichtsphasen aktiver und passiver Art abzuwechseln, den Teilnehmerinnen eine Orientierungs-

---

offeneren Charakter bei der Inhaltsdefinition, so dass hier stärker teilnehmerorientiert gearbeitet werden kann. Er selbst bezieht seine Ausführungen auf die Konzeption von Kursen.

202 Unter Interaktion wird ein aufeinander bezogenes Handeln zweier oder mehrerer Personen bzw. die Wechselbeziehung zwischen Handlungspartnerinnen verstanden (siehe [Müller et al. 1982, S. 351]

203 Unter Interagieren wird „in Interaktion sein“ [Müller et al. 1982, S. 350] verstanden.

grundlage für das Einordnen des zu Lernenden zu geben sowie Top-Down-Teaching, vom Groben zum Feinen, anzuwenden.

Die Strukturierung nach Euler passt vom Ansatz her zur Strukturierung, die Lehnert in seiner Didaktik wählt. Beide betonen den Aspekt, vom grobem Rahmen aus zur feinen Detailstruktur zu gehen. Auch das Strukturieren des Lernprozesses als Problemlösungsprozess ist bei Beiden enthalten. Demgegenüber betont die TZI mit ihren Ansätzen zur Strukturierung des Lehr-Lern-Prozesses die Lerngruppenarbeit. Daran wird deutlich, dass die TZI im Gegensatz zu den anderen zwei Didaktiken den Kooperationsbereich betont. Diese Unterschiedlichkeit kann zum Vorteil genutzt werden. Der Lehr-Lern-Prozess lässt sich nach Grundsätzen der TZI strukturieren und zeitgleich den Aspekt der Strukturierung vom Groben ins Detail und den Ansatz des Problemlösens berücksichtigen. Die Strukturierungshilfen lassen sich somit problemlos kombinieren und als Ganzes bei der Ausarbeitung des Lehr-Lern-Prozesses beachten.

Konkrete Methoden zur Anwendung im Training werden bei Euler [1995] im Gegensatz zur TZI und Lehnert [1995] nicht genannt. Der Unterschied zwischen den Methoden der TZI (z. B. Hilfsregeln) und den genannten Methoden bei Lehnert (z. B. Schritt-für-Schritt-Instruktion) liegt darin, dass sich die TZI-Methoden grundsätzlich in allen Trainings als Interaktionsbasis anwenden lassen, wohingegen die, bei Lehnert genannten Methoden spezifisch für die Vermittlung von Hard- und Softwarekenntnissen sind. Für die methodische Gestaltung der Einführungsmaßnahmen von Telekooperationssystemen können diese kombiniert zum Einsatz kommen.

Materialien und Medien sind ein weiterer didaktischer Bereich, der bei Euler oder in der TZI nicht gesondert abgehandelt wird. Lediglich Lehnert [1995, S. 416ff.] weist allgemein auf die Vor- und Nachteile des Einsatzes von unterschiedlichen Medien hin.

Kooperatives Arbeiten kann auch durch vorausgehendes, kooperatives Lernen unterstützt werden. Folgende drei große Ansatzgruppen lassen sich unterscheiden (vgl. [Huber/Rotering-Steinberg 1998, S. 215ff.]):

1. Ansätze, die auf die Förderung der Motivation und/oder das soziale Klima in der Gruppe abzielen, um die Lernenden anzuregen, sich beim Lernen gegenseitig zu unterstützen.
2. Ansätze, die bestimmte Aufgabeninstruktionen oder –strukturen vorgeben, um auf die Interaktion innerhalb der Gruppe direkt Einfluss zu nehmen.
3. Ansätze, die spezifische Fertigkeiten trainieren, welche wiederum die Voraussetzung für effektives Interagieren schaffen sollen.

Ansätze, die die Motivation und/oder das soziale Klima fördern, beinhalten kooperative Anreizstrukturen und/oder Gruppenbildungsaktivitäten. Motivationsförderung kann durch entsprechende Anreize hinsichtlich der zur Verfügung gestellten Technologie erreicht werden, z. B. dadurch, dass mobile Telefone für alle zum elektronischen Datenaustausch in Aussicht gestellt werden, sobald die gesamte Gruppe gelernt hat mit dem Notebook umgehen. Die Förderung des sozialen Klimas kann durch die Anwendung von TZI als Basis, kombiniert mit unterschiedlichen Methoden der Erwachsenenbildung, erreicht werden.

Ansätze, die spezielle Aufgabeninstruktionen oder –strukturen schaffen, sind bei der Lehr-Lern-Materialgestaltung zu berücksichtigen. Hier können beispielsweise Lehr-Lern-Texte verwendet werden, die die Lernenden gemeinsam durcharbeiten müssen, um sich dann gegenseitig das Gelernte zu erklären und im Anschluss eine gestellte Aufgabe lösen zu können. Eine Variante zur gemeinsamen Aufgabenlösung wäre die Möglichkeit, Fragen zum Lehr-Lern-Text formulieren zu lassen und diese dann im Wettbewerb mit anderen Lerngruppen beantworten zu lassen.

Ansätze, die das Training spezifischer Fertigkeiten für die effektive Interaktion zum Inhalt haben, setzen an unterschiedlichen Punkten an. Beispielsweise steht die Förderung prosozialen Verhaltens- oder Gesprächsführungstechniken im Mittelpunkt. Eine weitere Möglichkeit dieser Ansätze zielt auf den Aufbau der Selbstregulierungsfertigkeiten von Gruppen, um die Zusammenarbeit durch Erkennen und Lösen von Schwierigkeiten im Miteinander zu fördern. Beide Ansätze spiegeln sich in der TZI. Beispielsweise in der Einführung der Hilfsregeln und Postulate, um die verbale und auch schriftliche Interaktion miteinander zu gestalten.

6.5.2.4 Lernende und Lehrende

Euler sieht den Lernenden als „aktives, schöpferisch tätiges Subjekt“ [Euler 1995, S. 508]. Die TZI sieht die Lernenden in ihrer Ganzheitlichkeit und ihrer Wechselbeziehung zueinander und zu ihrem Umfeld als entwicklungsfähige, eigenbestimmte Persönlichkeiten (vgl. [Löhmer/Standhardt 1994, S. 75]). Bei Lehnert werden Lernende als Erwachsene mit ihrer Lerngeschichte und lernpsychologischen Besonderheiten berücksichtigt.

Auch hier kann festgestellt werden, dass sich die Auffassungen nicht widersprechen. Am weitesten erfasst jedoch die TZI den Lernenden, da sie ganz explizit Entwicklungsfähigkeit, Eigenverantwortlichkeit und Ganzheitlichkeit anspricht und Wechselbeziehungen thematisiert. Folgt man den Ausführungen der *Adaptive Structuration Theory* (siehe Kapitel 5.1), die Wechselbeziehungen ebenfalls aufgreift, so scheint die Definition der Lernenden der TZI im Hinblick auf Einführungsmaßnahmen von Telekooperationssystemen am geeignetsten.

Euler wie Lehnert betrachten Lehrende als Lernorganisatoren und -berater (vgl. [Euler 1995, S. 160; Lehnert 1995, S. 300]). Die TZI geht noch einen Schritt weiter und ergänzt dies, um den Aspekt der kooperativen, partizipierenden Leitung, um den Lernenden mehr Möglichkeiten der Entfaltung und Selbststeuerung zu geben (vgl. [Kapitel 5.3]). Da kooperatives Leiten eine Voraussetzung von Kooperation ist, sollen Lehrende für die Einführung von Telekooperation und damit im Rahmen dieser Arbeit im Sinne der TZI verstanden werden.

7 Didaktischer Konzeptionsrahmen für Qualifizierungsmaßnahmen

Aufbauend auf Teil 1 und 2 wird nun in Teil 3, Kapitel 7, ein didaktischer Konzeptionsrahmen entwickelt.

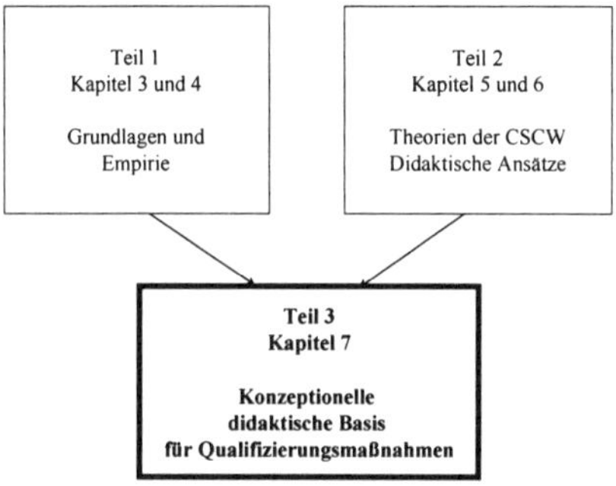

Abbildung 7-0: Aufbau der Arbeit (Quelle: Eigene Darstellung)

Kern der didaktischen Überlegungen bildet die Themenzentrierte Interaktion, da sie, wie bereits dargestellt (siehe Kapitel 6.5), den umfassendsten Ansatz bietet. Sie wird mit Elementen der Didaktiken von Euler [1995] sowie Lehnert [1995], entsprechend den Ergebnissen aus Kapitel 4 kombiniert und durch die empirischen Ergebnisse aus Kapitel 3 und den daraus resultierenden Erfordernissen ergänzt. Durch diese Vorgehensweise fließen Aspekte der Erwachsenenbildung, des Umgangs mit neuen Technologien und der Kooperation ein. Das Ergebnis ist der Entwurf einer Telekooperationsdidaktik. In Abbildung 7-1 wird dies zusammenfassend dargestellt.

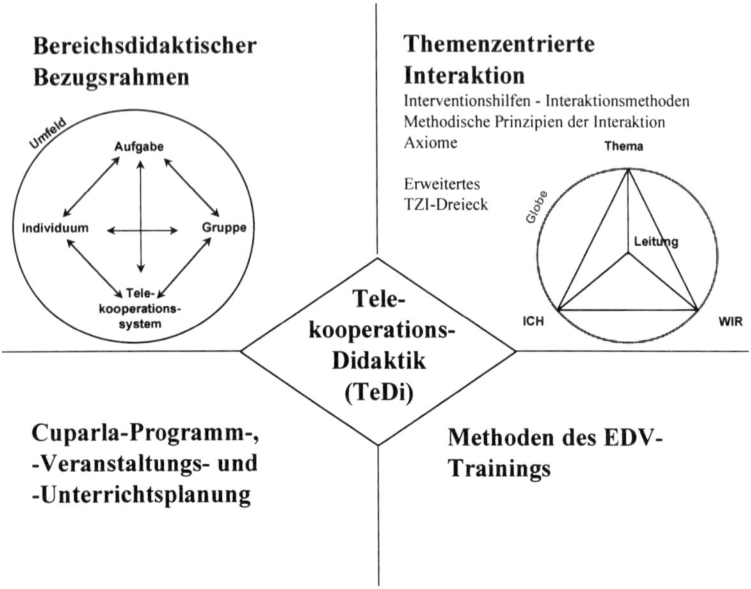

Abbildung 7-1: Zulieferer der Telekooperationsdidaktik (TeDi) (Quelle: Eigene Darstellung)

Der bereichsdidaktische Bezugsrahmen wird ausgehend davon, dass einzelne Personen bei der Erledigung von Aufgaben unter Nutzung von Telekooperationstechnologie zusammenarbeiten, gebildet (siehe Abbildung 7-2). Dieser dient als Basis für die folgenden Überlegungen.

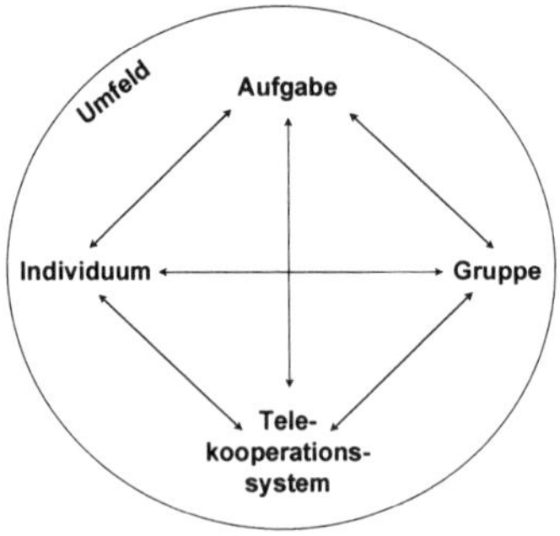

Abbildung 7-2: Bereichsdidaktischer Bezugsrahmen der Telekooperation (Quelle: Eigene Darstellung)

Die Qualifizierung von Anwenderinnen umfasst drei Schritte: die Planung, die Durchführung und die Nachbereitung.

Kernelement für die Planung und Nachbereitung der Qualifizierungsmaßnahmen ist das TZI-Dreieck (siehe Abbildung 6-5). Ausgehend von diesem, können Betrachtungen durch das Ableiten von Fragestellungen zu den Eckpunkten (Thema, ICH, WIR, Globe) und Kanten (Thema-ICH, Thema-WIR, Thema-Globe, ICH-WIR, ICH-Globe und WIR-Globe) angestellt werden. Dabei muss bei einzelnen Tätigkeiten nicht zu jedem Eckpunkt oder jeder Kante zwingend eine Frage gebildet werden. Entsprechend der dynamischen Balance der TZI gilt, dass innerhalb der Betrachtungen eine Schwerpunktverlagerung zwischen den Eckpunkten und Kanten möglich ist, die sich über die Gesamtplanung bzw. die Gesamtdurchführung hinweg ausbalanciert.

Kombiniert mit dem bereichsdidaktischen Bezugsrahmen, kommt das TZI-Dreieck bei der Planung und Analyse zum Einsatz, da sich die Trainerinnen mit

- dem Thema „Telekooperation" und in dessen Rahmen beispielsweise mit dem Telekooperationssystem, seinem Wesen, seinen Möglichkeiten und Grenzen,
- dem WIR als kooperierende Gruppe,
- dem ICH als einzelne Person,
- dem Globe als ihr Umfeld und geltenden Rahmen

sowie den Beziehungen zwischen diesen auseinandersetzen sollten.

Bei der Betrachtung des ICH und WIR sollten zwei Blickrichtungen zum Tragen kommen: die der Gruppe der Zusammenarbeitenden und die der Lerngruppe, da nicht davon ausgegangen werden kann, dass beide Gruppen hinsichtlich ihrer Mitglieder identisch sind. Die Lerngruppe kann beispielsweise kleiner sein, als die Gruppe der Zusammenarbeitenden und sich je Qualifizierungsmaßnahme wieder aus anderen Zusammenarbeitenden neu formieren. Durch beide Perspektiven ergeben sich unterschiedliche, wichtige Anhaltspunkte, die berücksichtigt werden wollen.

Wie das erweiterte TZI-Dreieck als Analyse- und Planungsinstrument genutzt werden kann, soll Tabelle 7-1 verdeutlichen. In dieser Tabelle werden zuerst die Ecken (z. B. WIR), dann die Beziehungskanten (z. B. ICH-WIR) und zum Abschluss die Beziehung zum Umfeld betrachtet. Anhand der Analyse gewinnen die Trainerinnen Ein- und Überblick in die Strukturen, Abhängigkeiten und Veränderungsansätze in allen genannten Bereichen.

Thema	Welche Komponenten hat das Telekooperationssystem? Welche Tätigkeiten können damit unterstützt werden? Wo liegen die Grenzen? Wo liegen Chancen? Welchen Gestaltungsspielraum bietet das Telekooperationssystem der Gruppe? ...
ICH	Zielgruppenanalyse: Welchen persönlichen Background haben die einzelnen Teilnehmerinnen? ...
WIR	Interaktions- und Kooperationsanalyse: Zusammensetzung der gesamten Gruppe? Atmosphäre in der Gruppe? Wie interagiert die Gruppe? Kooperiert die Gruppe? Wenn ja, wie kooperiert die Gruppe? Wie geht die Gruppe mit Ängsten, Abhängigkeiten, etc. um? Welche Gruppenkultur hat sich ausgeprägt? ...
Globe	Welche Einflüsse sind aus dem Umfeld der Ratsmitglieder gegeben? ...
Thema - ICH	Welche Einstellung/Arbeitsweise/Arbeitsorte hat die/der Einzelne auf das Thema bezogen? Welche Arbeitsmittel- und -materialien verwendet sie/er? Welche logische Sequenz der Unterthemen ergibt sich? ...
Thema - WIR	Welche Einstellung/Arbeitsweise/Arbeitsorte hat die Gruppe zum Thema? Welche Arbeitsmittel- und –materialien verwendet sie? Welche logische Sequenz der Unterthemen ergibt sich? ...
ICH - WIR	Stellung der/des Einzelnen in der Gruppe (Gruppenzugehörigkeit)? Hierarchische Gruppenordnung? Welche informellen/formellen Rollen gibt es in der Gruppe? ...
Thema - Globe	Wie ist das Telekooperationssystem im Umfeld angesiedelt (andere DV-Systeme, Schnittstellen...)? Welche Bezugspunkte gibt es? ...
ICH - Globe	Wie steht die/der Einzelne im Umfeld? Welche Beziehungen/Verbindungen/... gibt es? ...
WIR – Globe	Wo steht die Gruppe im Umfeld? Welche Beziehungen/Verbindungen/... gibt es? ...
ICH-Thema-WIR	Wie ist das Zusammenspiel zwischen ICH, Thema und WIR? ...
Globe - ICH – Thema - WIR	Wie beeinflusst das Umfeld ICH-Thema-WIR? Welche Grenzen und Möglichkeiten ergeben sich aus dem Globe? ...

Tabelle 7-1: Aus dem TZI-Dreieck abgeleitete Fragestellungen zur Planung von Qualifizierungsmaßnahmen (Quelle: In Anlehnung an [Schenk/Schwabe 2000, S. 71])

Als letzter Schritt für die Planung und Analyse wird das TZI-Dreieck um einen weiteren Eckpunkt, den der Leitung, ergänzt (siehe **Abbildung 7-3**). Hintergrund hierfür ist die Annahme, dass die Trainerinnen zwar im ICH und auch im WIR enthalten sind, aber aus ihrer persönlichen Perspektive heraus das ICH als lernende Einzelperson, das WIR als Lern- oder Arbeitsgruppe sowie das Thema und den Globe sehen. Bei diesen Betrachtungen fließen immer auch die eigenen Wertvorstellungen und Normen, das persönliche Wissen und die individuellen Erfahrungen der Leitenden mit ein. Damit sich die Leitenden darüber explizit bewusst werden, wird die Erweiterung des TZI-Dreiecks vorgenommen und an dieser Stelle exemplarisch thematisiert. In den anschließenden Ausführungen wird darauf verzichtet.

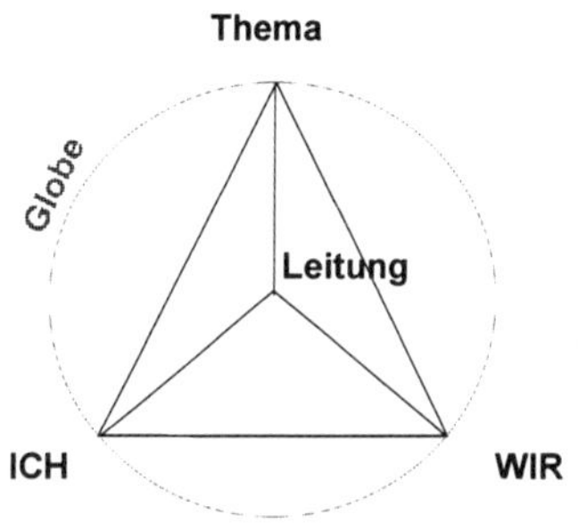

Abbildung 7-3: Erweitertes TZI-Dreieck (Quelle: Eigene Darstellung)

Im Zusammenhang mit dem erweiterten TZI-Dreieck sollen die Trainerinnen sich selbst in Bezug zu den drei Eckpunkten betrachten.

Thema-Leitung	Was ist mir in Hinblick auf das Thema wichtig? Welche meiner Werte/Normen stehen dahinter? Was möchte ich unbedingt vermitteln und warum? Was ist mir unwichtig und warum?...
ICH-Leitung	Wie sehe ich die Teilnehmerinnen? Wie stehe ich zu den einzelnen Teilnehmerinnen? ...
WIR-Leitung	Wie stehe ich der herrschenden Gruppenkultur gegenüber? Wie stehe ich der Gruppe allgemein gegenüber? ...
Globe-Leitung	Welche Einflüsse wirken aus dem Umfeld auf mich ein? ...

Tabelle 7-2: Abgeleitete Fragestellungen im Hinblick auf die Leitungsperson (Quelle: Eigene Darstellung)

7.1 Programmplanung

Die Planung sollte mit allen Beteiligten der Qualifizierungs- und Betreuungsmaßnahmen durchgeführt werden. Damit soll vermieden werden, dass beispielsweise einzelne Trainerinnen nur von der eigenen begrenzten Veranstaltung aus, die Gesamtsicht der „Telekooperation" begreifen und vermitteln.

Wie Cuparla gezeigt hat, genügt es nicht, wenn das Planungsergebnis allen zugänglich ist. Die einzelnen Personen entwickeln anhand der schriftlich abgefassten Ergebnisse kein Gesamtverständnis, da sie diese nur teilweise bzw. gar nicht lesen oder beim Lesen bestimmte Aspekte nicht aufgenehmen. Das Gesamtverständnis wird eher im Dialog aufgebaut. Dadurch erhalten sie das notwendige Basis- und Orientierungswissen für ihre eigene Veranstaltungs- und Unterrichtsplanung sowie die Betreuungsaufgaben.

Sind nicht alle Beteiligten der Qualifizierungs- und Betreuungsmaßnahmen mit der TZI vertraut, bietet eine gemeinsame Planung zusätzlich eine Plattform für das Vermitteln und

Erleben der angewendeten TZI. Beispielsweise lassen sich die Postulate und Hilfsregeln zur Vereinfachung der Zusammenarbeit im Rahmen der gemeinsamen Einführungsaktivitäten etablieren. Dies ersetzt zwar keine TZI-Ausbildung, ermöglicht aber doch eine ausreichende Sensibilisierung.

Das Zusammenspiel von Struktur, Prozess und Vertrauen findet ebenfalls in der Planung seine Berücksichtigung. Strukturgebende Elemente sind die Organisationsform, die Veranstaltungsform, -dauer und –häufigkeit sowie die Veranstaltungssequenz in Verbindung mit der Durchführungslogistik.

Der prozesshafte Charakter der TZI äußert sich beispielsweise darin, dass Alternativen im Vorfeld überlegt werden. Zur Anwendung kommen sie dann bei der Unterrichtsdurchführung, indem je nach tatsächlichem Gruppenprozess teilnehmerorientiert eine der Alternativen zum Einsatz kommt oder auch ganz vom Plan abgewichen wird.

Vertrauensaufbau ist ein wesentlicher Bestandteil für die erfolgreiche Einführung von Telekooperation (vgl. [Schwabe 1999, S. 478]). Deshalb fließt der Aspekt des Vertrauensaufbaus und –ermöglichens in alle Betrachtungen durchgängig mit ein, findet aber seinen Schwerpunkt in der Unterrichtsplanung und –durchführung. Dabei sind zwei Ansatzpunkte zu beachten: der Vertrauensaufbau in der Lerngruppe, um ein positives angstfreies Lernklima zu schaffen, und in der Arbeitsgruppe, da Vertrauen eine notwendige Voraussetzung für die Telekooperation ist.

In diesem Zusammenhang bietet TZI, als Basis der Qualifizierungen, einen wesentlichen Vorteil, da sie Vertrauensaufbau durch ihre Elemente wie Hilfsregeln fördert. Werden diese für das Miteinander in Qualifizierungsmaßnahmen etabliert, finden sie unbewusst auch in das Miteinander im Alltag Eingang.

7.1.1 Zielgruppen und Qualifikationsbedarf

Bei der Zielgruppenanalyse und der Ermittlung des Qualifikationsbedarfes stehen das ICH und das WIR im Mittelpunkt der Betrachtungen.

Als Zielgruppen für die Einführung von Telekooperation können all diejenigen betrachtet werden, die davon betroffen und damit beschäftigt sind. Dies sind zum einen die Intervenierenden und zum anderen diejenigen, die die Telekooperationstechnologie nutzen. Zielgruppen sind:

- *Intervenierende*
    - Mitarbeiterinnen des Projektes
    - Systembetreuer
    - Mitarbeiter des Benutzerservices
    - Schulungspersonal
- *Anwendende.*

Zu den Zielgruppen Benutzerservice und Anwendende sind bei der Gemeinderatsarbeit die Mitarbeiterinnen der Fraktionsgeschäftsstellen hinzuzurechnen. Zwei Gründe sprechen dafür. Erstens sind sie erste und oft letzte Anlaufstelle für die Schwierigkeiten und Fragen der Ratsmitglieder. Zweitens sind sie Schlüsselpersonen in puncto Gestaltung der Arbeitsabläufe und der Zusammenarbeit innerhalb der Fraktion. Haben sie kein umfassendes Wissen, bezüglich der Telekooperationstechnologie und ihren Möglichkeiten, können sie nicht als Verstärker der Telekooperation wirken, sondern werden zum Hemmschuh.

Zur Steigerung der Bereitschaft an Schulungsmaßnahmen teilzunehmen, können bei Ratsmitgliedern auch deren Lebenspartnerinnen hinzugenommen werden. Damit ist eine weitere Zielgruppe entstanden. Sie werden dadurch mehr oder weniger Ansprechpartnerinnen für Probleme und Schwierigkeiten, die sich bei der Nutzung des Telekooperationssystems zu Hause ergeben. Diese Tatsache sollte in den Qualifizierungsmaßnahmen berücksichtigt werden, indem es thematisiert wird und Hilfen z. B. in Form von Unterlagen „Was mache ich wenn...?“ auch ihnen zur Verfügung gestellt werden. Darüber hinaus ist bei allen weiteren Planungsüberlegungen nichts speziell für diese Zielgruppe nicht speziell zu berücksichtigen.

Die Hinzunahme der Lebenspartnerinnen sollte unter dem Vorbehalt betrachtet werden, dass sich die Bereitschaft zum Schulungsbesuch bei nachfolgenden Generationen wahrscheinlich verändert, da bereits ein anderer Grundstock an Kenntnissen, Fähigkeiten und Fertigkeiten im Umgang mit dem Computer und damit eine andere Bereitschaft zur Nutzung für die eigene Arbeit mitgebracht wird.

7.1.2 Zielgruppenanalyse und Telekooperationsanalyse

Um eine adressatenbezogene Planung und Durchführung von Einführungsmaßnahmen zu ermöglichen, ist eine Zielgruppenanalyse mit Erhebung des Weiterbildungsbedarfes notwendig (siehe Kapitel 3). Anhand des Ergebnisses lässt sich abschätzen, in welchem Umfang, mit welchen Schwerpunkten und mit welchem Detaillierungsgrad die Schulungen angeboten werden müssen.

Die Zielgruppenanalyse kann mittels eines Fragebogens oder eines persönlichen Gespräches, je nach Anzahl der Betroffenen durchgeführt werden. Dabei ist neben Fragen zu Kenntnissen und Fertigkeiten im Umgang mit Computern auch abzuklären, ob sich die Gruppe neu formiert hat und sich die Einzelnen nicht kennen oder ob die Gruppe schon seit langem besteht und die Einzelnen bereits miteinander arbeiten. Besteht eine Gruppe seit mehreren Jahren, kann davon ausgegangen werden, dass sich die Arbeitsabläufe innerhalb dieser eingespielt sowie verankert haben und, sofern keine gravierenden Probleme auftreten, eine geringe Bereitschaft für Neues besteht. Auch die Art der Aneignung von neuem Wissen ist mitzuerheben. Denn daraus lassen sich Rückschlüsse ziehen, wie die Anwenderinnen eine Problem- oder Lernstellung angehen und wie dies bei der Qualifizierung berücksichtigt werden kann. Dazu eignen sich beispielsweise folgende Fragen: „Wie gehen Sie vor, wenn Sie ein neues Aufgabengebiet innerhalb ihrer Ratsarbeit übernehmen? Wie erschließen Sie sich dieses?“

In aller Regel werden die Daten wie Alter, Beruf, Kenntnisse und Erfahrung im Umgang mit Computern ermittelt. Ausgehend von diesen werden dann die weiteren Entscheidungen innerhalb der Veranstaltungs- und Unterrichtsplanung getroffen. Hilfreich für die Entscheidung von Veranstaltungsdauer und –häufigkeit sowie Organisationsform ist die Erhebung von Daten bezüglich zeitlicher Spitzenbelastungen und möglichen „Frei“-Zeiten. Dies ist gerade bei der Zielgruppe der Ratsmitglieder wichtig, sofern diese ihre Ratsaufgabe nicht haupt-, sondern ehrenamtlich ausüben.

Darüber hinaus sind für die Zielgruppe der Ratsmitglieder weitere Fragen zu privaten und beruflichen Anknüpfungspunkten zu formulieren. Diese zusätzlichen Daten können dann in Nutzungsempfehlungen der Telekooperationstechnologie für diese Bereiche einfließen.

Die Zielgruppenanalyse sollte mit der Telekooperationsanalyse „Needs Driven Approach" (NDA; siehe Kapitel 5.4) gekoppelt werden. Diese liefert Daten, die Aufschluss über die Aufgaben, den Arbeitsprozess, die Kooperations- und Interaktionsstrukturen, verwendete Werkzeuge und Materialien sowie das gemeinsame Gruppengedächtnis geben. Auf der Basis der erhobenen Daten kann ein Arbeitskonzept für den Technologieeinsatz für die einzelnen Anwendungsgruppen erarbeitet werden. Dieser wird dann seinerseits die Grundlage für die Einführungsmaßnahmen.

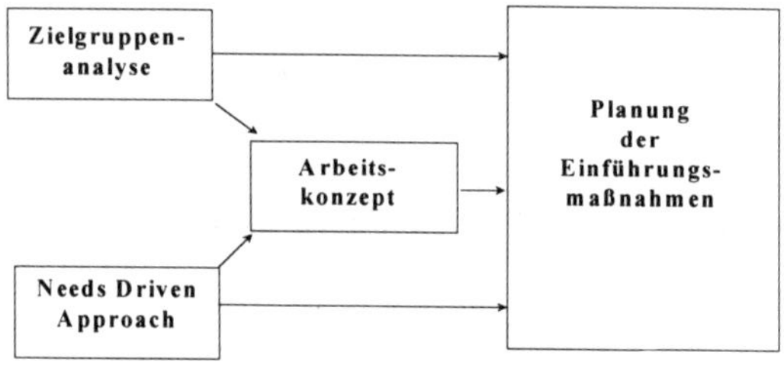

Abbildung 7-4: Zielgruppenanalyse und Needs Driven Approach als Basis für Arbeitskonzept und Planung der Einführungsmaßnahmen (Quelle: Eigene Darstellung)

Beide Analysen, die Zielgruppenanalyse und die NDA-Telekooperationsanalyse, liefern die Datenbasis für die Planungsaufgaben. Ihr Resultat kann in Verbindung mit dem TZI-Dreieck zur Situationsaufnahme und zur Ausarbeitung der weiteren Planungspunkte dienen.

7.1.3 Schulungspersonal

Die Anforderungen, die an das Schulungspersonal gestellt werden, sind bei Telekooperation wesentlich umfassender als in reinen DV-Schulungen. Ein Grund ist, dass die Qualifizierungsmaßnahmen nicht bei der Weiterbildung der einzelnen Anwenderinnen enden, sondern in Organisationsentwicklungsmaßnahmen übergehen. Ein weiterer Grund besteht darin, dass bei Telekooperation ein Schwerpunkt auf die Gruppe und ihre Zusammenarbeit zu legen ist. Deshalb sollten Trainerinnen für Trainings im Rahmen der Einführung von Telekooperation folgende Kompetenzen mitbringen:

- pädagogisch-didaktische Kompetenz,
- Sachkompetenz bezogen auf die Telekooperationstechnologie einschließlich Medienkompetenz,

- Sachkompetenz bezogen auf die Aufgabenbereiche, Arbeitsprozesse sowie die Kooperations- und Führungskultur der Anwenderinnen,
- Wissen über die Organisation, in die die Anwenderinnen eingebettet sind,
- Kompetenz im Hinblick auf Gruppenarbeit und –prozesse, auch Teamentwicklung,
- Sozial- und Selbstkompetenz (vgl. [Döring/Ritter-Mamczek 1998, S. 130f.; Palloff/Pratt 1999, S. 73ff.]).

Für die Einführung von Telekooperation im Gemeinderat ist diese Aufzählung an Anforderungen noch zu ergänzen, da es sich gezeigt hat, dass auch ein Aufzeigen von Anwendungsmöglichkeiten im privaten und beruflichen Bereich der Ratsmitglieder notwendig ist. Trainerinnen sollten daher zusätzlich Wissen über das berufliche und private Umfeld der Ratsmitglieder haben. Als besondere Charaktereigenschaften sollten die Trainerinnen Geduld, Einfühlungsvermögen und Selbstbewusstsein mitbringen, da diese im Umgang mit den Ratsmitgliedern unabdingbar sind.
Auf den ersten Blick scheinen alle Kompetenzen und Anforderungen in einer Person kaum erfüllbar zu sein. Oft sind die Trainerinnen nur in einem Bereich - beispielsweise nur auf die Datenverarbeitung bezogen oder nur gruppenbezogen - ausgebildet und nicht übergreifend. In diesem Fall können Lehrtandems gebildet werden, in denen sich die Trainerinnen gegenseitig mit ihren Kompetenzen ergänzen. Begleiten sie die Anwenderinnen gemeinsam, können sie den Schwerpunkten der Qualifizierungsmaßnahmen entsprechend ihre Stärken einbringen.

Die Minimalvoraussetzung des Schulungspersonals ist die Bereitschaft, die fehlenden Kompetenzen zu erwerben und sich in die einzelnen Bereiche einzuarbeiten. Um einen Einblick zu erhalten, ob nicht nur die Bereitschaft bekundet wird, sondern auch tatsächlich besteht, eignen sich gemeinsame Termine mit festen Themen, die dann gemeinsam bearbeitet werden.

Grundsätzlich ist empfehlenswert, dass Trainerinnen eine TZI-Ausbildung mitbringen. In dieser wird nicht nur das pädagogisch-didaktische Rüstzeug vermittelt, sondern auch Kompetenz im Umgang mit Gruppen sowie Selbstkompetenz aufgebaut. Die Auseinandersetzung mit Erwachsenenpädagogik alleine greift zu kurz. Speziell der Bereich Selbstkompetenz wird darin vernachlässigt. Dies spiegelt sich nach Döring und Ritter-Mamczek [1998, S. 330ff.] beispielsweise in den Curricula von Hochschulen mit Fachbereichen zur Erwachsenenpädagogik wider.

Bezogen auf das pädagogisch-didaktische Grundverständnis, das die Trainerinnen mitbringen sollten, hat sich der partizipative Lehrstil als geeignet erwiesen. Die Trainerinnen sollten sich so verstehen, dass sie sich über den Einführungsprozess hinweg, ausgehend vom Lehren, hin zum Moderieren und schlussendlich zum Beraten, entwickeln müssen (vgl. [Paulsen/ Worschech 1993, S. 26]). Hierfür ist ein breites Methodenrepertoire und Methodenerfahrung erforderlich. Dies wird beispielsweise auch in einer TZI-Ausbildung vermittelt.

Bei der Einarbeitung in die Fachbereiche sind die Trainerinnen in der Realität oft aus Zeitmangel damit konfrontiert, dass

- sich ihr antizipiertes Verständnis und ihr Wissen über die Lernenden nicht mit den tatsächlichen Gegebenheiten decken.

- ihr Verständnis über die Möglichkeiten und Funktionsweisen, die die Telekooperationstechnologie bietet, gegebenenfalls lückenhaft ist und/oder nicht den wahren Möglichkeiten und Funktionen entspricht.
- ihr Verständnis und Wissen über die Aufgaben und Arbeitsabläufe, die Zusammenarbeit und die Gruppenkultur nur unvollständig oder nicht mit der Wirklichkeit übereinstimmend ist.

Dies birgt eine doppelte Gefahr in sich. Zum einen werden die Anwenderinnen nicht entsprechend geschult und beraten. Zum anderen kann die Akzeptanz gegenüber den Trainerinnen, aber auch die Motivation der Trainerinnen selbst sinken, werden ihnen die eigenen Defizite und die Unmöglichkeit des Ausgleichs bewusst. In beiden Fällen ist die Einführung der Telekooperation beeinträchtigt. Aus diesem Grund muss den Trainerinnen genügend Zeit und die Möglichkeit eingeräumt werden, sich in die einzelnen Bereiche einzuarbeiten und sich mit diesen auseinanderzusetzen. Die Trainerinnen sollten einen Vorlauf von ca. vier Wochen vor Beginn der ersten Anwender-Qualifizierungsmaßnahme, als Zeitspanne für ihr Lernen und Erkunden des Systems, zur Verfügung haben. Zwar kann nicht alles vorher ausprobiert und simuliert werden, da sich manche Fehler oder manche Schwierigkeiten durch bestimmte Konstellationen ergeben, doch kann so viel wie möglich ausprobiert und gelernt werden.

Für die Besetzung der Qualifizierungsmaßnahmen ist es positiv, Teams aus Mitarbeitern des Schulungspersonals und des Benutzerservices zu bilden. Dies gewährleistet, dass die Betreuung nach den Qualifizierungsmaßnahmen inhaltlich nicht von diesen abweicht. Zudem ist sichergestellt, dass dem Benutzerservice bekannt ist, wie, was und mit welchem Ziel etwas erklärt wurde. Damit wird den, aus Halbwissen resultierenden Missverständnissen entgegengearbeitet.

Qualifizieren mehrere Trainerinnen die gleichen Anwenderinnen, müssen sie sich wiederholt absprechen. Abstimmungsgegenstand ist das zu Lehrende, das Gelehrte, der Stand der Lernenden, ihre ausgesprochenen Empfehlungen und Ratschläge hinsichtlich der Nutzung sowie aufgetauchte Fragen und Probleme der Teilnehmerinnen. Damit soll vermieden werden, dass unterschiedliche Erklärungen zu gleichen Fragestellungen erfolgen. Gegenseitige Besuche der Veranstaltungen helfen bei der Abstimmung zusätzlich und könnten deshalb in regelmäßigen Abständen durchgeführt werden. Diese Art der Zusammenarbeit könnte im Sinne von kollegialer Beratung ergänzt werden (siehe [Reddy 1997]), d. h. durch die gemeinsame Bearbeitung von aufgetretenen Problemen und Schwierigkeiten mit den Anwenderinnen.

7.1.4 Durchführungslogistik

Durch die Neueinführung von Telekooperation entsteht bei den Zielgruppen zunächst ein hoher Qualifizierungsbedarf. Um ihn in geeigneter Weise zu erfüllen, wird eine stufenweise Qualifizierung vorgeschlagen.

Projektmitarbeiterinnen und Systembetreuerinnen sollten als Erste qualifiziert werden, um die Inbetriebnahme und den laufenden Betrieb der Telekooperationstechnologie sicherzustellen und mögliche Ausfälle, die durch mangelndes Wissen entstehen, zu verhindern. Dies ist wichtig, da die Anwenderinnen nach ihrer Schulung erwarten, dass die Technologie reibungslos funktioniert.

Benutzerservice und Schulungspersonal sind die nächste zu qualifizierende Gruppe. Alle weiteren Qualifikationen bzw. Kompetenzen hinsichtlich der Betreuung und des Trainings werden an dieser Stelle als vorhanden vorausgesetzt. Ist dies nicht der Fall, sollten die bestehenden Defizite durch die Teilnahme an entsprechenden Weiterbildungsmaßnahmen ausgeräumt werden.

Wichtig ist, dass Betreuende und Trainerinnen in allen Bereichen der Telekooperationstechnologie zumindest ein Überblickswissen haben. Hingegen sollten sie den Geist der Telekooperationstechnologie verinnerlicht haben. Das bedeutet, dass diese Zielgruppe genügend Zeit haben muss, sich mit der Technologie auseinanderzusetzen und vertraut zu machen. Halb- oder Unwissen, das in der Betreuung spürbar wird, schadet (siehe Kapitel 3). Gehört zur Erstqualifizierung der Projektmitarbeiterinnen, der Systembetreuerinnen, des Benutzerservices und des Schulungspersonals der Einsatz der Technologie, als Basis ihrer eigenen Zusammenarbeit, ist diese Anforderung gelöst. Chancen, Gefahren und Probleme können dadurch direkt erlebt und nachvollzogen werden. Dies schafft eine breitere Wissens- und Verstehensbasis gegenüber der eingesetzten Technologie und erleichtert später das Verstehen der Anwenderprobleme.

Besonders hervorzuheben ist der hohe Bedarf an Betreuungs- und Schulungspersonal, da vor allem zu Beginn der Einführung von Telekooperation der Betreuungs- und Schulungsbedarf der Anwenderinnen sehr hoch ist. Ratsmitglieder sind eine heikle Klientel, die gewohnt ist, schnell „bedient“ zu werden. Deshalb sollten mehr Personen zu deren Betreuung und Schulung qualifiziert werden, als später im regulären Betrieb notwendig sind. Auf diese kann dann in Spitzenzeiten zur Verteilung der Lasten zurückgegriffen werden.

Die letzte Gruppe der zu Qualifizierenden bilden die Anwenderinnen. Abbildung 7-5 fasst das Ausgeführte zusammen. Die Abfolge der Qualifizierungsschritte ist über alle Themen der Hard- und Softwareeinführung einzuhalten. Bei Themen der Organisationsentwicklung sollte der Benutzerservice eingebunden oder lückenlos informiert werden, damit keine abweichenden Empfehlungen von getroffenen Vereinbarungen in den Gruppen gegeben werden.

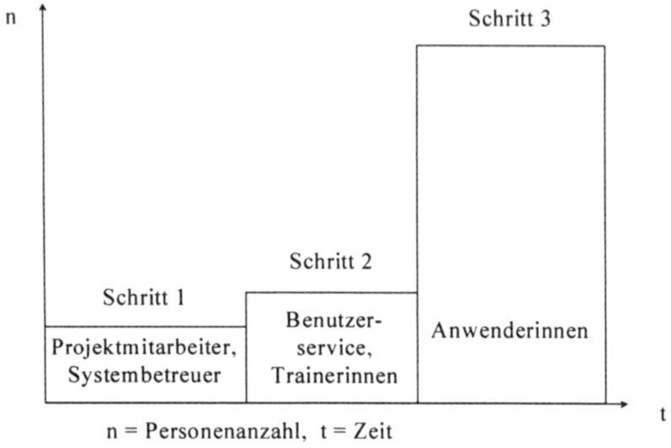

Abbildung 7-5: Qualifizierung der Personengruppen im Zeitablauf (Quelle: Eigene Darstellung)

Für die Akzeptanz und Nutzung von Telekooperation muss durch die Qualifizierungsmaßnahmen schnell eine kritische Masse an Anwenderinnen erreicht werden (siehe Kapitel 3). Dies belegt auch eine Studie von Schenk et al. (1997), der zufolge Innovationen dann besonders schnell angenommen werden, wenn viele Kontakte zu Personen bestehen, die die Kommunikationstechnologie bereits nutzen. Solange keine genügend große Anzahl an Kommunikationspartnerinnen die neue Technologie einsetzt, ist der Anreiz, diese selbst zu nutzen relativ gering. Das bedeutet, dass bei der zu qualifizierenden Zielgruppe der Anwenderinnen beachtet werden muss, dass diejenigen, die zusammenarbeiten, als eine Einheit geschult werden. Denn die Nutzung der Telekooperationstechnologie kann sich in der Gruppe nur dann verankern, wenn alle Gruppenmitglieder damit arbeiten können. Kann dies nicht sichergestellt werden, ist darauf zu achten, dass die Qualifizierungsmaßnahmen für die Anwenderinnen einer Gruppe so eng beieinander liegen, dass alle in kürzester Zeit geschult sind.

Das Angebot an Qualifizierungsmaßnahmen muss hoch und vielfältig sein, um den Anwenderinnen möglichst viele Lernmöglichkeiten zu bieten. Zum Beispiel sollten grundsätzlich mehrere Termine zum gleichen Veranstaltungsthema angeboten werden, um die kritische Zeitsituation der Ratsmitglieder zu berücksichtigen. Geschickt ist es, Schulungstermine auf Tage zu legen, an denen die Ratsmitglieder durch Fraktions- oder Ratssitzungen bereits im Rathaus oder in ihren Fraktionsgeschäftsstellen anwesend sind. Dadurch entfallen zusätzliche Wegezeiten.

Als Ergänzung sind zu den Schulungen und Workshops auch autodidaktisches Material und Coaching, vor Ort oder „Tele-Coaching", anzubieten. Dies erhöht bei den Ratsmitgliedern das Gefühl der Selbstbestimmung und der Sicherheit. Weitere und tiefgreifendere Ausführungen zur Vielfalt der Qualifizierungsmaßnahmen enthält Kapitel 7.1.6.

7.1.5 Einbindung der Qualifizierungsmaßnahmen in das bestehende Qualifizierungsprogramm

Werden in einer Organisation bereits Qualifizierungsmaßnahmen angeboten, ist zu überprüfen, ob diese auch im Rahmen der Einführung von Telekooperation genutzt werden können. Dadurch kann der Qualifizierungsbedarf am Anfang der Einführung eventuell abgefangen und der spätere, laufende Bedarf ohne großen Zusatzaufwand gedeckt werden. Auch kann das bereits aktives Schulungspersonal für Einführungsmaßnahmen gewonnen werden, um damit die Anzahl der zu qualifizierenden Trainerinnen zu reduzieren.

Kritische Erfolgsfaktoren sind in diesem Zusammenhang die inhaltliche und zeitliche Abstimmung der Veranstaltungen. Vor allem bei Qualifizierungsmaßnahmen hinsichtlich der Nutzung einzelner Technologiekomponenten ist dies essentiell. Ansonsten kann es passieren, dass die jeweiligen Komponenten losgelöst voneinander geschult werden, ohne dass den Anwenderinnen klar wird, welche Unterschiede und Gemeinsamkeiten bestehen und wofür diese im Einzelfall eingesetzt werden. Erfolgt keine enge Verzahnung, kann die Nutzung bestehender Angebote zu mehr Verwirrung und Frustration der Anwenderinnen und letztlich zu keiner oder uneinheitlicher Nutzung des Telekooperationssystems führen. Zudem muss Kooperation immer übergeordnet zu den einzelnen Technologien wie MS Word geschult werden, nicht als Teilaspekt, da sonst der Kooperationsgedanke verloren geht.

Innerhalb des Projektes Cuparla konnten für die Ratsmitglieder keine bestehenden Weiterbildungsangebote sinnvoll genutzt werden, da es zum einen ein in sich geschlossenes System war, das so bisher nirgendwo im Einsatz war, und zum anderen zu beobachten war, dass sie bei ihrem Arbeiten konkrete Hinweise für den Einsatz der neuen Technologie brauchten. Selten erbrachten sie selbst den Transfer des Gelernten auf ihr Arbeitsumfeld. Lediglich bei Ratsmitgliedern, die für sich privat oder beruflich schon stark einen Computer nutzten, war eine Transferleistung zu beobachten. In Qualifizierungsmaßnahmen mit Teilnehmerinnen aus unterschiedlichen Arbeitsbereichen kann aber ein konkretes Transfergespräch nicht ausreichend geleistet werden. Dazu kommt, dass Ratsmitglieder für sich im Gegensatz zu anderen Teilnehmerinnen eine höhere individuelle Betreuung fordern. Dem kann im gemischten Teilnehmerkreis ebenfalls kaum nachgekommen werden. Im Allgemeinen empfiehlt es sich, dass bestehende Weiterbildungsangebote genutzt werden. Im Besonderen muss aber geprüft werden, ob dies zweckdienlich ist. Wie der Fall der Ratsmitglieder zeigt, kann die Prüfung dazu führen, dass bereits aktive Trainerinnen gesonderte Veranstaltungen für Ratsmitglieder anbieten und nicht auf bestehende Angebote zurückgegriffen wird (siehe Kapitel 4.7.1.6).

7.1.6 Themenbereiche

Entsprechend dem bereichsdidaktischen Bezugsrahmen (siehe Abbildung 7-2) ergeben sich für die Einführungsmaßnahmen Themenbereiche aus

- der Telekooperationstechnologie mit ihren einzelnen Komponenten,
- den Aufgaben, die unter Einsatz der Technologie erfüllt werden,
- den Einzelnen, die die Tätigkeiten ausführen,
- der Gruppe als Summe der zusammenarbeitenden Einzelnen sowie
- dem Umfeld als Organisation, in die dies eingebettet ist.

Mit dem Herauskristallisieren der einzelnen Themenbereiche ist nicht gemeint, dass diese voneinander losgelöst betrachtet werden können. Hiermit wird lediglich gewährleistet, dass keine wesentlichen Themenkreise übersehen werden. Ganz im Gegenteil: die Themenbereiche müssen bei ihrer Vermittlung ineinander verzahnt werden. Beispielsweise macht die Vermittlung von Telekooperationssoftwarefunktionen, die keinen Bezug zu einer konkreten Aufgabe hat, in der Zusammenarbeit keinen Sinn.

Sind die groben Themenblöcke ermittelt, stellt sich die Frage, welche groben Ziele mit diesen verfolgt werden. Dies bildet den nächsten Schritt der Überlegungen. Das Lernen des Technologieumgangs wird meist eng an den Begriff Medienkompetenz geknüpft. Bei der Frage, wie dieser sich ausdifferenziert, wird häufig als erstes die Nutzungsfertigkeit der Geräte genannt: „Die Kompetenz, Medien zu handhaben, ihre Bedienungsweisen zu kennen und sie effektiv zu nutzen, zählt zum Kernbereich der Qualifizierungsmaßnahmen." [Gapski/Gehrke/ Lange 1997, S. 7]. Diese Fertigkeit im Umgang mit der neuen Technologie bzw. dem neuen Medium bildet die Basis für jede weitere Qualifizierung, darf aber nicht das alleinige Qualifizierungsziel darstellen. Die Nutzungsmöglichkeiten sowie der Aufbau von Handlungskompetenz sind die eigentlichen Kompetenzen und damit Kernbereiche der Qualifizierungsmaßnahmen (vgl. [Schorb 1997, S. 68f.]). Nicht zuletzt deshalb muss die Vermittlung der Technologie immer zielgerichtet an den damit zusammenhängenden Aufgaben erfolgen (siehe S-5) und kann nicht losgelöst von diesen betrachtet werden. Die Aufgaben setzen sich ihrerseits aus Individual- und Gemeinschaftsaufgaben zusammen. Die Qualifizierungsmaßnahmen, die sich auf die Individualaufgaben beziehen, können als Personalentwicklungsmaßnahmen betrachtet werden. Die Maßnahmen für die Gemeinschaftsaufgaben beinhalten immer auch organisatorische Aspekte bzw. die Abstimmung der Zusammenarbeitenden. Sie können deshalb je nach Schwerpunkt im Schnittmengenbereich zwischen Personal- und Organisationsentwicklung angesiedelt oder als reine Organisationsentwicklung betrachtet werden.

Dies unterstreicht die Forderung (siehe F-6), dass sowohl Personal- als auch Organisationsentwicklungsmaßnahmen gleichermaßen notwendig sind. Entsprechend den Erfahrungen aus Cuparla hinsichtlich Akzeptanz und Nutzung sollte in der ersten Phase an der persönlichen Qualifikation der Einzelnen angesetzt werden. Anschließend sollten Personal- und Organisationsentwicklungsmaßnahmen ineinandergreifend erfolgen, um schließlich in einer letzten Phase in der reinen Organisationsentwicklung zu enden. Die letzte Phase tritt dann ein, wenn den Anwenderinnen alle Funktionen, Möglichkeiten, Chancen und Risiken der Technologie hinreichend bekannt sind und nicht mehr geschult werden müssen. In TZI-Terminologie ausgedrückt heißt dies, dass die Schwerpunktsetzung in der Themenstellung ausgehend vom ICH zum WIR gehen muss, wobei in Phase 2 beide Schwerpunkte gleichermaßen in einer Veranstaltung zu beachten sind (siehe Abbildung 7-6).

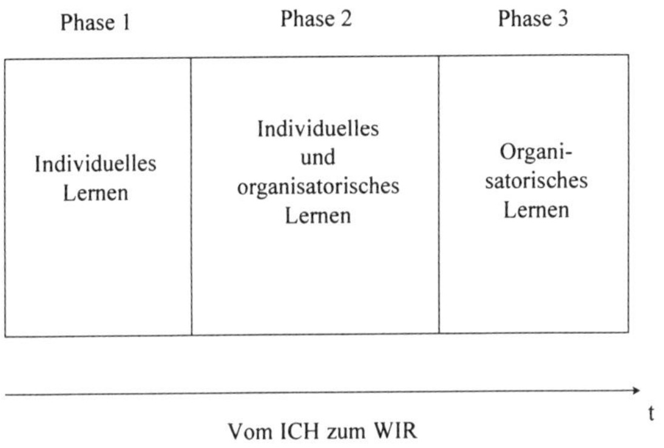

Abbildung 7-6: Phasen der Qualifizierung (Quelle: Eigene Darstellung)

Phase 1 umfasst die Maßnahmen der Erstqualifizierung, Phase 2 und 3 die der Weiterqualifizierung.

Aus Kosten und Zeitgründen besteht die Neigung, organisatorisches Lernen nicht durch Qualifizierungsmaßnahmen zu unterstützen, sondern als sich selbst entwickelnd einzuschätzen (vgl. [Engel/Kaiser/Mayer 1998, S. 303.]). Dies ist gefährlich, denn „organisationales Lernen vollzieht sich in Interaktionsprozessen zwischen den betrieblichen Akteuren. Sind deren Kommunikationsmöglichkeiten limitiert, schränkt dies die Lernfähigkeit von Organisationen ein. Der Dialog gilt in neueren Ansätzen zum organisationalen Lernen als jene Instanz, die für die Herstellung gemeinsamer Deutungsschemata und somit für jede organisatorische Veränderung von zentralem Stellenwert ist." [Haft 1998, S. 52] In welcher Form der Dialog stattfindet, ob von Angesicht zu Angesicht oder computergestützt in verteilter Zusammenarbeit, bleibt dahingestellt. Wichtig ist, dass er stattfindet und zielgerichtet moderiert wird.

7.1.7 Organisationsform

Im Mittelpunkt steht hier die Entscheidung über

- Präsenz- oder Televeranstaltung,
- Training-on-the-job oder Training-off-the-job und
- autodidaktische Maßnahmen wie Bücher, Leittexte, Computer Based Training oder angeleitete Maßnahmen wie Schulungen, Workshops, Coaching.

Dabei können für die Erst- bzw. Weiterqualifizierung mit den jeweiligen Themen unterschiedliche Organisationsformen vorgesehen und auch mehrere Organisationsformen für ein Thema kombiniert werden.

In diesem Zusammenhang kann auf die Media Synchronicity Theorie (siehe Kapitel 4.3) verwiesen werden. Stehen Themenbereiche mit hoher Kommunikationskomplexität an (z. B. das Aushandeln von Regeln der Zusammenarbeit) sollte eine Präsenzveranstaltung gewählt werden, die der Komplexität der Kommunikation gerecht wird. Stehen Themenbereiche mit niedriger Kommunikationskomplexität an, wie das Wiederholen von Gelerntem anhand von Übungen, bedarf es keiner Präsenzveranstaltung.

Ausgangspunkte für die Entscheidung über die Organisationsform sind

- die Themen,
- die Voraussetzungen und Rahmenbedingungen, die die Zielgruppe mitbringt,
- die Erfahrungen, die bei der Einführung von Telekooperation gesammelt wurden und
- der Aspekt der Erst- und Weiterqualifizierung.

Das TZI-Dreieck kann für die Überlegungen als Hilfsmittel und zur Ableitung entsprechender Fragestellungen herangezogen werden.

Nach der Entscheidung für eine spezielle Organisationsform kann das TZI-Dreieck zur Überprüfung dieser benutzt werden, indem folgende Fragen beantwortet werden:

Thema	Begünstigt/behindert die Organisationsform die Vermittlung des Themas?
ICH	Trifft die gewählte Organisationsform die Möglichkeiten, Präferenzen etc. des Einzelnen?
WIR	Passt die Organisationsform zur Gruppe?
GLOBE	Ist die Organisationsform in dem Umfeld der Gruppe passend? Kann sie in diesem Umfeld durchgeführt werden?
ICH – Thema	Begünstigt die Organisationsform die Vermittlung des Themas gegenüber dem Einzelnen?
WIR – Thema	Begünstigt die Organisationsform die Vermittlung des Themas in der Gruppe?
Globe – Thema	Ist die Vermittlung des Themas durch die gewählte Organisationsform mit dem Umfeld bzw. Globe vereinbar?
ICH - WIR	Wie wirkt die Organisationsform auf die Beziehung des Einzelnen in der Gruppe?
ICH –Thema – WIR	siehe ICH - Thema, WIR - Thema und Globe – Thema

Tabelle 7-3: Abgeleitete Fragestellungen zur Unterstützung bei der Auswahl einer Organisationsform (Quelle: Eigene Darstellung)

Für die Erstqualifikation eignen sich keine Televeranstaltungen, da die Anwenderinnnen den Umgang mit Hard- und Software nicht gewöhnt sind. Um die Steuerung der Kommunikation mit räumlich verteilt Lehrenden und Lernenden über die Interaktion mit der Software zu beherrschen, bedarf es zuerst der Qualifizierung im Umgang mit Hard- und Software. Wenn die Bedienung nicht durch gewohnheitsmäßige, automatische Handlungen beherrscht wird, müssen die Lernenden zuviel Aufmerksamkeit darauf richten, und von der Aufmerksamkeit für den neuen Lernstoff geht folglich viel verloren (vgl. [Reglin/Schmidt/Trautmann 1999, S. 94; Zimmer 1999, S. 16]).

Zum Themenschwerpunkt „Hardware“ wird Tabelle 7-3 exemplarisch bearbeitet. Dabei wird überlegt, ob die Organisationsform „Präsenzveranstaltung“ für die Hardware-Einführung geeignet ist.

Thema:	Eine Präsenzveranstaltung ermöglicht ein einfaches Zeigen und Erklären der Hardwarekomponenten seitens der Trainerin und ein Ausprobieren dieser durch die Teilnehmerinnen mit der Hilfestellung durch die Trainerin. Alternativ könnten sich die Anwenderinnen auch durch eigenständiges Lesen von Handbüchern oder das Anschauen eines Einweisungsvideos informieren. In „vertrautem" Rahmen können sie sich in diesem Fall dem Neuen zuwenden.
ICH	Da Ratsmitglieder recht ungeduldig sind und kaum zum Eigenstudium bereit sind, bietet sich eher eine Präsenzveranstaltung anstelle autodidaktischer Maßnahmen an. Eine Präsenzveranstaltung bietet zusätzlich die Möglichkeit eventuell bestehende Ängste aufzufangen.
ICH-Thema:	Die Hardware ist neu für alle Anwenderinnen. Zwar ist einigen die Handhabung von Laptop, Drucker, Netzkarte und –kabel sowie Stromadapter bekannt, doch sind Feinheiten der speziellen Produkte nicht vorauszusetzen. Manche Anwenderinnen haben keinerlei Kenntnisse. Bei technikungeübten Anwenderinnen könnten Berührungsängste mit der Technologie bestehen.
WIR	Bei der Hardware-Einführung in Präsenzveranstaltungen spielt die Lerngruppe, im Gegensatz zu autodidaktischen Maßnahmen, eine wichtige Rolle. Ängste Einzelner können auf die gesamte Lerngruppe übertragen werden, fängt die Trainerin diese nicht auf. Demgegenüber kann aber auch die Erkenntnis möglich sein, dass andere ähnliche oder gleiche Schwierigkeiten haben und/oder Fehler machen, was wiederum auf die Einzelnen motivierend wirken kann. Zudem können sich die Teilnehmerinnen untereinander durch Hilfestellung unterstützen. Verteilte Zusammenarbeit bedeutet in aller Regel, dass sich die Zusammenarbeitenden nicht allzu oft sehen und somit wenig face-to-face Kontakt haben. Ist dies der Fall, bietet die Wahl des Training-off-the-job als Präsenzveranstaltung die Chance, beim Lernen des Umgangs mit der Telekooperationstechnologie zusätzlich auch sozialen Kontakt aufbauen und intensivieren zu können. Die Teilnehmerinnen können ein Gefühl füreinander entwickeln, finden sich in die Gruppenrollen ein, lernen miteinander umzugehen und etablieren für sich eine Kommunikationskultur.
ICH-WIR	Eventuell fürchten sich einzelne Personen in der Gruppe, dass sie sich vor den Anderen beim erstmaligen Kontakt mit neuer Technologie blamieren. Deshalb könnte eine Einzelbetreuung auf höhere Akzeptanz bei den Anwenderinnen stoßen. Dem kann mit dem Schaffen einer positiven Lernatmosphäre, die Fehler-Machen bejaht, in den Präsenzveranstaltungen von Seiten der Trainerin entgegengewirkt werden. Auch schrittweises langsames Erklären und Vorstellen der Komponenten vermittelt Sicherheit.
WIR-Thema:	Präsenzveranstaltungen stellen für Ratsmitglieder einen zeitlichen Engpass dar. Für die Einführung ist es nicht notwendig, alle Zusammenarbeitenden

zu einem Termin einzuladen. Hier kann der zeitlichen Situation der Ratsmitglieder Vorrang gegeben werden. Die Präsenzveranstaltung ist für die Gruppe positiv, da das erste gemeinsame Sammeln von Erfahrungen mit dem Telekooperationssystem als Start in eine veränderte gemeinsame Arbeitszukunft angesehen werden kann. Bei autodidaktischen Maßnahmen kann kein gemeinsames Erleben entstehen. Demgegenüber steht das Problem der heterogenen Vorkenntnisse der Teilnehmerinnen. Sind einige schon sehr geübt, langweilen sich diese und es kann passieren, dass sie annehmen, dass die Folgeschulungen ähnlich langweilig sind. In diesem Fall ist es bei hohen Vorkenntnissen besser, autodidaktisches Lernen zu unterstützen.

Globe-Thema: Die Vermittlung des Themas durch die gewählte Organisationsform ist vereinbar mit dem Umfeld bzw. dem Globe.

Zusammenfassend wird festgehalten, dass eine Präsenzveranstaltung mit Übergabe der Technik in Form einer Schulung als Kurzeinweisung in die Handhabung der Technologie sinnvoll ist. Bestehen durch die künftigen Anwenderinnen Vorbehalte gegenüber einer Schulung, kann darauf reagiert werden, indem die Übergabe als etwas Besonderes in einem entsprechenden Rahmen gestaltet wird. In diesem Rahmen kann auch ein erster Schritt zum Vertrauensaufbau hinsichtlich der Handhabung der neuen Technologie, des Umgangs mit der Technologie in der Gruppe und der Trainerin gesehen werden. Da der Gruppenprozess hier eher eine untergeordnete Rolle spielt, wird der Aspekt des Vertrauens in der Gruppe nicht wesentlich gefördert. Das Vertrauen kann aber begünstigt werden, wenn die Trainerin eine Atmosphäre schafft, die beispielsweise das Äußern von Vorbehalten und das Anerkennen von Fehlern im Umgang mit dem Telekooperationssystem ermöglicht und so von Anfang an das gegenseitige Helfen in der Gruppe angeregt wird.

Die Vollständigkeit der Arbeitsgruppe ist hier unwesentlich. Für bereits versierte Personen und Problempersonen, sofern bekannt, können getrennt Veranstaltungen, ggf. auch Einzelbetreuung, oder auch autodidaktische Maßnahmenangeboten werden. Für Anwenderinnen, die keine Vorerfahrung mit der Technologie haben, sind zusätzliche Maßnahmen der Erstqualifizierung einzuplanen, in denen der Umgang mit der Hardware, z. B. Mausbedienung, geübt und gefestigt werden kann. Folgende alternative Organisationsformen sind denkbar: Eine Präsenzveranstaltung, in der gemeinsam Aufgaben gelöst und die Anwenderinnen betreut werden. Hierzu kann ergänzend oder ersetzend auf dem Rechner ein Spiel zum Selbstlernen eingerichtet werden, über das die Ratsmitglieder die Mausbedienung üben können. Letzteres bietet die Vorteile, dass aufgrund der terminlichen Situation weniger Probleme auftreten und die Motivation der Ratsmitglieder zum Üben erhöht wird, da ihr natürlicher Spieltrieb angesprochen wird.

Für die Vermittlung der Softwarenutzung empfiehlt sich ein gemischtes Angebot an Präsenz- und Televeranstaltungen, selbstgesteuertem und angeleitetem Lehren bzw. Lernen. Für den Einstieg in die Telekooperationssoftware im Rahmen der Erstqualifizierung ist eine Initialschulung als Präsenzveranstaltung wesentlich, um einen schnellen Gesamtüberblick geben und vorhandene oder erste auftretende Vorbehalte sofort ausräumen zu können. Dies sollte sowohl für technikgeübte als auch für -ungeübte Anwenderinnen gelten. Entsprechend dem geflügelten Wort „Ausnahmen bestätigen die Regel“ kann es PC- und Technikversierten durchaus erspart werden, sich an der Initialschulung zu beteiligen. Allerdings nur dann, wenn eine entsprechende Selbstlernunterlage zur Verfügung steht. Die Ausnahme hat jedoch den Nachteil, dass dann versierte PC-Ratsmitglieder nicht oder nur noch sehr schwer in ein angedachtes Mentorensystem eingebunden werden können.

Als Weiterqualifizierung ist ein zweigleisiges Angebot zum Aneignen der Softwarehandhabung anzubieten: Präsenzveranstaltungen in Form einer Mischung aus Workshop und Schulung sowie Selbstlernunterlagen und/oder CBT als Ergänzung oder Ersatz für die Präsenzveranstaltung. Letztere haben den Vorteil, dass sich die Lernenden von Anfang an eigenständig mit der Technologie auseinandersetzen, um somit die Fähigkeit auszubauen, mit Schwierigkeiten unter Zuhilfenahme von gegebenen Materialien alleine zurechtzukommen. Dies trägt auch dem Umstand Rechnung, dass es bei Cuparla zu beobachten war, dass die Bereitschaft, sich selbständig die Softwarenutzung zu erarbeiten, mit den Vorkenntnissen in der Softwarenutzung stieg. Zudem bietet jede Selbstlernmöglichkeit den Anwenderinnen die Chance ihrem eigenen individuellen Lerntempo zu folgen.

Bei dem Einsatz von CBT ist darauf zu achten, dass diese das individualisierte Lernen ermöglicht, indem sie mit den Lernenden lernt. Das heißt, sie muss so konzipiert sein, dass sie sich merkt, wo die Lernenden Probleme haben und entsprechend weitere Lernsequenzen anbieten. Starre Lernsoftware ist nicht empfehlenswert, da es schnell langweilig und unbefriedigend für die Anwenderinnen wird (vgl. [Engelen 1997, S. 17; Kerres 1998, S. 61f.]).

Nach der Erstqualifizierung, in der der Grundstock zur Technologiehandhabung bei allen gelegt wird, bietet sich der Einsatz eines Mentorensystems, mediengestützten Lernens sowie von Lernpartnerschaften und –gruppen an.

Ein Mentorensystem als ergänzende Maßnahme nutzt die Technologieerfahrung versierter Anwenderinnen als zusätzliches Betreuungspotenzial. Dies bietet folgende Vorteile:

- Die Verantwortlichkeit füreinander wird zwischen den Anwenderinnen gestärkt und damit eine intensivere Bindung aufgebaut. Dies fördert auch den Aufbau von Vertrauen.
- Selbständigkeit und Unabhängigkeit von den Mediatorinnen wird gefördert und institutionalisiert. Damit wird auch eine Entlastung der Trainerinnen, des Benutzerservices und sonstiger betreuender Personen erzielt.
- Der Austausch über die Gemeinderatsarbeit wird zusätzlich angeregt, da sich die Fragestellungen und die Hilfeleistungen in aller Regel aus konkreten Ratsarbeiten ergeben. Wird bei der Paarbildung mitberücksichtigt, dass eine in der Ratsarbeit aktiv engagierte Person und ein Neueinsteiger oder eine weniger aktive Person aufeinandertreffen, kann dies durch die Vorbildfunktion zusätzlich einen positiven Effekt auf die Ratsarbeit zur Folge haben.
- Diese Form stellt eine kostengünstige Variante der persönlichen Betreuung für die Organisation dar.

Bei der Auswahl versierter Ratsmitglieder als Mentorinnen muss die Bereitschaft für eine solche Aufgabe vorhanden sein. Diese kann nicht verordnet werden, da sonst ggf. keine Betreuung erfolgt und nicht nur die Technologienutzung, sondern auch die Beziehung zwischen den Einzelnen beeinträchtigt wird.

Besteht die Möglichkeit der Nutzung des Telelernens im Sinne von kooperierendem e-learning[204] durch die Nutzung der Technologie, ist das gemeinsame Lernen an verteilten Orten einzuplanen. Denn ähnlich des Doppeleffektes der TZI, die als didaktische Fundierung gleichzeitig für die Teilnehmerinnen ein Konzept zur Zusammenarbeit bietet, ist der Einsatz des Telekooperationssystems im Lehr-Lern-Prozess anzusehen. Die zu lernende Technologie kann auch genutzt werden, um das Lehren zu unterstützen. Dies spiegelt die Echtsituation verteilter Zusammenarbeit wider und macht Vorteile, Probleme und Möglichkeiten deutlicher. Der Lehr-Lern-Gegenstand wird damit zum Lehr-Lern-Mittel. Dies unterstützt zusätzlich die Etablierung und Nutzung des Telekooperationssystems sowie den Aufbau des Anwendungswissens, –könnens und der Medienkompetenz (vgl. [Busch 1997, S. 10f.]). Dies kommt auch den situierten Ansätzen des Lehrens und Lernens entgegen, da der Einsatz des Telekooperationssystems als Lehr-Lern-Mittel, ähnlich der computergestützten verteilten Zusammenarbeit, gestaltet werden kann (vgl. [Kerres 1998, S. 74f.]).

Die einzelnen Komponenten sind entsprechend ihrer Funktionen und ihrer Möglichkeiten einzusetzen. Beispielsweise kann das Wiederholen von bereits Gelehrtem/Gelerntem damit angeregt werden, indem die Trainerinnen im Anschluss an eine Präsenzveranstaltung, in der z. B. das Schreiben und Lesen von Email vermittelt wurde, Aufgaben per Email an die Ratsmitglieder senden. Ein paar Tage später können dann die Lösungen zu den Aufgabenstellungen nachgesendet werden. Wurde beispielsweise das Lesen von elektronischen Informationstafeln in einer Präsenzveranstaltung geübt, können weitere Aufgabenstellungen mit/ohne Lösungen zum Abrufen auf einem Infoboard zur Verfügung gestellt werden. Bei Cuparla war dies ansatzweise möglich, indem per Email Fragen der Ratsmitglieder zum Umgang mit der Technologie geklärt wurden und in vereinzelten Fällen auch Aufgaben zur Lösung darüber gestellt wurden.

Vorteil des Vorgehens ist, dass die Anwenderinnen Medienkompetenz in doppeltem Sinne vermittelt bekommen. Zum einen durch das Lehren-Lernen über die Anwendung des Telekooperationssystems und zum anderen durch die aktive Nutzung als Lehr-Lern-Mittel. Zusätzlicher Effekt ist die Anregung zum Übertragen der Technologieanwendung auf andere Aufgabenstellungen, da die Anwenderinnen bereits eine andersgeartete Nutzung kennen lernen. Zudem wird die Nutzung gewohnter und der Prozess der Veralltäglichung setzt ein: Der Computer wird allmählich zum selbstverständlichen Bestandteil des Alltags. (vgl. [Allerbeck/Hoag 1989]).

Lernpartnerschaften und –gruppen werden in der Regel zwischen den Anwenderinnen gebildet. Hierbei steht kooperative Selbstqualifikation im Mittelpunkt. Gemeinsam lösen und/ oder bearbeiten zwei und mehrere Anwenderinnen telekooperierend gestellte Aufgaben. Dies unterstützt ebenfalls die Etablierung der Technologie. Beispielsweise kann eine Aufgabe gestellt werden, in der die Ratsmitglieder gemeinsam zu einem vorgegebenen Thema telekooperierend einen Antrag bis zu einem festgelegten Zeitpunkt erstellen und der Trainerin zusenden sollen. In einer anschließenden Präsenzveranstaltung kann dann aufgearbeitet werden, wo die Vor- und Nachteile sowie Probleme der verteilten Zusammenarbeit und der Nutzung des Telekooperationssystems liegen. Aufgrund solcher Erfahrungen lassen sich

---

[204] Unter kooperativem e-learning wird das computergestützte, gemeinsame Lernen verstanden (vgl. [Messner/Pfister/Miao 2001]).

speziell Regeln für die Zusammenarbeit leichter erkennen, formulieren und verankern. Um die Motivation für das Bearbeiten der Aufgaben zu schaffen bzw. zu erhalten, sollte es sich bei diesen um tatsächlich anfallende Tätigkeiten handeln. Im Beispiel des Antrags wäre also ein Antrag auszuarbeiten, der tatsächlich von den Ratsmitgliedern gestellt werden würde.

Bei dem Themenkomplex, der die Gemeinderatsaufgaben unter Einsatz der Technologie betrifft, sind sowohl individuelle Aspekte als auch Aspekte der Zusammenarbeit enthalten. Individualaufgaben können mit der Softwarenutzung kombiniert, unabhängig von der Gesamtgruppe von den Einzelnen ausgeführt und geübt werden. Hier können sowohl Workshops, Schulungen, Selbstlernunterlagen und/oder CBT sowie Coaching angeboten werden. Speziell nach der Erstqualifizierung kommen auch für die Technologie-Einsteiger Materialien wie z. B. CBT und Leittexte zum Selbstlernen in Frage. Gerade für die Ratsmitglieder scheinen diese geeignet, um ihnen ein individuelleres, an Trainer, Ort und Zeiten ungebundenes Lernen zu ermöglichen. Jedoch entsteht dann das Problem der Motivation bzw. der Organisation des Selbstlernens. Die Erfahrungen in Cuparla haben gezeigt, dass ein Anstoß von außen für das Lernen essentiell ist.

Die Aspekte der Zusammenarbeit betreffen alle Mitglieder einer Arbeitsgruppe und sollten deshalb auch in gemeinsamen Schulungen oder Workshops diskutiert, erarbeitet und geübt werden. Hier ist es vor allem wichtig, erleben zu lassen, wo die Vorteile der computergestützten Zusammenarbeit liegen. Zudem können in Präsenzveranstaltungen gleich Regeln für die gemeinsame Zusammenarbeit, die bei bestehenden Gruppen schon existieren und lediglich „überarbeitet“ werden müssen, leichter herausgebildet werden.

7.1.8 Gruppengröße und –zusammensetzung bei Präsenzveranstaltungen

Die Gruppengröße sollte in Abhängigkeit von der Anzahl der durchführenden Trainerinnen und Mitarbeiterinnen des Benutzerservices festgelegt werden. Nur in einem kleinen Personenkreis bis zu fünf Personen ist eine anwendergerechte Schulung durch eine einzelne Trainerin möglich. Darüber hinaus sollte zur Betreuung entweder eine weitere Trainerin oder eine weitere Person aus dem Benutzerservice anwesend sein.

Bei Gruppen mit weniger als fünf Teilnehmerinnen kann das Üben von Kooperation langweilig werden. In diesem Fall könnte die Fraktionsgeschäftsstelle durch Übungen in die Schulung mit einbezogen werden, beispielsweise durch das Beantworten von Emails oder das gemeinsame Schreiben eines Antrags.

Aus Kostengründen werden in einer Einführungsmaßnahme oft weniger Trainerinnen und mehr Anwenderinnen zusammengefasst. Dadurch sinken die Lehr-, und damit auch die Lernmöglichkeiten. Auf individuelle Probleme und Schwierigkeiten kann nicht mehr ausreichend Rücksicht genommen werden. Somit ist fraglich, ob dieses Vorgehen tatsächlich kostensparender ist. Können Probleme und Fragen nicht behandelt werden, sind sie auch nicht gelöst. In aller Regel bleiben sie bestehen, so dass ein höherer Nachschulungs- und/oder Betreuungsaufwand notwendig wird. Im schlimmsten Fall sinkt die Akzeptanz zur Telekooperation, was die Nichtnutzung der Technologie zur Folge hat.

Gerade für die Schulung von Ratsmitgliedern ist es aufgrund der geringen Kenntnisse und Fertigkeiten im Umgang mit Technologie und der hohen Anspruchshaltung empfehlenswert, nicht mehr als fünf Teilnehmende pro Qualifizierungsmaßnahme auf eine Trainerin kommen zu lassen. Denn werden individuelle Wünsche und Probleme nicht erfüllt, wird Ärger und Frustration ausgelöst. Dies kann die bereits genannten Folgen nach sich ziehen.

Bei Qualifizierungsmaßnahmen mit Themen hinsichtlich Gemeinschaftsaufgaben können für die Zusammenstellung der Lerngruppen zwei kontroverse Gesichtspunkte angeführt werden. Zum einen ist es hilfreich, wenn sich die Lerngruppe aus Personen zusammensetzt, die aus unterschiedlichen Arbeitsgruppen kommen. Dadurch besteht die Möglichkeit, sich darüber auszutauschen, wie die Zusammenarbeit in den einzelnen Arbeitsgruppen geregelt ist und abläuft. Hierdurch erhalten die einzelnen Teilnehmerinnen durch die anderen Anregungen für die eigene Zusammenarbeit. Nachteil dieses Vorgehens ist es, dass keine Vereinbarungen bezüglich der Zusammenarbeit in den Einführungsmaßnahmen getroffen werden können, da Personen der zusammenarbeitenden Gruppe fehlen. Ein weiterer Nachteil ist, dass ein unterschiedlicher Lernstand zwischen den Arbeitsgruppenmitgliedern gefördert wird, denn teilnehmerorientierte Qualifizierungsmaßnahmen können sich nicht hundertprozentig gleichen. Dies resultiert aus dem Einbringen von Fragen und Beispielen der Lernenden sowie der entstehenden Dynamik. Dadurch steuern die Lernenden den Lehr-Lern-Prozess mit und beeinflussen das, was gelernt wird. Dieser Informationstransfer kann aber auch von den Trainerinnen übernommen oder für diesen ein spezieller Workshop angesetzt werden. Eine weitere Möglichkeit ist die Nutzung eines elektronischen Informationsbrettes, an dem unter einer Rubrik „Möglichkeiten der Aufgabenerledigung“ die unterschiedlichen Alternativen eingestellt werden.

Zum anderen ist es gut, die Lerngruppe aus Personen zu bilden, die zusammenarbeiten. Dann können Hinweise auf Kooperationsmöglichkeiten aufgegriffen und für die Arbeitsgruppe vereinbart werden. Die Zusammenarbeitenden bauen einen ähnlichen Lernstand auf und sind somit in der Lage, auf gleichem Niveau zu telekooperieren. Weitere Vorteile sind, dass die Arbeitsgruppe in den gemeinsamen Lehr-Lern-Veranstaltungen auch Vertrauen aufbauen und sich ein stärkeres Wir-Gefühl entwickeln kann. Auch empfindet sich die Arbeitsgruppe als Gestalter ihrer Zusammenarbeit. Da die Vorteile dieser Gruppenzusammensetzung durch keine alternativen Maßnahmen vermittelt werden können, empfiehlt es sich, nur Zusammenarbeitende als Lerngruppe zusammenzustellen. So sind beispielsweise für das Ausarbeiten von Regeln der Zusammenarbeit und für die Reorganisation der Zusammenarbeit grundsätzlich alle zusammenarbeitenden Personen als eine Lerngruppe zu definieren.

Bei allgemeinen Einführungsmaßnahmen (z. B. das Vertraut-Machen mit der Hardware) können die Teilnehmerinnen aus unterschiedlichen Gruppen kommen. Hier spielt die Gruppenzugehörigkeit keine Rolle. Allerdings ist darauf zu achten, dass alle Anwenderinnen einer Arbeitsgruppe möglichst zeitgleich oder zeitnah die gleichen Qualifizierungsmaßnahmen besuchen. Denn wie bereits dargestellt, ist die kritische Masse an Anwenderinnen für den Einsatz von Telekooperation ausschlaggebend.

Soll ein Mentorensystem (siehe Kapitel 4.7.1.2) oder sollen Lerntandems in der Gruppe etabliert werden, muss sich die Lerngruppe aus den beteiligten Personen zusammensetzen. Lerntandems sollten gemeinsam geschult werden. Ansonsten müssen Lösungen, die beim gemeinsamen Lernen entstanden sind, weitergegeben werden bzw. mit dem nächsten Lerntandempartner identisch behandelt werden. Beides ist unwahrscheinlich.

Bei Einführungsmaßnahmen für Ratsmitglieder ist zusätzlich zu beachten, dass zwischen den einzelnen Fraktionen gegebenenfalls tiefe politische Gräben liegen, die sich auch auf das fraktionsübergreifende Miteinander auswirken. Hier ist dann bei der Bildung der Lerngruppen auf eine Trennung nach Fraktionen zu achten. Damit ist schon eine Trennung nach zusammenarbeitenden Personengruppen gegeben.

Ein weiterer, wesentlicher Aspekt ist die Einbindung von Schlüsselpersonen der Arbeitsablauf- und Kooperationsgestaltung in die Qualifizierungsmaßnahmen. Dies gilt zumindest für die Maßnahmen, die sich auf die Zusammenarbeit beziehen. Sind diese Schlüsselpersonen nicht zugegen und nicht an der Ausarbeitung sowie Vereinbarung von Änderungen beteiligt, werden sich die vereinbarten Veränderungen nur schwer durchsetzen lassen, es sei denn, ein immens hoher Nutzen resultiert für die Schlüsselpersonen daraus.

Optimal ist es, wenn diese Schlüsselpersonen durchgängig beteiligt werden und bei den Qualifizierungsmaßnahmen anwesend sind. Dann können je nach Gelegenheit Ansatzpunkte für die Verbesserung der Zusammenarbeit aufgezeigt oder auch erarbeitet werden. Der positive Effekt, dass mehr oder besser durchdachte Lösungsansätze gesehen werden, wenn unterschiedliche Perspektiven auf die gleiche Sache fallen, kann hierdurch genutzt werden. Den Anwenderinnen wird durch das laufende Aufzeigen von Verbesserungspotenzial in Hinblick auf die Zusammenarbeit ein langsames Verstehen ermöglicht, so dass sich allmählich Rückwirkungen auf die Zusammenarbeit ergeben bzw. ergeben können.

Im Bereich Gemeinderatsarbeit kommt den Fraktionsgeschäftsstellen eine Schlüsselrolle in der Zusammenarbeit innerhalb der Fraktionen zu. Deshalb sollten von Anfang an die dort beschäftigten Mitarbeiterinnen an den Qualifizierungsmaßnahmen teilnehmen.

Wertvoll für die Zusammensetzung der Lerngruppen ist ein ähnlicher Stand an Kenntnissen, Fähigkeiten und Fertigkeiten der Teilnehmerinnen. Dies erleichtert die Vermittlung von Neuem, da davon ausgegangen werden kann, dass alle einen ähnlichen Anknüpfungspunkt für das Neue haben und davon ausgehende Erklärungen gegeben werden können. In diesem Sinne ist bei der Bildung von Lerngruppen darauf zu achten, dass sich die Vorkenntnisse der Teilnehmerinnen entsprechen.

Abschließend kann festgehalten werden, dass bei der Bildung der Lerngruppen zwei Aspekte berücksichtigt werden müssen:

1. die Arbeitsgruppenzugehörigkeit und
2. der Lernstand.

Vorrang ist der Arbeitsgruppenzugehörigkeit zu geben, da die mit dem Lernstand verbundenen Nachteile methodisch ausgeglichen werden können. Die Nachteile bei der Nichtbeachtung der Arbeitsgruppenzugehörigkeit liegen hingegen außerhalb des Einflusses der Qualifizierungsmaßnahmen.

Bei der Gemeinderatsarbeit steht somit die Fraktionszugehörigkeit im Mittelpunkt der zweiten und dritten Qualifizierungsphase (siehe Abbildung 7-6). Zwar gibt es auch

Arbeitskreise und Arbeitsgruppen, die fraktionsübergreifend gebildet werden (z. B. bei der Koalitionsarbeit), diese kooperieren jedoch wenig bis gar nicht im Sinne von konkreter Arbeit an gemeinsamem, digitalem Material. Deshalb kommt ihnen erst Bedeutung zu, nachdem sich die Nutzung des Telekooperationssystems in den Fraktionen etabliert hat.

Problematisch ist der Wechsel des Teilnehmerkreises über die unterschiedlichen Einführungsmaßnahmen hinweg, denn dadurch werden zusätzlich unterschiedliche Lernstände gefördert. Wie bereits erläutert, bestimmen gerade bei partizipativem Lehren und Lernen die Fragen, Probleme und Schwierigkeiten aus dem Teilnehmerkreis den Interaktionsverlauf und den Lehr-Lern-Prozess. Damit kann nach der Durchführung von Qualifizierungsmaßnahmen mit gleichem geplanten Inhalt kein einheitlicher Lernstand garantiert werden. Bei wechselndem Teilnehmerkreis stehen die Trainerinnen somit unter dem Druck, einen ähnlichen Lernstand zu schaffen. Sie sind dann nicht mehr frei genug, um auf die Lerngruppe zu reagieren, sollten Störungen erkannt und eigentlich auch thematisiert werden. Die Teilnehmerorientierung kann bei der Durchführung der Maßnahmen beeinträchtigt werden oder sogar verloren gehen. Auch kann sich im Verlauf der Qualifizierungsmaßnahmen kein Zusammengehörigkeitsgefühl der Gruppe herausbilden, das sich später auf die Telekooperation unterstützend auswirkt.

7.2 Veranstaltungs- und Unterrichtsplanung

Das Ergebnis der Programmplanung ist der Ausgangspunkt für die Überlegungen im Rahmen der Veranstaltungs- und Unterrichtsplanung. Dazu gehört im ersten Schritt die Planung von Veranstaltungs-/Unterrichtsthemen mit einzelnen Lehr-Lern-Einheiten. Danach sind diese zunächst mit den notwendigen Inhalten zu füllen, Orientierungsziele für Lehrende und Lernende zu formulieren und eine sinnvolle Reihenfolge für diese festzulegen. Anschließend sind die Lehr-Lern-Methoden für die einzelnen Einheiten herauszusuchen, die für ein angemessenes Lehren und Lernen eingesetzt werden können, und zur Lehr-Lern-Unterstützung Materialien auszuarbeiten und Medien auszuwählen.

Um Missverständnissen vorzubeugen, muss in diesem Zusammenhang auf die Flexibilität in der Durchführung des Lehr-Lern-Prozesses verwiesen werden. Die Planungsergebnisse dürfen nicht als starr und fixiert betrachtet werden. In der konkreten Durchführung kann sich durchaus herausstellen, dass die geplanten Lehr-Lern-Einheiten für die Anwenderinnen momentan nicht das Thema sind und sie ein anderes mit- bzw. einbringen. Denkbar ist auch, dass sich die festgelegte Reihenfolge von Lehr-Lern-Einheiten im Unterrichtsgeschehen als nicht sinnvoll herausstellt. Um teilnehmerorientiert handeln zu können, wird bei TZI die Planung als eine Möglichkeit des Unterrichts und des Lehr-Lern-Prozessablaufs angesehen und im Sinne einer rollierenden Planung verstanden. Dies bedeutet, dass der Lehr-Lern-Prozess durchaus den Gegebenheiten anzupassen ist[205] und dass nach den einzelnen Lehr-Lern-Einheiten zu prüfen ist, ob die nächste Lehr-Lern-Einheit passend ist oder durch eine andere ersetzt werden sollte.

---

[205] In diesem Zusammenhang wird in der Literatur auch von geschlossenem und offenem Unterricht gesprochen, wobei Loser [1975] darauf hinweist, dass Offenheit nicht im Gegensatz zu Geschlossenheit stehen sollte und auch Offenheit zu planen ist.

7.2.1 Veranstaltungs- und Unterrichtsthemen

Die Ausdifferenzierung der ermittelten Themenbereiche aus Kapitel 7.1 muss auf Basis der Ergebnisse der Zielgruppen-, Telekooperations- und Situationsanalyse (siehe Kapitel 7.1.2) erfolgen, so dass der Hintergrund der Zielgruppe, für die die Veranstaltungsthemen herausgearbeitet werden, der Entwicklungsstand der Zusammenarbeit, die Aufgaben und das Umfeld entsprechend berücksichtigt sind.

In diesem Schritt können beispielsweise folgende Fragestellungen für die Zusammenstellung von Veranstaltungsthemen helfen:

Thema	In welche Einzelthemen lassen sich die Themenbereiche gliedern? Welche Zusammenhänge gibt es zwischen den Einzelthemen der Themenbereiche? Wo liegen Abhängigkeiten zwischen den Einzelthemen? Welche Themen sollten zusammengefasst werden?
Thema-ICH	Welche Interessen/Einstellungen/Kenntnisse/Fähigkeiten/Fertigkeiten hat der Einzelne auf das Thema bezogen? Bestehen Hemmungen und Ressentiments? Welche Voraussetzungen müssen die Lernenden zur Themenbearbeitung bereits mitbringen?
Thema-WIR	Bestehen Hemmungen und Ressentiments in der Gruppe hinsichtlich des Themas? Welche Voraussetzungen müssen in der Arbeitsgruppe zur Themenbearbeitung gegeben sein?
Globe – Thema	Müssen Aspekte des Globe betrachtet werden, um das Thema bearbeiten zu können?
Thema-ICH-WIR	Welche Rückwirkungen ergeben sich aus dem Thema auf die Lernenden, die Lerngruppe und die Arbeitsgruppe? Kann das Thema in der Gruppe bearbeitet werden, ohne Probleme bei Einzelnen hervorzurufen? Und umgekehrt: Kann das Thema mit Einzelnen bearbeitet werden, ohne in der Gesamtgruppe Probleme auszulösen?
Globe - ICH – Thema – WIR	Wie beeinflusst das Umfeld ICH-Thema-WIR? Welche Grenzen und Möglichkeiten ergeben sich aus dem Globe?

Tabelle 7-4: Abgeleitete Fragestellungen zum Veranstaltungsthema (Quelle: Eigene Darstellung)

Für den Themenblock „Telekooperationstechnologie" ergeben sich grundsätzlich zwei Themenschwerpunkte: die Hardware- und die Softwarenutzung. Zum Themenschwerpunkt „Hardware" wird beispielhaft Tabelle 7-4 bearbeitet:

Thema — Themenbereiche, die mit der Hardware zusammenhängen, betreffen die einzelnen Hardwarekomponenten, die in ihrer Summe die Telekooperationstechnik ausmachen. Im Fall Cuparla ergeben sich beispielsweise folgende Einzelthemen:

- der Laptop,
- die ISDN-Karte und
- der Drucker.

Thema-ICH — Die Hardware ist für alle Anwenderinnen neu. Zwar ist Einigen die Handhabung von Laptop, Drucker, Netzkarte und –kabel sowie Stromadapter bekannt, doch sind Feinheiten der speziellen Produkte nicht vorauszusetzen. Manche Anwenderinnen haben keinerlei Kenntnisse. Daraus folgt, dass eine Qualifizierungsmaßnahme so angelegt sein muss, dass keinerlei Vorkenntnisse notwendig sind.

Thema-WIR	Da die Handhabung der Technik die einzelnen Personen betrifft, nicht die Zusammenarbeit in der Gruppe, braucht dieser Aspekt nicht weiter untersucht zu werden.
Thema-ICH-WIR	Die Handhabung der Technik betrifft zwar nur die Einzelnen, beeinflusst die Gruppe aber insofern, als dass sich einzelne Anwenderinnen leichter oder schwerer damit tun; dies kann in der Gruppe zur Veränderung ihres Ansehens führen (siehe Kapitel 3.3.2). Dieser Aspekt muss nicht als eigenes Thema, aber doch unterschwellig mitbehandelt werden.
Globe-Thema-ICH-WIR	Hieraus ergeben sich keine weiteren, neuen Aspekte.

Nach dieser divergierenden Themenbearbeitung sind die Einzelthemen für die jeweiligen Veranstaltungen wieder zusammenzufassen. Dies kann unter der Fragestellung „Welche Einzelthemen müssen innerhalb einer Qualifizierungsmaßnahme gemeinsam bearbeitet werden?“ durchgeführt werden. Ergebnis dieses Planungsschrittes ist eine Übersicht über die Veranstaltungseinheiten. Im Beispiel des Themas „Hardware“ lassen sich die drei Einzelthemen sinnvollerweise unter der Rubrik „Hardware-Einführung“ zusammenfassen.

In diesem Zusammenhang sind auch Aspekte der Motivation zu überlegen. Sollen beispielsweise die Anwenderinnen schon von Anfang an in der Phase der Erstqualifizierung mit allen Technikkomponenten konfrontiert werden oder soll ein schrittweises Vorgehen gewählt werden. Sind sie nicht daran gewöhnt, Technologie für sich im Arbeitsalltag zu nutzen, ist es ratsam, nur die wesentlichen Bestandteile einzuführen. Welche dies sind, muss unter dem Gesichtspunkt der Zusammenarbeit und des Anreizes für die Anwenderinnen überlegt werden. Beispielsweise ist eine Laptop-Handy-Kopplung zur Datenübertragung nicht notwendig, kann aber die Akzeptanz und die Nutzung der Technologie erhöhen. Zudem ist die Nutzung von mobilen Telefonen mittlerweile weit verbreitet und vertraut.

Da in der TZI dem Thema - sowohl dem Veranstaltungsthema als auch dem Thema einzelner Lehr-Lern-Einheiten - besondere Bedeutung zukommt, wird gefordert, dass bereits die Formulierung für die Teilnehmerinnen motivierend und ansprechend sein muss. Das Thema setzt sich aus zwei Formulierungsteilen zusammen: dem Inhaltlichen und einer persönlich aktivierenden Aussage oder Frage. Wie kann es am Besten formuliert werden? Tabelle 7-5 soll hierzu Hilfestellung geben.

Die Quellen des Themas: Einfälle – Zufälle – Anfälle – Ausfälle ... Woher kommt das Thema und was macht es mit uns?	
ICH	**Das Thema spricht mich an.** Es lockt mich, bei ihm zu bleiben, genauer hinzuhören, hinzusehen. Es bietet interessante Perspektiven und Ausblicke. **Das Thema macht mich wichtig.** Es sagt mir, hier bist Du gefragt, Du weißt etwas zu sagen, das wichtig ist – auch für andere. **Das Thema ist ein Teil meines „Globe".** Es ist Ausdruck meiner Lebenssituation, meiner Hoffnungen und Ängste.
WIR	**Das Thema verbindet mich mit den Anderen.** Es veranlasst mich, auf andere zuzugehen, sie zu entdecken, mich mit ihnen auseinanderzusetzen, Nähe und Distanz zu klären. **Das Thema sagt, warum wir zusammen sind.** Es stellt fest, was jetzt anliegt, was notwendig ist. Es verbindet uns mit unserem „Globe". **Das Thema verpflichtet.** Es dokumentiert den Grad der Verpflichtung, die wir miteinander eingegangen sind oder eingehen wollen.
Thema	**Das Thema arbeitet.** Es fordert zum Nachdenken, Bearbeiten, Lösungen suchen und Verändern auf. **Das Thema leitet.** Es beteiligt alle, führt vom Rand ins Zentrum, gliedert. **Das Thema bricht sich Bahn.** Es ist „auf einmal" da. Eine/r verkörpert es, bringt es auf den Punkt. Durch die Synergie der Gruppe entsteht Klarheit.
Das Thema hat meist eine nahe und weite, eine konkrete und abstrakte, eine innere und äußere Dimension. Es zentriert und leitet, wenn seine kommunikative und aktivierende Dimension deutlich wird.	

Tabelle 7-5: Themendynamik nach Roland Feldmann (1998) (Quelle: Eigene Darstellung)

Das Themen-Formulieren bildet damit den nächsten Schritt in der Planung. Als Beispiel zur Veranstaltungseinheit „Hardware-Einführung" könnte folgende Formulierung gewählt werden:

Hardware-Einführung – Jetzt geht's los!
Welche Hardwarekomponenten bekomme ich und wie gehe ich damit um?

Zum Themenschwerpunkt „Software" müssen getrennt Überlegungen angestellt werden. Für die Zusammenstellung der Einzelthemen zu Lehr-Lern-Einheiten können alle Aspekte, die mit der Funktion „Email" verbunden sind, unter dem Veranstaltungs-/ Unterrichtsthema „Alles rund um Emails – Welche Möglichkeiten bietet die Emailfunktion für die Ratsarbeit?" zusammengefasst werden.

Thema: Die Vermittlung der Softwarenutzung umfasst die gesamte Funktionalität der Software und deren Einsatzmöglichkeiten bei Individual- und Gemeinschaftsaufgaben. Für den Einstieg ist ein Gesamtüberblick als Orientierungsgrundlage zum Einordnen der nachfolgenden Einzelthemen notwendig. Als Vorgehensweise können – wie beim Brainstorming - die einzelnen Funktionalitäten zusammengetragen, sortiert und gruppiert werden. Alle weiteren Themen sollten immer von den Gemeinderatsaufgaben ausgehend betrachtet und gebildet werden, z. B. „Emails lesen“, „Emails schreiben“, „Emails versenden“, „Datenaustausch anstoßen“ ... .

ICH: Der Themenblock des ICHs bezieht sich auf die Individualaufgaben der Anwenderinnen. Die Unterstützung bei ihren Tätigkeiten - losgelöst von der Gruppe - steht hier im Mittelpunkt der Themenbildung. Um das Beispiel fortzusetzen, werden einige Einzelthemen hinsichtlich der Emailnutzung formuliert: „Bei welchen Tätigkeiten kann mir Email helfen, bei welchen nicht?“, „Die Funktion von Email bei der Informationsweitergabe“, „Email-Etikette“ etc. .

WIR: Der nächste Themenblock umfasst das WIR, die Zusammenarbeit in der Gruppe. Hier sind alle gemeinschaftlichen Arbeitsprozesse und -aufgaben unter dem Aspekt der Nutzung der neuen Technologie zu betrachten. Am Beispiel der Funktion „Email“ können bezogen auf das WIR folgende Einzelthemen gebildet werden: „Email als schnelles Kommunikationsmedium“, „Email im Rahmen der Sitzungsvorbereitung“, „Vereinbarung zur Häufigkeit des Lesens von Emails“ etc. .

Globe: Der letzte Themenblock, der ebenfalls betrachtet werden muss, ist das Umfeld. Hier sind Querbezüge und Abhängigkeiten zur eigenen bzw. gemeinschaftlichen Arbeit zu betrachten. Bezogen auf das Beispiel mit Email, könnte eine dieser Einzelthemen lauten: „Emailnutzung in der Kommunikation mit Externen z. B. Bürgern“.

Damit einzelne Erkenntnisse nicht verloren gehen, bietet es sich zum Abschluss dieses Planungsschrittes an, die gewonnenen Themen in einer Übersicht zusammenzufassen (siehe Tabelle 7-6).

1. Hardware-Einführung		
	Notebook	
	Drucker	
	Adapter	
2. Alles rund um Email		
	Thema	Emails lesen
		Emails schreiben
		Emails versenden
		Replizieren/Datenaustausch anstoßen
		...
	ICH	Email-Etikette
		Emails zur Informationsweitergabe
		...
	WIR	Email als schnelles Kommunikationsmittel
		Emails im Rahmen unserer Sitzungsvorbereitung
		Vereinbarungen zur Häufigkeit des Lesens der Emails
		...
	Globe	Email in der Kommunikation mit Externen
		...
... etc.		

Tabelle 7-6: Planungsergebnis „Veranstaltungs- und Unterrichtsthemen“ (Quelle: Eigene Darstellung)

7.2.2 Lehr-Lern-Inhalte und -Ziele

Im ersten Schritt sind Veranstaltungs-/Unterrichtsthemen mit Inhaltsangaben definiert worden. Aus dem Ergebnis lässt sich ableiten, welche Inhalte dazu gehören und welche Besonderheiten berücksichtigt werden müssen.

Zu den herauskristallisierten Themen mit Inhalten sollte im nächsten Schritt überlegt werden, was die Lernenden am Ende dazu wissen bzw. können sollten. Die Formulierung von Orientierungszielen für Lehrende und Lernende schließt sich daran an, so dass die Frage der Lehrzielableitung in den Blickpunkt tritt. Allerdings im Sinne Dörings, dass die Lehr-Lern-Ziele als Richtungsweiser für den Unterricht eingesetzt werden sollen. Sie sollen von den Lehrenden als Lernchancen vermittelt und von den Lernenden als solche begriffen werden, nicht als Drohung im Sinne von „Sie müssen das bis zum Ende der Veranstaltung können!“.

Am Beispiel „Hardware“ sind folgende Ziele ableitbar:

- Die Anwenderinnen kennen die einzelnen Hardwarekomponenten mit deren Funktionen.
- Die Anwenderinnen können die Hardwarekomponenten miteinander verbinden und die Verbindungen auch wieder lösen.
- Die Anwenderinnen kennen die Schwierigkeiten und Probleme, die mit der Nutzung der Hardwarekomponenten auftreten können und können diese für sich lösen bzw. wissen, wer ihnen weiterhelfen kann.

Da der erste Themenblock „Hardware-Einführung“ sehr stark auf das individuelle Lernen des Umgangs mit der Technologie zielt, ergeben sich im Herausarbeiten der Lehr-Lern-Inhalte und -Ziele zu dem Ergebnis bei der Planung der Cuparla-Einführung (siehe Kapitel 3) keine

Unterschiede. Es ergeben sich erst bei dem Themenblock „Software-Einführung" Unterschiede. Deshalb wird der Themenblock „Alles rund um Email" in Tabelle 7-7 beispielhaft dargestellt.

Inhalt	Ziel
Emailfunktion	Wissen, was die Emailfunktion umfasst und welche Vor- und Nachteile sie mit sich bringt.
Erstellen und Versenden einer Email.	Kennen der Arbeitsschritte, die das Erstellen und Versenden einer Email bedingen. Kennen der Email-Etikette.
Replizieren der Emails	Kennen der Arbeitsschritte, die das Replizieren der Mail-Datenbank bedingen.
Lesen von Emails	Kennen der Arbeitsschritte, die das Lesen einer Email bedingen.
Löschen von Emails	Kennen der Arbeitsschritte, die das Löschen einer Email bedingen.
Beantworten/Weiterleiten von Emails	Kennen der Arbeitsschritte, die das Beantworten und Weiterleiten einer Email bedingen.
Fehlermöglichkeiten der Emailverwaltung	Lernende können Fehler-/Problemsituationen einschätzen und angemessen reagieren.
Unterschiede von Email gegenüber herkömmlich genutzter Medien	Vor- und Nachteile von bisherigen Medien zu den neuen Medien kennen.
Email in der Zusammenarbeit	Erkennen von Einsatzmöglichkeiten der Email für die Zusammenarbeit.
Gefahren und Risiken der Emailkommunikation	Kennen der Gefahren und Risiken.
...	

Tabelle 7-7: Ziele und Inhalte für die Lehr-Lern-Einheit „Email" (Quelle: Eigene Darstellung)

Wie die Erfahrung in Cuparla gezeigt hat, erreichen nicht alle Ratsmitglieder den gleichen Lernstand, unabhängig wie viele Qualifizierungsmaßnahmen sie besuchen. Während ein Ratsmitglied sich mit der Technologie sehr leicht tut und dadurch ein durchaus höher gestecktes Lehr-Lern-Ziel erreichen kann, wird ein anderes Ratsmitglied mit einem weniger ehrgeizigen Lehr-Lern-Ziel besser zurechtkommen. Deshalb sollten die Lehr-Lern-Ziele in Abhängigkeit von den Teilnehmerinnen variiert werden. Damit wird die, aus Über-/Unterforderung entstehende Demotivation vermieden, die letztendlich zur Nichtnutzung des Telekooperationssystems führen kann. Lehr-Lern-Ziele sind also als richtungsweisend zu benennen, jedoch an die Leistungsmöglichkeiten anzupassen. Wie kann dies konkret aussehen?

Ein Minimalziel im Sinne einer Basisqualifikation muss definiert werden, so dass Telekooperation trotzdem möglich bleibt. Am Beispiel Cuparla wäre dies das Beherrschen des Replizierens, das Lesen und Löschen von Emails sowie weiterer Dokumente. Dies sichert einen Grundlernstand als Nutzungsvoraussetzung, um überhaupt telekooperieren zu können bzw. eine Telekooperation der Gruppe insgesamt nicht zu behindern. Alle weiteren höher gesteckten Lehr-Lern-Ziele sind als Erweiterung des Nutzungsspektrums der Einzelnen zu betrachten, um die Vorteile der Telekooperation ausschöpfen zu können.

In letzter Konsequenz sollte sich die Berücksichtigung des unterschiedlichen Lern-/Kenntnisstandes auch thematisch niederschlagen. Beispielsweise muss darauf eingegangen werden, wie mit diesen unterschiedlichen Nutzergruppen trotzdem Telekooperation möglich ist.

7.2.3 Veranstaltungssequenzen

Im Rahmen der Festlegung der Veranstaltungssequenzen wird die logische Abfolge der Veranstaltungen betrachtet. Es wird geprüft, welche Themeneinheiten Voraussetzung für andere sind. Bei Telekooperationssystemen kommt noch ein weiterer Aspekt zum Tragen. Da diese in aller Regel sowohl die Alleinarbeit als auch die Zusammenarbeit von Personen unterstützen, muss bei der Festlegung der Veranstaltungsreihenfolge berücksichtigt werden, dass das Lernen beim Einzelnen beginnen muss, um für die Zusammenarbeit neue Wege zu eröffnen. Denn können einzelne Personen beispielsweise nicht mit der Emailfunktion umgehen, kann die Gruppe Email nicht als ihr künftiges Kommunikationsmittel vereinbaren.

Ausgehend von den Aufgaben, die die Ratsmitglieder zu erledigen haben und den beeinflussenden Kriterien (Arbeitszeitpunkt, -prozess, -ziel, Bereitschaft zur Zusammenarbeit, Vertrauenskultur), kann sich der Planende einen Überblick verschaffen, welche Abhängigkeiten bestehen (siehe Tabelle 7-8).

	Telearbeit	**Tele-kommunikation**	**Tele-koordination**	**Tele-kooperation**
Themeneinheiten	*Rede entwerfen, Inforecherche*	*Emailnutzung, Infoweitergabe*	*gemeinsamer Terminkalender*	*gemeinsamen Antrag erstellen*
Beteiligte	1	2-n Personen	2-n Personen	2-n Personen
Arbeitszeitpunkt	Individuell	Individuell	Individuell	Individuell
Arbeitsprozess	Individuell	Individuell	Abgestimmt	Abgestimmt
Arbeitsziel	Individuell	Individuell	Gemeinsam	Gemeinsam
Bereitschaft zur Zusammenarbeit	Nein	Bedingt	Ja	Ja
Vertrauenskultur	Nein	Bedingt	Bedingt	Ja

Tabelle 7-8: Ratsaufgaben und erledigungsbeeinflussende Kriterien (Quelle: Eigene Darstellung)

Die folgende Abbildung 7-7 zeigt die Abhängigkeit des Lernenden von anderen Gruppenmitgliedern bei der Ausführung seiner Aufgaben. Für die Erledigung seiner Individualaufgaben wie Informationsrecherche, das Generieren von Informationen oder auch das Abgeben von Informationen benötigt er keine weiteren Personen. Sobald aber eine Gemeinschaftsaufgabe ansteht, bedarf es der Zusammenarbeit und damit entsteht die Abhängigkeit von anderen.

Durch die Cuparla-Technologie wurden nur Telekooperations-Gemeinschaftsaufgaben des ersten und zweiten Grades unterstützt. Dies sind Aufgaben, die Kommunikation und Kooperation erforderten. Sie enthielt keine Komponenten, die Gemeinschaftsaufgaben des dritten Grades ermöglichten, also das zeitgleiche Bearbeiten gemeinsamen Materials betrafen und in der Abbildung mit Kollaboration bezeichnet werden (siehe Kapitel 3.2.1.2 Kooperation).

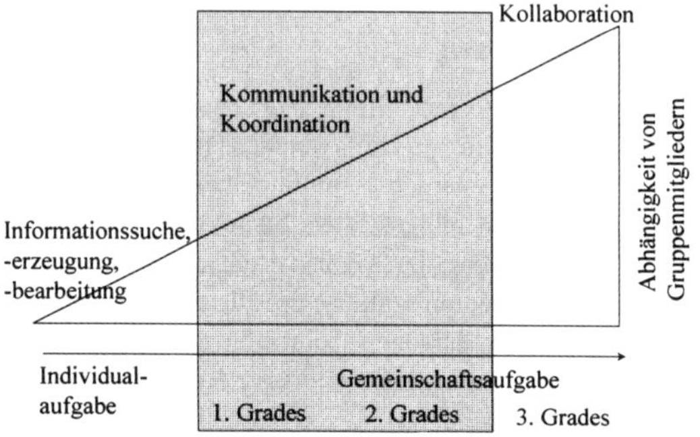

Abbildung 7-7: Abhängigkeit bei der Aufgabenerledigung durch Arbeitsgruppenmitglieder (Quelle: Eigene Darstellung)

Dabei gilt aber auch, dass nicht stringent von individuellem zu organisatorischem Lernen fortgeschritten werden muss. Es müssen nicht erst alle Funktionen des Telekooperationssystems beherrscht werden, bevor die Nutzung in der Zusammenarbeit beginnt. Ganz im Gegenteil muss nach der Erstqualifizierung dafür gesorgt werden, dass der Schwerpunkt der Qualifizierungsmaßnahmen gleichermaßen auf individuellem und organisatorischem Lernen liegt. Das individuelle Lernen verändert das eigene Arbeiten und wirkt auf das organisatorische Lernen und Arbeiten zurück (Abbildung 7-8), wobei Veränderungen im organisatorischen Lernen und Arbeiten auch das individuelle Lernen und Arbeiten beeinflussen. Wird dies in den Qualifizierungsmaßnahmen nicht früh genug thematisiert und berücksichtigt, entsteht der Eindruck einer Individualsoftware.

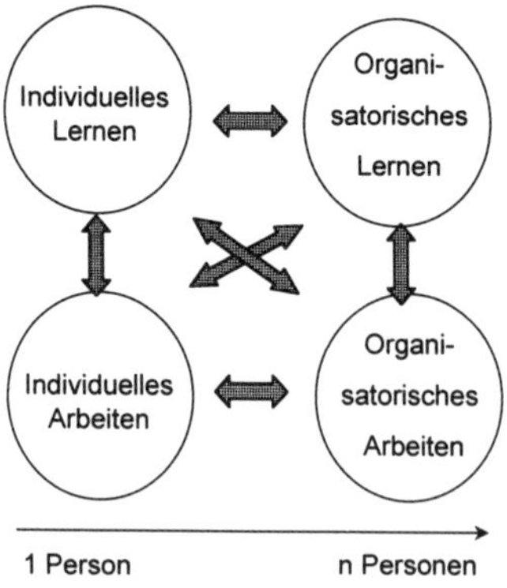

Abbildung 7-8: Interdependenz von Lernen und Arbeiten (Quelle: Eigene Darstellung)

Die Qualifizierungsmaßnahmen sind in ihrer Abfolge so aufeinander abzustimmen, dass die Anwenderinnen nach dem Lernen des Umgangs mit den einzelnen Telekooperationskomponenten, deren Einsatzmöglichkeiten reflektieren. Zwei Fragestellungen sind dabei hilfreich: „Bei welchen Tätigkeiten kann ich das Gelernte einsetzen?“ und „Wie kann das Gelernte unsere Zusammenarbeit unterstützen?“. Auf dem technologischen Basiswissen aufbauend, können den Anwenderinnen Möglichkeiten aufgezeigt oder durch diese selbst erschlossen und erarbeitet werden, wie die künftige Zusammenarbeit technikunterstützt gestaltet werden kann.

Mit diesem schrittweisen Wechsel des individuellen und organisatorischen Lernens ist - wie bereits erwähnt - der Vorteil verbunden, dass der Eindruck eines Individualsystems vermieden wird. Vom individuellen Nutzen wird auf den Nutzen in der Zusammenarbeit übergegangen.

Mit dieser Vorgehensweise werden die Einzelnen auch nicht überfordert. Sie haben Zeit, das individuell Gelernte in ihre Arbeitsweise zu integrieren und diese zu verändern. Erkennen sie einen individuellen Nutzen in dem Gelernten, werden sie es weiter einsetzen. Änderungen in der Zusammenarbeit werden vor diesem Hintergrund leichter angenommen. Somit begünstigt diese Vorgehensweise insgesamt die Akzeptanz der Technologienutzung.

Das TZI-Dreieck kann für die Festlegung der Veranstaltungssequenzen ebenfalls als Planungs- und Analyseinstrument eingesetzt werden. Beispielsweise lässt sich daran erkennen, ob ein Themenblock vernachlässigt oder durch die geplanten Maßnahmen ausgewogen abgedeckt wird. Belegt man die einzelnen Eckpunkte und Kanten mit den gebildeten Themenblöcken mit einer Nummer für die Reihenfolge, lässt sich erkennen, ob die gedachte Sequenz Sinn macht. Zusätzlich kann für die Themenblöcke geprüft werden, ob eine Veranstaltung genügt oder ob Weitere notwendig werden. Ist beispielsweise als Thema „Emailnutzung“ angedacht, wird über den Blick auf die Kante Thema-WIR deutlich, ob in der Veranstaltung Vereinbarungen getroffen werden müssen, die die Zusammenarbeit betreffen (z. B. zu welchen Gelegenheiten künftig immer Email eingesetzt werden soll und wie oft der eigene Email-Eingangskorb „geleert“ werden sollte). Erreicht man mit der Veranstaltung jedoch nur Wenige aus einer Arbeitsgruppe, kann dies nur im Ansatz erfolgen und eine weitere gemeinsame Veranstaltung wird notwendig. Dies liefert den Trainerinnen darüber hinaus den Hinweis, dass darauf in der Veranstaltung zur prophylaktischen Frustrationsreduktion eingegangen werden muss.

7.2.4 Veranstaltungsform, -dauer und –häufigkeit

Die Festlegung der Veranstaltungsform von angeleiteten Maßnahmen wie Tages-, Abend-, Wochenend- oder Wochenveranstaltungen, muss auf dem konkreten Hintergrund der einzelnen Zielgruppen erfolgen. Da die Veranstaltungsform, -dauer und -häufigkeit für die Einführungsmaßnahmen strukturgebend ist, sind hier die Ausführungen zu Struktur-Prozess-Vertrauen (siehe Kapitel 5.3) zu beachten. Engt die geschaffene Struktur die einzelnen Anwenderinnen ein, wird auch das Lehren und Lernen eingeengt!

Setzt sich eine Zielgruppe aus Berufstätigen zusammen, die die Telekooperationstechnologie im Rahmen ihres Berufes nutzen sollen, können beispielsweise Tagesveranstaltungen in der

Arbeitszeit eingeplant werden. Handelt es sich aber um Personen, die die neue Technologie im Ehrenamt nutzen, darf die gewählte Veranstaltungsform nicht mit der Berufstätigkeit kollidieren. Somit scheiden Tagesveranstaltungen an Arbeitstagen weitgehend aus.

Die Veranstaltungsdauer sollte sich an den mitgebrachten Voraussetzungen und der Aufnahmekapazität der Zielgruppe orientieren. Auch muss in den Veranstaltungen genügend Zeit für Übungen und Aufgaben bleiben. Gerade bei zeitlich hoch belasteten Personen ist das Üben in den Veranstaltungen essentiell, da sie in ihrem normalen Alltag keine Zeit dazu haben und dennoch in der Lage sein müssen, das Gelernte ohne große Zeitverluste einzusetzen.

Im Zusammenhang mit der Veranstaltungsdauer sollte auch eingeplant werden, dass die Trainerinnen über das Veranstaltungsende hinaus ansprechbar sind. Einzelne nutzen gerne die Gelegenheit, mit den Trainerinnen allein zu sprechen und öffnen sich dann erfahrungsgemäß auch leichter hinsichtlich ihrer Probleme und Schwierigkeiten bei der Nutzung des Telekooperationssystems.

Für die Hardwareübergabe und dem Vertrautwerden damit im Rahmen der Erstqualifizierung empfiehlt es sich, kurze Lerneinheiten von ca. zwei bis vier Stunden anzusetzen. In dieser Zeitspanne kann alles Wesentliche erklärt und geübt werden.

Für die Softwareeinführung sind Ganztagesschulungen anzubieten, um für eine anschließende Nutzung einen ausreichenden Grundstock an Kenntnissen und Fertigkeiten im Umgang mit der neuen Technologie aufbauen zu können. Die Anwenderinnen sollten nach der ersten Schulung in der Lage sein, zumindest in geringem Umfang zu telekooperieren. Dies folgt aus der Problematik der kritischen Masse an Anwenderinnen, die für die Nutzung von Telekooperation bedacht werden muss.

Da Ratsarbeit eine ehrenamtliche Tätigkeit ist, haben die Ratsmitglieder in aller Regel einen Beruf auszuüben, dem sie in den Geschäftszeiten nachgehen. Damit kommen als Veranstaltungsformen lediglich halbtägige Abend-, Spätnachmittags-, aber auch ganztägige Wochenendveranstaltungen in Frage.

Für die einzelnen Veranstaltungen im Rahmen der Weiterqualifizierung sind kurze Zeiteinheiten von bis zu vier Stunden ausreichend. Dies kann, in Absprache mit den Anwenderinnen, nach deren Bedürfnisse geplant werden. Sie können als Nachmittags- oder Abendveranstaltungen unter der Woche oder am Wochenende durchgeführt werden.

Die Häufigkeit der Maßnahmen muss sich am Stand der Kenntnisse, Fähigkeiten und Fertigkeiten der Anwenderinnen und deren Möglichkeiten, Einführungsmaßnahmen wahrzunehmen, ausrichten. Je geringer der Stand und je geringer die Möglichkeiten, desto enger muss das Netz an Einführungsmaßnahmen sein. Dies gilt aber nicht nur für die Vermittlung der Kenntnisse und Fertigkeiten im Umgang mit der Telekooperationstechnologie. Dies gilt auch für die Entwicklung der technologiegestützten, verteilten Zusammenarbeit der Anwendergruppe bzw. für das organisatorische Lernen. Denn je älter Verhaltensweisen im Zusammenleben sind, um so stabiler bleiben sie langfristig gesehen (vgl. [Hondrich 1996, 513]).

Wenn die Ratsmitglieder im Umgang mit Computern kaum oder keine Vorbildung haben, sind mehrere Veranstaltungen innerhalb einer Woche zu einem Thema vorzusehen, um allen eine Chance der Teilnahme zu geben. Mit zunehmendem Wissensstand und Aufbau an Fähigkeiten und Fertigkeiten im Umgang damit, sollten nicht weniger Qualifizierungsmaßnahmen angeboten werden, sondern in diesen auch zunehmend Lehr-Lern-Einheiten bezüglich der Zusammenarbeit oder eigene Workshops mit dem Schwerpunkt Kooperation und Telekooperation angesetzt werden.

7.2.5 Lehr-Lern-Prozess-Planung

Die Lehr-Lern-Prozess-Planung bezieht sich auf die Portionierung und Festlegung der Reihenfolge des Lehr-Lern-Stoffes und beinhaltet zwei Hauptaspekte:

- Die inhaltliche und methodische Gliederung der Qualifizierungsmaßnahme in eine bestimmte Ablaufform sowie
- die zeitliche Strukturierung in einzelne Lehr-Lern-Einheiten und –schritte (vgl. [Döring 1990, S. 45]).

Die Gliederung und Strukturierung des Stoffes soll den Lernenden die Aufnahme und Verarbeitung des Lehr-Lern-Stoffes erleichtern. Dabei sollte vom elementaren Rahmen zur komplexen Detailstruktur vorgegangen werden. D. h. zuerst sollte ein grober Überblick über das Thema, dann die Erläuterung und das Herausarbeiten der Grundbegriffe erfolgen. Im letzten Schritt sind die Details und Hinweise für die praktische Arbeit wichtig. Einzelinformationen stehen dadurch in einem Gesamtzusammenhang und können durch die Lernenden leichter verortet werden (vgl. [Euler 1995, S. 510f.; Lehnert 1995, S. 78ff.]) .

Orientierungsgrundlage für die Strukturierung des Lehr-Lern-Inhaltes sollte im Falle der Ratsmitglieder immer ihre Arbeitswirklichkeit sein. Dies hat sich im Verlauf der Einführung von Cuparla als sinnvoll und hilfreich herausgestellt. Sie können sich dann leichter eindenken und finden sofort konkrete Anknüpfungspunkte zu ihrem bereits erworbenen Wissen. Sie knüpfen das Neue an Altem an und können es leichter einordnen und behalten.

Methodisch kann eine Qualifizierungsmaßnahme grob in eine Einstiegs-, Erarbeitungs- und Schlussphase gegliedert werden. In der Einstiegsphase sollen die Teilnehmerinnen Interesse am Thema und an der Kooperation mit den anderen Mitlernenden finden. Die Erarbeitungsphase dient schwerpunktmäßig der Kompetenzentwicklung, -erweiterung und –festigung, also der Entwicklung, Erweiterung und Festigung von Fähigkeiten, Fertigkeiten und Wissen. Die Abschlussphase dient der Ergebnissicherung und Evaluation. Die Transferanbahnung gehört ebenfalls mit dazu, sollte sie nicht schon in der Erarbeitungsphase erfolgt sein.

Diese Strukturierung und Anordnung ist ein Anhaltspunkt, kein Dogmatismus. Beispielsweise müssen die Lernenden nicht nur in der Einstiegsphase, sondern über den gesamten Lehr-Lern-Prozess hinweg, für das Thema interessiert werden. Die Motivation, sich mit dem Thema auseinanderzusetzen, ist in allen drei Phasen und darüber hinaus im Nachgang der Qualifizierungsmaßnahme sicherzustellen. Jedoch ist die Strukturierung zur Komplexitätsreduktion der Maßnahmenplanung für die Trainerinnen hilfreich.

Als methodischer Grundsatz gilt, dass jede Lehr-Lern-Einheit von einem konkreten Fall bzw. einer konkreten Aufgabe ausgehen soll. Damit wird sogleich die Verwendbarkeit des zu Lernenden deutlich, die Bereitschaft zum Lernen geweckt und Lehr-Lern-Ziele werden klar. Rezeptive Phasen sollten sich mit aktiven Phasen abwechseln, damit die Lernenden die Möglichkeit haben, Gehörtes anzuwenden und zu üben (vgl. [Lehnert, S. 266f.]). Döring [1990, S. 48] spricht in diesem Zusammenhang von „Einatmen" als rezeptive Phase und „Ausatmen" als expressive Phase.

7.2.5.1 Die Einstiegsphase

Der Einstiegsphase kommt doppelte Bedeutung zu, da sie die Einzelnen für das Thema und die Gruppe aufschließen soll. Damit werden Weichen gestellt, die das Verhältnis der Lernenden zum Thema und das der Lernenden untereinander prägen. Sie sind entscheidend für den Aufbau einer Struktur, für die Aufnahme und Verarbeitung der Einzelinhalte sowie das soziale Lernklima in der Lerngruppe (vgl. [Döring 1990, S. 55f; Lehnert 1995, S. 78ff.; Cohn/Matzdorf 1992, S. 82 und 91f.;]).
Dies lässt sich wie folgt zusammenfassen:

- Die Einstiegsphase soll helfen, sich leichter von der Arbeitssituation auf die Lernsituation umstellen zu können.
- Die Lernenden sollen über die Qualifizierungsmaßnahme so viele Informationen erhalten, dass sie Orientierung haben und wissen, welche Ziele, Inhalte und Methoden damit verbunden und welche Rahmenbedingungen (Zeitplan, Pausen, ...) gegeben sind.
- Die Lernenden sollen mit Hilfe der Einstiegsphase in die Lage versetzt werden, ihre Unsicherheiten, Befürchtungen und Ängste zu überwinden, sich wohl zu fühlen und in angemessener Offenheit miteinander umzugehen.
- Die Lernenden sollen ihre Unsicherheiten etc. überwinden, um für die Aufnahme fachlicher Inhalte frei zu werden.
- Durch das Einführen der Hilfsregeln und Postulate der TZI soll ein partnerschaftlicher Umgang untereinander, eine vertrauensvolle Atmosphäre und eine konkurrenzarme Lernsituation geschaffen sowie die aktive Mitwirkung am Lehr-Lern-Prozess angeregt werden.
- Die Lernenden sollen erkennen, dass die Artikulation eigener Bedürfnisse und Interessen ein Bestandteil des Miteinander im Lehr-Lern-Prozess ist und dass es nicht notwendig ist, „solche Interessen und Bedürfnisse hinter Äußerungen zum Thema zu verstecken" [Krull/Mischke 1996, S. 372].

Da die Ratsmitglieder bereits eine bestehende, in sich geschlossene Gruppe darstellen, kommen noch zwei weitere Punkte in der Einstiegsphase von Präsenzveranstaltungen zum Tragen:

- Die Ratsmitglieder kennen sich bereits, gegenseitige Rollenzuschreibungen in der Lerngruppe (sofern diese nicht mit der Arbeitsgruppe identisch ist) finden auf dem Erfahrungshintergrund der bisherigen Arbeitsgruppe statt.
- Die Trainerinnen und die Lerngruppe sind sich gegenseitig fremd.

Um das bisher Beschriebene zu konkretisieren, wird in Tabelle 7-9 eine Planungsskizze für die Einstiegsphase einer Präsenzveranstaltung dargestellt.

Geschätzte Dauer	Element der Einstiegsphase	Ziel und Inhalt	Begründung
5 Min.	Begrüßung Vorstellung des Zeitplanes, des Themas	Beziehung zu den Lernenden aufnehmen. Einblick in das Geplante geben und damit Orientierung ermöglichen. Erste Fragen und Anmerkungen hierzu anregen.	Die Lernenden möchten wissen, was auf sie zukommt und in welcher Form. Indem dies offen dargelegt wird, gewinnen sie einen Überblick und erste Unsicherheiten und Ängste werden genommen.
15 Min.	Kennenlernen und „Wie komme ich hier an?"	Sich gegenseitig kennenlernen. Einblick erhalten, was die Lernenden gerade beschäftigt	Das Kennenlernen bezieht sich hier vorrangig auf die Trainerinnen und Lernenden, da sich die Teilnehmerinnen untereinander bereits kennen. Lernende werden sich klar darüber, was sie Belastendes in die Veranstaltung „mitbringen" und können dies somit eher loslassen, Trainerinnen bekommen einen ersten Einblick.
10 Min	Einführung der Postulate und Hilfsregeln als Grundlage für die Zusammenarbeit in der Schulung	Lernende erfahren dadurch, dass - sie Subjekte des Lehr-Lern-Prozesses sein sollen, - sie aktiv in das Lehr-Lern-Geschehen eingreifen sollen, - Störungen Vorrang haben, ...	Die Grundlage für die Zusammenarbeit wird für alle offengelegt, um später bewusst angewendet und erlebt werden zu können. Dabei wird zum ersten Mal die Beziehung untereinander - das WIR - offen thematisiert und ihr Raum gegeben.
5 Min.	Wiederholung des Themas, damit verbundene Ziele sowie das Vorstellen des methodischen Vorgehens. Blitzlichtrunde „Was bewegt mich im Hinblick auf das Thema?"	Lernende erhalten einen Überblick über Thema, Ziele und Methoden. Trainerinnen lernen die Gemütslage der Lernenden kennen.	Um auf die Teilnehmerinnen eingehen zu können, müssen die Trainerinnen wissen, was diese bewegt.

Tabelle 7-9: Planungsskizze für eine Einstiegsphase einer Präsenzveranstaltung (Quelle: Eigene Darstellung)

Betrachtet man nun die einzelnen Elemente der Einstiegsphase vor dem Hintergrund des TZI-Dreiecks, wird deutlich, welche Eckpunkte dabei einbezogen werden, wo Schwerpunkte liegen oder ob bereits in dieser Phase, zumindest in der Planung, die Balance zwischen ICH, WIR und Thema besteht (siehe Abbildung 7-9). Die Balance wird daran deutlich, dass alle Eckpunkte gleichmäßig mit Lehr-Lern-Einheiten besetzt sind.

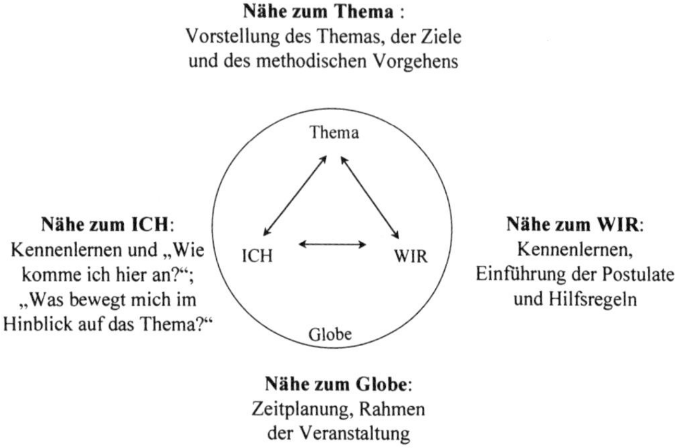

Abbildung 7-9: Elemente der Einstiegsphase und ihre Nähe zu Thema, ICH, WIR und Globe (Quelle: Eigene Darstellung)

Dem Einstieg in einzelne Lehr-Lern-Einheiten kommt die gleiche Bedeutung zu wie der Einstiegsphase einer Qualifizierungsmaßnahme. Der Unterschied liegt lediglich darin, dass dabei die Elemente des Kennenlernens und des „Wie komme ich hier an?" sowie die Basis der Zusammenarbeit (Postulate und Hilfsregeln) und die Rahmenbedingungen der Maßnahme nicht jedes Mal neu besprochen werden müssen. Diese sind nur zu Beginn einer Veranstaltung sinnvoll, nicht aber bei jeder Lehr-Lern-Einheit innerhalb einer Veranstaltung. Die Hinleitung zum Thema und was die Lernenden in diesem Zusammenhang bewegt, sind bei jeder Lehr-Lern-Einheit neu zu thematisieren.

7.2.5.2 Erarbeitungsphase allgemein

Für die konkrete Durchführung der Qualifizierungsmaßnahmen gelten die didaktischen Elemente der TZI (die Hilfsregeln, die Interaktionsmethoden und Postulate), die um die bereichsdidaktischen Elemente von DV-Schulungen, wie spezielle Methoden der Softwarevermittlung, ergänzt sind.

Das Chairperson- und das Störungspostulat helfen in Präsenzveranstaltungen mit Unterschwelligem, wie der „hidden agenda", umzugehen (vgl. [Jank/Meyer 1991, S. 341ff.]). Zusätzlich helfen die TZI-Hilfsregeln, das Miteinander zu strukturieren. Beides hilft, den Lehr-Lern-Prozess am Laufen zu halten. Dies ist eine Aufgabe, die die Trainerinnen als Verantwortliche stark fordert. Hier wirken die Postulate entlastend, da sie die Teilnehmerinnen mit in die Lernverantwortung nehmen.

Während der Präsenzveranstaltungen müssen Trainerinnen sehr sensibel sein, um den Lehr-Lern-Prozess, die einzelnen Teilnehmerinnen und den Gruppenprozess im Auge zu behalten. Hier bieten beispielsweise Pausen - sollten sie länger als fünf Minuten dauern - die

Möglichkeit, eine Zwischenbilanz für sich zu ziehen und den Lehr-Lern-Prozess gegebenenfalls zu korrigieren, ein neues Thema für die nächste Lehr-Lern-Einheit zu formulieren, eine andere Methode zu wählen etc. .

Dieses Prinzip der TZI hat sich in den Schulungen und Workshops mit den Ratsmitgliedern als überaus wirksam erwiesen. Es war grundsätzlich zu beobachten, dass die Teilnehmerinnen der Trainerin keine Aufmerksamkeit schenkten, sofern sie Fragen und Probleme mitgebracht hatten. Erst nachdem diese aufgenommen wurden und entschieden war, wann sie bearbeitet werden sollten, konnte gemeinsam gearbeitet werden. Hier griff ebenfalls die Begründung für das Störungspostulat. Denn es war offensichtlich, dass die Teilnehmerinnen so lange „gestört", also nicht bei der Sache waren, bis es ihnen erlaubt wurde, ihre Störung zu benennen.

7.2.5.3 Erarbeitungsphase „Softwarevermittlung"

Die Ausführungen in Kapitel 4.3 zu „Der EDV-Dozent" gelten für die Softwarevermittlung hinsichtlich der methodischen Anregungen uneingeschränkt. Trotzdem werden noch vier methodische Prinzipien herausgestellt (vgl. [Gebrig/Gebrig-Calcagni 1998, S. 46ff.]):

- Den Stoff vom Einfachen zum Schwierigen vermitteln.
- Die Reihenfolge der Inhalte sollte sich an der Handlungsausführung im Alltag orientieren.
- Kein Überhäufen mit Detailwissen bei der Vermittlung von Basiswissen.
- Aufgabenorientierung (Was wollen die Anwenderinnen mit der Software machen?) kommt vor Softwareorientierung (Was kann die Software?).

Es macht wenig Sinn, im ersten Schritt zu zeigen, wie ein Text gespeichert werden kann, und erst später vorzuführen, wie man Texte schreibt und korrigiert. Auch ist es beispielsweise unsinnig, zu zeigen, wie eine Email mit Adress-Suche und Ablegen geschrieben werden kann, solange die grundsätzlichen Emailfunktionen (z. B. Versenden einer Email) noch nicht beherrscht werden. Die vielen Randfunktionen der Email verwirren die Teilnehmerinnen und lassen sie im Endeffekt nichts behalten.

Oft müssen sehr komplexe Funktionen erklärt und gezeigt werden. In diesem Fall ist es empfehlenswert, nicht alle Details auf einmal zu vermitteln, sondern diese in unterschiedliche Informationsaufnahmephasen zu verpacken, also schrittweise zu erweitern. Dieses Vorgehen kann mit dem Begriff Spiral-Prinzip beschrieben werden. In Wiederholungsschleifen werden neue Details vermittelt. Damit schraubt man sich in der Komplexität des Gelernten nach oben.

Orientiert sich die Gestaltung der Erarbeitungsphase an der konkreten Software, bringt dies einige Nachteile mit sich:

- Die zu vermittelnde Stoffmenge kann nicht sinnvoll reduziert werden, da zahlreiche Details dazu verleiten, mehr zu erzählen und die Frage zur Stoffreduktion von der Software ausgeht.
- Die Lernenden werden mit einer Fülle von Funktionen und Informationen konfrontiert, die sie in ihr bisheriges Wissen nicht sinnvoll integrieren können.
- Ein roter Faden, der sich an der Arbeitstätigkeit der Lernenden orientiert, wird nicht deutlich.

- Der Transfer vom Lern- zum Arbeitsplatz gelingt nur schlecht.

Der Vorteil der Programmorientierung liegt darin, dass die Trainerinnen das Arbeitsumfeld der Lernenden nicht kennen müssen, um schulen zu können.

Die Aufgabenorientierung rückt die Teilnehmerinnen mit ihrem Arbeitsalltag und ihren Anforderungen stärker in den Mittelpunkt. Daraus ergeben sich folgende Vorteile:

- Die Stoffmenge wird auf das Wesentliche reduziert, die Lernenden werden nicht mit Detailwissen überhäuft.
- Einzelne Softwarefunktionen werden nicht losgelöst, sondern anhand einer Aufgabe erklärt. Die Lernenden erinnern sich besser an Aufgaben und Beispiele aus ihrer Arbeit als an Funktionen, die „im luftleeren Raum schweben".
- Funktionen werden dann erklärt, wenn sie zum Erstellen einer konkreten Aufgabe gebraucht werden, nicht auf Vorrat.
- Können die Lernenden an konkreten Aufgabenstellungen arbeiten, erkennen sie den Wert des zu Lernenden und sind dadurch motivierter.
- Der Transfer vom Lern- zum Arbeitsplatz findet bereits in der Schulung statt, weil die Lernenden bereits lernen, ihre Aufgaben mit der Software zu erledigen.

Um einen Anhaltspunkt zu haben, wie eine Planungsskizze für einen Teil einer Lehr-Lern-Einheit zum Thema Email aussehen kann, siehe Tabelle 7-10.

Geschätzte Dauer	Element der Erarbeitungsphase	Ziel und Inhalt	Begründung
3 Min.	Email-Einführung	Wissen, was Email bedeutet und welche Vor- und Nachteile es hat	Kurzinformation über Email zum Anwärmen und Wissensaufbau.
5 Min.	Welche Unterschiede von Email bestehen gegenüber bisherigem Briefverkehr, Telefon und Fax bzw. meinem bisherigen Arbeiten?	Vor- und Nachteile von bisherigen Medien zu neuen Medien kennen.	Teilnehmerinnen überlegen sich selbst die Unterschiede. Damit sollen sie aktiviert werden und können an ihre Erfahrungen anknüpfen.
5 Min.	Welche Schritte durchlaufe ich bei der Brieferstellung versus welche Schritte durchlaufe ich bei der Email-Erstellung?	Kennen der Arbeitsabläufe.	Am Arbeitsablauf der Teilnehmerinnen kann anschließend der Arbeitsablauf der Email-Erstellung erläutert werden.
10 Min.	Erstellen einer Email. Demonstrieren (Programmstart, wichtige Bildschirm-Elemente) und Vorführen	Kennen der Arbeitsschritte, die das Erstellen einer Email bedingen.	Das schrittweise Vorführen soll helfen, die einzelnen Schritte nachvollziehbar zu machen.
15 Min.	Lernende erstellen eine Email, individuelle Hilfestellung durch die Trainerinnen.	Einüben der Arbeitsschritte.	Aktive Verarbeitung und Festigung des Gehörten.
5. Min.	Was mache ich, wenn...?	Lernende können Fehler-/-Problemsituationen einschätzen und angemessen reagieren.	Aktives Fehlermanagement üben.
5 Min.	Wiederholung anhand der Karten-Frage-Methode	Festigung des Lehr-Lern-Stoffes.	Lösen vom Bildschirm, Gedanken ordnen und in eine Struktur bringen, Fragen klären.
10 Min.	Wie können wir künftig Email zur Kommunikation untereinander einsetzen?	Erkennen von Einsatzmöglichkeiten der Email für die Zusammenarbeit	Transferanbahnung und Eigenaktivität der Teilnehmerinnen
5 Min.	Gefahren und Risiken der Emailkommunikation	Kennen der Gefahren und Risiken	Aufzeigen der Interpretationsspielräume von Geschriebenem etc.
...			

Tabelle 7-10: Planungsskizze für eine Teilerarbeitungsphase einer Präsenzveranstaltung (Quelle: Eigene Darstellung)

Betrachten wir nun wieder das TZI-Dreieck (Abbildung 6-5), stellen wir fest, dass der Schwerpunkt dieser Lehr-Lern-Einheit beim Thema liegt. Nur wenige Elemente betonen das ICH und das WIR. Das ICH wird durch die Frage nach den Unterschieden zu dem bisherigen eigenen Arbeiten und die Frage nach den eigenen Arbeitsschritten angesprochen. Das WIR kommt im Element bei der Frage nach der künftigen Kommunikation untereinander per Email zum Tragen. In diesem Zusammenhang kann die soziale Dimension mit aufgezeigt werden (siehe letztes Element: Chancen und Risiken), denn „ ... wenn wir kommunizieren, tauschen wir nicht nur Informationen aus, sondern treten zugleich in soziale Beziehungen ein. Damit aber ist jeder Informationsaustausch eingebettet in Prozesse der Verständigung, der Kooperation und der wechselseitigen Interpretation von Handlungsgründen, Absichten, Mitteilungen und Verhaltenserwartungen" [Schäfers 1995, S. 155].

In der Frage, wie Email als Kommunikationsmittel untereinander eingesetzt werden kann, steckt auch das Anbahnen des Entlernens eingeschliffener Kommunikationswege. Durch das bewusste Nachdenken darüber und die getroffene Vereinbarung mit den Anderen wird die Nutzung ins Zentrum der Überlegungen gerückt und als neue Möglichkeit begriffen.

Die Frage der Selbsthilfe ist ein wesentlicher Aspekt bei der Telekooperation, da keine Kollegin, die neben einem sitzt, schnell mal gefragt werden kann. Die Hemmschwelle zum Telefon zu greifen, ist auch relativ hoch. Wissen sich die Teilnehmerinnen in Fehler- oder Problemfällen selbst zu helfen, entlastet dies sie selbst, Kolleginnen und den Benutzerservice. Dieser Punkt sollte grundsätzlich nicht vergessen werden, egal wieviel Zeit zur Verfügung steht.

7.2.5.4 Erarbeitungsphase „Workshops“

Workshops sind sowohl zur Wiederholung von Gelerntem, hinsichtlich Hard- und Softwarenutzung, als auch zur Erarbeitung von neuen organisatorischen Abläufen und Zusammenarbeitsprozessen geeignet. Deshalb wird diese Veranstaltungsart gesondert betrachtet.

Für die Lehr-Lern-Prozessgestaltung von Workshops haben sich Methoden aus der Moderationspraxis[206] als hilfreich bewährt. Ihr Ansatz ist teilnehmerorientiert, da die Teilnehmerinnen an der Sammlung und Auswahl der Themen von vorneherein beteiligt sind. Ein mehrfach erprobter Ablauf für die Durchführung enthält folgende Phasen:

1. Einstiegsphase
2. Erarbeitungsphase
    - Themensammlung
    - Themenauswahl
    - Themenbearbeitung
    - Wiederholung
3. Abschlussphase

Für den Einstieg und Abschluss gilt das bereits in Kapitel 7.2.5.1 und Kapitel 7.2.5.5 genannte. Für die einzelnen Erarbeitungsphasen haben sich Methoden der Moderation wie Brainstorming, Clustern, Punkten oder Zuruftechnik bewährt. Die Teilnehmerinnen können innerhalb des Veranstaltungsthemas (z. B. „Unsere computerunterstützte Zusammenarbeit – Wie kann sie aussehen? Wie soll sie aussehen?“) aktiv die einzelnen, zu besprechenden Unterthemen mit Hilfe eines Brainstormings zusammentragen. Anschließend ordnen sie diese und fassen ähnlich lautende Themen unter einer Überschrift zusammen. Abschließend erhalten die Teilnehmerinnen Punkte, die sie an die Unterthemen, entsprechend ihrer subjektiv eingeschätzten Bedeutung, vergeben dürfen. Über die Vergabe der Punkte wird deutlich, welches der Unterthemen zuerst bearbeitet werden soll.

Soll eine Mischform zwischen Workshop und Qualifizierungsmaßnahme geschaffen werden, sind in der Erarbeitungsphase auch Einheiten der Wissensvermittlung zu integrieren. Da sich

[206] (vgl. [Döbber 1998, S. 78ff.; Haders/Heilmann 1998, S. 293ff.; Hartmann/Rieger/Pajonk 1997; Seifert 1995]).

diese meist auf die Hard- und Softwarenutzung beziehen, gilt das unter Kapitel 7.2.5.3 Genannte.

7.2.5.5 Die Abschlussphase

Ebenso wichtig wie der Beginn, ist die Abschlussphase einzelner Lehr-Lern-Einheiten und der gesamten Qualifizierungsmaßnahme. Das Gelehrte bzw. Gelernte ist kurz zu wiederholen, übersichtlich zusammenzufassen und auf den Punkt zu bringen. Dabei kann die Trainerin das Gelehrte darstellen und die Lernenden das, was aus ihrer Perspektive am Wichtigsten war und sie davon mitnehmen.

Wesentlich ist in der Abschlussphase auch der Ausblick auf sich anschließende Qualifizierungsmaßnahmen und die Einordnung in die Gesamtübersicht der Veranstaltungsthemen, um die Zusammenhänge deutlich zu machen.

Feedback der Lernenden zu Thema, Inhalten, methodischem Vorgehen, den Trainerinnen, dem Verlauf der Veranstaltung, zur Zusammenarbeit in der Lerngruppe etc. ist ein sehr wesentlicher Bestandteil. Hierdurch gewinnen die Trainerinnen Einblick in die Bedürfnisse, das Empfinden und die Wahrnehmung ihrer Lernenden und erhalten Impulse, wie künftige Qualifizierungsmaßnahmen angepasst werden können. Das Feedback kann über mehrere Methoden gewonnen werden. Bleibt wenig Zeit, kann es über die Nutzung eines Fragebogens aus der Veranstaltung herausgenommen und in die anschließende Zeit der Lernenden verlagert werden. Das hat jedoch Nachteile. Zum einen kann es passieren, dass sich die Lernenden die Zeit zum Ausfüllen nicht nehmen und der Rücklauf gering ist. Zum anderen können Punkte bereits in Vergessenheit geraten sein, bis die Lernenden dazukommen, den Fragebogen zu beantworten. Methoden, die diese Nachteile ausklammern und nicht zuviel Zeit beanspruchen, sind die Kartenabfrage oder Blitzlichtrunden.

Tabelle 7-11 fasst das Beschriebene im Überblick zusammen und enthält Zeitschätzungen, die sich je nach Fülle der Lehr-Lern-Einheit oder Veranstaltung sowie der Anzahl der Lernenden ändern können.

Geschätzte Dauer	Element der Abschlussphase	Ziel und Inhalt	Begründung
15 Min.	Rückblick – Was haben wir in dieser Veranstaltung besprochen/gemacht und wozu?	Wiederholung des Lehr-Lern-Stoffes und Einordnung im Gesamtzusammenhang.	Die Lernenden sollen zur Festigung des Gelehrten/ Gelernten eine kurze, wiederholende Zusammenfassung der Veranstaltung erhalten. Dabei sollen die wesentlichen Elemente herausgestellt und im Gesamtzusammenhang eingeordnet werden.
10 Min.	Rückblick – Welche offenen Fragen habe ich noch zu dem Gelehrten/Gelernten?	Offenen Fragen der Teilnehmerinnen klären.	Abschließende Möglichkeit zur Klärung von Missverständnissen und offenen Fragen der Lernenden.
10 Min.	„Was nehme ich aus der Veranstaltung mit? (Was war mir besonders wichtig und was werde ich davon sofort umsetzen?)"	Kennenlernen der, für die Lernenden wichtigen/ wesentlichen Punkte.	Trainerinnen können lediglich Annahmen treffen, was für die Lernenden wichtig und wesentlich ist. Eine Verifizierung der Annahme ist deshalb im Blick auf künftige Veranstaltungen notwendig.
15 Min.	Feedback	Rückmeldung von den Lernenden zu Thema, Ziel, methodischem Vorgehen, Organisatorischem, etc.	Evaluation der Qualifizierungsmaßnahme und die Möglichkeit zur Anpassung künftiger Maßnahmen.
2 Min.	Ausblick – Wie geht es nach der Veranstaltung weiter?	Informationsvermittlung und Einordnen im Gesamtzusammenhang.	Hierzu gehören Angaben zu bestehenden Supportstellen, Lernzirkel, Hotline-Angeboten etc., um den Lernenden einen Überblick darüber zu verschaffen und gleichzeitig die Inanspruchnahme anzuregen.
2 Min.	Dank und Verabschiedung	Beziehung zu den Lernenden intensivieren, Schlusspunkt setzen.	

Tabelle 7-11: Planungsskizze für eine Abschlussphase einer Präsenzveranstaltung (Quelle: Eigene Darstellung)

Betrachtet man die einzelnen Elemente der Abschlussphase wieder im Kontext des TZI-Dreiecks, wird ebenso deutlich, welche Punkte dabei einbezogen werden, wo Schwerpunkte liegen oder ob in dieser Phase Ausgewogenheit erzielt werden konnte (siehe Abbildung 7-10).

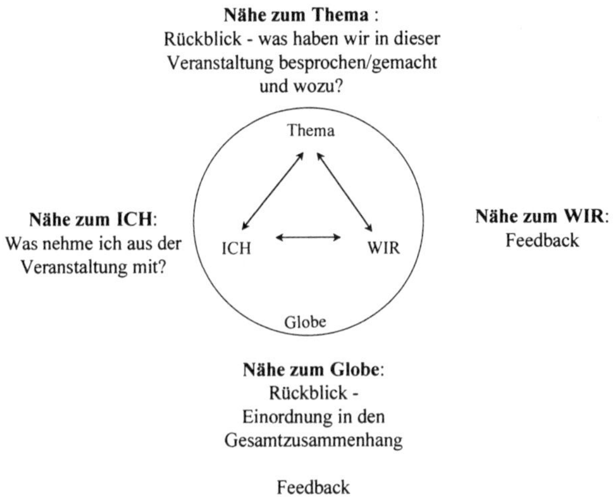

Abbildung 7-10: Elemente der Abschlussphase und ihre Nähe zu Thema, ICH, WIR und Globe (Quelle: Eigene Darstellung)

Die Eckpunkte sind gleichmäßig belegt und damit ausgewogen berücksichtigt.

7.2.6 Sozialformen und Lehr-Lern-Methoden

Entsprechend der festgelegten Organisationsform können unterschiedliche Methoden und Sozialformen einzeln, kombiniert und/oder verändert zum Einsatz kommen. Mit dem Begriff Sozialform[207] wird die Kommunikations- und Interaktionsbeziehung zwischen Trainerin und Lernenden im Rahmen von Qualifizierungsmaßnahmen beschrieben. Vier Formen lassen sich hierzu unterscheiden: Arbeit im Plenum, Arbeit in Teilgruppen, Partner- oder Einzelarbeit.

Für Präsenzveranstaltungen eigenen sich, je nach Aufgabenstellung, alle diese Arbeitsformen. Für Fernveranstaltungen eignen sich diese in Abhängigkeit der genutzten Medien. Beispielsweise macht eine „Tele“-Plenumsarbeit keinen Sinn, wenn lediglich die Emailfunktion zur Kommunikation zur Verfügung steht. Kann eine Chatfunktion genutzt werden, ist dies eher denkbar.

Mit dem Begriff Lehr-Lern-Methode wird bezeichnet, wie etwas im Unterricht gemacht wird. Entscheidet sich eine Trainerin beispielsweise für die Arbeit im Plenum, kann sie zwischen unterschiedlichen Methoden wie z. B. dem Lehrgespräch oder dem Lehrvortrag wählen.

Entscheidend für die Wahl einer Methode sind neben den Rahmenbedingungen auch die Ziele und der Zweck der Lehr-Lern-Einheit. Sollen in einer Präsenzveranstaltung die Teilnehmerinnen in möglichst kurzer Zeit einen Überblick erhalten, eignet sich ein Lehrgespräch.

---

207 Der Begriff *Arbeitsform* wird in der erziehungswissenschaftlichen Literatur häufig als Synonym zu dem Begriff *Sozialform* verwendet (vgl. [Meyer 1991, S. 136ff.]).

Steht viel Zeit zur Verfügung, können sich die Teilnehmerinnen den Überblick anhand von bereitgestelltem Material selbst erarbeiten. Je nach gewählter Sozialform und Methode werden die Teilnehmerinnen somit unterschiedlich stark selbst aktiv. Dadurch erhält eine Lehr-Lern-Phase rezeptiven oder aktivierenden Charakter. Tabelle 7-12 fasst beispielhaft Tätigkeiten zusammen, die diesen Charakter verleihen.

Rezeptive Tätigkeiten	Aktivierende Tätigkeiten
Zuhören	Sprechen, Diskutieren
Beobachten/Zusehen	Selber machen/Selbsttätig sein
Lesen	Erkunden, Experimentieren
Abschreiben	Eigenständiges Formulieren beim Schreiben
Nachvollziehen	Eigenständige Lösungssuche

Tabelle 7-12: Gegenüberstellung von rezeptiven und aktivierenden Tätigkeiten (Quelle: In Anlehnung an [Döring 1990, S. 48]).

Die Entscheidung, ob eine Maßnahme stärker rezeptiv oder aktiv gestaltet wird, sollte nicht allein bei den Lehrenden liegen. Die Lernenden sollten befragt werden, wie sie gerne lernen wollen und so den Kursaufbau mitgestalten dürfen. Über ihre Lernhistorie haben die Teilnehmerinnen Lernstile entwickelt, die durch das Einbinden in die Gestaltung berücksichtigt werden und für höhere Akzeptanz gegenüber dem Lehren und Lernen sorgen.

In der erwachsenenpädagogischen Literatur gibt es zahlreiche Methodenbücher, die ausführlich über Arbeitsformen und Lehr-Lern-Methoden informieren (vgl. [Bönsch 1991; Gebrig/ Gebrig-Calgani 1998; Knoll 1997; Lehnert 1995; Weidenmann 1998]). Im Folgenden werden einige Methoden vorgestellt, die sich über die Einführung in Cuparla und aus der Erfahrung der Autorin mit anderen Trainings als wertvoll herausgestellt oder entwickelt haben. Darüber hinaus soll noch einmal auf die Wiederhol-Vermittlungs-Methode verwiesen werden, die im Zusammenhang mit immer zu spät kommenden Teilnehmerinnen entwickelt wurde (siehe Kapitel 4.4.3.2).

Bildkarten-Assoziation (vgl. [Rabenstein/Reichel/Thanhoffer 1996, S. 1.D13])
Diese Methode eignet sich für Gruppen, die sich schon kennen und denen lange Vorstellungsrunden erspart bleiben sollen. Sie kann auch eingesetzt werden, um die Befindlichkeit der Teilnehmerinnen während oder zum Abschluss einer Qualifizierungsmaßnahme zu erfahren. Entsprechend der gestellten Frage, ergibt sich dies.

Die Leitende breitet eine Anzahl von Bildkarten auf dem Tisch aus (günstig sind doppelt so viele Karten wie anwesende Teilnehmerinnen). Jede Teilnehmerin zieht eine Karte, die ihr spontan ins Auge sticht. Anschließend sind die Teilnehmerinnen gefordert, in Assoziation zur Karte, die Frage, z. B. in der Kennenlernrunde die Frage „Wer bin ich?", zu beantworten.

Sandwich- Prinzip (vgl. [Wahl 1995, S. 87])
Ein Sandwich besteht aus Brotlagen (Informationsaufnahmephasen) und Beilagen (aktive Verarbeitungsphasen). Je nach Vorkenntnissen und Vorlieben der Teilnehmerinnen können die Lagen des Sandwiches während einer Schulung variiert werden. Z. B. Sandwich mit

Wiederholungsphasen oder mit immer kürzer werdenden Informationsaufnahmephasen oder mit minimalen Informationsaufnahmephasen.

Mit dem Sandwich-Prinzip werden sowohl der Instruktion als auch dem entdeckenden Lernen Raum gegeben. Der Instruktion wird immer wieder vorgeworfen, dass sie den Lernenden zu wenig Raum für aktives, selbstgesteuertes Lernen lässt. Die entdeckende Lernumgebung hat dagegen den Nachteil, dass insgesamt mehr Zeit aufgewendet werden muss und dass der Lernerfolg gering ist, wenn nicht genügend Hilfsmittel wie Schulungsunterlagen oder Aufgabenblätter zur Verfügung stehen. Optimal ist es, wenn es gelingt, beide Ansätze - das Instruieren und das entdeckende Lernen - in einer Qualifizierungsmaßnahme zu integrieren.

Bauklötzchen –Methode

Diese Methode eignet sich, um Einzelarbeitsphasen zu unterstützen. Jede Teilnehmerin erhält zwei Bauklötzchen in den Farben rot und gelb. Das rote Bauklötzchen bedeutet, dass die Teilnehmerin sofort Hilfe von der Trainerin braucht. Das gelbe bedeutet, dass die Teilnehmerin Hilfe braucht, aber nicht sofort (vgl. [Gebrig/Gebrig-Calgani 1998, S. 81]). Vorteile dieser Methode sind:

- Die Teilnehmerinnen können in Ruhe arbeiten, während ihr Bauklötzchen auf dem Rechner steht. Sie sind nicht damit blockiert, dass sie ständig nach der Trainerin schauen müssen.
- Die Trainerin ist entlastet, da sie nicht erraten muss, ob Teilnehmerinnen Hilfe brauchen oder nicht und wie dringlich ein Hilfegesuch ist. Interessant ist, dass gelbe Bauklötzchen nach einiger Zeit wieder vom Bildschirm verschwinden.
- Im Raum entsteht keine Unruhe durch Hilferufe. Alle können konzentriert arbeiten.
- Nicht nur die Trainerin, sondern auch Sitznachbarinnen sehen, wenn jemand eine Frage hat und helfen ggf. weiter.

Karten-Frage-Runde

Diese Methode eignet sich zum Wiederholen von Begriffen und zum Rekonstruieren von Strukturen. Die Trainerin schreibt alle notwendigen Grundbegriffe, die behandelt wurden, auf Karten. Die Teilnehmerinnen ziehen jeweils ein bis drei Karten. Anschließend erhalten sie die Aufgabe, Fragen zu den gezogenen Begriffen zu formulieren. Die Fragen werden dann entweder an eine Person nach Wahl oder an alle Teilnehmerinnen gestellt. Abschließend werden die Karten mit den Begriffen strukturiert und angeordnet, so dass daraus ein Überblicksbild entsteht.

Die Erfahrung mit dieser Methode war durchweg positiv. Abstrakte Begriffe und Strukturen wurden wiederholt deutlich. Gerade bei Software-Einführungen, bei denen die Lernenden fast ausschließlich am PC arbeiten, wurde sie als willkommene Abwechslung und Bereicherung empfunden.

Simulation

Um Telekooperation auch erlebbar zu machen und zu vermitteln, welche Vorteile damit verbunden sind, welche Probleme und Schwierigkeiten auftauchen können, wie man sich dabei „fühlt" etc., sollte diese simuliert werden. Dazu können zur gleichen Zeit in zwei voneinander getrennten Räumen Lerngruppen trainiert werden, z. B. Gruppe A und Gruppe B. Aus beiden Lerngruppen sollten sich jeweils zwei oder mehrere Personen finden, beispielsweise eine Person aus Gruppe A und eine Person aus Gruppe B, die gemeinsam eine gestellte Aufgabe telekooperierend lösen. Ist es mit den Lerngruppen zu komplex, können als Gegenpart für das Aufgabenlösen auch Personen des Benutzerservices oder weitere Trainerinnen fungieren. Im Anschluss an die Aufgabenerledigung sollte reflektiert werden, was problemlos ging, wo Schwierigkeiten lagen und wie diese zu lösen sind. Dieses Vorgehen nimmt den Lernenden die Scheu, das Gelernte im Alltag einzusetzen, da sie bereits einmal alle Probleme durchlebt haben und bereits wissen, wie sie damit umgehen können.

7.2.7 Medien: Schulungsmaterialien und Hilfsmitteleinsatz

Unter Medien sind pädagogisch-didaktische Hilfsmittel zu verstehen, die zur Unterstützung des Lehr-Lern-Prozesses dienen. Sie können als Hilfsmittel für die Instruktion, als Arbeitshilfe, als Motivationshilfe oder auch zur Unterhaltung eingesetzt werden. Medien sind sinnvoll eingesetzt,

- wenn sie der Anschaulichkeit dienen, d.h. wenn ein Inhalt, der sprachlich erfasst wird, mit sinnlichen Elementen angereichert ist. Beispielsweise sollte über das Versenden einer Email nur gesprochen werden, wenn ergänzend zur Verdeutlichung eine Grafik, die den Ablauf darstellt, gezeigt wird.
- wenn sie zur Steuerung des Lehr-Lern-Prozesses dienen, z. B. als Arbeitsblatt.
- wenn sie die Lernenden motivieren, am Lehr-Lern-Stoff zu arbeiten (vgl. [Döring 1990, S. 57f.; Mischke/Raapke/Sielaff 1996, S. 150ff.] und
- wenn sie helfen, die Lernenden zur gegenseitigen Unterstützung anzuregen (vgl. [Huber/ Rotering-Steinberg 1998, S. 216]).

Um sich Klarheit darüber zu verschaffen, ob ein Medieneinsatz sinnvoll ist, können zwei Kernfragen helfen:

4. Kann das Medium einen Beitrag zur Vermittlung des Lehr-Lern-Stoffes und der Erreichung des Lehr-Lern-Zieles leisten? Wenn ja, welchen?
5. Können die Teilnehmerinnen den Einsatz des Mediums als sinnvoll erleben? Wobei unterstützt das Medium die Teilnehmerinnen?
6. Steht der Aufwand des Medieneinsatzes in Relation zum Nutzen?

In Trainings zur Software-Einführung ist meist ein Beamer oder LCD-Display im Einsatz, um den Bildschirm der Trainerin an einer Projektionswand sichtbar zu machen. Anhand dessen werden dann einzelne Schritte vorgeführt und Bildschirmelemente erläutert. Ob dies wirklich notwendig ist und wie viele zusätzliche Medien noch zum Einsatz kommen, sollte stark hinterfragt werden. Denn bereits der eigene PC fordert von den Teilnehmerinnen sehr viel Aufmerksamkeit.

Die Auswahl und Erarbeitung von Materialien, wie z. B. Übungsaufgaben, muss entsprechend den Forderungen und Schlussfolgerungen realitätsnah, am Arbeitsalltag der Ratsmitglieder orientiert, erfolgen. Arbeitsnahes Lernen hat die Vorteile, dass

- sich die Lernenden in einer „Echtsituation“ befinden,
- Bedarfs- und Transfermanagement erleichtert wird oder sogar entfällt und
- eine langfristig wirkende Lernmotivation begünstigt wird, da das Lernen für die Arbeit als sinnvoll erlebt wird (vgl. [Döring/Ritter-Mamczek 1998, S. 163]).

Darüber hinaus wirkt eine Struktur der Aufgaben, die die Zusammenarbeit fördert, für künftige Kooperation unterstützend. Dies geschieht, indem sie die Kooperation mit anderen Lernenden an bestimmten Stellen erforderlich macht (vgl. [O'Donnell/Dansereau 1992]).

Beispielsweise kann die Email-Funktion für die Vermittlung der Software-Nutzung als Medium verwendet werden, um Telelernen zu ermöglichen, allerdings erst dann, wenn die Anwenderinnen die Emailfunktion beherrschen. Darüber können dann Instruktions-Emails versendet werden, anhand derer sich die Anwenderinnen weitere Funktionen selbst erschließen. Treten Probleme und Schwierigkeiten auf, müssen entweder Lösungsmöglichkeiten in der Instruktions-Email aufgeführt oder die Trainerinnen, gegebenenfalls der Benutzerservice, per Email oder Telefon erreichbar sein.

Grafiken zur Veranschaulichung von Gesamtzusammenhängen sind ein wichtiger Bestandteil in der Software-Einführung, um zu sehen, wo sich die Teilnehmerinnen "befinden" und welche Komponente mit welcher Funktion besprochen wird.

7.2.8 Kosten-Nutzen-Abwägungen

Im Hinblick auf Kosten-Nutzen-Abwägungen können einige Hinweise gegeben werden. Diese hängen von den jeweiligen Rahmenbedingungen ab. Bei allen Überlegungen sollte das Wissen ausschlaggebender Faktor sein, dass eine kritische Masse an Anwenderinnen erreicht werden muss, um die Nutzung von Telekooperation zu etablieren. Hinter diesen Aspekt sollten selbst Kostenabwägungen zurücktreten. Denn wird die kritische Masse nicht erreicht, kann die gesamte Einführung scheitern. Für die Einführung von Telekooperation bei Ratsmitgliedern hat sich deshalb gezeigt, dass ein großes Budget für Betreuungs- und Qualifizierungsmaßnahmen notwendig wird, um die Anwenderinnen zur Nutzung der Telekooperationstechnologie zu führen und bei der Nutzung zu unterstützen. Ist das Budget zur Einführung von Telekooperation sehr begrenzt, müssen innerhalb der Betreuungs- und Qualifizierungsmaßnahmen Prioritäten gesetzt und kostengünstigere Alternativen gesucht werden. Die Qualität und die Betreuungsintensität darf darunter aber nicht leiden!

Unverzichtbar sind die Präsenzveranstaltungen der Hard- und Software-Einführung, sofern die Anwenderinnen diesbezüglich noch kaum oder keine Vorkenntnisse mitbringen. Wird hieran bereits gespart, kann die Frustration über Schwierigkeiten im Umgang mit dem Telekooperationssystem so hoch sein, dass die Akzeptanz leidet und die Anwenderinnen die Nutzung verweigern.

Im Rahmen der Einführungsveranstaltungen ist ein Mentorensystem zu etablieren und die Anwenderinnen sollen sich gleich zu Lerntandems zusammenschließen. Beide Maßnahmen reduzieren den Betreuungsaufwand für den Benutzerservice, da sich die Anwenderinnen in Problemfällen erst an ihre Mentorin und/oder Lernpartnerin wenden können.

Folgequalifizierungen zur facettenreichen Nutzung der Software können über Telelernen - wie unter Kap. 7.2.7 skizziert - alternativ durchgeführt werden. Dies hat den Vorteil, dass die Teilnehmerinnen keine Räumlichkeiten brauchen, dass Fahrtkosten und -zeiten für Teilnehmerinnen und Trainerinnen entfallen sowie keine teure Lehr-Lern-Software notwendig wird. Ein weiterer Vorteil liegt in der Betonung der Eigenständigkeit der

Anwenderinnen. Je stärker sie an das Lösen von Aufgabstellungen und damit auch von Schwierigkeiten und Problemen gewöhnt sind, desto selbständiger werden sie im Umgang mit dem Rechner und desto weniger Betreuungsaufwand wird langfristig notwendig sein.

Workshops, die den Aspekt der Zusammenarbeit in der Arbeitsgruppe betreffen, dürfen nicht entfallen und müssen als Präsenzveranstaltungen durchgeführt werden. Hier gilt es, alle Beteiligten für die neuen Arbeitsweisen zu gewinnen und diese zu etablieren. Dies kann nur sehr eingeschränkt durch andere Maßnahmen ersetzt werden. Als Ausnahme gilt, wenn es die Fraktionen gewohnt sind, dass die Fraktionsspitze ihnen die Arbeitsweise diktiert. In diesem Fall kann ein Treffen entfallen und lediglich die Fraktionsspitze im Hinblick auf neue Arbeitsprozesse beraten werden.

7.3 Nachbereitung

Der Nachbereitung kommt mehrfache Bedeutung zu: als Ausgangspunkt für Entscheidungen zu nachfolgenden Qualifizierungsmaßnahmen und deren Vorbereitung sowie als Basis für die Benutzerbetreuung. Durch intensive Reflexion sollen Hinweise für eine eventuell notwendige Überarbeitung der Planungsergebnisse und die künftige Betreuung der Anwenderinnen gewonnen werden.

Eine sorgfältige Reflexion und Evaluation dient der Überprüfung und der Qualitätssteigerung der einzelnen Maßnahmen. Die Reflexion kann anhand des TZI-Dreiecks und der Betrachtung von Struktur-Prozess-Vertrauen durchgeführt werden. Für die Evaluation gibt es zahlreiche Fragebögen (vgl. [Döring/Ritter-Mamczek 1998, S. 418ff.; Reglin/Schmidt/Trautmann 1999, S.118ff.]), die den Teilnehmerinnen zum Ausfüllen gegeben werden können.

Wie erwähnt, wird anhand des TZI-Dreiecks und der Interaktionsmethode Struktur-Prozess-Vertrauen reflektiert, inwiefern die einzelnen Punkte ausgewogen waren, wo die Lerngruppe steht und wo die nächste Qualifizierungsmaßnahme ansetzen muss, ob die Struktur passend war, wie der Prozess verlaufen ist und wie sich die Vertrauenskultur entwickeln konnte.

Lassen Sie den gesamten Verlauf einer Qualifizierungsmaßnahme Revue passieren. Überlegen Sie genau, welche Abschnitte gut gelaufen sind und wo es Schwierigkeiten gab. Wo lagen eindeutig die Stärken und was hat besonders gut geklappt? Was hätten Sie im Rückblick besser machen können, welche Schwachstellen erkennen Sie?

Um den Blick auf alle wesentlichen Bereiche gleichmäßig werfen zu können, bietet das TZI-Dreieck Hilfe. In Tabelle 7-13 werden Fragestellungen aufgeführt, die in Hinblick auf die Reflexion möglich sind.

Thema	War das ausgewählte Thema für die Teilnehmerinnen praxisrelevant? Waren die damit zusammenhängenden Unterthemen richtig erkannt? Welche Unterthemen haben gefehlt? Welche Unterthemen waren aus der Perspektive der Teilnehmerinnen nicht praxis-relevant?...
ICH	Konnten sich die Teilnehmerinnen mit ihrer Praxis einbringen? Wie war die Rückmeldung der Teilnehmerinnen und was könnte die Ursache dafür sein? Womit waren die Teilnehmerinnen zufrieden/unzufrieden? Wie ist der Lernstand der Einzelnen nach der Qualifizierungsmaßnahme?...
WIR	War die Gruppengröße angemessen? Kamen die Teilnehmerinnen miteinander zurecht? Konnten sich die Teilnehmerinnen aufeinander einlassen? Was wirkte in der Gruppe lernfördernd/-hemmend? Wie ist der Lernstand in der Gruppe? Wo steht die Gruppe jetzt mit ihren Fähigkeiten/Fertigkeiten/Kenntnissen nach der Qualifizierungsmaßnahme? Was könnte die Gruppe als Nächstes brauchen? ...
Globe	Wurde der Globe ausreichend berücksichtigt? Wo hat sich gezeigt, dass dies nicht der Fall war? Wurde er überbetont? ...
Thema – ICH	Konnten sich die Teilnehmerinnen mit dem Thema identifizieren und dadurch motivieren? Hatten die Teilnehmerinnen ähnliche/unterschiedliche Erfahrungen mit dem Thema? ...
Thema – WIR	Konnten sich die Teilnehmerinnen mit dem Thema identifizieren und dadurch motivieren? Konnte sich die Gruppe auf das Thema einlassen? Wo lagen in der Gruppe Schwierigkeiten im Hinblick auf das Thema? ...
ICH – WIR	Fanden die einzelnen Teilnehmerinnen den Zugang zur Lerngruppe? Fühlten sie sich in der Lerngruppe wohl? Wo gab es Probleme und Schwierigkeiten? Was lief überraschend gut? ,,,
Thema – Globe	Haben Einflüsse aus dem Umfeld die Themenbearbeitung erschwert/erleichert?...
ICH – Globe	Wurden Einzelne durch Umfeldaspekte am Lernen gefördert/gehindert? Kamen aus dem Umfeld Anforderungen durch das Lernen auf die Einzelnen zu? ...
WIR – Globe	Wurde die Gruppe durch Umfeldaspekte am Lernen gefördert/gehindert? Kamen aus dem Umfeld Anforderungen durch das Lernen auf die Gruppe zu? ...
ICH-Thema-WIR	Wie war das Zusammenspiel zwischen den einzelnen Personen, dem Thema und der Gruppe, bzw. der Gruppe, dem Thema und den Einzelnen?
Globe - ICH – Thema – WIR	Wurden Brüche im Zusammenspiel von Globe-ICH-WIR-Thema deutlich? Wenn ja, wie kann damit umgegangen werden? ...

Tabelle 7-13: Fragestellungen zur Nachbereitung (Quelle: Eigene Darstellung)

Auch hier gilt es, sich selbst mit zu betrachten. Wie bin ich als Trainerin tatsächlich mit dem Thema, den einzelnen Personen als ICHs, der Lerngruppe als WIR und dem Globe umgegangen? Was hat mich dabei geleitet und warum? Welche positiven Einflüsse, welche Hindernisse haben sich daraus ergeben?

In Hinblick auf die Struktur sind unter anderem die Zeitstruktur, die Räumlichkeiten und der Ablauf zu betrachten. Zur Reflexion des Lehr-Lern-Prozesses stehen Fragen zur Bildung der

Lehr-Lern-Einheiten, zur Sequenzierung, zur Ablaufgestaltungen und zu den eingesetzten Methoden im Mittelpunkt. War die Reihenfolge der Lehr-Lern-Einheiten richtig? Kamen die Teilnehmerinnen mit den Methoden zurecht? Waren die Methoden angemessen, situationsgerecht und abwechslungsreich? War die Medienwahl die richtige? Wären weitere Medien notwendig gewesen? Entsprechend dem Ergebnis der Reflexion sind die Planungsergebnisse im nächsten Schritt zu überprüfen und gegebenenfalls anzupassen.

7.4 Kritik

Die Auswahl der TZI als Kernstück der Konzeption von Telekooperationseinführungsmaßnahmen, kann als willkürlich empfunden werden, da es durchaus andere gruppendidaktische Ansätze, vorwiegend aus den 70er Jahren gibt. Die TZI wird jedoch zunehmend als didaktische Fundierung angesehen[208] und findet mittlerweile stärkeren Zugang in die pädagogische Praxis. Dies lässt sich beispielsweise aus dem Angebot von Hochschulen wie der Fernuniversität Hagen und dem speziellen Angebot an Lehrerinnen durch das Werkstatt-Institut für Lebendiges Lernen (WILL-Institut) erkennen.

Die Anwendung des TZI-Dreiecks auf allen Ebenen kann als zu zeitaufwendig empfunden werden, so dass es keine Anwendungsakzeptanz findet. Dies gilt jedoch nur bedingt. Denn die Erhebung von Informationen und die gewissenhafte Planung, Durchführung und Nachbereitung von Einführungsmaßnahmen bringt immer einen gewissen Zeitaufwand mit sich. Hier kann das Ableiten von Fragestellungen und die Betrachtung des TZI-Dreiecks die Arbeit eher strukturieren, straffen und damit unterstützen.

Eine humanisierende Erziehung ist ein übergeordnetes Ziel im Erziehungswesen. Ein Unterziel ist der Abbau von Rivalität und Konkurrenz zugunsten kooperativer Einstellungen (vgl. [Cohn 1992, S. 176]). Dieser Punkt widerspricht auf den ersten Blick der bedeutenden Rolle des Wettbewerbs in der Gruppe, als Anreiz für die Nutzung eines Telekooperationssystems und der Leistungserbringung. Auf den zweiten Blick wird aber klar, dass sich Wettbewerb und Kooperation nicht gegenseitig ausschließen müssen, sondern in einem fruchtbaren Spannungsverhältnis zueinander stehen können, solange sie insgesamt Nutzen stiften (vgl. [Schenk/ Schwabe 2000]). Die Betonung des Konkurrenzprinzips steht der Forderung nach guter Zusammenarbeit in einer Gruppe entgegen und hat in der Wirtschaft in den letzten Jahrzehnten zur Herausbildung von Einzelkämpfern geführt. Über die letzten Jahre sind nicht zuletzt deshalb Ansätze der teambasierten Unternehmensorganisation entwickelt worden, durch die der Teamgedanke wieder in die Unternehmen hineingetragen werden soll bzw. sollte. Mit TZI als Basis von Qualifizierungsmaßnahmen und Zusammenarbeit geschieht dies implizit und ohne zusätzliche Kosten.

Die demokratische Grundausrichtung der TZI kann vorherrschenden Herrschaftsverhältnissen, die auf strenger Hierarchie basieren, entgegenstehen. Dies ist richtig. Denn die Teilnehmerinnen werden dazu angehalten, sich selbst und der Gruppe kritisch gegenüberzustehen, sich selbst und die Gruppe wahrzunehmen und auch ermutigt, sich selbst zu vertreten. Die TZI fordert, Grenzen zu erkennen, sich innerhalb dieser zu bewegen, aber auch

[208] (vgl. [Baumgart 1995; Cohn/Matzdorf 1992; Freudenreich 1997; Klein 1977; Matzdorf 1997; Reiser/Lotz 1995])

auszuprobieren, ob diese erweitert werden können. Insgesamt ist eine TZI-geprägte Grundhaltung des Menschen eine Kritische und Bewusste. Sie fördert nicht das Mitlaufen, sondern das aktive Gestalten und Teilhaben an der eigenen Lebenswelt. Dies kann durchaus unbequem und dadurch ungewünscht sein.

7.5 Übertragbarkeit des Konzeptes

Das dargestellte Konzept der Telekooperationsdidaktik (im Folgenden abgekürzt mit TeDi) bezieht sich auf Cuparla, also auf die Ratsarbeit mit dem Cuparla-Telekooperationssystem und den damit zusammenhängenden Spezifika (siehe Kapitel 2). Eine interessante Frage ist die der Anwendbarkeit und Übertragbarkeit des Konzeptes. Was muss beachtet werden, wenn sich die Zielgruppe in ihrem Vorwissen und ihren Erfahrungen bezüglich der PC-Nutzung, das Telekooperationssystem, die Verbindung zwischen Lernen und Arbeiten, die Art des Lernens hinsichtlich Telelernen oder die Domäne verändert. Dies wird in diesem Kapitel anhand folgender Fragen diskutiert:

Was verändert sich an der TeDi
1. in Hinblick auf eine neue Generation an Ratsmitgliedern, die bereits technologie- und softwareerfahren sind?
2. wenn für die Ratsarbeit andere Telekooperationskomponenten bzw. ein anderes Telekooperationssystem zum Einsatz kommen bzw. kommt?
3. wenn für die Ratsarbeit ein Telekooperationssystem zum Einsatz kommt, durch das sich Lernen und Arbeiten stärker koppeln lassen?
4. wenn das Telekooperationssystem Cuparla in eine andere Domäne übertragen wird?

Eine letzte Frage beschäftigt sich damit, ob die TeDi auch auf Telelernen bzw. e-learning zur didaktischen Fundierung herangezogen werden kann.

Veränderungen wirken sich auf die TeDi und die damit zusammenhängenden jeweiligen Entscheidungen der Programm-, Veranstaltungs- und Unterrichtsplanung aus. Die Entscheidungen lassen sich in zwei Kategorien einteilen:
- Entscheidungen, die auf einer höheren Ebene getroffen und in der nächsten unteren Ebene nicht weiter konkretisiert werden und
- Entscheidungen, die auf einer höheren Ebene getroffen und in der nächsten unteren Ebene differenziert betrachtet und konkretisiert werden.

Entscheidungen, die nicht konkretisiert werden, sind
1. bei der Programmplanung die Entscheidungen zu:
   - Schulungspersonal,
   - Durchführungslogistik,
   - Organisationsform und
   - Einbindung in bzw. Nutzung des bestehenden Qualifizierungsprogrammes,
2. bei der Veranstaltungsplanung die Entscheidungen zu
   - Form,
   - Dauer und
   - Häufigkeit,
3. bei der Unterrichtsplanung die Entscheidungen zu

- Methodenwahl und
- Hilfsmitteleinsatz.

Entscheidungen der Programmplanung, die auf der Ebene der Veranstaltungs- und Unterrichtsplanung detailliert und konkretisiert werden, sind Entscheidungen zu Themen, Zielen, Inhalten. Tabelle 7-14 fasst diese Überlegungen zusammen.

Entscheidungs-bereiche	**Programmplanung**	**Veranstaltungsplanung**	**Unterrichtsplanung**
Ebenenspezifisch, nicht konkretisiert	Zielgruppe Schulungspersonal Durchführungslogistik Einbindung in bestehende Qualifizierungsmaßnahmen Gruppengröße und –zusammensetzung	Form Dauer Häufigkeit	Lehr-Lern-Sequenz Lehr-Lern-Prozess Methoden Hilfsmittel und Materialien
Ebenenspezifisch zu konkretisierend	Themen(-bereiche) Ziele Inhalte	Veranstaltungsthemen Veranstaltungsziele Veranstaltungsinhalte Veranstaltungsübergreifendes Schulungsmaterial	Lehr-Lern-Themen, Lehr-Lern-Ziele Lehr-Lern-Inhalte Unterrichtsspezifisches Schulungsmaterial

Tabelle 7-14: Entscheidungen der Programm-, Veranstaltungs- und Unterrichtsplanung (Quelle: Eigene Darstellung)

Was verändert sich an der TeDi in Hinblick auf eine neue Generation an Ratsmitgliedern, die bereits technologie- und softwareerfahren sind?

Mit der zunehmenden Technologie- und Softwareerfahrung kann sich der Umfang und die Bandbreite der Hard- und Software-Einführungsmaßnahmen verändern. Die Thematik der technologiegestützten Zusammenarbeit wird eher gleich bleiben, wenn nicht sogar weitreichender werden. Die Qualifizierungsmaßnahmen werden also stärker Themen der Zusammenarbeit und der Aufgabenerledigung mit Technologie beinhalten, als die Vermittlung der Technologienutzung. In diesem Rahmen müssen dann alle zielgruppen- und themenbezogenen Entscheidungen bei der Programm- und Veranstaltungsplanung neu überdacht und getroffen werden. Hinfällig werden die Schlussfolgerungen bezogen auf Schulungsdauer (S 1, S 10, S 15), Themenstrukturierung (S 2, S 3,) und der Teilnehmeranzahl (S 16, S 25, S 26).

Die Einstellung gegenüber der Hard-/Softwarenutzung und damit die Bereitschaft diese zu nutzen, wird wahrscheinlich positiver ausfallen. Die Nutzung des Computers ist für jüngere Personen heute schon Normalität. Anreize zur Nutzung oder zum Besuch der Schulungen - wie das Integrieren der Lebenspartnerinnen (S 14) oder Maßnahmen, um den Schulungsbesuch zu erzwingen (S 19) - werden dadurch hinfällig.

Ist die Nutzung der Technologie schon obligatorisch, werden sich auch die Umgangsformen, z. B. die Art des Emailschreibens, schon eingeprägt haben und müssen nicht erst langsam erlernt werden. Dies zeigt Siegel [1999] beispielhaft anhand eines Brief- und Emailwechsels zwischen einem Älteren und einem Jüngeren, mit Email aufgewachsenem Mitarbeiter. Irritationen und Unsicherheiten, die durch die abweichende Art des Emailschreibens von normalem Schriftverkehr entstehen, entfallen bei der jüngeren Generation. Bezogen auf die Nutzung des Intra-/Internet, wird in diesem Zusammenhang auch von Netiquette[209] gesprochen, die entsprechend der realen Welt, in der verteilten computergestützten Zusammenarbeit beachtet werden muss (vgl. [Harasim et al. 1998 S. 210ff.; Palloff/Pratt 1999, S. 18f.]).

Bei technologiegewohnten Ratsmitgliedern können verstärkt die neuen Qualifizierungsformen wie Telelernen[210] im asynchronen Bereich eingesetzt werden, indem die asynchrone Zusammenarbeit unmittelbar im Lehr-Lern-Prozess, unter Nutzung der Telekooperationsumgebung konkret angewendet wird. Beispielsweise können Arbeitsgruppen gebildet werden, die jeweils die Aufgabe erhalten, einen Antrag in verteilter, asynchroner Kooperation zu erstellen. Diese Art von Lehr-Lern-Arrangements spiegelt die spätere reale Zusammenarbeit kontextbezogen wider. Dies hat den spezifischen Nutzen, dass die für verteilte Zusammenarbeit notwendigen Erfahrungen und Fertigkeiten sowie Handlungskompetenz aufgebaut werden. Dieser Ansatz kommt dem situierten Lernen nahe (siehe [Mandel et al. 1995]). Grundvoraussetzung für den Einsatz von Telelernen ist jedoch die Vertrautheit mit der Hardware. Sie muss bedient werden können. Die Software können sich einzelne Ratsmitglieder - wie am Beispiel Kornwestheim deutlich wurde (Kapitel 4.6) - im Eigenstudium erschließen. Im Bereich des organisatorischen Lernens lassen sich die einzelnen Aufgaben, die in Kooperation gelöst werden, gut auf das Telelernen übertragen. Möglich ist das Erarbeiten von Regeln und Vereinbarungen für Veränderungen in der künftigen Zusammenarbeit in asynchronem Telelernen, was sich aber schwierig gestaltet. Hier sollten weiterhin Präsenzveranstaltungen den Vorrang erhalten.

Der Bereich des synchronen Telelernens wird hier nicht betrachtet. Zum einen, da dies aufgrund fehlender Komponenten der verteilten, synchronen Zusammenarbeit über das Cuparla-System nicht realisierbar ist. Zum anderen findet synchrones Telelernen momentan noch in der unausgereiften Technik seine Grenzen (vgl. [Kerres 1998, S. 92f.]).

Im Rahmen der laufenden Betreuung kann die Tele-Betreuung im Sinne von Call-Center oder Helpdesks zum Einsatz kommen. Nicht mehr vor Ort, sondern über räumliche Distanz hinweg kann die Anwenderbetreuung z. B. per Email, Telefon und/oder Videokonferenz erfolgen. Dabei ist jedoch zu berücksichtigen, dass über die Entfernung hinweg nur Fragen und Problemstellungen zur Handhabung der Hard- und Software gelöst werden können (vgl. [Reichwald, S. 225]). Sobald die Betreuung nicht mehr durch Kommunikation lösbar ist, beispielsweise wenn eine Komponente defekt ist, wird Präsenzberatung oder ein Benutzerservice in erreichbarer Nähe notwendig.

---

209 Unter Netiquette werden gute Umgangsformen im Netz bezeichnet.

210 Kerres [1998, S. 297] definiert den Begriff Telelernen wie folgt: „Beim Tele-Lernen werden für Informations- und Kommunikationskomponenten Telematik-Dienste als Transportmedium genutzt,... . Der Begriff *Tele-Lernen* bezieht sich damit also auf medientechnische Konfigurationen auf deren Basis unterschiedliche mediendidaktische Szenarien realisierbar sind... ."

Bezogen auf die Stadt Stuttgart und Kornwestheim treffen die nachrückenden Ratsmitglieder schon auf eine Kultur der computergestützten Ratsarbeit. Viele Anfangsschwierigkeiten und –probleme werden nicht mehr auftreten. Auch lernen die Ratsmitglieder die Nutzung des PCs schon von Anfang an mit dem Einstieg in die Ratsarbeit. Arbeitsgänge und –prozesse werden gleich mit dem Einsatz des Computers eingeübt. Ein Entlernen bisheriger Arbeitsgewohnheiten und der damit zusammenhängenden Ressentiments auf Seiten der Ratsmitglieder entfällt dann.

Bei einem erweiterten Erfahrungshorizont hinsichtlich Computereinsatz und –nutzung ist bei den Ratsmitgliedern von einem geringeren Qualifizierungsbedarf, bezüglich der Handhabung der Technologie und der Nutzung von Software, auszugehen. Die Lehr-Lern-Themen werden die gleichen bleiben. Die Lehr-Lern-Ziele werden sich nur unwesentlich ändern; z. B. wird das Ziel „Die Hardwarekomponenten kennen und handhaben können" gleich bleiben, die notwendige Vermittlungszeit wird sich jedoch reduzieren. Weniger Veränderung wird sich im Bereich der computergestützten Zusammenarbeit ergeben. Hier ist es nach wie vor notwendig, Regeln der Zusammenarbeit zu vereinbaren, zu etablieren und einzuüben. Zwar werden die Einsatzmöglichkeiten in der Zusammenarbeit ggf. schneller erkannt, der Vereinbarungs- und Internalisierungsprozess bleibt aber derselbe. Der Lehr-Lern-Inhalt wird sich im Bereich Hardwarenutzung verändern, da z. B. die Handhabung der Maus für versierte Computeranwenderinnen entfällt. Im Bereich der Zusammenarbeit werden die Inhalte ähnlich denen bei den Lehr-Lern-Zielen bleiben.

Was verändert sich, wenn für die Ratsarbeit andere Telekooperationskomponenten bzw. ein anderes Telekooperationssystem zum Einsatz kommen bzw. kommt?

In diesem Fall werden zwei mögliche Änderungsrichtungen betrachtet:

1. Zusätzliche Telekooperationskomponenten wie Videokonferenzkomponenten, Chatfunktionen etc.
2. Veränderte Software

Grundsätzlich beeinflussen neue Systemkomponenten bzw. beeinflusst ein neues System die didaktischen Entscheidungen aller Planungsebenen. Doch schlagen sich die Veränderungen eher im Detail nieder, also bei der Veranstaltungs- und Unterrichtsplanung. Beispielsweise werden sich die übergeordneten Ziele - wie „Die Technologiekomponenten kennen und mit ihnen umgehen können" - nicht verändern. Auch das konkrete Lehr-Lern-Ziel muss sich nicht zwangsläufig ändern, sofern es nicht auf das System bezogen formuliert ist. Wenn z. B. das eingesetzte Notebook nur eine integrierte und keine externe Maus hat, kann das Lehr-Lern-Ziel in beiden Fällen wie folgt formuliert sein: „Die Maus handhaben können." Lediglich der Inhalt ändert sich, da nicht das Handhaben der externen, sondern der internen Maus erläutert und geübt wird. Ähnlich verhält es sich mit den Themenbereichen. Auf Veranstaltungsebene werden diese gleich bleiben, auf Unterrichtsebene können sie, bezogen auf das neue System, formuliert werden. Unberührt bleiben die allgemeinen Ausführungen, z. B. wie Themen gebildet werden können, wie sich Inhalte ableiten lassen und welchen Stellenwert die Ziele haben.

ad 1.: Zusätzliche Telekooperationskomponenten wie Videokonferenzkomponenten, Chatfunktionen etc.

Alle Überlegungen hinsichtlich der Programm- und Veranstaltungsplanung sind um die Aspekte zur Schulung der hinzukommenden Komponenten zu ergänzen. Beispielsweise ergeben sich neue Themenbereiche, Inhalte und Ziele, evtl. eine andere Lehr-Lern-Sequenz und eine andere Gestaltung des Lehr-Lern-Prozesses. Am Beispiel Videokonferenzen wird dies in Tabelle 7-15 veranschaulicht.

Planungsebene	**Themenbereich/Themen**
Programmplanung	Videokonferenzen
Veranstaltungsplanung	„Alles rund um Videokonferenzen"
Unterrichtsplanung (Planung der Lehr-Lern-Einheiten)	„Handhabung der Videokonferenzkomponenten" „Videokonferenzen – wann und warum?" „Besonderheiten bei der Durchführung von Videokonferenzen als Moderatorin und Teilnehmerin".
Planungsebene	**Ziele**
Programmplanung	Das Videokonferenzsystem kennen und einsetzen können.
Veranstaltungsplanung	
Unterrichtsplanung (Planung der Lehr-Lern-Einheiten)	Die Einzelkomponenten des Videokonferenzsystems kennenlernen. Die Dokumentenkamera handhaben können. Wissen, wann Videokonferenzen effektiv eingesetzt werden können. Moderation von Videokonferenzen durchführen können.
Planungsebene	**Inhalte**
Programmplanung	Hard- und Software des Videokonferenzsystems
Veranstaltungsplanung	
Unterrichtsplanung (Planung der Lehr-Lern-Einheiten)	Komponenten des Videokonferenzsystems, Einsatzmöglichkeiten der Komponenten. Handhabung der Komponenten. Einsatzmöglichkeiten des Videokonferenzsystems. Moderation von Videokonferenzen. Teilnahme an Videokonferenzen.

Tabelle 7-15: Beispiel zu Veränderungen bei hinzukommendem Videokonferenzsystem (Quelle: Eigene Darstellung)

Neue Technologiekomponenten können neue Wege des Lernens und Lehrens, wie Formen des Telelernens, möglich machen. Hierbei muss berücksichtigt werden, dass Präsenzveranstaltungen notwendig werden, um in die Hard- und Softwarenutzung in vertrautem Rahmen eingeführt zu werden. Verändert sich die Art der Ratsarbeit dahingehend, dass nur noch wenige persönliche Treffen stattfinden, sollten die Präsenzveranstaltungen auch als Ersatz für die soziale Komponente des Zusammenarbeitens betrachtet werden. Dann sollte in diesen die Basis für die spätere Zusammenarbeit gelegt werden: gegenseitiges Verständnis, Vertrauensaufbau, Vereinbarungen und Spielregeln der Zusammenarbeit, Kommunikationskultur sowie Vermittlung des „Geistes" des Telekooperationssystems. Dies kann auch durch spezielle Maßnahmen in Tele-Veranstaltungen integriert werden, wie erste Seminare basierend auf Telelernen ohne Präsenzveranstaltungen gezeigt haben (vgl. [Harasim et al. 1998; Palloff/ Pratt 1999; Issroff/Hazemi 1998; Taylor 1998]). Doch ist dies ungleich zeitintensiver.

Abgesehen von diesen Überlegungen, wenn nicht sogar verstärkt dadurch, bleibt die Notwendigkeit einer didaktischen Fundierung, die sowohl das Individuum als auch die Gruppe im Blick behält.

ad 2: Veränderte Software
Zum aktuellen Stand haben wir die kontextbezogene Software aus zwei Gründen gebraucht. Zum einen, um die Ratsmitglieder dort abzuholen, wo sie mit ihrem Wissen und ihrer Erfahrung hinsichtlich des Einsatzes von Telekooperation gerade stehen. Zum anderen, um die komplexen Anforderungen an das Berechtigungs- bzw. Securitykonzept bei der Telekooperation umsetzen zu können. Für technologie- und softwareerfahrene Ratsmitglieder kann sich die Software in Zukunft sicher anders gestalten. Es wird kaum mehr notwendig sein, den heutigen Kontext im Sinne des Raum-Werkzeug-Ansatzes darin abzubilden, damit sie sich mit der Software zurechtfinden. Dafür wird in Zukunft sicherlich eine ausgefeiltere und komplexere Software einsetzbar sein.

Sofern das neue Telekooperationssystem nach wie vor das Arbeiten am gemeinsamen elektronischen Material, die Koordination und Kommunikation der Ratsarbeit unterstützt, verändert sich im Grunde nur der Qualifizierungsinhalt. Die Ziele, das Vorgehen etc. bleiben gleich. Denn es verhält sich ähnlich wie beim Autofahren: dieses ist unabhängig davon, mit welcher Automarke das Fahren gelernt wird, sofern das Fahrzeug vier Räder, eine Kupplung, Fuß- und Handbremse sowie ein Lenkrad besitzt. Wesentliche Veränderungen treten auf, wenn sich das eingesetzte System in seiner Funktionalität grundlegend anders gestaltet. Beispielsweise, wenn es lediglich eine Informations- und eine Email-Komponente umfasst. Hier ist nur eine sehr eingeschränkte Form der Kooperation möglich, da alle Bereiche der Arbeit an gemeinsamem, elektronischem Material im gemeinsamen elektronischen Arbeitsbereich entfallen (vgl. [Schwabe 2000, S. 1-5]).

Was verändert sich, wenn für die Ratsarbeit ein Telekooperationssystem zum Einsatz kommt, durch das sich Lernen und Arbeiten stärker koppeln lassen?
Folgende zwei Möglichkeiten der Kopplung von Lernen und Arbeiten über das Telekooperationssystem sollen betrachtet werden:
1. Ein Telekooperationssystem, das selbstgesteuertes entdeckendes Lernen ermöglicht.
2. Ein Telekooperationssystem für den Produktiv- und den Lern-Betrieb.

ad 1.: Ein Telekooperationssystem, das selbstgesteuertes entdeckendes Lernen ermöglicht.
Selbstgesteuertes entdeckendes Lernen kann zum Wissensaufbau eingesetzt werden, speziell in Hinblick auf das Kennen und Verstehen der Funktionalitäten eines Telekooperationssystems. Bei Aufruf einzelner Telekooperationsfunktionen ist für die Anwenderinnen nicht immer klar ersichtlich, welche Aktionen tatsächlich dadurch ausgelöst werden. Ist die Software so aufgebaut, dass selbstgesteuertes entdeckendes Lernen möglich ist, z. B. indem ein Lernmodus eingeschaltet werden kann, indem die Befehle nicht in Aktionen umgesetzt, sondern lediglich angezeigt werden, welche Aktionen der aufgerufene Befehl auslöst (siehe hierzu [Wulf 1999, S. 338ff.; Wulf 2000, S. 28ff.]), kann dies zu einem neuen pädagogischen Konzept führen. Präsenzphasen und Phasen, in denen die Anwenderinnen räumlich verteilt, zu einem beliebigen Zeitpunkt die Softwarefunktionen eigenständig ausprobieren, können sich abwechseln oder es kann auf Präsenzphasen beim Softwarelernen ganz verzichtet

werden. Die Software kann entdeckend gelernt werden. Eine Trainerin ist nicht immer notwendig, da die Software im Lernmodus selbst Erklärungen liefert. Die Anwenderinnen sind von der Angst befreit, beim Lernen irgendwelche Softwareaktionen auszulösen, die unangenehme Folgen haben könnten.

Wird beim Softwarelernen auf Präsenzveranstaltungen verzichtet, entfällt auf der Programmplanungsebene die Einbindung in bestehende Qualifizierungsmaßnahmen sowie die Überlegung hinsichtlich der Gruppengröße und –zusammensetzung. Veränderungen ergeben sich hinsichtlich der Überlegungen zu Schulungspersonal und Durchführungslogistik. Hier kann mit weniger Personal gerechnet werden, da das System selbst Erläuterungen übernimmt. Das Schulungspersonal kann als Ansprechpartner in Problemfällen und Fragen, die sich nicht per System beantworten lassen, eingesetzt werden. Die Durchführungslogistik entspannt sich, da nicht mehr mit Beginn der Qualifizierung möglichst viel Anwenderinnen in einem möglichst kurzen Zeitraum in den Veranstaltungen eingeplant werden müssen.

Auf Veranstaltungsebene wird die Veranstaltungsform eine autodidaktische Maßnahme sein. Es entfallen Überlegungen hinsichtlich Veranstaltungsdauer und –häufigkeit. Die Themenbereiche - verbunden mit den jeweiligen Zielen und Inhalten - bleiben. Das Schulungsmaterial wird auf autodidaktisches Lernen ausgerichtet werden müssen. Die Unterrichtsplanung entfällt.

ad 2.: Ein Telekooperationssystem für den Produktiv- und den Lern-Betrieb.
Um den Anwenderinnen ein bedenkenloses, geschütztes Lernen zu ermöglichen, könnte der Parallelbetrieb eines Produktiv- und eines Lernsystems angedacht werden. Dies wirkt sich in Hinblick auf die TeDi lediglich in den Überlegungen hinsichtlich der Teilnehmerzusammensetzung aus. Hier könnten dann Lerngruppen unabhängig von den Arbeitsgruppen gebildet werden, wenn es um das Erlernen der Hard- und der Softwarefunktionalität geht.

Kann kein Parallelbetrieb erfolgen, könnte eine weitere Möglichkeit die Vergabe von einer Lern-Benutzerkennung und einer normalen Benutzerkennung pro Anwenderin sein. So könnten die Anwenderinnen zwischen beiden Benutzerkennungen im Wechsel ausprobieren was passiert, wenn einzelne Funktionen, die im Zusammenspiel von mindestens zwei Personen genutzt werden sollten, aufgerufen und ausgeführt werden. Auswirkungen auf die Planung der Qualifizierungsmaßnahmen ergeben sich hier nur auf der Unterrichtsebene dahingehend, dass die Teilnehmerinnen mit ihrer Lern-Benutzerkennung im System arbeiten. Alle weiteren Überlegungen bleiben unbeeinträchtigt.

Was verändert sich an der TeDi, wenn das Telekooperationssystem Cuparla auf eine andere Domäne übertragen wird?

Am Beispiel einer räumlich verteilten Projektgruppe soll diese Frage betrachtet werden. Wie unterscheidet sich die Zielgruppe der Projektmitarbeiterinnen von denen der Ratsmitglieder? Die Altersstruktur dürfte nicht so weit auseinanderklaffen, da erfahrungsgemäß Mitarbeiterinnen mit abgeschlossenem Studium im Alter ab 25 Jahren bis maximal 65 Jahre zusammenarbeiten. Technologie-Einsatz und –Nutzung wird Gewohnheit sein, da in aller Regel in den Unternehmen mit elektronischen Medien gearbeitet wird. Die Entscheidungsgewalt, eine neue Technologie einzusetzen, liegt im Gegensatz zu den Ratsmitgliedern nicht bei den

Projektmitarbeiterinnen, sondern im Ermessen des Unternehmens. Bei den Ratsmitgliedern lag die Entscheidung im eigenen Zuständigkeitsbereich. Dies ist ein wesentlicher Unterschied: Die Ratsmitglieder hatten wenig Wissen, formal gesehen aber mehr Macht. Sie entschieden, ohne konkret zu wissen, was auf sie im Einzelnen zukommt. Die Projektmitarbeiterinnen haben formal gesehen wenig Macht, aber faktisch mehr Wissen. Mit ihrem höheren Wissen können sie die Einführungsentscheidung unterwandern und blockieren. So sollten alle Maßnahmen immer auch die Nutzungsakzeptanz und die Motivation der Projektmitarbeiterinnen fördern. Zusätzlich sollte schon frühzeitig offen informiert werden sowie Anregungen, Wünsche und Erwartungen der künftigen Anwenderinnen aufgenommen und berücksichtigt werden. Diese Überlegungen zeigen, dass zielgruppenspezifische Entscheidungen nicht eins zu eins übernommen werden können, sondern neu überdacht und getroffen werden sollten. Auch die damit zusammenhängenden Schlussfolgerungen (S 1, S 2, S 3, S 10, S 12, S 14, S 15, S 16, S 19, S 24, S 25, S 26) können nicht eins zu eins übernommen werden, sondern sind auf ihre Gültigkeit hin zu untersuchen. Die Durchführung der Zielgruppen- und Telekooperationsanalyse sowie die Erhebung des Qualifikationsbedarfes kann ohne Veränderung erfolgen.

Werden Mitarbeiterinnen der operativen Ebene von Wirtschaftsunternehmen betrachtet, fällt auf, dass es dort mittlerweile üblich ist, mit Email und gemeinsamer elektronischer Datenablage zu arbeiten. Aus der langjährigen Erfahrung der Autorin lässt sich feststellen, dass die Technikaufgeschlossenheit in diesem Falle weit größer ist, als die der Ratsmitglieder und älterer Führungskräfte. Für diese Zielgruppe wird sich beispielsweise die Hardwareeinführung weitgehend erübrigen, es sei denn, dass komplett neue Komponenten miteingeführt werden. Der Schwerpunkt kann deshalb auf Kooperation, Vertrauensaufbau und -verankerung gelegt werden. Dies sind erfahrungsgemäß die Punkte, die in der Praxis Probleme bereiten. Gerade im Bereich Telekooperation sind hier Defizite zu finden. Räumlich getrennte und oft auch zeitlich verteilte Zusammenarbeit nimmt zu. Mitarbeiterinnen kennen sich nicht oder kaum und müssen gemeinsam ein Ziel erreichen (vgl. [Kimbell 2000]). Hinzu kommen oft noch kulturelle Unterschiede durch die zunehmende Internationalisierung der Arbeitsgruppen, die sich in der Art und dem Inhalt der Mediennutzung niederschlagen. Werden Telekooperationssysteme eingeführt, erhalten die Mitarbeiterinnen zwar eine hinreichende Technologieeinführung, nicht thematisiert wird aber die künftig mediengestützte Zusammenarbeit mit ihren Chancen und Risiken. Diese ergibt sich dann zwar nach einiger Zeit, führt aber immer wieder zu Missverständnissen, beispielsweise wenn nicht klar geregelt ist, wo Arbeitsergebnisse abgelegt werden und ob diese für alle zugänglich sein dürfen. Auch sind deutliche Unterschiede im Verfassen von Emails erkennbar. Viele werden ohne, andere mit Anrede geschrieben. Je nach Hintergrund der lesenden Mitarbeiterin wird dies als höflich oder unhöflich interpretiert. Spannungen bauen sich unbemerkt auf und finden keinen Raum, um bearbeitet zu werden. Wird vor diesem Hintergrund der räumlich verteilten Zusammenarbeit, dem TZI-basierten Schulungskonzept Vorrang gegeben, bedeutet dies, dass die Mitarbeiterinnen nicht nur Anwendungskompetenz aufbauen, sondern auch Selbst- und Sozialkompetenz. Sie lernen nicht zur sachbezogen zu arbeiten, sondern gleichfalls die einzelnen Personen sowie die Gruppe im Blick zu behalten und auftretende Störungen zu klären. Dies vereinfacht die Zusammenarbeit und lässt auftauchende Schwierigkeiten nicht zu Problemen im Miteinander werden. Die Mitarbeiterinnen lernen über TZI, diese zu thematisieren, gemeinsam zu meistern und für ihre

Zusammenarbeit nutzbar zu machen, um den personenabhängigen Arbeitsprozess am Laufen zu halten.

In diesem Zusammenhang muss auch das Einbinden der Vorgesetzten gesehen werden. Sie müssen „Telemanagement“[211] lernen und sich von alten Denkmustern der Kontrolle („Der Mitarbeiter ist da, also arbeitet er. Der Mitarbeiter ist zu Hause, also arbeitet er nicht.“) lösen. Mitarbeiterinnen sind im räumlich verteilten Kontext ergebnisbezogen zu führen. Vertrauen und soziale Vernetzung sind wesentliche Aspekte der virtuellen Teamarbeit. Diese Beziehungspflege bei der verteilten Zusammenarbeit anzustoßen und zu leisten, ist Aufgabe der Führungskräfte (vgl. [Hertel/Konradt 2001, S. 42f.; Reichwald 1998, S. 136ff.; Scherm/Süß 2000, S. 79ff.]). Hierzu kann die TeDi als didaktische Fundierung von Telekooperationseinführung dienen. Durch die Komponenten aus TZI kann es auch als Grundlage für ein Gruppenkonzept wertvolle Unterstützung leisten. Beispielsweise lernt sich die Führungskraft als Teil der Gruppe zu verstehen sowie neben dem Thema bzw. Ziel die einzelnen Mitarbeiterinnen und die Gruppe im Blick zu behalten.

Bei versierten Computeranwenderinnen können ebenfalls neue Qualifizierungsformen wie Telelernen eingesetzt werden, indem Kooperation im Lehr-Lern-Prozess technologiegestützt praktiziert wird. Dies hat den Vorteil, dass die für verteilte Zusammenarbeit notwendigen Erfahrungen und Fertigkeiten sowie Handlungskompetenz aufgebaut werden.

Im Rahmen der laufenden Betreuung kann Tele-Betreuung zum Einsatz kommen. Nicht mehr vor Ort, sondern über eine räumliche Distanz hinweg, kann die Anwenderbetreuung z. B. per Email, Telefon und/oder Videokonferenz erfolgen. Denkbar ist auch, die persönliche Betreuung durch den Einsatz von Helpdesk und Call-Center weitgehend zu ersetzen.

Abschließend kann festgehalten werden, dass die allgemeinen Ausführungen zur Durchführung der Programm- und Veranstaltungsplanung uneingeschränkt gelten. Sie können auch für andere Domänen der Telekooperationseinführung eingesetzt werden. Jedoch muss die Planung in Hinblick auf die Zielgruppe durchgeführt werden, so dass sie in den Ergebnissen variieren kann. Beispielsweise lassen sich bestehende Qualifizierungsmaßnahmen eher nutzen, da die Anwenderinnen nicht das Anspruchsniveau der Ratsmitglieder haben. Überlegungen zu Themenbereichen, Zielen und Inhalten müssen sich ebenfalls am Kontext der neuen Zielgruppe orientieren, so dass sich neue Schwerpunkte ableiten lassen werden. Beispielsweise kann in einem international agierenden Unternehmen als ein Themenbereich der Aspekt der räumlich verteilten Zusammenarbeit im interkulturellen Kontext hinzukommen. Eine Veranstaltung mit dem Thema „Interkulturelle mediengestützte Kommunikation“ und Unterrichtseinheiten mit den Lehr-Lern-Einheiten „Unterschiede im Einsatz und Formulieren von Email“, „Tücken der mediengestützten, interkulturellen Kommunikation“ etc. ergeben sich daraus. Auch Telemanagement wird ein neuer Themenbereich sein, so dass sich eine Veranstaltung mit dem Thema „Telemanagement – Leiten oder Leiden der verteilten Mitarbeiterinnen“ mit Unterrichtsthemen wie „Führungsstile“, „Anforderungen an Telemanagement“ und „Tipps und Tricks zum Telemanagement“ ableiten

[211] Nach Reichwald [1998, S. 133] bezeichnet der Begriff Telemanagement „alle Aspekte der Koordination und Führung mediengestützter Aufgabenbewältigung in verteilten und standortunabhängigen Leistungsprozessen.“

lässt. Entsprechend sind Ziele und Inhalte abzuleiten und die neuen Ergebnisse bei allen weiteren Planungs-, Durchführungs- und Nachbearbeitungsschritten zu berücksichtigen.

Kann die TeDi auch für Telelernen bzw. e-learning zur didaktischen Fundierung herangezogen werden?

Geht man davon aus, dass Telelernen nicht auf individuelles Lernen beschränkt wird, sondern im Sinne von kooperativem Lernen gesehen wird, kann die TeDi eine Möglichkeit der didaktischen Fundierung darstellen. Dies soll anhand der Arbeiten von Harasim et al. [1998], Palloff und Pratt [1999] sowie Salmon [2000] verdeutlicht werden. Diese haben an ihren Hochschulen virtuelle Seminare durchgeführt und in deren Rahmen Forderungen aufgestellt, die sich weitgehend mit dem Kern der TeDi decken. Um dies zu verdeutlichen, werden beispielhaft die folgenden Forderungen herausgegriffen (vgl. [Schenk, 2001]):

1. Eine Trainerin soll moderieren und nur Lern-/Denkanstöße geben, sich also als partizipative Trainerin verstehen.

   Die Forderung nach einer partizipativen, also teilnehmenden Leitung, resultiert sowohl aus dem Wunsch bei den Lernenden die Eigenständigkeit und Selbstverantwortlichkeit zu fördern als auch aus der Erkenntnis, dass autoritäres Lehren über weitere Entfernungen hinweg kaum Erfolg zeigt.

   In der TeDi sind Eigenständigkeit und Selbstverantwortlichkeit Kernelemente, die eine partizipative Leitung bedingen. Leitende bzw. Trainerinnen sollten sich als Lernmoderatorinnen verstehen, nicht als „Lehrerinnen" im klassischen Sinne. Dies deckt sich also mit o. g. Forderung.

2. Die Teilnehmerinnen sollen die Lehr-Lern-Einheiten aktiv mitgestalten können. D. h. Trainerinnen haben kein starr fixiertes Curriculum, sondern lassen sich im Rahmen eines Themas von den Interessen der Lernenden leiten. So können beispielsweise Unterthemen zu einem gegebenen Thema gemeinsam erarbeitet und ausgewählt werden..

   Gerade in der TeDi kommt der Themensuche und -festlegung eine besondere Bedeutung zu. Grundsätzlich soll das Thema von den Interessen der Teilnehmerinnen ausgehend gefunden und definiert werden. Zum einen wird gefordert, dass das Thema den Notwendigkeiten in der Gruppe entsprechen muss (siehe Kapitel 7.2.1). Zum anderen soll es nicht als „fix" betrachtet werden. Vielmehr sollte das Thema mit der Lerngruppe abgestimmt oder erarbeitet werden. So kann es auch sein, dass sich aus den Bedürfnissen der Lerngruppe im Laufe einer Lehr-Lern-Einheit ein neues Thema entwickelt.

3. Die Teilnehmerinnen sollen nicht als „Wissensempfänger" betrachtet werden. Aktives Lernen wird in diesem Zusammenhang genannt. Die Lernenden sollen Interesse am Lernthema finden, selbst Informationen zusammentragen, sich diese weitgehend eigenständig erarbeiten, gemeinsam darüber diskutieren und reflektieren.

   Hier lässt sich wieder eine Verbindung zur TeDi herstellen, denn diese fordert „lebendiges Lernen" als Lehr-Lern-Konzept, welches das aktive Lernen beinhaltet. Lernende und Lehrende sollen gemeinsam aktiv sein. Dabei sollen die Trainerinnen die

Kreativität der Lernenden fördern und auch entdeckendes Lernen ermöglichen.

4. Darüber hinaus sollen die Diskussionen nicht nur bezogen auf die inhaltlichen Komponenten, sondern auch bezogen auf die Prozesse, die die Lernenden bei dieser Art des Lernens durchlaufen, erfolgen. Hintergrund dieser Forderung ist die Selbstreflexion. Sie dient dem Aufbau von Selbstkompetenz bei den Lernenden. Die Prozessreflexion, die sich auf den Lern- und den Gruppenprozess bezieht - z. B. mit der Frage „Wie gehen wir miteinander um?“ -, soll der Erweiterung und Entwicklung der Sozialkompetenz gerecht werden.

   Diese Forderung findet sich in der Reflexion des WIR, also der Beziehungsebene wieder, die somit zum Bestandteil des Lernens wird. Durch das angepasste TZI-Dreieck und die Betonung der Balance zwischen ICH, WIR und Thema kommt dies innerhalb einer Lehr-Lern-Einheit zum Tragen. Der Lernprozess soll so gestaltet werden, dass nicht nur Sachthemen, sondern auch persönlichkeits- und gruppenbezogene Themen angesprochen und bearbeitet werden.

5. So betonen Harasim et al. und Palloff und Pratt, dass es wichtig ist, unterschiedliche Schwerpunkte im Verlauf von Semestern zu legen. Am Anfang sollen die Einzelnen zu „Wort“ kommen, damit sich die einzelnen Personen in der virtuellen Gruppe ebenso platzieren können, wie in einer face-to-face Gruppe. Durch das gegenseitige Vorstellen nehmen sich die Einzelnen wahr, wird das Gefühl des Wahrgenommen-Werdens aufgebaut und auch ein WIR-Gefühl als Gruppe erzeugt. Anschließend soll der Schwerpunkt auf die Gruppenbildung gelegt werden, um danach zur Themenbearbeitung überzugehen. Alle drei Aspekte sollen im Gesamtverlauf nicht aus den Augen verloren werden.

   Dies trifft mit der Forderung nach einer Balance zwischen ICH-WIR-Thema zusammen. Das angepasste TZI-Dreieck soll bei der Klärung helfen, auf welchem der Eckpunkte der Schwerpunkt der letzten Lehr-Lern-Einheit lag bzw. in der nächsten Lehr-Lern-Einheit liegen sollte. Im Sinne von Harasim et al. und Palloff und Pratt kann über die Lehr-Lern-Einheiten vom ICH zum WIR und zum Thema fortgeschritten werden.

6. Um die Zusammenarbeit in der räumlich und/oder zeitlich verteilt lernenden Gruppe als virtuelles Miteinander gestalten zu können, sollen Regeln und Normen etabliert werden. Denn Harasim et al. als auch Palloff und Pratt haben die Erfahrung gemacht, dass virtuelles, kooperatives Lernen ohne gemeinsame Regeln und Vereinbarungen nicht die gewünschte Effizienz und den gewünschten Erfolg bringt.

   Dies ist ebenfalls in der TeDi zu finden, die die Regeln als Bestandteil der Zusammenarbeit betrachtet. So können beispielsweise die vorgeschlagenen TZI-Hilfsregeln in den ersten virtuellen Zusammentreffen der Lerngruppe überarbeitet und vereinbart werden, ähnlich wie dies die TZI für die ersten Zusammentreffen von Lerngruppen in den face to face-Veranstaltungen vorsieht, jedoch auf die virtuelle Situation angepasst.

Die von Harasim et al. und Palloff und Pratt formulierten Forderungen zu kooperativem Telelernen, finden sich also als Antworten in der TeDi wieder. Wie die konkrete Umsetzung davon in kooperativem Telelernen aussehen kann, wäre ein nächster Schritt, ist jedoch nicht Thema dieser Arbeit. Trotzdem soll ein Teil dieses Schrittes als Anregung gegangen werden, indem einige der Hilfsregeln beispielhaft, auf die Situation des Telelernens bezogen, vorgestellt werden. Dabei wird davon ausgegangen, dass vorwiegend schriftliche Kommunikation via Chat, Email etc. stattfindet.

1. „Vertritt dich selbst in deinen Aussagen, schreibe per „Ich“ und nicht per „Wir“ oder per „Man“.

Ähnlich wie in face to face Situationen soll diese Regel dazu beitragen, dass kommunizierende Personen Verantwortung für das übernehmen, was sie aussagen möchten und sich nicht hinter Anderen verstecken.

2. “Wenn du eine Frage stellst, schreibe, warum du fragst und was deine Frage für dich bedeutet. Sage dich selbst aus und vermeide das Interview.”

Offenheit und Transparenz sind gerade in schriftlicher Kommunikation ein wichtiger Aspekt, da non- und para-verbale Signale für zusätzliche Interpretationen des Geschriebenen nicht zur Verfügung stehen. Deshalb sind Hintergründe bzw. das Warum hilfreich und notwendig.

3. “Sei authentisch und selektiv in deiner Kommunikation. Mache dir bewusst, was du denkst und fühlst, und wähle, was du schreibst und tust.”

Kommunikation ohne Rücksicht auf Vertrauensbereitschaft und Verständnisfähigkeit der Kommunikationspartnerinnen kann zum Erlöschen der Kommunikation führen bzw. ein Miteinander verhindern, Vertrauen zerstören und Verständnislosigkeit auslösen. Dies gilt gleichermaßen in einer virtuellen Umgebung.

4. “Halte dich mit Interpretationen von anderen so lange wie möglich zurück. Schreibe statt dessen deine persönlichen Reaktionen – frage nach den Hintergründen.”

Interpretationen sind meist die Quelle von Missverständnissen, Fehlannahmen und daraus resultierenden Schwierigkeiten. Vor allem regt die schriftliche Kommunikation die eigene Phantasie zu Interpretationen an, da die Nachricht vom eigenen Erfahrungshorizont ausgehend gelesen wird. Nachfragen und eigene Reaktionen zu schreiben, sind ganz konkrete Hilfsmittel, um eine klare, eindeutige Kommunikation zu unterstützen.

Auch die Aufteilung des Lehr-Lern-Prozesses in Phasen mit unterschiedlichem Schwerpunkt lässt sich in den Arbeiten von Harasim et al., Palloff und Pratt sowie Salmon wiederfinden. Beispielsweise betont Salmon [2000, S. 28f.], dass nach einer ersten Phase der Auseinandersetzung mit dem Umgang der Technologie auch die zweite Phase mit dem Aufbau von Beziehungsstrukturen und Gemeinschaftsbildung bzw. „online socialization“ wesentlich ist. Dies kann durchaus als Parallele zu dem Schwerpunkt des WIR in der TeDi gesehen werden.

Die Gestaltung des Miteinanders ist anhand dieser Überlegungen deutlich geworden. Wie verhält es sich aber konkret mit den Überlegungen auf den unterschiedlichen Planungsebenen? Diese Frage wird abschließend behandelt.

Die allgemeinen Ausführungen zur Durchführung der Programm- und Veranstaltungsplanung bleiben bestehen. Jedoch muss die Planungsdurchführung auf dem Hintergrund der Zielgruppen- und Telekooperationsanalyse erfolgen. Entwickelte Szenarien des kooperativen Telelehrens und -lernens unterstützen auch das Lernen des Telelernens und –lehrens. Auf sie sollte nicht verzichtet werden, vor allem dann nicht, wenn die Zielgruppe noch keine Erfahrung im kooperativen Telelernen hat.

Auf Programmebene können Themenbereiche, übergeordnete Ziele und Inhalte definiert werden. Auf Veranstaltungs- und Unterrichtsebenen sind diese dann mit den Lernenden abzustimmen und an ihrem Interesse auszurichten. Die Zielgruppenüberlegungen der Programmplanungsebene bleiben bestehen.

Die Anforderungen an das Schulungspersonal steigen, da dieses jetzt auch fähig sein muss, entsprechende Lehr-Lern-Materialien für die virtuelle Zusammenarbeit zu erstellen. Es muss also Online-Materialien aufbereiten und zur Verfügung stellen können.

Die Einbindung des Telelernens in bestehende Qualifizierungsmaßnahmen kann sinnvoll sein, um auch Präsenzphasen zu haben. Vor allem der Umgang mit der Hard- und Software für das Telelernen könnte in Präsenzveranstaltungen abgedeckt werden.

Die Gruppengröße und –zusammensetzung muss überdacht werden. Im Online-Bereich ist zu überlegen, wie viele virtuelle Teilnehmerinnen von einer Trainerin betreut werden können. Der Arbeitsaufwand ist höher, da die Trainerinnen zusätzlich auch Funktionen des Benutzerservice wahrnehmen (z. B. Probleme in der Softwarenutzung) und als Motivatorinnen und Einzelansprechpartnerinnen für die Teilnehmerinnen da sein sollten.

Die Veranstaltungsform kann ein virtuelles Seminar sein. Die Veranstaltungsdauer wird sich über mehrere Tage oder Wochen erstrecken und nicht in einen engen Stundenzeitraum gepresst sein, um die Vorteile der Unabhängigkeit von Ort und Zeit nutzen zu können.

Die Lehr-Lern-Prozessplanung wird sich zwar auch in die Phasen Einstieg, Erarbeitung und Abschluss gliedern lassen, jedoch müssen Methoden eingesetzt werden, die der Virtualität gerecht werden. Ein Beispiel kann sein, dass sich die Teilnehmerinnen zu Beginn einer synchronen, virtuellen Veranstaltung mit Hilfe der Chatfunktion (sofern diese vorhanden ist) darüber austauschen, wie sie zu dem Veranstaltungsthema stehen.

8 Zusammenfassung

Die Einführung von Telekooperationssystemen zur Unterstützung der räumlich und zeitlich verteilt zusammenarbeitenden Gruppen ist mittlerweile Alltag geworden. Eine didaktische Fundierung, die sowohl von der Planung bis hin zu Gestaltungsempfehlungen von Qualifizierungsmaßnahmen geht, fehlte jedoch bisher. Die vorliegende Telekooperationsdidaktik soll diese Lücke schließen.

Zu Beginn werden die allgemeinen Grundlagen der Telekooperationseinführung und der Didaktik vorgestellt, die dem Projekt Cuparla zugrunde liegen. Anhand der Auswertung der empirischen Daten zu den unterschiedlichen Qualifizierungsmaßnahmen des Projektes wurden auf die Programm-, Veranstaltungs- und Unterrichtsplanung bezogen Schlussfolgerungen erarbeitet. Anhand dieser lässt sich erkennen, dass in Hinblick auf Telekooperation ein bereichsbezogener didaktischer Ansatz für die Gestaltung von Qualifizierungsmaßnahmen notwendig wird.

Um diesen erarbeiten zu können, wurden im nächsten Schritt aus den drei Theorien des CSCW-Forschungsbereiches - der *Adaptiv Structuration Theory*, der *Time, Interaction and Performance Theory* sowie der *Media Synchronicity Theory* - die wesentlichen Aspekte für die Planung, Gestaltung und Durchführung von Qualifizierungsmaßnahmen für Telekooperation herausgearbeitet.

Sowohl die gezogenen Schlussfolgerungen, die auf den empirischen Daten basieren, als auch die theoriebasierten Aspekte flossen in die Betrachtung und Auswahl von geeigneten Didaktikansätzen ein.

Abschließend wurde ein konzeptioneller Rahmen für eine didaktische Fundierung von Telekooperationsmaßnahmen entwickelt und dessen Übertragbarkeit diskutiert.

Im Anschluss an die vorgelegte Arbeit ergeben sich eine Reihe weiterer Fragen, die Anstoß für weitere Arbeiten sein können:

1. Eignet sich das Konzept nur, wenn alle Qualifizierungsmaßnahmen danach ausgerichtet sind und die Trainerinnen entsprechend qualifiziert sind oder genügt es, wenn sich einzelne Maßnahmen daran orientieren?
2. Eignet sich das Konzept auch für die Planung und Durchführung von e-learning Maßnahmen, ähnlich wie es angedacht wurde?
3. Eignet sich das Konzept als Fundierung für e-learning im Schulbereich der Primar- und Sekundarstufe?

Literaturverzeichnis

Allerbeck, K. R.; Hoag, W. J. (1989): Utopia is around the Corner. Computerdiffusion in den USA als soziale Bewegung. In: Zeitschrift für Soziologie, Vol. 18, Nr. 1, 1989, S. 35-53.

Aschersleben, K. (1983): Didaktik. Kohlhammer, Stuttgart u. a. 1983.

Aronson, E.; Blaney, N.; Stephan, G.; Silkes, J.; Snapp, M. (1978): The Jigsaw Classroom. Sage Publications, Beverly Hills, CA 1978.

Bader, R. (1989): Entwicklung beruflicher Handlungskompetenz durch Verstehen und Gestalten von Systemen. In: Die berufsbildende Schule, Heft 2/1989, S. 73-74.

Bader, R. (1991): Entwicklung beruflicher Handlungskompetenz durch Verstehen und Gestalten von Systemen – Ein Beitrag zum systemtheoretischen Ansatz in der Technikdidaktik. In: Die berufsbildende Schule, Nr. 31, 1991, S. 441-458.

Baldi, B.; Brettreich-Teichmann, W.; Gräslund, K.; Hofmann, R.; Hoyer, D.; Konrad, P.; Krcmar, H.; Niemeier, J.; Seibt, D.; Schwabe, G. (1995): BTÖV-Methode: Anwendungsszenarien für Telekooperation. Arbeitspapiere Lehrstuhl für Wirtschaftsinformatik, Universität Hohenheim, Nr. 81, Stuttgart 1995.

Ballin, D.; Brater, M. (1996): Handlungsorientiert Lernen mit Multimedia – Lernarrangements planen, entwickeln und einsetzen. (Multimediales Lernen in der Berufsbildung.), Bildung und Wissen, Nürnberg 1996.

Baltes, M. M.; Sowarka, D. (1995): Kognitive Intervention im Alter. In: Oerter, R.; Montada, L. (Hrsg.): Entwicklungspsychologie. 3. Aufl., Beltz Psychologie Verlags-Union, Weinheim 1995, S. 1116-1127.

Baumgart, R. (1995): TZI und Didaktik. Eine Untersuchung von Anknüpfungspunkten unter besonderer Berücksichtigung des Berliner Modells. Diplomarbeit der Universität Hohenheim, Institut für Berufs- und Wirtschaftspädagogik 1995.

Beck, H. (1995): Schlüsselqualifikationen – Bildung im Wandel. 2. Aufl., Winkler, Darmstatt 1995.

Beckmann, H.-K. (1991): Fachdidaktik, Bereichsdidaktik, Stufendidaktik. In: Roth, L. (Hrsg.): Pädagogik, Handbuch für Studium und Praxis, München 1991, S. 674-688.

Belz, H.; Muthmann, Ch. (1985): Trainingskurse mit Randgruppen. Lambertus, Freiburg im Breisgau 1985.

Benikowski, B. (1995): Unterrichtsstörungen und kommunikative Didaktik: Störungen aus der Sicht der Lerngruppe und die Grenzen didaktischer und psychotherapeutischer Modelle. Schneider Hohengehren, Baltmannsweiler 1995.

Berghaus, M. (1999): Alte Theorien über neue Medien. In: Berghaus, M. (Hrsg.): Interaktive Medien – interdisziplinär vernetzt. Westdeutscher Verlag, Opladen, Wiesbaden 1999, S. 31-61.

Bick, U. (1989): Die Ratsfraktion. Schriften zum öffentlichen Recht, Band 563, Dunker und Humblodt, Berlin 1989.

Blankertz, H. (1969): Theorien und Modelle der Didaktik. Juventa, München 1969.

Bloom, B. S. (1973): Taxonomie von Lernzielen im kognitiven Bereich. 3. Aufl., Julius Beltz, Weinheim u. a. 1973.

Borgmann, T. (1997): Nur Aufwandsentschädigung und Sitzungsgeld. In: Stuttgarter Zeitung Online Lokalteil vom 20.09.1997.

Bönsch, M. (1991): Variable Lernwege. Ein Lehrbuch der Unterrichtsmethoden. Schöningh, Paderborn 1991.

Braune-Krickau, M.; Langmaack, B. (1985): Wie die Gruppe laufen lernt - Anregungen zum Planen und Leiten von Gruppen. Beltz, Weinheim 1985.

Bromme, R. et al. (1992): Forschung zum Lehrer. In: Ingenkamp, K. et al. (Hrsg.): Empirische Pädagogik 1970 - 1990, Band II, 1992, S. 515-589.

Bürger, M. (1998): Unterstützung von Awareness bei der Gruppenarbeit mit gemeinsamen Arbeitsbereichen. Dissertation am Institut für Informatik der Technischen Universität München, München 1998.

Bullinger, H.-J. (1987): Berufliche Bildung: Investition in die Zukunft. In: Meyer-Dohm, P.; Schütze, H. G. (Hrsg.): Technischer Wandel und Qualifizierung: Die neue Synthese. Campus, Frankfurt am Main u. a. 1987, S. 110-125.

Bunk, G. P. (1994): Kompetenzvermittlung in der beruflichen Aus- und Weiterbildung in Deutschland. In: CEDEFOP: Europäische Zeitschrift Berufsbildung, Heft 1/1994, S. 9-15.

Burbach, E. (1985): Die Zielgruppe im Mittelpunkt fachdidaktischer Entscheidungen: Aspekte der Bestimmung und Analyse der anthropogenen und sozio-kulturellen Bedingungsfeldbereiches am Beispiel des BVJ. Verlangsanstalt Handwerk, Düsseldorf 1985.

Busch, R. (1997): Innovationen im Bildungswesen durch den Einsatz Neuer Medien. In: Schule und Unterricht im Zeichen von Neuen Medien, Raabe, Stuttgart u.a. 1997, S. 7-13.

Burow, O. A. (1996): Beiträge der Humanistischen Psychologie und des Visionenmanagements zu einer Feldtheorie Lebendigen Lernens. In: Arnold R. (Hrsg.): Lebendiges Lernen. Grundlagen der Berufs- und Erwachsenenbildung Bd. 5. Schneider, Hohengehren, Baltmannsweiler 1996, S. 43-56.

Casimir, R.; Harrision, R. (1996): Cyberrom@nzen. Online-Beziehungskisten und Partnersuche im Internet. VERLAG, Mannheim 1996.

Claessen, D. (1994): Gruppenverbände als Zusammenschluß kleiner Gruppen zu einer Großgruppe. In: Schäfers, B. (1994) Einführung in die Gruppensoziologie: Geschichte, Theorien, Analysen. 2., erweiterte und aktualisierte Aufl., Quelle und Meyer, Heidelberg u. a., 1994, S. 157-176.

Cohn, R. C. (1994): Von der Psychoanalyse zur themenzentrierten Interaktion - Von der Behandlung einzelner zu einer Pädagogik für alle. 12. Aufl., Klett-Cotta, Stuttgart 1994.

Cohn, R. C. (1997): Das Thema. In: Cohn, R. C.; Terfurth, C. (Hrsg.): TZI macht Schule: lebendiges Lehren und Lernen. 3. Aufl., Klett-Cotta, Stuttgart 1997, Se. 322 - 324.

Cohn, R. C.; Farau, A. (1984): Gelebte Geschichte der Psychotherapie. Klett-Cotta, Stuttgart 1984.

Cohn, R. C.; Farau, A. (1995): Gelebte Geschichte der Psychotherapie. 1. Aufl. in der Reihe: Konzepte der Humanwissenschaften. Klett-Cotta, Stuttgart 1995.

Cohn, R. C.; Matzdorf, P. (1992): Das Konzept der Themenzentrierten Interaktion. In: Löhmer, C.; Standhardt, R. (Hrsg.): TZI - Pädagogisch-therapeutische Gruppenarbeit nach Ruth C. Cohn. Klett-Cotta, Stuttgart 1992, S. 39-93.

Cohn, R. C.; Terfurth, C. (Hrsg.) (1997): TZI macht Schule: lebendiges Lehren und Lernen. 3. Aufl., Klett-Cotta, Stuttgart 1997.

Conradi, W. (1983): Personalentwicklung. Enke, Stuttgart 1983.

Cube, F. v. (1965): Kybernetische Grundlagen des Lernens und Lehrens. Klett-Cotta, Stuttgart 1965.

Cube, F. v. (1980): Didaktisches Forum: Abschlußdiskussion. In: Westermanns Pädagogische Beiträge, 32, 1980, S. 242ff. Später wiederholt abgedruckt in: Gudjons, H., Teske, R.; Winkel R. (Hrsg.): Didaktische Theorien. Westermann, Braunschweig 1981.

Cube F. v. (1991): Die kybernetisch-informationstheoretische Didaktik. In: Gudjons, H., Teske, R.; Winkel R. (Hrsg.): Didaktische Theorien, 6. Aufl., Bergmann und Helbig, Hamburg 1991, S. 47-60.

CUPARLA (1998a): BWL-Konzepte und Übertragbarkeit. Bd. 4, Abschlußbericht für das Projekt CUPARLA, Computerunterstützung der Parlamentsarbeit, 1998.

CUPARLA (1998b): Einführung, Lokales Parlament. Bd. 2, Abschlußbericht für das Projekt CUPARLA, Computerunterstützung der Parlamentsarbeit, 1998.

CUPARLA (1998c): Anwenderbezogene Einführungsmaßnahmen und Benutzerservice. Bd. 5, Abschlußbericht für das Projekt CUPARLA, Computerunterstützung der Parlamentsarbeit, 1998.

CUPARLA (1998d): Kornwestheim. Bd. 8, Abschlußbericht für das Projekt CUPARLA, Computerunterstützung der Parlamentsarbeit, 1998.

Cyranek, G. (1993): Computergestützte kooperative Arbeit - technische Unterstützungssysteme und Konsequenzen für die Ausbildung. In: Cyranek, G.; Bürgi-Schmelz, A. (Hrsg.): Computergestützte kooperative Arbeit: Dokumentation der gleichnamigen Weiterbildungsveranstaltung. Arbeitsbericht 10, Universität Bern, Koordinationsstelle für Weiterbildung, o. V., Bern 1993, S. 3-18.

Daft, R. L.; Lengel, R. H. (1986): Organizational Information Requirements, Media Richness and Structural Dasign. In: Managemen Science. Vol. 32, Nr.5 1986, S. 554-571.

Decker, F. (1985): Motivierende Bildungsarbeit mit Lernschwachen und Ungelernten: neue Ansichten und Einsichten für die Aus- und Weiterbildung. 14. Band, Beruf und Bildung, Expert, Sindelfingen 1985.

Dahm, G. et al. (1980): Wörterbuch der Weiterbildung. Kösel, München 1980.

Dennis, A.; Valacich, J. (1998): Rethinking Media Richness: Towards a Theory of Media Synchronicity. Working paper, Juni 1998

DeSanctis, G.; Poole, M. S. (1994): Capturing the Complexity in Advanced Technology Use: Adaptive Structuration Theory. In: Organization Science, Vol. 5, Nr. 2, May 1994, S. 121 - 147.

Diederich, J. (1988): Didaktisches Denken. Beltz , Weinheim 1988.

Diegelmann, C. (1996): Informations- und Kooperationsbedarf von Gemeinderäten und Unterstützungsmöglichkeiten durch CATeam. Diplomarbeit am Lehrstuhl für Wirtschaftsinformatik der Universität Hohenheim, Stuttgart 1996.

Dichanz, H. (1985): Medien in der Erwachsenenbildung. In: Raapke, H.-D.; Schulenberg, W. (1985): Didaktik der Erwachsenenbildung. Bd. 7 in der Reihe: Pöggler, F. (Hrsg.): Handbuch der Erwachsenenbildung. Kohlhammer, Stuttgart u. a. 1985, S.53-61.

Döbber, K.-O. (1998): Aktivierende Methoden in der beruflichen Weiterbildung. In: Landesgewerbeamt Baden-Württemberg (Hrsg.): Lebendiges Lehren - aktivierende Methoden in der beruflichen Weiterbildung. Schriftenreihe des Landesarbeitskreises für berufliche Fortbildung, Band 6, o. V., Stuttgart 1998, S. 20-118.

Döhl, W. (1983): Akzeptanz innovativer Technologien in Büro und Verwaltung. Band 9, Innovative Unternehmensführung, Vandenhoeck & Ruprecht, Göttingen 1983.

Döring, K. W. (1990): Lehren in der Weiterbildung: Ein Dozentenleitfaden. 2. Aufl., Deutscher Studien Verlag, Weinheim 1990.

Döring, K. W. (1995): Lehren in der Weiterbildung: Ein Dozentenleitfaden. 5. Aufl., Deutscher Studien Verlag, Weinheim 1995.

Döring, N. (1997): Kommunikation im Internet: Neun theoretische Ansätze. In: Batinic, B. (Hrsg.) Internet für Psychologen. Hogrefe, Göttingen u. a. 1997, S. 267-298.

Döring, K. W., Ritter-Mamczek, B. (1998): Die Praxis der Weiterbildung. 2., völlig überarbeitete Aufl., Deutscher Studien Verlag, Weinheim 1998.

Elgass, P. (1996): Teambasierte Geschäftsprozeßplanung: Konzeption und prototypische Umsetzung eines computergestützen Planungsmodells. Gabler, Wiesbaden 1996.

Engel, A.; Kaiser, S.; Mayer, A. (1998): Erfahrungen mit der organisationsübergreifenden Einführung von Teamarbeitsräumen. In: Herrmann, T.; Just-Hahn, K. (Hrsg.): Groupware und organisatorische Innovatin (D-CSCW'98). Teubner, Stuttgart 1998, S. 297-309.

Engelen, U. (1997): Multimedia in der Schule – wie und wo Medienarbeit stattfinden kann. In: Schule und Unterricht im Zeichen von Neuen Medien, Raabe, Stuttgart u.a. 1997, S. 14-27.

Erpenbeck, J.; Heyse, V. (1996): Selbstgesteuertes, selbstorganisiertes Lernen. In: Arbeitsgemeinschaft Qualifikations-Entwicklungs-Management Berlin, Geschäftsstelle der Arbeitsgemeinschaft Betriebliche Weiterbildungsforschung (Hrsg.): Kompetenzentwicklung '97 – Berufliche Weiterbildung in der Transformation: Fakten und Visionen. Band 1, Waxmann, Münster u. a. 1997, S. 15-152.

Euler, D. (1995): Didaktik einer sozio-informationstechnischen Bildung. Bd. 22 in der Reihe: Wirtschafts-, berufs- und sozialpädagogische Texte. Botermann & Botermann, Köln 1994.

Euler, D. (1999): Multimediale und telekommunikative Lernumgebung zwischen Potentialität und Aktualität: Eine Analyse aus wirtschaftspädagogischer Sicht. In: http://www.wiso.uni-erlangen.de/WiSo/BWI/WiP/seiten/virtpub.html, zugegriffen am 23. Januar 1999.

Feldmann, R. (1998): Die Quellen des Themas. In: TZI-Langzeitkurs "Theorien sind das Netz der Wirklichkeit.", Handout *Themendynamik* vom 11.-13.12.1998, Freising 1998.

Finger, R. (1999): Prozesse der Konzeption, Realsisierung und Einführung integrierter Telekooperationssysteme - Risiken und Gestaltungsempfehlungen. Bd. 22 in der Reihe: Seibt, D., Derigs, U., Mellis, W. (Hrsg): Wirtschaftsinformatik. Josef Eul Verlag, Lohmar, Köln 1999.

Fischer, T. (1987): Didaktische Konzepte der Lernförderung bei Lernproblemen in der Berufsbildung Erwachsener. Bundesinstitut für Berufsbildung, Berlin 1987.

Flechsig K.-H. (1991): Interkulturelle Didaktik. In: Roth, L. (Hrsg.): Pädagogik. Handbuch für Studium und Praxis. Ehrenwirth, München 1991, S. 1073-1081.

Frank H. (1969): Kybernetische Grundlagen der Pädagogik. Agis-Verlag, Baden-Baden u. a. Stuttgart 1969.

Frese, M.; Brodbeck, F. (1989): Computer in Büro und Verwaltung - Psychologisches Wissen für die Praxis. Springer, Berlin - Heidelberg 1989.

Frese, M.; Kasten, Chr.; Skarpelis, C.; Zang-Scheucher, B. (Hrsg.) (1991): Software für die Arbeit von morgen. Springer, Berlin 1991.

Freudenreich, D. (1996): Die Themenzentrierte Interaktion – ein Modell des Gruppenleitens. In: Arnold R. (Hrsg.): Lebendiges Lernen. Grundlagen der Berufs- und Erwachsenenbildung. Bd. 5, Schneider, Hohengehren, Baltmannsweiler 1996, S. 57-75.

Freudenreich, D. (1997): Lebendiges Lernen mit der Themenzentrierten Interaktion (TZI). In: Kunert, K. (Hrsg.): Neue Lernmethoden für pädagogische Berufe. Schneider, Hohengehren, Baltmannsweiler 1997, S. 41-68.

Freudenreich, D.; Clemens S. (1999): Sensibel steuern durch Themenzentrierte Interaktion. In: wirtschaft & weiterbildung 01/99, S. 14-17.

Frommer, H. (1983): Kleine Didaktik für die Praxis der Erwachsenenbildung. Mit Erfahrungsbeispielen von Egon Dick und Gabriela Jung. Schriften der Erwachsenenbildung in Baden-Württemberg, Nr. 10. Neckar, Villingen-Schwenningen 1983.

Gabriel, O.; Kunz, V.; Ahlstich, K. (1997): Die kommunale Selbstverwaltung. In: Gabriel, O.; Holtmann, E.: Handbuch Politisches System der Bundesrepublik Deutschland. Oldenbourg, München 1997, S. 325-354.

Gaugler, R.; Herdt, A.; Kleinschmidt, S. (1997): LotusNotes 4.5, Anwender. 2. Aufl., Herdt-Verlag, Nackenheim 1997.

Gerbig C.; Gerbig-Calcagni I. (1998): Moderne Didaktik für EDV-Schulungen: Ein praxisorientiertes Handbuch für Trainer, Ausbilder, Lehrkräfte und Qualifizierungsverantwortliche. Beltz, Weinheim und Basel 1998

Gerl, H. (1985): Methoden der Erwachsenenbildung. In: Raapke, H.-D.; Schulenberg, W. (1985): Didaktik der Erwachsenenbildung. Bd. 2 in der Reihe: Pöggler, F. (Hrsg.): Handbuch der Erwachsenenbildung. Kohlhammer, Stuttgart u. a. 1985, S.43 - 52.

Gisevius, W. (1994): Leitfaden durch die Kommunalpolitik. 4., überarbeitete Aufl., Dietz, Bonn 1994.

Giddens, A.(1988): Die Konstitution der Gesellschaft: Grundzüge einer Theorie der Strukturierung, Campus-Verlag, Frankfurt am Main 1988

Godehardt, B.; List, H.-U. (Hrsg.): Vernetztes Arbeiten und Lernen: Telearbeit – Telekooperation – Telelearning. Hüthig, Heidelberg 1999.

Götz, K.; Häfner, P. (1991): Computergestütztes Lernen in der Aus- und Weiterbildung. 2. Aufl., Deutscher Studien Verlag, Weinheim 1991.

Götz, K. (1993): Zur Evaluierung beruflicher Weiterbildung. Band 1: Theoretische Grundlagen. Band 2: Empirische Untersuchungen. Deutscher Studien Verlag, Weinheim 1993.

Grapski, H.; Gehrke, G.; Lange, B.-P. (1997): Zwischen Zielen und Möglichkeiten. Die Förderung von Medienkompetenz braucht Dialoge und Leitbilder. In: Deutscher Kulturrat (Hrsg.): Dokumentation des XIX. Plenums des Deutschen Kulturrates, o. V., Bonn 1997, S. 1-9.

Gudjons, H. (1995): Pädagogisches Grundwissen: Überblick - Kompendium - Studienbuch. 4., überarbeitete und erweiterte Aufl., Klinkhardt, Bad Heilbrunn 1995.

Gukenbiehl, H. J. (1994): Formelle und informelle Gruppe als Grundformen sozialer Strukturbildung. In: Schäfers, B. (1994) Einführung in die Gruppensoziologie: Geschichte, Theorien, Analysen. 2., erweiterte und aktualisierte Aufl., Quelle und Meyer, Heidelberg u. a. 1994, S. 80-96.

Hackert, B. (1999): Kooperation in Arbeitsgruppen: Bausteine einer ökonomischen Analyse. Bd. 8 in der Reihe: Küpper, Willi (Hrsg.): Personal – Organisation – Management. Erich Schmidt Verlag, Berlin 1999.

Hader, P.-U.; Heilmann, J. (1998): Die Moderationsmethode – eine teilnehmerzentrierte Arbeits- und Lernform. In: Döring, K. W., Ritter-Mamczek, B. (1998): Die Praxis der Weiterbildung. 2., völlig überarbeitete Aufl., Deutscher Studien Verlag, Weinheim 1998, S. 193-241.

Hanft, A. (1998): Personalentwicklung zwischen Weiterbildung und „organisationalem Lernen“: eine strukturationstheoretische und machtpolitische Analyse der Implementierung von PE-Bereichen. 2., ergänzte Aufl., Hampp, München, Mering 1998.

Harasim, L.; Hiltz, S.R.; Teles, L.; Turoff, M. (1998): Learning Networks: A Field Guide to Teaching and Learning Online. The MIT Press, Cambridge, Massachusetts, London 1998.

Hartmann, M.; Rieger, M.; Pajonk, B. (1997): Zielgerichtet Moderieren: Ein Handbuch für Führungskräfte, Berater und Trainer. Beltz, Weinheim und Basel 1997.

Hasenkamp, U.; Syring, M. (1994): Einführung von CSCW-Systemen in Organisationen. In: Tagungsband der D-CSCW ’94, Vieweg, Braunschweig, Wiesbaden 1994.

Haske, H.E. (1991): Bildung im Alter. In: Howe, J. u.a. (Hrsg.): Lehrbuch der psychologischen und sozialen Alterswissenschaft. Hilfe und Unterstützung für ältere Menschen. Bd. 3, Ansanger, Heidelberg 1991, S. 21-44.

Hazemi, R.; Hailes, S.; Wilbur, S. (1998): Supporting Assynchronous Collaboration in Academia. In: Hazemi, R.; Hailes, S.; Wilbur, S. (Hrsg.): The Digital University. Springer, London 1998, S. 209-218.

Heger, D. (1995): Vermittlung erwachsenendidaktischer Basisqualifikationen. In: Wahl, D.; Wölfling, W.; Rapp, G.; Heger, D. (Hrsg.): Erwachsenenbildung konkret. 4. Aufl., Deutscher Studien Verlag, Weinheim 1995, S. 104-121.

Heigl-Evers, A.; Heigl, F. (1973): Die themenzentrierte interaktionelle Gruppenmethode (Ruth C. Cohn) - Erfahrungen, Überlegungen, Modifikationen. In: neue Sammlung 13 (1973) S. 514-532.

Heimann, P. (1976): Didaktik als Unterrichtswissenschaft. Hrsg. Reich, K. und Thomas, H., Klett, Stuttgart 1976.

Heimann P., Otto G., Schulz W. (1965): Unterricht - Analyse und Planung. Schroedel, Hannover 1965.

Hertel, G.; Konradt, U. (2991): Führung in virtuellen Teams: Abschied vom Vorgesetzten? In: Personalführung, 1/2001, S. 40-44.

Hiltz, S. R. (1984): Online Communities. A Case Study of the Office of the Future. Ablex Publ. Co., Norwood 1984.

Hoberg, G. (1988): Training und Unterricht - Anregungen für die Vorbereitung und Durchführung von Unterricht und Seminaren. Klett, Stuttgart 1988.

Holler, W.; Naßmacher, K.-H. (1979): Rat und Verwaltung im Prozeß kommunalpolitischer Willensbildung. In: Köser, H. (Hrsg.): Der Bürger in der Gemeinde. Hoffmann und Campe, Hamburg 1979, S. 275-319.[CD25]

Holzkamp, K. (1996): Wider den Lehr-Lern-Kurzschluß. Interview zum Lernen. In: Arnold R. (Hrsg.): Lebendiges Lernen. Grundlagen der Berufs- und Erwachsenenbildung Bd. 5. Schneider Hohengehren, Baltmannsweiler 1996, S. 21-30.

Hondrich, K. O. (1996): Modernisierung – was bleibt? In: Deutsche Gesellschaft für Soziologie (Hrsg.): Gesellschaften im Umbruch. 27. Kongreß der Deutschen Gesellschaft für Soziologie in Halle an der Saale, Band 2, Opladen 1996, S. 508-516.

Höring, K. (1992): Bürosystemgestaltung. In: Frese, E.: Handwörterbuch der Organisation. 3. Aufl., Poeschel, Stuttgart 1992, S. 400 - 418. (Enzyklopädie der Betriebswirtschaft, Bd.2)

Hörning, K. J.; Ahrens, D.; Gerhard, A. (1996): Vom Wellenreiter zum Spieler. Neue Konturen im Wechselspiel von Technik und Zeit. In: Soziale Welt, Vol. 47, Heft 1, 1996, S. 7-23.

Huber, A. A.; Rotering-Steinberg, S. (1998): Das Fragestellen als Ansatz zur Effektivierung Kooperativen Lernens. Eine Studie unter Berücksichtigung des kognitiven Orientierungsstils Gewißheits-/Ungewißheitsorientierung. In: Empirische Pädagogik. Zeitschrift zu Theorie und Praxis erziehungswissenschaftlicher Forschung, 12(3) 1998, S. 215-233.

Issroff, K.; Hazemi, R. (1998): Using WWW for Teaching and Learning: Raising Awareness within University College London. In: Hazemi, R.; Hailes, S.; Wilbur, S. (Hrsg.): The Digital University. Springer, London 1998, S. 85-97.

Jank, W.; Meyer, H. (1991): Didaktische Modelle. 1. Aufl.. Cornelson Scriptor, Frankfurt am Main 1991.

Johansen, R. (1992): An Introduction to Computer-Augmented Teamwork. In: Bostrom, R. P.; Waston, R.; Kinney, S. T.: Computer Augmented Teamwork: A Giuded Tour. Van Nostrand Reinhold, New York 1992, S. 5-15.

Jongebloed, H.-C.; Twardy, M. (1983a): Strukturmodell Fachdidaktik Wirtschaftswissenschaften (SMFW). In Twardy, M. (Hrsg.): Kompendium Fachdidaktik Wirtschaftswissenschaften, Bd. 1, Verlags-Anst. Handwerk, Düsseldorf 1983, S. 163 - 203.

Jongebloed, H.-C.; Twardy, M. (1983): Lernzielformulierung und -präzisierung. In: Twardy, M. (Hrsg.): Kompendium Fachdidaktik Wirtschaftswissenschaften, Bd. 2, Verlags-Anst. Handwerk, Düsseldorf 1983, S. 255 - 349.

Jungkunz, D. (1995): Berufsausbildungserfolg in ausgewählten Ausbildungsberufen des Handwerks: theoretische Klärung und empirische Analyse. Dt. Studien-Verlag, Weinheim 1995.

Kamps, W. (1992): Gruppenpädagogik und themenzentrierte Interaktion: die Sozialphilosophie Jean Paul Sartres als Rahmentheorie für gruppenbezogene Bildungsprozesse, Österr. Studien-Verlag, Insbruck 1992.

Kerres, M. (1998): Multimediale und telemdiale Lernumgebungen: Konzeption und Entwicklung. Oldenbourg, München, Wien 1998.

Kim, A. J. (2000): Community Building On the Web. Peachpit Press, Berkeley 2000.

Kimball, L. (1998): Managing Distanced Learning – New Challenges for Faculty. In: Hazemi, R.; Hailes, S.; Wilbur, S. (Hrsg.): The Digital University. Springer, London 1998, S. 25-38.

Kimball L. (2000): Virtual Teams. In: http://conference.tmn.com/tmn/swebsock/0/0/CS41/anew.cml?0+0+60, zugegriffen am 18.9.2000.

Klafki, W. (1963): Studien zur Bildungstheorie und Didaktik. Beltz, Weinheim 1963.

Klafki, W. (Hrsg.)(1976): Aspekte kritisch-konstruktiver Erziehungswissenschaft. Gesammelte Beiträge zur Theorie-Praxis-Diskussion. Beltz, Weinheim und Basel 1976.

Klafki W.; Otto G.; Schulz W. (1977): Didaktik und Praxis. Beltz, Weinheim und Basel 1977

Klafki, W. (1985): Neue Studien zur Bildungstheorie und Didaktik. Beiträge zur kritisch-konstruktiven Didaktik, Beltz, Weinheim und Basel 1985.

Klein, B.; Steiner, R.; Wolf, Th. (1989): Akzeptanzplanung am Beispiel der Einführung von ISDN. In: Bullinger, H.-J. (1989): Integrationsmanagement. FBO, Baden-Baden 1989, S. 135-152.

Klein, I. (1977): Gruppen leiten lernen - Didaktik und Praxis der Ausbildung. Pfeiffer Verlag, München 1977.

Klein, I. (1984): Gruppenleiten ohne Angst - Ein Handbuch für Gruppenleiter. Pfeiffer Verlag, München 1984.

Klupp, A. (1992): Planen - Managen - Trainieren: 20 Bausteine erfolgreicher Erwachsenenbildung. 2., überarbeitete Aufl., Fachhochsch.-Schr. Sandmann, München 1992.

Knoll, J. (1977): Gruppentherapie und pädagogische Praxis - Ansätze, Arbeitsformen und Konsequenzen für die Arbeit mit Gruppen in Schule und Erwachsenenbildung. Klinkhardt, Bad Heilbrunn /Oberbayern 1977.

Knoll, J. (1997): Kurs- und Seminarmethoden. En Trainingsbuch zur Gestaltung von Kursen und Seminaren, Arbeits- und Gesprächskreisen. 7., überarbeitete Aufl., Beltz, Weinheim – Basel 1997.

Koch, O.G.; Kuppinger, M. (1995): Lotus Notes - Grundlagen und Fallbeispiele. Markt & Technik, München 1995.

Kösel, E. (1996): Modellierung von Lernwelten. Eine Möglichkeit für lebendiges Lehren und Lernen. In: Arnold R. (Hrsg.): Lebendiges Lernen. Grundlagen der Berufs- und Erwachsenenbildung Bd. 5. Schneider Hohengehren, Baltmannsweiler 1996, S. 57-75.

Krcmar, H. (1992): Computerunterstützung für die Gruppenarbeit: Zum Stand der Computer Supported Cooperative Work Forschung. In: Wirtschaftsinformatik, 34. Jahrgang, Nr. 4, S. 111-119 und Arbeitspapier Nr. 31 des Lehrstuhls für Wirtschaftsinformatik der Universität Hohenheim 1992.

Krcmar, H. (1994): CATeam - Computer Aided Team - Verbesserung der Gruppenarbeit im Unternehmen. In: Office Management, 42. Jahrg. (1994), Heft 6, S. 29-33.

Krcmar, H. (1997): Informationsmanagement. Springer, Berlin u. a. 1997.

Krcmar, H.; Lewe, H.; Schwabe, G. (1995): Teamarbeit im Büro - Stand und Perspektiven. In: Office Management, 43. Jahrg. (1995), Heft 4, S. 18-21.

Kreifelts, T.; Hennessy, P.; Ehrlich, U. (1993): Management verteilter Arbeit: Aktivitätskoordinierung im Projekt EuroCoOp. In: Wirtschaftsinformatik, 35, 1993, S. 129-137.

Kron, F. W. (1993): Grundwissen Didaktik. E. Reinhardt Verlag, München, Basel 1993

Krohmer, K. (1997): Organisatorische und DV-technische Implementierung eines empfängerorientierten Berichtswesens für den Gemeinderat der Stadt Stuttgart. Diplomarbeit am Lehrstuhl für Wirtschaftsinformatik der Universität Hohenheim, Stuttgart 1997.

Krull, M.; Mischke, W. (1996]: Lerneinheit „Kommunikation". In: Brokmann-Nooren, C.; Grieb, I.; Raapke, H.-D.: Handreichungen für die nebenberufliche Qualifizierung (NQ) in der Erwachsenenbildung. 2., unveränderter Nachdruck, Beltz, Weinheim-Basel 1996, S. 359-404.

Kubicek, H.; Rolf, A. (1986): Mikropolis. Mit Computernetzen in die „Informationsgesellschaft". 2. Aufl., VSA-Verlag, Hamburg 1986.

Kunze, R. (1991): Das Kommunalrecht in Baden-Württemberg - ein Abriß. In: Pfizer, T. Wehling H.-G. (Hrsg.): Kommunalpolitik in Baden-Württemberg. 2. Aufl., Kohlhammer, Stuttgart u. a. 1991, S. 47-82.

Kuypers, H-W. (1985): Didaktisch-methodische Realisierung von Unterrichtsinhalten. In: Raapke, H.-D.; Schulenberg, W. (1985): Didaktik der Erwachsenenbildung. Bd. 7, in der Reihe: Pöggler, F. (Hrsg): Handbuch der Erwachsenenbildung. Kohlhammer, Stuttgart u. a. 1985, S. 92-104.

Langham, D. (1994): The Common Place MOO: Orality and Literacy in Virtual Reality. In: Computer-Mediated Communication Magazine, Vol. 1, Nr. 3, 1994, S. 7.

Langmaack, B. (1994): Themenzentrierte Interaktion - Einführende Texte rund ums Dreieck. 2., neu ausgestattete Aufl., Beltz Psychologie Verlags-Union, Weinheim 1994.

Langmaack, B.; Braune-Krickau, M. (1995): Wie die Gruppe laufen lernt: Anregungen zum Planen und Leiten von Gruppen. 5. Aufl., Psychologie Verlags-Union, Weinheim 1995.

Lehner, F., Auer-Rizzi, W.; Bauer, R.; Breit, K.; Lehner, J.; Reber, G. (1991): Organisationslehre für Wirtschaftsinformatiker, Hanser, München, Wien 1991.

Lehnert, U. (1995): Der EDV-Dozent - EDV-Lehrveranstaltungen planen - EDV-Anwendungswissen vermitteln; Lehr- und Handbuch für Trainer, Ausbilder, Instruktoren, Berufschullehrer, Volkshochschuldozenten, Mitarbeiter des Benutzerservices, Trainern von EDV-Trainern. 3., vollständig überarbeite und erweiterte. Aufl., Oldenbourg, München und Wien 1995.

Lehr, U. (1991): Psychologie des Alterns. 7. Aufl., Quelle und Meyer, Heidelberg und Wiesbaden 1991.

Leonhardi, E. (1995): Nützlichkeit von Groupware. In: Office Management, 43. Jahrgang, Heft 6/1995, S. 26-29.

Lewe, H.; Krcmar, H. (1991): Groupware. In: Informatik Spektrum, Vol. 14, Heft 6/1991, S. 346.

Lewe, H. (1995): Computer Aided Team und Produktivität: Einsatzmöglichkeiten und ErfolgsPotenziale. Gabler, Wiesbaden 1995.

Löhmer, C.; Standhardt, R. (1994): Themenzentrierte Interaktion: die Kunst, sich selbst und eine Gruppe zu leiten. 2. Aufl., PAL, Mannheim 1994.

Lipnack, J.; Stamps, J. (1998): Virtuelle Teams: Projekte ohne Grenzen; Teambildung, virtuelle Orte, intelligentes Arbeiten, Vertrauen in Teams. Ueberreuter, Wien 1998.

Loser, F. (1975): Aspekte einer offenen Unterrichtsplanung. In: Bildung und Erziehung, Jg. 28/1975, Heft 4, S. 241-257.

Lubich, H. P. (1993): Computergestützte kooperative Arbeit: Technische Entwicklungsrichtungen. In: Cyranek, G.; Bürgi-Schmelz, A. (Hrsg.): Computergestützte kooperative Arbeit: Dokumentation der gleichnamigen Weiterbildungsveranstaltung. Arbeitsbericht 10, Universität Bern, Koordinationsstelle für Weiterbildung, o. V., Bern 1993, S. 19-45.

Malone, T.; Crowston, K. (1994): The Interdisciplinary Study of Coordination. In: ACM Computing Surveys, Vol. 26 Nr. 1 (1994), S. 87-119.

Manstetten R. (1983): Kommunikation und Interaktion im Unterricht. Verl.-Anst. Handwerk, Düsseldorf 1983.

Mattl, W (1993): Erwachsenenpädagogische Weiterbildung: Wie Lehrende Bildungsangebote entwerfen - Probleme der didaktischen Planung. Deutsches Institut für Fernstudien an der Universität Tübingen, o. V. 1993.

Matzdorf, B.; Matzdorf, P. (1980): TZI und Didaktik - Ein Werkstattbericht und das zugrundeliegende Struktur-Prozeß-Modell. In: Zeitschrift für Gruppenpädagogik 6/1980, S. 89 - 108.

Matzdorf, P. (1997): Das „TZI-Hause“. Zur praxisnahen Grundlegung eines pädagogischen Handlungssystemes. In: Cohn, R. C.; Terfurth, C. (Hrsg.): TZI macht Schule: lebendiges Lehren und Lernen. 3. Aufl., Klett-Cotta, Stuttgart 1997, S. 332 - 387.

Matzdorf, P.; Cohn, R. (1995): Grundlagen der Themenzentrierten Interaktion. In: In: Löhmer, C.; Standhardt, R. (1995): TZI: pädagogisch-therapeutische Gruppenarbeit nach Ruth C. Cohn, Klett-Cotta, Stuttgart 1995, S. 39-92.

McGrath, J. (1984): Groups: Interaction and Performance. Prentice Hall, Englewood Cliffs 1984.

McGrath, J. (1991): Time, Interaction, and Performance (TIP): A Theory of Groups. In: Small Groups Research, Vol. 22 No. 2, May 1991, S. 147-174.

Meier, R. (1990): Computerdidaktik: Ein Leitfaden für Dozenten, Kursleiter und Ausbilder. Rolf Meier unter Mitarbeit von Elisabeth Grüntjens, Deutscher Studien Verlag, Weinheim 1990.

Mentzel, W. (1992): Unternehmenssicherung durch Personalentwicklung: Mitarbeiter motivieren, fördern und weiterbilden. 5., überarbeitete Aufl., Haufe, Freiburg im Breisgau 1992.

Mettler-Meiboom, B. (1990): Wie kommt es zur Zerstörung zwischenmenschlicher Kommunikation? In: Rammert, W. (Hrsg.): Computerwelten – Alltagswelten. Westdt. Verlag, Opladen 1990, S. 65-90.

Meyer, H. L. (1972): Einführung in die Curriculum-Methodologie. Kösel, München 1972.

Meyer, H. (1991): UnterrichtsMethoden - Praxisband. 4. Aufl., Cornelson Scriptor, Frankfurt am Main 1991.

Mischke, W.; Raapke, H.-D.; Sielaff, L. (1996): Lerneinheit „Methoden und Medien“. In: In: Brokmann-Nooren, C.; Grieb, I.; Raapke, H.-D.: Handreichungen für die nebenberufliche Qualifizierung (NQ) in der Erwachsenenbildung. 2., unveränderter Nachdruck, Beltz, Weinheim-Basel 1996, S. 107-172.

Möller, Ch. (1973): Technik der Lernplanung. Methoden und Probleme der Lernzielerstellung. 4., völlig neu gestaltete Aufl., Beltz, Weinheim und Basel 1973.

Nardi B. A.; Miller, J. R.(1991): Twinkling lights and nested loops: distributed problem solving and spreadsheet development. S. 35. In: Greenberg, S.: Computer Supported Coopreative Work and Groupware, London u. a. 1991 S. 29-52.

Naßmacher, H.; Naßmacher, K. H. (1979): Kommunalpolitik in der Bundesrepublik: Möglichkeiten und Grenzen. Leske und Budrich, Opladen 1979.

Nezel, I. (1992): Allgemeine Didaktik der Erwachsenenbildung. Paul Haupt, Bern u. a. 1992.

Oberquelle, H. (Hrsg.) (1991): Kooperative Zusammenarbeit und menschengerechte Groupware als Herausforderung für die Software-Ergonomie. In: Oberquelle, H. (Hrsg.): Kooperative Arbeit und Computerunterstützung: Stand und Perspektiven. Verlag für Angewandte Psychologie, Göttingen 1991, S. 1-10.

Ockel, A.; Cohn, R. C. (1995): Das Konzept des Widerstands in der Themenzentrierten Interaktion. In: In: Löhmer, C.; Standhardt, R. (1995): TZI: pädagogisch-therapeutische Gruppenarbeit nach Ruth C. Cohn, Klett-Cotta, Stuttgart 1995, S. 177 - 206.

Odenbach, K. (1971): Die Motivation im Unterricht. In: Röhrs, H. (Hrsg.): Didaktik. Akademische Verlagsgesellschaft, Frankfurt am Main 1971.

O'Donnell, A.M; Dansereau, D. F. (1992): Scripted cooperation in student dyads: A method for analyzing and enhancing academic learning and performance. In: R. Herz-Lazarowitz, Miller N. (Hrsg.): Interaction in cooperative groups: The theoretical anatomy of group learning. Cambridge University Press, New York 1992, S. 120-141.

Osswald, E. (1997): Was habe ich bei TZI gelernt? In: Cohn, R. C.; Terfurth, C. (Hrsg.): TZI macht Schule: lebendiges Lehren und Lernen. 3. Aufl., Klett-Cotta, Stuttgart 1997, S. 11 - 17.

Ott, B. (1995): Ganzheitliche Berufsbildung – Theorie und Praxis handlungsorientierter Techniklehre in Schule und Betrieb. Steiner, Stuttgart 1995.

Palloff, R. M.; Pratt K. (1999): Building Learnign Communities in Cyberspace: effictive strategies for the online classroom. Jossey-Bass Publishers, San Francisco 1999.

Paulsen, B.; Worschech, F. (1993): Arbeitsorientierte Weiterbildung für KMU. Brüssel 1993.

Pausch, J.; Terfurth, C. (1997): Lebendiges Lernen - tötendes Lernen: eine Tabelle. In: Cohn, R. C.; Terfurth, C. (Hrsg.): TZI macht Schule: lebendiges Lehren und Lernen. 3. Aufl., Klett-Cotta, Stuttgart 1997, S. 388 - 391.

Pauser, W. (1995): Telefonkonsum. Zur Sexualität des Handy. In: Ästhetik & Kommunikation. Vol. 24, Nr. 90, 1995, S. 20-26.

Petersen, W. (1991): Betriebliche Fortbildung im Kontext neuer Produktionstechnologien. Expert, Ehningen 1991.

Peterßen, W. H. (1994): Lehrbuch Allgemeine Didaktik. 4., überarbeitete und erweiterte Aufl., Ehrenwirth, München 1994.

Petrovic, O. (1993): Workgroup Computing - Computergestützte Teamarbeit: Informationstechnologische Unterstützung für teambasierte Organisationsformen. Physica, Heidelberg 1993.

Picot, A.; Franck, E. (1992): Informationsmanagement. In: Frese, E.: Handwörterbuch der Organisation. 3. Aufl., Poeschel, Stuttgart 1992, S. 886-900. (Enzyklopädie der Betriebswirtschaft, Bd.2)

Poole, M.; DeSanctis, G. (1990): Understanding the use of group decision support systems: the theory of adaptive structuration. In: Fulk, J.; Steinfield, C.: Organizations and communication technology, Sage 1990.

Potthoff, W. (1979): Grundformen des Unterrichts. Haufe, Freiburg 1979.

Presse und Informationsamt (1998): Politik. In: http://www.stuttgart.de, zugegriffen am 03.07.1998.

Raapke, H.-D. (1985): Didaktik der Erwachsenenbildung. In: Raapke, H.-D.; Schulenberg, W. (1985): Didaktik der Erwachsenenbildung. Bd. 7, in der Reihe: Pöggler, F. (Hrsg): Handbuch der Erwachsenenbildung. Kohlhammer, Stuttgart u. a. 1985, S. 17 - 32.

Rabenstein, R.; Reichel, R.; Thanhoffer, M. (1996): Das Methodenset: 1. Anfang. Hrsg.: Arbeitsgemeinschaft für Gruppenberatung. 8. Aufl., Bd.1, Ökotopia, Münster 1996.

Raguse, H. (1995): Kritische Bestandsaufnahme der TZI. In: Löhmer, C.; Standhardt, R. (1995): TZI: pädagogisch-therapeutische Gruppenarbeit nach Ruth C. Cohn, Klett-Cotta, Stuttgart 1995, S. 264-277.

Reddy, M. (1997): Mitarbeiter beraten: Kollegiale Hilfe zur Selbsthilfe. Beltz, Weinheim und Basel 1997.

Reetz, L. (1984): Wirtschaftsdidaktik. Klinkhardt, Bad Heilbrunn/Obb. 1984.

Reichwald, R.; Möslein, K.; Sachenbacher, H.; Englberger, H.; Oldenburg, S. (1998): Telekooperation: Verteilte Arbeits- und Organisationsformen. Springer, Berlin u. a. 1998.

Reiß, M.; Schuster, H. (1994): Organisatorische Erfolgsfaktoren des Groupwareeinsatzes. In: Office Management, 42. Jahrgang, Heft 6/1994, S. 18-24.

Reglin, T.; Schmidt, H.; Trautmann, R. (1999): Der Betrieb als Lernort. In: Loebe, H.; Severing, E. (Hrsg.): Telelernen im Betrieb: ein Leitfaden für die Nutzung internetgestützter Weiterbildungsangebote in kleinen und mittleren Unternehmen; Ergebnisse aus dem ADAPT-Modellprojekt SPIRIT-IPERION. Bd.14 in der Reihe: Wirtschaft und Bildung. Bertelsmann, Bielefeld 1999, S. 79-115.

Reiser, H. (1995): TZI als pädagogisches System: In: Reiser H.; Lotz, W.: Themenzentrierte Interaktion als Pädagogik. Matthias Grünewald, Mainz 1995, S. 11-68.

Reiser, H. (1997): Die Themenzentrierte Interaktion als Rahmenkonzept für Supervision. In: Hrsg.: Hahn, Karin, Schraut Marianne, Schütz Klaus-Volker; Christel Wager: Themenzentrierte Supervision, Matthias Grünewald , Mainz 1997, S. 12-24.

Reiser H.; Lotz, W. (1995): Themenzentrierte Interaktion als Pädagogik. Matthias Grünewald, Mainz 1995.

Ripperger, T. (1998): Ökonomie des Vertrauens: Analyse eines Organisationsprinzips. Moohr Siebeck, Tübingen 1998.

Robinsohn, S. B. (1967): Bildungsreform als Revision des Curriculum und ein Strukturkonzept für Curriculumentwicklung. Luchterhand, Neuwied u. Berlin 1967.

Robinsohn, S. B. (1975): Bildungsreform als Revision des Curriculum. 5. Aufl., Luchterhand, Neuwied u. Wien 1975.

Rosenstiel, L. v. (1993): Kommunikation und Führung in Arbeitsgruppen. In: Schuler, H.: Lehrbuch Organisationspsychologie, Hans Huber, Bern et al. 1993, S. 321-352.

Roth, L. (Hrsg.) (1991): Pädagogik: Handbuch für Studium und Praxis. Ehrenwirth, München 1991.

Rudolf, C. (1994): Minimalkonsens oder unüberbrückbare Unterschiede - Die Gemeinsamkeiten. In: Raabe (Hrsg.): Handbuch Kommunale Politik. Stuttgart Juni 1994, I/C 3.1 S. 1-10.

Ruprecht, H.; Beckmann, H.-K.; Cube, F. von; Schulz, W. (1976): Modelle grundlegender didaktischer Theorien. In: Roth, H. (Hrsg.): Beiträge zu einer neuen Didaktik. Reihe A: Allgemeine Didaktik. 3. Aufl.. Hermann Schroedel, Hannover 1976.

Saldern v., M. (1996): Die Bedeutung der Neueren Systemtheorien für die Entwicklung einer Didaktik der Selbstorganisation. In: Arnold R. (Hrsg.): Lebendiges Lernen. Grundlagen der Berufs- und Erwachsenenbildung Bd. 5. Schneider Hohengehren, Baltmannsweiler 1996, S. 31-42.

Salmon, G. (2000): E-Moderating: The Key to Teaching and Learning Online. Kogan Page, London, Sterling 2000.

Schaal, M. (1995): CATeam für Gemeindeparlamente-Untersuchung der Möglichkeiten basierend auf einer qualitativen Analyse heute stattfindender Parlamentsarbeit in einem lokalen Gemeindeparlament, Unveröffentlichte Diplomarbeit am Lehrstuhl für Wirtschaftsinformatik der Universität Hohenheim, Stuttgart 1995.

Schäfers, B. (1995): Grundbegriffe der Soziologie. Leske und Budrich, Opladen 1995.

Schäfer, K.-H., Schaller K. (1971): Kritische Erziehungswissenschaft und kommunikative Didaktik. Quelle & Meyer, Heidelberg 1971.

Schäfer, K.-H.; Schaller K. (1976): Kritische Erziehungswissenschaft und kommunikative Didaktik. 3., durchgesehene Aufl., Quelle Meyer, Heidelberg 1976.

Scharfenberg, H. (1991): Organisation der Teamarbeit geht vor Groupware. In: Office Management, 39. Jahrgang, Heft 6/1991, S. 3.

Schenk, B. (1995): Entwicklung einer Schulungskonzeption als Teilaspekt der Einführung neuer Technologien in Unternehmen am Beispiel GroupSystems. Diplomarbeit am Lehrstuhl für Wirtschaftsinformatik der Universität Hohenheim, Stuttgart 1995.

Schenk, B. (2001): TZI-basiertes e-learning? In: http://www.e-writing.de/cgi-bi/wf_50010_e-writing.de?WF=81f908Rqoc645MryMS31wNoc63000ehtMMV.html, zugegriffen am 28.2.2001.

Schenk, B.; Schwabe, G. (2000): Auf dem Weg zu einer Groupoware-Didaktik – Erfahrungen und Konzepte aus den Schulungen in Cuparla. In: Reichwald, R.; Schlichter, J. (Hrsg.): Verteiltes Arbeiten – Arbeiten der Zukunft. DCSCW 2000. Teubner, Stuttgart, Leipzig, Wiesbaden 2000, S. 63-76.

Schenk, M.; Dahm, H.; Sonje, D. (1997): Die Bedeutung sozialer Netzwerke bei der Diffusion neuer Kommunikationstechniken. In: Kölner Zeitschrift für Soziologie und Sozialpsychologie, Vol. 49, Nr. 1, 1997, S. 35-52.

Scherm, E.; Süß, S. (2000): Personalführung in virtuellen Unternehmen: Eine Analyse diskutierter Instrumente und Substitute der Führung. Zeitschrift für Personalforschung, 14/2000, S. 79-103.

Schmidt K., Bannon L. (1992): Taking CSCW Seriously: Supproting Articulation Work. Computer Supported Cooperative Work (CSCW), 1(1-2), Kluwer Academic Publishers, Dordrecht 1992, S. 7-40.

Schmitz, J.; Fulk, J. (1991): Organizational Colleagues, Media Richness, and Electronic Mail. A Test of the Social Influence Model of Technology Use. In: Communication Research, Vol. 18, Nr. 4 1991, S. 487-523.

Schneider, H. (1975): Kleingruppenforschung. Teubner, Stuttgart 1975.

Schneider H. (1996): Lexion zu Team und Teamarbeit. Wirtschaftsverlag Bachem, Köln 1996.

Schoeck, H. (1979): Soziologisches Wörterbuch. 10. Aufl., Herder, Freiburg u. a. 1979.

Schorb, B. (1997): Vermittlung von Medienkompetenz als Aufgabe der Medienpädagogik. In: Enquete-Kommission "Zukunft der Medien in der Wirtschaft und Gesellschaft" Deutscher Bundestag (Hrsg.): Medienkompetenz im Informationszeitalter. ZV Zeitungs-Verlag Service, Bonn 1997, S. 63-76.

Schorch, G. (1991): Unterrichtsplanung und Unterrichtsvorbereitung. In: Roth, L. (Hrsg.): Pädagogik: Handbuch für Studium und Praxis. Ehrenwirth, München 1991, S. 704-715.

Schräder-Naef, R. (1999): Lerntraining für Erwachsene: Es lernt der Mensch, so lang er lebt. 4., völlig überarbeitete und erweiterte Aufl., Beltz, Weinheim und Basel 1999.

Schrage, M. (1992): Vom Personal-Computer zum „Interpersonal-Computer". gdi-impuls, 2/1992, S. 51-63.

Schulze, H. (1994a): Die Pflichten des Kommunalpolitikers. In: Raabe (Hrsg.): Handbuch Kommunale Politik. Stuttgart, Juni 1994, I/A 2.1 S. 1-12.

Schulze, H. (1994b): Die Rechte des Kommunalpolitikers. In: Raabe (Hrsg.): Handbuch Kommunale Politik. Stuttgart, Juni 1994, I/A 3.1 S. 1-12.

Schulz, W. (1980): Ein Hamburger Modell der Unterrichtsplanung - Seine Funktionen in der Alltagspraxis. In: Adl-Amini, B.; Künzli, R. (Hrsg.): Didaktische Modelle und Unterrichtsplanung. Juventa, München 1980, S. 49-87.

Schulz, W. (1991): Die lehrtheoretische Didaktik. In: Gudjons, H.; Teske, R.; Winkel, R. (Hrsg.): Didaktische Theorien, 6. Aufl., Bergmann u. Helbig, Hamburg 1991, S. 29-45.

Schulz von Thun, F. (1993): Miteinander reden 1: Störungen und Klärungen. 380.-409 Tausend, Rowohlt Taschenbuch, Hamburg 1993.

Schwabe, G. (1995): Objekte der Gruppenarbeit: ein Konzept für das Computer Aided Team. Gabler, Wiesbaden 1995.

Schwabe, G. (1999): Telekooperation im Gemeinderat.

Schwabe, G. (2000): Ratsinformationssysteme. In: Eichhorn et al.: Verwaltungslexikon, 2000, im Druck.

Schwabe, G.; Krcmar, H. (1996): Der Needs Driven Approach - Eine Methode zur Gestaltung von Telekooperation. In: Krcmar, H.; Lewe, H.; Schwabe, G.: Herausforderung Telekooperation - Proceedings der DCSCW 96, Springer, Heidelberg u.a. 1996.

Schwalm, C. (1998): Globale Kommunikation: Der Wandel sozialer Beziehungen durch die Kommunikation in Computernetzwerken. Wissenschaftlicher Verlag Berlin 1998.

Schwuonke, M. (1994): Die Gruppe als Paradigma der Vergesellschaftung.In: Schäfers, B. (1994) Einführung in die Gruppensoziologie: Geschichte, Theorien, Analysen. 2., erweiterte und aktualisierte Aufl., Quelle und Meyer, Heidelberg u. a. 1994, S. 37-53.

Seeger, R. (1994): Taschenbuch für Gemeinde- und Stadträte in Baden-Württemberg. 1. Aufl., Richard-Boorberg, Stuttgart u. a. 1994.

Seifert, J. (1995): Visualisieren – Präsentieren – Moderieren. 7. Aufl., Gabal, Bremen 1995.

Shannon, C.E.; Weaver, W. (1976): Mathematische Grundlagen der Informationstheorie. Oldenbourg, München 1976.

Siegel, M. R. (1999): Über den Umgang mit Menschen: Moral und Stil im dritten Jahrtausend. Orell Füssli, Zürich 1999.

Sixt, W. (1994): Gemeindeordnung für Baden-Württemberg. 2., aktualisierte Aufl., Boorberg, Stuttgart u. a. 1994.

Skowronek, H. (1979): Lernpsychologische Forschung zum Erwachsenenalter. In: Siebert, H. (Hrsg.) Taschenbuch der Weiterbildungsforschung. Schneider Hohengehren, Baltmannsweiler 1979, S. 286-307.

Spieß, E.; Winterstein, H. (1999): Verhalten in Organisationen: Eine Einführung. Kohlhammer, Stuttgart u. a. 1999.

Sproull, L.; Kiesler, S.(1991): Connections: New Ways of Working in the Networked Organization. MA The MIT Press, Cambridge 1991.

Steinmüller, W. (1993): Informationstechnologie und Gesellschaft: Einführung in die Angewandte Informatik. Wiss. Buchgesellschaft, Darmstadt 1993.

Strittmatter, P.; Mauel, D. (1997): Einzelmedium, Medienverbund und Multimedia. In: Issing, L. J.; Klimsa, P. (Hrsg.): Information und Lernen mit Multimedia. 2., überarbeitete Aufl., Psychologie Verlags Union, Weinheim 1997, S. 47-60.

Stoll, C. (1996): Die Wüste Internet. Geisterfahrten auf der Datenautobahn. Fischer, Frankfurt am Main 1996.

Stollberg, D. (1982): Lernen, weil es Freude macht - Eine Einführung in die Themenzentrierte Interaktion. Kösel, München 1982.

Taylor, J. (1998): Using Asynchronous Computer-Conferencing to Encourage Interaction in Seminar Discussion. In: Hazemi, R.; Hailes, S.; Wilbur, S. (Hrsg.): The Digital University. Springer, London 1998, S. 219-232.

Teufel, S.; Sauter, C.; Mühlherr, T.; Bauknecht, K. (1995): Computerunterstützung für die Gruppenarbeit. Addison-Wesley, Bonn 1995.

Tietgens, H.; Weinberg, J. (1971): Erwachsene im Feld des Lehrens und Lernens. Westermann, Braunschweig 1971.

Tuckman, Bruce W. (1965): Developmental Sequence in Small Groups, Psychological Bulletin 63, no. 6, 1965, pp. 384-399.

Vöhringer, B. (1996): Gemeinderatsarbeit heute und Erwartungen an die Unterstützung durch den Computer. Diplomarbeit am Lehrstuhl für Wirtschaftsinformatik der Universität Hohenheim, Stuttgart 1996.

Vogel, P. (1986): Didaktische Reduktion. In: Haller, H.-D.; Meyer, H. (Hrsg.): Ziele und Inhalte der Erziehung und des Unterrichts. (Enzyklopädie Erziehungewissenschaft, Lenzen, Dieter (Hrsg.), Bd 3, Klett-Cotta, Stuttgart 1986, S. 567-571.

Vopel, K. (1972): Zur Theorie der themenzentrierten interaktionellen Methode. In: Genser, Burhkhardt u. a. (Hrsg.): Lernen in der Gruppe - Theorie und Praxis der themenzentrierten interaktionellen Methode (Ruth C. Cohn). Arbeitsgemeinschaft für Hochschuldidaktik, Blickpunkt Hochschuldidaktik, Heft 25, Hamburg 1972.

Wagner, B.; Conradi, W. (1979): Entstehung und Bewältigung von Konflikten: Konfliktorientierte Organisationsentwicklung zur Humanisierung der Arbeitswelt. Didaktische Modelle Nr. 7, Wissenschaftliche Weiterbildung, Arbeitskreis Universitäre Erwachsenenbildung 1979.

Wahl, D (1995): Grundkonzeption. In: Wahl, D.; Wölfling, W.; Rapp, G.; Heger, D. (Hrsg.): Erwachsenenbildung konkret. 4. Aufl., Deutscher Studien Verlag, Weinheim 1995, S. 58-103.

Wahren, H.-K. E. (1994): Gruppen- und Teamarbeit in Unternehmen. de Guyter, Berlin, New York 1994.

Walther, J. B (1992): Interpersonal Effects in Computer-Mediated Interaction: A Relational Perspective. In: Communication Research, Vol. 19, Nr. 1, 1992, S. 52-90.

Walther, J. B.; Gurgoon, J. K. (1992): Relational Communication in Computer-Mediated Communication. In: Human Communication Research, Vol. 19, Nr. 1, 1992, S. 50-88.

Watzlawick, P.; Beavin, J.; Jackson, D. (1974): Menschliche Kommunikation. Formen, Strömungen, Paradoxien. 4. Aufl., Hans Huber, Bern u.a. 1974.

Wegrath, R. (1997): Der Gemeinderat im Internet. Diplomarbeit am Lehrstuhl für Wirtschaftsinformatik der Universität Hohenheim, Stuttgart 1997.

Wehling, H. G. (1994): Der Stellenwert der Gemeinden im politischen System der Bundesrepublik. In: Raabe (Hrsg.) 1994: Handbuch Kommunale Politik. Stuttgart, Juni 1994, I/C 1.1 S. 1-11.

Weidenmann, B. (1998): Erfolgreiche Kurse und Seminare. Professionelles Lernen mit Erwachsenen. 2., überarbeitete Aufl., Beltz, Weinheim und Basel 1998.

Weinberg, J. (1985): Lernen Erwachsener. In: Raapke, H.-D.; Schulenberg, W. (1985): Didaktik der Erwachsenenbildung. Bd. 7, in der Reihe: Pöggler, F. (Hrsg.): Handbuch der Erwachsenenbildung. Kohlhammer, Stuttgart u. a. 1985, S.32 - 43.

Weinert, F. (1996): Für und Wider die <<neuen Lerntheorien>> als Grundlage pädagogisch-psychologischer Forschung. In: Zeitschrift für Pädagogische Psychologie, 10. Jg., Nr. 1, S. 1-12.

Welter, G. (1988): Technisierung von Information und Kommunikation in Organisationen. Wiefer, Spardorf 1988.

Weltz, F.; Ortmann, R. (1987): Anwenderbetreuung beim Einsatz neuer Bürotechnologien. In: Biedenkopf, G.; Mai, M. (Hrsg.): Weiterbildungspraxis für neue Technologien: betriebliche Modelle, Qualifikationswandel und Weiterbildungsbedarf, Weiterbildungsmarkt, Bildungs- und Arbeitsmarktpolitik. 1. Aufl., VDI, Düsseldorf 1987, S. 115-132.

Wessner, M.; Pfister, H.-R. (2001): Kooperatives Lehren und Lernen. In: Schwabe, G.; Streitz, N.; Unland, R. (Hrsg.): CSCW-Kompendium – Lehr- und Handbuch zur computerunterstützten Gruppenarbeit. Springer, Heidelberg u. a. 2001, im Druck.

Wessner, M.; Pfister, H.-R. Miao, Y. (2001): Umgebungen für computerunterstütztes kooperatives Lernen in der Schule. In: http.//didaktik.cs.uni-potsdam.de/InformaticaDidactica/Issue1/Wessner#lit20, zugegriffen am 7.4.2001.